차트의정석

한 권으로 끝내는
홈트레이딩시스템 HTS
106가지 주가차트의 모든 것

차트의 정석

CHARTS.

HTS에 소개된 주가차트를 신뢰도·안정성·민감도·
기간·종합평가 등으로 철저히 분석한 차트 백과사전!

김중근 지음

WINNER'S BOOK
Winner's Secret Library · 위너스북

주가차트 분석이 왜 필요할까? 이는 과거의 주가 변동과 거래량을 파악함으로써 미래의 주가 동향을 예측하려는 데 있다. 즉 이익의 극대화를 꾀하기 위한 주식투자 기법이 차트 분석이다. 이를 무시한 채 감에만 의존하는 투자는 한계에 부딪히고 만다. 저자는 복잡하고 어려운 차트를 명쾌하게 소개, 정리함으로써 초보자뿐만 아니라 주식 전문가들에게도 경각심을 일깨운다. 정말 무서운 책이다.

– 강대석, 신한금융투자 사장

차트에 대한 바이블과도 같은 책이다. 저자는 간단한 차트에서부터 전문가들도 생소한 기법에 이르기까지 하나하나 분석하여 그 평점을 매겼다. 오랜 기간 트레이더로서, 교수로서, 또 20여 권이 넘는 금융 분야 서적의 저자로서의 경험과 지식이 그 바탕이 되었다. 인생의 지침으로 바이블을 참고하듯, 투자의 지침으로 이 책을 이용하기를 강력히 추천하다.

– 한수혁, 연합 인포맥스 상무

우리가 기술적분석이라는 용어조차 낯설어하던 시절부터 저자는 우리나라 자본시장에 기술적분석을 도입하는 데 첨병 역할을 하였다. 스스로 새로운 분야를 개척해 국내에 소개한 공이 크다. 이제 또 한 권의 기술적분석에 대한 역저가 탄생했다. 저자의 해박한 지식과 명쾌한 분석 능력은 그 혼자만이 가지고 있기에는 너무 아까운 재능이자 자산이다.

– 김재호, V&S 투자자문 고문

한 권의 책에 수많은 차트를 일목요연하게 정리한다는 건 놀라운 시도다. 주가를 예측하고 주식시장의 흐름을 익히는 데에 이보다 더 좋은 책은 없다고 본다. 각 차트가 가진 장단점, '무엇이…' '어떻게…' '왜…' 중요한지 등의 정보를 모두 소개한다. 저자의 안내에 따라 차트를 하나씩 알아가는 일, 미처 몰랐던 차트의 의미를 배우는 일에 동참해보기 바란다.

– 예민수, 한국경제TV 앵커

당신이 기술적분석에 관심이 있는 투자자라면, 아래의 기술적지표 10개 중에서 현재 매매 의사결정에 사용하는 것은 모두 몇 개나 되는지 답해보라. 아니, 더 쉽게 물어보자. 다음 중에서 그저 이름이라도 한 번 들어본 지표는 몇 개나 되는가?

Qstick, CMO, MFI, NVI, Force Index, PVT, PVO, Aroon, Elder Ray, Ultimate Oscillator

- 8개 이상 알고 있다 : 장히다! 주식투자 실적도 좋을 깃이 분명하다.
- 4개~7개 안다 : 노력이 필요하다. 하지만 그래도 당신은 평균 이상이다.
- 3개 이하만 안다 : 가슴에 손을 얹고 생각해보라. 요즘 주식투자 성적이 어떤가?
- 하나도 모른다 : 안타깝게도 이 책을 접하는 대부분의 투자자들이다. 당신도 여기에 속하지 않은가?

앞에서 예로 든 기술적지표는 하늘에서 뚝 떨어졌거나 또는 고수들만이 은밀하게 사용하는 지표가 아니다. 비밀도 아니고 최근에 복잡한 방법으로 개발된 것도 아니다. 대부분 평범하고, 널리 공개되어 있으며 누구나 쉽게 접할 수 있다. 바로 당신이 매일같이 사용하는 HTS(Home Trading System)에 탑재되어 있는 지표들이다. 그런데도 당신은 전혀 몰랐다. 왜일까? 무식해서? 천만에!

주식에 투자하는 사람들 대부분은 기술적분석에 관심이 있다. 기술적분석은 주가의 움직임을 차트로 나타내고, 그 움직임을 분석하여 앞날을 예측하는 일이다. 만일 기술적분석으로 성과가 없었다면 사람들은 일찌감치 다른 방법을 개발하였을 터이나, 그렇지 않은 것을 보면 기술적분석이 나름대로 가치가 있는 것은 틀림없는 사실이다. 그러기에 각 증권사에서도 투자자들을 위하여 앞 다투어 기술적분석을 위한 도구를 제공하고 있다. HTS에는 온갖 기술적분석 도구들이 즐비하다. 다양한 차트도 있고, 분석방법도 많다. 기술적지표만 하더라도 가격지표, 추세지표, 거래량지표, 시장지표 등등 참으로 다채롭다. HTS를 얼핏 보기만 하더라도 대략 200개 이상의 지표가 그 안에 들어가 있음을 알게 될 것이다.

재미있는 것은 우리나라의 투자자들이 사용하는 기술적분석 도구가 너무나도 제한적이라는 사실이다. 이동평균법, MACD, 볼린저밴드, 스토캐스틱… 정도가 전부다. 투자자들이 매일같이 사용하는 HTS에는 엄청나게 많은 지표가 있는데, 사람들은 천편일률적으로 구태의연한 지표에만 매달린다. 대체 왜 그러는 것일까? 수많은 기술적지표들이 HTS를 통해 제공되고 있음에도 불구하고, 투자자들은 왜 일부 제한적인 지표들만 사용하고 있는 걸까? 이유는 명백하다. 모르기 때문이다! 그러니 앞에서 제시된 여러 기술적지표들이 당신에게는 이름조차 들어보지 못한 생소한 지표가 되었다. 투자자들이 새로운 지표들을 모르는 이유는 지금까지 우리나라에서 허다한 기술적분석 관련 책들이 출간되었지만 그 어느 곳에서도 Qstick, CMO, MFI, NVI, Force Index 등을 자세하게 설명하지 않았기 때문이다. 그 어떠한 책도 새로운 지표를 말하지 않았다. 그러므로 당신은 알고 싶고, 배우고자 하였으나 방법이 없었고, 결국 구태의연하게 이동평균법이나 들여다보고 있었던 게다. 당신의 잘못이 아니다.

나는 낚시를 전혀 할 줄 모른다. 미끼를 어떻게 바늘에 끼는지도 모르고 릴이며 찌 또는 떡밥 같은 용어도 잘 알지 못한다. 하지만 TV에서 낚시 관련 프로그램을 하면 흥미 있게 보는 편이다. 사실 내가 관심이 있는 것은 딴 게 아니다. 물고기를 잡아올릴 때 낚시꾼들은 '짜릿한 손맛'이 있다고 하는데, 그게 과연 어떤 것일까? 궁금하다. 아직까지 낚시라고는 해본 적도 없고, 어떻게 하는지도 몰라 '손맛'을 전혀 경험하지는 못했지만 언젠가는 한번 경험해보리라 마음먹고 있다. 그런데 낚시 TV를 보노라면 참으로 다양한 낚시 기술이 존재하고 있어서 놀랍다. 낚싯대와 낚시 바늘의 종류도 참으로 많고, 낚싯줄의 두께며 길이, 미끼 등도 엄청나게 변화무쌍하다. 순진한 문외한의 생각으로는 그냥 낚싯대 하나를 물에다 넣고 가만히 기다리면 물고기가 저절로 낚일 것 같은데, 그게 아닌가 보다. 수온과 물때, 수심의 깊고 낮음, 물고기의 종류에 따라 적합한 미끼, 낚싯대를 사용하여야 한다. 달랑 낚싯대 하나로 될 일이 아니다.

주식투자도 같다. 주식시장의 상황은 변화무쌍하다. 예상치 못한 온갖 일들이 벌어지는 곳이 주식시장이다. 극심한 주가변화에 대응하고 앞날을 정확히 예측하려면 투자자들은 강력한 분석도구와 매매기법으로 무장하고 있어야 한다. 그런데도 이제까지 투자자들은 그저 이동평균, 5일선 20일선이나 살피는 정도였다. 이래서는 제대로 대응할 수 없다. 비유한다면 그저 물고기의 종류에 관계없이, 밀물이건 썰물이건 상관없이, 수심이 깊고 얕건 아랑곳하지 않고, 오로지 낚싯대 하나만을 물속에 들이밀고 물고기가 저절로 낚이기를 기다리는 '한심한' 낚시꾼과 다를 바 없다. 어찌 짜릿한 손맛을 기대하겠는가!

이 책은 현재 국내의 HTS에는 탑재되어 있으나, 정작 그 내용이 무엇이고 어떻게 사용하는지는 알려지지 않은 기술적지표들을 자세하게 설명한 차트 백과사전이다. 참으로 우리나라 투자자들은 공부에 게으르다. 자신의 돈을 걸고 투자하는 일인데도 한심한 행동을 되풀이하는지 이해할 수 없다. 그러고는 매번 외국인 탓, 기관 탓, 당국 탓만 하고 있으니 발전이 있을 턱이 있나? 지금까지는 당신이 낚싯대 하나만을 사용하는 낚시꾼이었더라도 이 책을 읽고 난 다음에는 달라질 것이다. 온갖 기술적지표들이 여기에 있다. 당신에게는 이제 주식투자에서 짜릿한 손맛을 느끼는 일만 남았다!

끝으로, 이 책이 나오기까지 애써주신 여러분들에게 감사의 말을 전하려고 한다. 특히 여기서 사용된 모든 차트는 우리나라의 독보적인 금융, 증권정보 전문 매체인 연합 인포맥스에서 가져왔다. 차트를 사용하도록 허락해준 연합 인포맥스 관계자에게 감사드린다. 연합 인포맥스가 걸어온 발자취는 바로 주식시장, 외환시장 등 우리나라 금융시장의 산역사가 되고 있다. 아울러 약속한 원고 마감기일을 어겼음에도 독촉 없이 끈기 있게 기다려준 위너스북 관계자 여러분들에게도 미안한 마음과 더불어 감사의 인사를 전한다.

2019년

김중근

106가지 주가차트의 장단점을 상세히 파헤친 국내 최초 차트 백과사전!

이 책의 구성은 다음과 같다. 먼저 1장에서는 기술적분석의 수단이 되는 여러 가지 종류의 차트를 그리는 법이 소개된다. 한 마디로 차트의 기초가 되는 부분. 각 차트에는 간단한 요약과 함께 별(★)로 평점을 표시하였다. 물론 저자의 주관적인 평가이지만 별이 다섯 개 붙은 차트는 기술적분석에 관심이 있는 투자자라면 반드시 알아두어야 할 중요한 차트라는 의미이다.

별의 숫자에 따라 중요도가 낮아지는 것은 익히 아는 바이다. 물론 별이 두 개 또는 세 개만 붙었다고 하여 그 차트를 몰라도 된다는 의미는 아니니 오해 없기를 바란다.

캔들차트(Candle Chart)

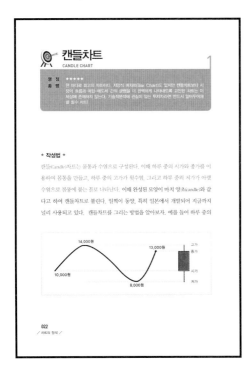

총평 : ★★★★★ 한 마디로 최고의 차트이다. 서양식 바차트(Bar Chart)도 있지만 캔들차트보다 시장의 흐름과 매입-매도세간의 균형을 더 완벽하게 나타내도록 고안된 차트는 이 세상에 존재하지 않는다. 기술적분석에 관심이 있는 투자자라면 반드시 알아두어야 할 필수 차트!

작성법
캔들(Candle)차트는 몸통과 수염으로 구성된다. 이때 하루 중의 시가와 종가를 이용하여 몸통을 만들고, 하루 중의 고가가 윗수염, 그리고 하루 중의 저가가 아랫수염으로 몸통에 붙는 꼴로 나타난다. 이때 완성된 모양이 마치 양초(candle)와 같다고 하여 캔들차트로 불린다. 일찍이 동양, 특히 일본에서 개발되어 지금까지 널리 사용되고 있다. 캔들차트를 그리는 방법을 알아보자. 예를 들어 하루 중의 주가가 아침 시가 10,000원으로 출발하여 장중에 14,000원까지 올랐다가(고점), 이후 하락하여 8,000원까지 밀리기도 하였다가(저점) 결국 13,000원으로 종가를 만들었다고 하자. 이런 움직임을 차트로 나타내면 위의 그림과 같다.

2부부터 7부까지가 이 책의 집필 의도가 잘 드러난 부분이다. 여러 가지 기술적지표들을 가격지표, 추세지표, 변동성지표, 모멘텀지표, 시장강도 및 거래량지표, 업종분석지표 등의 순서로 실었다. 홈트레이딩시스템(HTS) 상에 나와 있는 지표들 중 저자가 의미 있다고 판단되는 것들로만 추렸는데, 모두 88가지이다. 독자에 따라서는 낯설고 생소한 지표들일 수도 있다. 각각의 기술적지표에는 첫머리에 아래와 같은 평가표를 붙였다. 선물옵션 전용지표인 헤릭수익률지수를 예로 들어 설명한다.

헤릭수익률지수(Herrick Payoff Index)

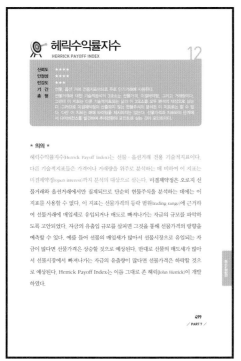

신뢰도 : 이 지표의 신호대로 거래할 경우, 신뢰할 만한 수익을 얻을 수 있는지를 평가한 것이다. 별 다섯 개가 만점이다.

안정성 : 주가의 움직임에 따라 기술적지표가 안정적인 신호를 나타내는지 여부를 평가한 것이다. 다만 안정성이 높은 지표의 경우, 주가의 움직임에 민감하게 반응하기 어렵다는 단점이 있다. 역시 별 다섯 개가 만점이다.

민감도 : 주가의 움직임에 기술적지표가 얼마나 빠르게, 즉 민감하게 반응하는지 그 정도를 평가한 것이다. 다만 민감하다고 하여 능사는 아니다. 주가변동에 예민하게 반응하는 지표일수록 안정성이 저하되는 문제가 있다. 안정성과 민감도는 결국 어느 하나를 포기해야 하는(trade off) 관계이다. 별 다섯 개가 만점인 것은 다른 것과 마찬가지이다.

기간 : 기술적지표에 따라 중장기 거래에 적절한 것이 있는가하면 초단타 매매에 적합한 것이 있다. 여기서 말하는 단기거래는 당일 안으로 포지션을 청산하는 거래, 즉 '데이 트레이딩'을 뜻한다. 그리고 중기거래는 2, 3일 이내, 늦어도 1주일 안에 포지션을 청산하는 거래, 즉 '스윙 트레이딩'을 뜻한다. 마지막으로 장기거래는 1주일 이상 길게 포지션을 보유하는 장기투자, '포지션 트레이딩'을 뜻한다.

총평 : 신뢰도, 안정성, 민감도, 기간 등의 요소를 모두 종합하고, 장점과 단점을 포함한 이 지표의 특성을 요약하였다. 나의 주관적인 평가이지만 그동안 실제매매에서 직접 사용한 경험이 녹아 있도록 신경 썼다. 지표를 처음 접하는 독자들에게 좋은 길잡이가 될 것으로 기대한다.

차트들은 '의의, 산출법, 해석, 매매방법' 순으로 일괄 통일하여 소개되며, 본문 중간중간
에 한 페이지를 할애하여 차트를 실었다.

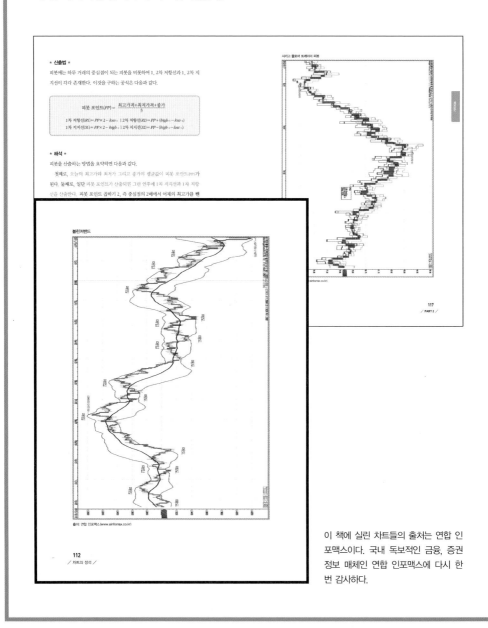

이 책에 실린 차트들의 출처는 연합 인
포맥스이다. 국내 독보적인 금융, 증권
정보 매체인 연합 인포맥스에 다시 한
번 감사하다.

책의 내용 자체가 조금은 건조한 이야기가 될 수도 있겠다 싶어, 본문 곳곳에다 주식투자에 도움이 될 만한 칼럼 하나씩을 게재하였다.

차트 멘토 강동근 칼럼 1

나는 '차트쟁이' 이다

나는 '차트쟁이'야다. 여기서 '쟁이'란 국어사전의 풀이를 인용한다면 '일부 명사 뒤에 붙어서 그것이 나타내는 속성을 많이 가진 사람을 더하는 접미사'를 뜻한다. 예컨대 겁쟁이, 고집쟁이, 떼쟁이, 멋쟁이, 무식쟁이 등이 대표적인 말들이다. 그런데 당신 여러분 달리 나차트가 아니고, 또한 내가 차트의 속성을 많이 가지고 있는 것도 아니고 사실 차트쟁이라는 표현은 엄밀하게 말하면 틀리다. 그래도 그 말을 쓰는 것은 그만큼 내가 차트에 애정을 많이 있고, 의사결정을 차트에 근거하여 내린다는 의미이다. 덕택에 나는 지금까지 연말 인덱스에 내 이름을 걸고 칼럼을 매주 쓰고 있다. 그리고 그 글을 매주 꼬박꼬박 챙겨보는 '단골'이 꽤 있다는 사실을 알고 있다. 감사하다.

차트쟁이인지라 당연히 차트를 중시한다. 차트쟁이는 펀더멘털을 믿지 않는다. 펀더멘털 요인은 그게 무엇이건 차트 속에 포함되어 있다고 보는 것이 일반적인 차트쟁이들의 판단이다. 20년도 지난 일이지만 미국의 TAG(Technical Analyst Group)의 세미나에서 만났던 저명한 기술적해설가 알렉산더 엘더(Alexander Elder)의 말이 인상적이었다. 그는 차트에서 앞으로 주가가 상승할 것이라는 신호가 나타나면 반드시 시장에는 호재가 출현하게 되어 있고, 차트가 방향 주가가 하락할 것이라고 신호를 보내면 반드시 시장에는 악재가 나타나게 되어 있다고 말했다. 호재나 악재 때문에 시장의 주가가 움직이는 것이 아니라, 어차피 차트에 의거 오비비형이 예측한 연후에 그것을 '추인(support)' 하기 위하여 호재나 악재가 나타난다는 것이 그의 주장이었다. 차트쟁이 입장에서 본다면 꽤 마음에 드는 말이다. 그래서인지 한참이나 지난 과거의 일이지만 지금까지도 기억하고 있다.

나는 차트를 활용하는 여러 기법 중에서도 특히 '추세'를 좋아한다. 추세에 순응하는 것이 나의 매매방법이다. 주세가 상승세이면 매수하고, 추세가 하락세로 판단되면 매도한다. 비유하자면, 흐르는 강물에 배를 띄울 때 강물의 흐름과 같은 방향으로 노를 젓는 것이 편하고 안전하다. 흐름의 방향과 같다면 설령 노를 젓지 않아도 배는 저절로 따라가게 되어 있다. 하지만 반대 방향으로 강을 거슬러 오르려면 노를 젓느라 힘들 뿐만 아니라, 노력에 비하여 성과도 좋지 않다. 주식시장도 똑같다. 흐름에 몸을 실어야 한다.

상당히 많은 투자자들이 '저점매수'를 부르짖는다. 주가가 내렸을 때, 즉 쌀 때 매수한다는 것이 그들의 주장이다. 물론 그림뿐이다. 주식투자라는 것이 '싸게 사서, 비싸게 파는' 일이기도 하다. 하지만 곰곰 생각하면 저점매수라는 전략은 매우 위험하다. 주가의 아래쪽에는 한계가 있을 수 있는데, 대체 어디를 저점이라고 말할지 모호하기 때문이다. 싸다고 매수하였는데, 주가가 더 떨어지면 어떻게 하나? 하지만 추세에 순응하는 전략은 저점매수가 아닌 안전하다. 주가가 한참 상승 흐름을 탈 때 추세의 편승으로 매수하면 된다. 설령 비싸게 매수하였더라도 '더 비싸게' 매도할 수 있다면 성공이지 않은가?

"구슬이 서 말이라도 꿰어야 보배"란 속담이 있다. 시시각각 태도를 바꾸는 주식시장은 변덕쟁이라 언제 어떻게 변할지 도통 감을 잡기가 힘들다. 하지만 우리에겐 차트라는 녀석이 있다. 차트와 친숙해지고 이리저리 분석할 수 있는 시각이 생긴다면, 주식시장에서 영원히 뒷북이나 치던 신세에서 벗어날 수 있을 것이다.

독자 여러분의 성투를 바란다!

차트의 정석
| 차례 |

PART 1 여러 종류의 차트 작성법 및 이해

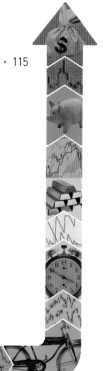

PART 6 시장강도 및 거래량지표

PART 7 업종분석지표

ABSOLUTE · GUIDE · TO · THE · STOCK · CHART

기술적분석은 주가의 움직임을 차트로 나타내는 일에서부터 출발한다. 차트를 통해 주식시장의 움직임을 관찰하고, 분석하며 향후 움직임을 미리 예측할 수 있다. '차트'라고 하면 단순히 봉차트만 있는 것으로 오해하기 쉬운데, 실제로는 매우 다양한 방식의 차트가 존재한다. 차트를 작성하는 원리를 이해하면 그만큼 시장을 파악하는 능력도 향상된다.

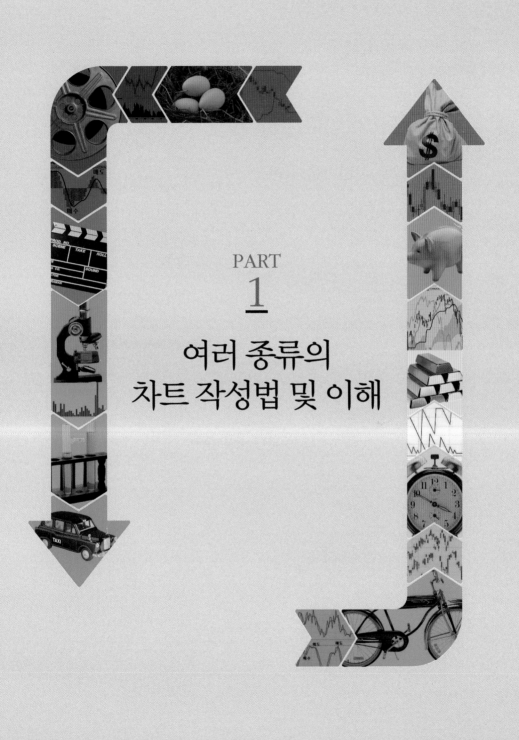

PART

1

여러 종류의
차트 작성법 및 이해

캔들차트
CANDLE CHART

1

평 점	★★★★★
총 평	한 마디로 최고의 차트이다. 서양식 바차트(Bar Chart)도 있지만 캔들차트보다 시장의 흐름과 매입−매도세 간의 균형을 더 완벽하게 나타내도록 고안된 차트는 이 세상에 존재하지 않는다. 기술적분석에 관심이 있는 투자라면 반드시 알아두어야 할 필수 차트!

★ 작성법 ★

캔들(Candle)차트는 몸통과 수염으로 구성된다. 이때 하루 중의 시가와 종가를 이용하여 몸통을 만들고, 하루 중의 고가가 윗수염, 그리고 하루 중의 저가가 아랫수염으로 몸통에 붙는 꼴로 나타난다. 이때 완성된 모양이 마치 양초(candle)와 같다고 하여 캔들차트로 불린다. 일찍이 동양, 특히 일본에서 개발되어 지금까지 널리 사용되고 있다. 캔들차트를 그리는 방법을 알아보자. 예를 들어 하루 중의

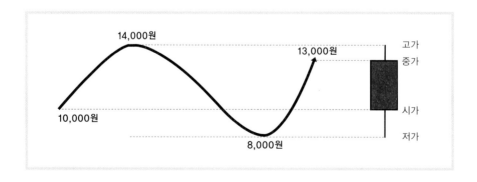

주가가 아침 시가 10,000원으로 출발하여 장중에 14,000원까지 올랐다가(고점), 이후 하락하여 8,000원까지 밀리기도 하였다가(저점) 결국 13,000원으로 종가를 만들었다고 하자. 이런 움직임을 차트로 나타내면 22쪽의 그림과 같다. 즉 몸통(body)은 시가(10,000)와 종가(13,000원)로 만들어지며, 몸통에서 고가 14,000원까지 선을 연결하여 이를 윗수염(shade)이라고 한다. 그리고 같은 요령으로 몸통에서 저가 8,000원까지 선을 연결하여 아랫수염을 만든다. 이것으로 완성이다.

그런데 시가와 종가를 이용하여 몸통을 만드는 것은 알겠으나 그것만으로는 부족하다. 즉 어떤 날은 하루 중에 시가보다 종가가 높게 형성되는 날도 있을 터이고, 또 어떤 날에는 시가보다 종가가 낮게 형성되는 날도 있을 터. 캔들차트를 만든 선인(정확히 누구인지는 알려지지 않았다)들은 이를 몸통의 색을 달리하는 방식으로 구별하였다. 시가에 비하여 종가가 높을 때, 즉 하루 종일 환율의 흐름이 상승세였을 때에는 봉의 색을 밝게 하고 이를 양봉(陽棒) 또는 양선(陽線)이라고 말한다. 반대로 종가가 시가보다 낮게 형성되는 날, 다시 말하여 하루 종일 환율의 흐름이 하락세였다면 그날의 봉은 색을 어둡게 하고, 이를 음봉(陰棒) 또는 음선(陰線)이라고 말한다. 일반적으로 양봉은 붉은 색으로 나타내며 음봉은 푸른색으로 나타낸다.

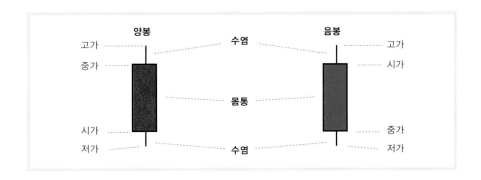

캔들차트의 가장 일반적인 형태는 몸통에 아래, 위 수염이 달려 있는 것이다. 하지만 캔들차트에서 몸통과 수염이 언제나 모두 있어야 한다는 법은 없다. 윗수염이나 아랫수염 중에서 어느 한 쪽이 없을 수 있고, 또는 위, 아랫수염 모두 존재하지 않을 수 있다. 심지어 몸통 없이 꼬리만으로 봉이 만들어지는 경우도 있으며, 극단적으로는 몸통도, 꼬리도 아예 없는 경우도 있다.

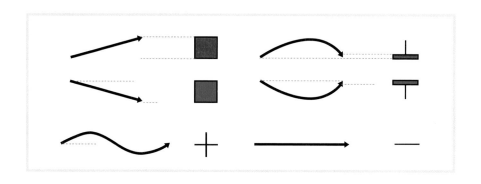

그림에 캔들차트의 여러 형태를 나타내었다. 아울러, 캔들차트의 작성 주기는 반드시 하루 한 번일 필요는 없다. 용도에 따라 시간의 주기를 달리 할 수 있다. 하루에 한 차례씩 캔들을 그리면 일간차트(daily chart)가 되는 것이고, 차트의 작성 주기를 1주일에 한 차례씩, 즉 월요일부터 금요일까지의 움직임을 캔들 하나로 만들어내면 주간차트(weekly chart)가 된다. 같은 요령으로 1시간 차트(hourly chart), 10분 차트(10 minutes chart)도 가능하고, 또는 월간차트(monthly chart)도 만들 수 있다.

★ 해석 ★

캔들차트의 가장 강력한 장점은 시장의 흐름을 한눈에 읽을 수 있다는 데에 있다. 차트는 아무런 의미 없이 하루 중의 가격 흐름을 '시가-종가-저가-고가'의

식으로 기계적으로 옮겨놓은 것이 아니다. 차트를 조금만 주의 깊게 살피면 현재 시장의 방향이 어디를 향하고 있는지, 매입 세력이 강한지 매도 세력이 강한지, 따라서 지금 사야하는지 또는 팔아야 하는지, 또는 더 구체적으로 어느 정도의 가격 수준에서 사들여야 하는지 아니면 어느 수준에서 팔아야 하는지 등을 쉽게 파악할 수 있다. 이것이 캔들차트의 가장 큰 장점이다. 이런 강력한 장점을 가지고 있기에 오늘날 많은 사람들이 다른 종류의 차트를 제쳐놓고 봉차트를 즐겨 쓰는 것이다. 캔들차트의 형태에 따라 제각각 부르는 이름이 있다. 이름이 중요한 것이 아니라, 그런 형태가 캔들차트가 그려진다면 그 당시의 시장균형이 어떤 상태인지는 반드시 알아두어야 한다.

이름	형태	해석
마루보주 (marubozu)		마루보주(丸坊主, まるぼうず)는 원래 일본어로 '머리카락을 빡빡 깎은 민머리, 까까머리' 라는 뜻인데, 캔들차트에서는 '아래, 위 수염이 달리지 않은 상태'를 의미한다. 만일 마루보주가 양선으로 나타난다면 시가가 장중 최저가이고 종가가 장중 최고가인 경우이다. 시장의 매입세가 강력한 것으로 해석된다. 반대로 음선이라면 매도세가 강력한 상태이다. 아울러 똑같은 마루보주일지라도 몸통의 길이가 길수록 그만큼 더 매입세 또는 매도세가 막강함을 뜻한다. 다른 말로 장대양선(또는 장대음선)이라고도 한다.
햄머 (hammer)		캔들차트의 모양이 정말로 해머, 즉 망치처럼 생겼다. 몸통의 색은 별로 중요하지 않다. 시가에서 출발한 주가가 장중에 하락하였으나 거기에 머물러 있지 않고 반등하였으므로 아래에 길다란 수염이 달렸다. 즉 주가가 하락할수록 막강한 매입세가 버티고 있음을 뜻한다.
도지		시가와 종가가 같을 때에 나타난다. 즉 하루 중에 매입세와 매도세가 치열한 다툼을 벌였으나 결국 '무승부'로 끝났음을 뜻한다. 매입세와 매도세가 팽팽한 균형상태. 그런데 일반적으로 도지는 지지선이나 저항선으로 작용하는 경우가 많다. 왜냐하면 바로 그 수준에서 매입─매도세 간의 균형이 만들어지기 때문이다.
점		시가=저가=고가=종가인 경우에 만들어진다. 하루 중의 가격 움직임이 전혀 없었다. 개장하자마자 주가가 상한가로 치솟은 이후에 전혀 변동이 없거나, 또는 하한가로 추락한 이후 꿈쩍하지 않았을 때 나타난다. 시장의 균형이 한쪽 방향에 극단적으로 쏠린 상태이다.

라인차트
LINE CHART

평 점	★★★
총 평	라인차트는 단순하다. 그게 장점이자 단점이다. 단순하므로 알아보기 쉬우나, 단순하므로 매매 의사결정에 별 도움이 되지 못한다. 시장의 흐름을 한눈에 파악하는 용도로 사용되는 정도.

★ 작성법 ★

라인차트는 문자 그대로 시장의 움직임을 라인(line), 즉 선으로 만든 것이다. 예를 들어 일간차트(Daily Chart)라면 매일매일의 종가를 연결하여 라인차트를 만들 수 있겠고, 주간차트(Weekly Chart)라면 매주 금요일 종가를 연결하여 라인차트를 작성할 수 있다. 또는 장중의 움직임을 보기 위하여 매 시간 간격으로 라인차트를 작성하는 일도 가능할 것이며, 또는 5분 간격이나 1분 간격의 차트도 당연히 가능하겠다.

★ 해석 ★

라인차트의 장점이라면 매우 단순하여 알아보기 쉽다는 점이다. 군더더기 없이 깨끗한 차트를 볼 수 있으므로 라인차트를 이용하면 전체적인 추세를 확인하기 용이하다. 그러나 너무 단순하다는 것이 오히려 약점으로도 작용한다. 앞서 알아보았던 캔들차트에는 시가, 종가, 고가, 저가에 대한 정보가 모두 담긴다. 하지만

라인차트

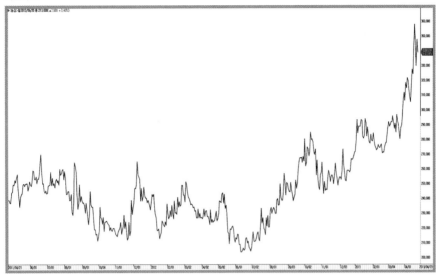

출처: 연합 인포맥스(www.einfomax.co.kr)

라인차트에는 종가 정보밖에는 없다. 따라서 시장의 미세한 움직임을 모두 잡아낼 수 없다는 것이 라인차트의 결정적인 취약점이다. 예컨대 하루 중의 움직임이 매우 활발하여 장중고점과 저점이 종가에서 멀찌감치 떨어져 형성되었다고 할지라도 라인차트에는 달랑 종가만을 표시하므로 장중 고점과 저점에 관한 정보가 없다.

　라인차트에 그려진 종가만 보아서는 하루 중의 움직임이 활발하였는지 또는 조용하였는지, 고점과 저점, 그리고 지지선과 저항선이 어느 수준이었는지, 시장의 균형이 어떤 상태인지 등의 정보를 도무지 알 수 없다. 따라서 라인차트를 이용해 제대로 된 매매 관련 의사결정을 내릴 수 없다는 건 당연하다. 너무 단순한지라 라인차트로 추세를 '기록'하기에는 용이하지만, 이를 이용하여 추세를 '분석'하기에는 적절하지 못하다.

바차트
BAR CHART

3

평 점	★★★★★
총 평	바차트는 캔들차트와 유사하며 캔들차트와 같이 시장의 움직임을 나타내는 데 훌륭한 도구로 사용된다. 서양에서 만들어졌다. 일반적으로 이 차트는 주식시장보다는 외환시장에서 사용되는 경우가 많다. 캔들차트에 익숙한 투자자라면 바차트를 해석하는 데에도 큰 어려움이 없을 것이다.

★ 작성법 ★

캔들차트는 일본에서 개발된 차트 작성법인데 반하여, 바차트는 서양에서 비롯

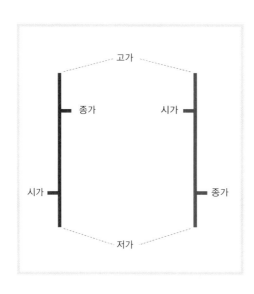

된 차트 작성법이다. 바차트를 만드는 법은 캔들차트와 유사하다. 시가, 종가, 고가, 저가가 모두 사용되는 것도 같다. 다만, 구체적인 방법이 약간 다르다. 바차트는 하루 중의 고가와 저가를 선으로 연결한다. 그리고 바(bar)의 왼편에 짧게 시가를 표시하고, 바의 오른편에 종가를 표시한다. 캔들차트에서는 봉의 색깔, 즉 음봉인지 양

바차트

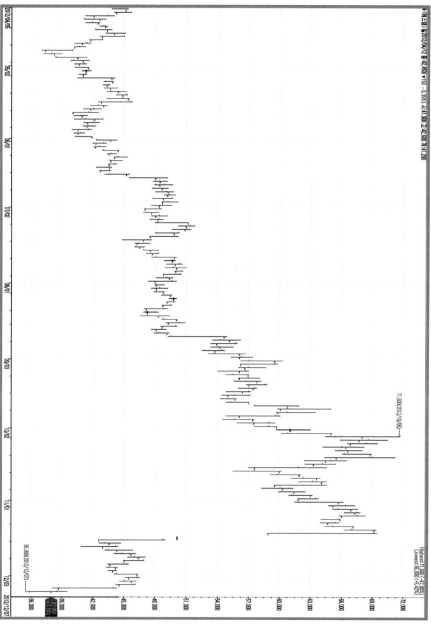

출처: 연합 인포맥스(www.einfomax.co.kr)

봉인지에 따라 시가와 종가를 서로 비교할 수 있는데, 바차트에서는 바의 왼쪽에 표시된 시가와 오른쪽에 표시된 종가를 직접 비교하면 된다. 최근에는 바차트에서도 캔들차트를 본떠 바의 색을 붉은색(종가>시가) 또는 푸른색(종가<시가)으로 나타내기도 한다.

★ 해석 ★

바차트의 해석은 캔들차트의 해석과 별반 다르지 않다. 바차트에다 시가, 종가, 고가, 저가 등의 정보를 포함하는 이유는 시장의 흐름을 파악하려는 것이기 때문이다. 시가와 종가와의 관계나 또는 장중 고가와 저가의 관계 등을 살펴서 매입세와 매도세 중에서 어디가 더 우세한지 판단할 수도 있고, 시장 흐름도 알아볼 수 있다. 예를 들어 어느 날, 바차트의 길이가 꽤 길게 나타난다면 이는 고가와 저가와의 간격이 크게 벌어졌다는 의미가 된다. 즉 장중 내내 매입세가 강력하게 이어졌거나(고가>저가일 경우) 또는 그 반대로 장중 내내 매도세가 강력하게 이어졌을 때(저가>고가일 경우) 바차트의 길이가 길게 나타나게 된다. 같은 논리로 시가와 종가와의 관계를 살피는 것도 장중 흐름이나 균형을 파악하는 데에 많은 도움이 된다.

포인트&피겨차트
POINT AND FIGURE CHART

평 점	★★★★
총 평	포인트&피겨차트는 캔들차트나 바차트 등과는 달리 시간의 흐름을 무시한다는 결정적인 특징을 가지고 있다. 주가가 오르고 내리는 것이 중요하지 시간이야 어떻든 중요하지 않다는 것이 논리. 이 차트를 이용하면 특히 단기, 초단기 매매를 하는 데에 용이하다. 시장의 흐름과 지지선, 저항선 등의 위치를 한눈에 볼 수 있기 때문이다. 반면에 중·장기 매매에는 적합하지 않다.

★ 작성법 ★

포인트&피겨차트(Point and Figure Chart, 또는 줄여서 P&F 차트라고도 한다)는 역사적으로 가장 오래된 차트이다. 동양에서 개발된 캔들차트나 또는 서양에서 만들어진 바차트보다 더 역사가 오래되었다. 이 차트는 대략 1898~1910년 사이에 완성된 것으로 알려졌으니 100년 이상의 역사를 가졌다. 포인트&피겨차트를 본격적으로 다룬 최초의 책은 빅터 드 빌러스(Victor De Villiers)가 쓴 것으로 1933년에 출간되었다. 이 차트는 독특한 원리에 바탕을 두고 있다. 캔들차트나 바차트는 그래프에서 Y축을 가격, 그리고 X축을 시간으로 설정한다. X축이 시간이므로 특정한 시간단위, 예컨대 하루 또는 1시간이 지날 때마다 X축이 하나씩 오른쪽으로 옮겨지면서 시간의 경과를 나타내게 된다. 그러나 포인트&피겨차트는 시간의 경과에는 관심이 없고, 오로지 주가의 방향에만 주력한다(우리는 돈을 벌거나 잃는다). 시간이야 얼마나 걸리건 상관없다는 것이 포인트&피겨차트의 주된 논리이다. 포인트&피겨차트에서는 주가가 상승하면 차트에 ×로 표시하고 하락하면 ○로 표시한다. 그것이 여타의 차트와 다른 점이다. 특히 앞서 설명하였듯이 '시간의 경과에 관심이 없고 방향에만 주목한다'는 특징이 중요하다. 그래서 주가가 같은 방향으로 움직이기만 한다면 계속 그 줄에다 이어서 그린다.

구체적으로 말하여 어제까지 주가가 잘 오르다가 오늘부터 하락세로 바뀌었다고 하자. 그러면 어제까지 ×표로 나타내었던 줄에서 오른쪽으로 한 줄을 옮겨 거기에다 ○표를 하기 시작한다. 추세가 바뀌지 않으면 계속 ○표가 이어진다. 물론 그러다가 주가가 다시 상승하면 그 옆줄에다 이번에는 ×표로 나타낸다. 그러므로 포인트&피겨차트는 ×줄과 ○줄이 서로 번갈아가며 나타나는 모양이 된다. 또한 포인트&피겨차트를 그리기 전에 무엇보다도 먼저 한 칸의 크기와 최소 반전의 숫자를 미리 정해야 한다. 박스 사이즈란 문자 그대로 그래프 상에서 나타나는 모눈 한 칸의 크기를 뜻한다. 한 칸의 크기가 너무 크면 세세한 움직임을 다 담지 못할 위험이 있다. 예를 들어 한 칸의 크기를 1만 원 단위로 정했다고 한다면 주가가 6,000원, 7,000원 움직이더라도 표현할 수 없다. 반대로 한 칸의 크기가 너무 작으면 역시 곤란하다. 예컨대 삼성전자 주가차트를 포인트&피겨차트로 그리면서 한 칸의 크기를 100원으로 잡았다고 한다면 난감하다. 주가가 달랑 1,000원씩만 움직이더라도 무려 10칸씩 그려야 하는 불상사를 초래한다. 길게 말할 것도 없이 차트를 그리려는 기초자산의 주가 수준에 따라 한 칸의 크기를 잘 조절해야 한다. 최소 반전이란 추세의 반전이 나타날 기준, 구체적으로 말한다면 ×줄에서 ○줄로, 또는 반대로 ○줄에서 ×줄로 줄을 바꾸기 위한 조건을 뜻한다. 포인트&피겨차트는 시간의 흐름을 무시하고 오로지 가격의 방향에만

포인트&피겨차트

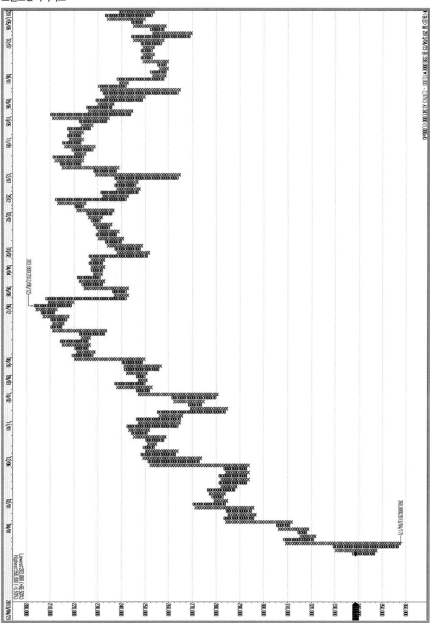

출처: 연합 인포맥스(www.einfomax.co.kr)

주목한다. 따라서 같은 추세가 이어진다면 계속 그 줄에다 이어서 그린다. 그러다 바뀔 때 줄을 바꾼다. 그러므로 '주가가 얼마나 움직여야 줄을 바꿀 것인지' 그 기준이 정해져야 한다. 예를 들어 한 칸의 크기가 10포인트인 포인트&피겨차트에서 최소 반전을 3칸이라고 규정하였다면 최소한 30포인트(10포인트×3)의 움직임이 나타나야만 비로소 줄을 바꿀 수 있다. 이것 역시 너무 작으면 주가가 조금만 움직이더라도 일일이 줄을 바꾸어야 하고, 반대로 너무 크게 잡으면 웬만한 추세전환은 반영하지 못하니 이것 역시 곤란하다. 일반적으로는 최소 반전을 2칸, 또는 3칸으로 설정하는 경우가 많다.

포인트&피겨차트에서는 사전에 한 칸의 크기와 최소 반전을 미리 규정해야 한다. 왜냐하면 똑같은 주가의 움직임이라도 한 칸의 크기와 최소 반전이 서로 다르다면 포인트&피겨차트는 전혀 다른 모양이 되어버리기 때문이다. 아래의 차트는 똑같은 3년물 국채선물가격의 차트인데, 한 칸의 크기와 최소 반전에 따라 전혀 다른 모양이 되었다.

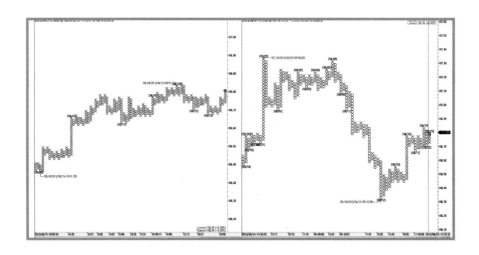

★ **해석** ★

포인트&피겨차트는 주로 단
기간의 거래에 이용된다. 하
루 중의 움직임이 시간의 경
과를 무시하고 차트에 모두
표시되기 때문에 세세한 주가
움직임을 잡아내기 용이하기
때문이다. 포인트&피겨차트
를 이용하는 가장 기본적인
방법은 지지선이나 저항선의
돌파 여부를 파악하는 것이
다. 우측의 그림은 애플의 주
가차트이다. 애플의 주가는
260달러의 저항선을 돌파한
이후 급격하게 상승하였으며
또는 405달러의 저항선도 역
시 돌파한 이후 급격하게 치

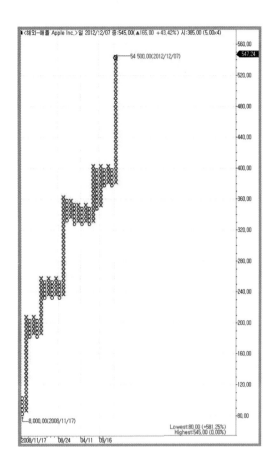

솟았다는 사실을 차트에서 알 수 있다. 이처럼 ○표와 ×표가 번갈아 그려지는
곳이 바로 저항선 또는 지지선이며, 그 수준이 돌파된 이후의 주가는 움직임이
급격해지는 경향이 많다. 물론 이런 방법 외에도 전체적인 추세의 흐름을 살필
수도 있다. 다만 포인트&피겨차트는 시간의 흐름을 무시하므로 아무래도 단기
추세 파악에 용이하지 중장기적인 매매에 사용하기는 적절하지 않다.

매물대차트

5

평 점 ★★★★
총 평 이 차트는 주가를 새로운 방식으로 나타내는 기법은 아니다. 기존의 캔들차트에다 과거의 거래량을 표시하는 것뿐이다. 하지만 과거의 거래량을 나타내는 것만으로도 우리에게 훌륭한 정보를 제공한다. 특히 저항선을 파악하는 일에는 유용하다.

★ 작성법 ★

인간의 심리는 다 똑같다. 손해를 보면 '본전'을 반드시 찾겠다는 열망에 가득 차게 마련이다. 어떤 투자자가 주식을 매입하였다가 주가가 하락하여 손해를 보고 있다고 하자. 그는 선뜻 주식을 팔지 못하고 주가가 다시 회복되기를 기다릴 것이다. 그러다가 주가가 그가 매입한 '본전' 근처에 도달하면 그는 안도의 한숨을 내쉬면서 주식을 매도할 것이다. 매물대차트는 바로 이런 인간의 특성을 이용한 것이다.

매물대차트는 기존의 캔들차트나 또는 바차트에다 최근까지의 거래량을 가격대별로 나타낸 것이다. 그러면 어떤 주가 수준이었을 때 거래가 얼마나 많았는지를 쉽게 알 수 있다. 일반적으로 매물대차트는 차트가 그려지는 기간의 주가를 10~12단계로 나누고, 각각의 거래량을 차트에 중복하여 그리는 방법으로 나타낸다.

매물대차트

출처: 연합 인포맥스(www.einfomax.co.kr)

★ 해석 ★

위의 매물대차트를 살펴보자. 가로로 그어진 막대그래프는 차트에 그려진 기간 (2012년 1월부터이다) 동안의 거래량을 비율로 나타낸 것이다. 이것이 매물대이다. 현 재의 주가는 26,300원인데, 차트를 보면 28,000~28,500원 사이에 거래가 꽤 많이 이루어진 것으로 나타나고 있으며(가로 막대의 길이가 길다), 31,000~31,500원 사이 그리고 30,500~31,000원의 구간에서도 거래가 많았던 것으로 나타난다.

거래가 많았다는 것은 그 구간에서 매도한 사람도 많았으며 동시에 매입한 사 람도 많았다는 뜻이다. 그들 중에서 상당수는 매입한 가격보다 현재의 가격이 하 락하여 손해를 보고 있는 상태일 터. 따라서 현재의 주가가 반등하여 그 구간에

매물대차트 2

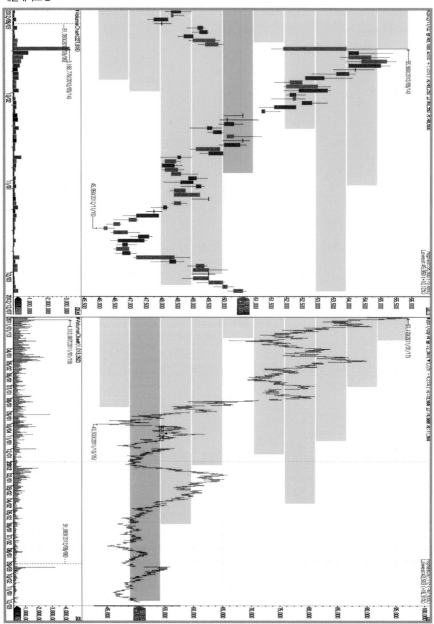

출처: 연합 인포맥스(www.einfomax.co.kr)

근접할수록 본전을 찾으려는 매물이 쏟아질 것이라고 쉽게 예상할 수 있다. 그 구간이 바로 매물대이다. 결국 매물대는 '저항선'의 역할을 한다.

차트(37쪽 차트)에서는 현재의 주가 26,300원이 반등하더라도 당장에 28,000~28,500원 사이에서 저항을 만날 것이며, 설령 그 구간을 상향돌파하더라도 그 위쪽인 31,000~31,500원 사이 그리고 30,500~31,000원의 구간에서도 역시 강력한 저항을 만나게 될 것이라고 예상된다.

주가가 상승세를 이어가려면 매물대의 완강한 저항을 벗어나야 할 것이다. 다만, 매물대차트가 완벽한 것은 아니다. 약점도 물론 존재한다. 매물대는 차트로 나타내는 기간을 기준으로 작성된다. 즉 과거 1년 동안을 차트로 그린다면 매물대는 1년 동안의 거래량을 기준으로 산출되고, 최근 1달 동안을 차트로 그린다면 역시 매물대는 1달 동안의 거래량을 기준으로 산출된다. 따라서 산출기간이 서로 달라지므로 이에 따라 매물대가 들쑥날쑥해진다.

38쪽의 차트는 삼성증권의 매물대차트를 서로 기간을 달리하여 나타낸 것이다. 왼쪽 차트를 보면 현재의 주가는 중요한 매물대를 통과하였고 53,000원~54,000원까지 상승하여야 새로운 매물대를 만난다. 또한 55,000원만 벗어나면 매물대의 저항이 없는 것처럼 보인다. 하지만 오른쪽 차트를 보면 그게 아니라는 것이 즉각 드러난다. 55,000~60,000원 또는 60,000원~65,000원의 매물대가 계속 나타난다는 것을 알 수 있다. 결국 하나의 차트로는 정확한 매물대를 파악할 수 없다는 약점이 있다.

삼선전환도

6

평 점 ★★★
총 평 추세전환 여부를 손쉽게 파악하도록 고안된 차트이다. 양선에서 음선, 음선에서 양선으로의 전환이 되는지 여부만 보아도 추세를 알 수 있다. 다만 직전의 양선이나 음선 3개를 뛰어넘는 반대 방향의 움직임이 나타나야 비로소 추세전환이라고 인식하므로 다소 굼뜨고 늦다는 약점이 있다.

★ 작성법 ★

삼선전환도는 포인트&피겨차트와 여러 가지 면에서 닮았다. 첫째로, 포인트&피겨차트가 시간의 흐름은 무시하고 오로지 주가의 방향에만 주목하는데, 삼선전환도를 그리는 방법도 똑같이 방향에만 주목한다. 둘째로, 포인트&피겨차트에서는 주가의 미미한 움직임은 무시하는데, 삼선전환도의 경우도 같다. 삼선전환도에서는 기존의 추세와 다른 방향으로 나타나는 가격 움직임이 연속 사흘 동안 이어져야만 비로소 추세전환으로 간주한다. 셋째로, 포인트&피겨차트에서는 주가가 같은 방향으로 움직이면 계속 같은 줄에다 X표 또는 O표를 나타낸다. 삼선전환도도 똑같다. 다만 포인트&피겨차트의 경우는 방향이 같으면 줄을 바꾸지 않고 어제까지 그렸던 그 줄에다 계속 이어서 그리는데 반해, 삼선전환도는 하루가 지날 때마다 줄을 한 줄씩 오른쪽으로 옮긴다는 점이 약간 다르다.

결국 포인트&피겨차트를 그릴줄 아는 투자자는 삼선전환도도 쉽게 이해할 수 있다. 이 차트에서는 이름에서 알 수 있듯 '삼선'이 키포인트이다. 삼선전환도는 추세전환 여부를 쉽게 파악하려는 목적에서 만들어졌다. 따라서 주가의 추세가 전환되지 않으면 미미한 반대 방향의 움직임은 무시한다. 이때 추세전환의 기준이 바로 '삼선'이다.

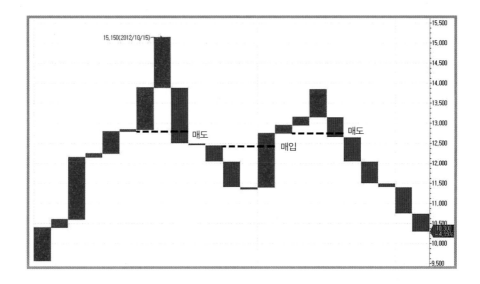

차트를 보면서 작성요령을 알아보자. 삼선전환도에서 상승을 의미하는 양선에서 음선으로, 또는 하락을 의미하는 음선에서 양선으로 전환하려면, 그날의 주가 움직임이 종가 기준으로 이전 주가선 3개를 돌파하여야 한다. 즉 차트에 표시해둔 것과 같이 직전의 양선 3개를 뛰어넘어 주가가 더 하락하면 그때 음선이 만들어지고, 거꾸로 직전의 음선 3개를 뛰어넘는 수준으로 주가가 더 상승하면, 그때 양선이 만들어진다.

★ 해석 ★

삼선전환도는 추세의 흐름을 파악하기 쉽도록 고안된 차트이다. 같은 방향으로 추세가 지속되는 한, 계속하여 같은 방향으로 삼선전환도가 이어진다. 시간이 지나더라도 양선이 계속 나타난다면 상승추세가 지속되는 것이요, 음선이 연속적으로 출현한다면 하락추세가 내내 이어지는 것이다. 추세분석법은 추세와 같은 방향으로 거래하는 것을 원칙으로 하는 기법이다. 추세는 관성과 같아서 한 번 만들어지면 반대 방향으로 뒤바뀌기보다는 그동안 진행되던 방향으로 이어지는 경우가 더 많다. 따라서 추세의 흐름과 같은 방향으로 거래하면 효과적이다. 그러므로 상승추세라면 매입하거나 또는 보유하는 전략을 사용하고, 하락추세일 때에는 얼른 매도하거나 또는 적극적으로 매입하지 않고 관망하는 태도를 취하면 될 것이다. 삼선전환도로 추세의 전환 여부를 쉽게 파악할 수 있다. 따라서 삼선전환도에서 추세가 바뀌면 투자자도 덩달아 그 추세와 같은 방향으로 매매하면 효과적이다.

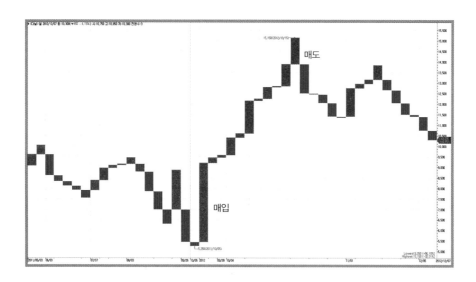

역시계 곡선

7

평 점	★★★
총 평	역시계 곡선은 주가와 거래량과의 관계를 이용하여 현재의 시점이 전체적인 추세의 전개과정에서 어느 수준에 와 있는지를 판단하고자 하는 방법이다. 그런데 실제로 역시계 곡선을 차트로 나타내면 기대와는 달리 뚜렷한 방향이나 추세를 찾기 어려울 때가 많아서 허탈해진다.

★ 작성법 ★

'주가는 거래량의 그림자'라는 말이 있다. 즉 거래량이 먼저 움직이고, 그 뒤를 따라 주가가 움직인다는 뜻이다. 거래량이 늘면 주가는 오르고, 거래량이 줄어들면 주가가 하락하는 것이 일반적이다. 그런데 거래량이 늘어나는데도 주가가 하락한다거나 또는 주가가 오르는데도 거래량이 줄어든다면 무언가 이상조짐 또는 추세전환의 신호로 간주될 수 있다. 역시계 곡선은 이런 점에 착안하여 주가와 거래량과의 관계를 파악하려는 기법이다. 역시계 곡선에서 그래프의 X축은 거래량을 나타내고 그래프의 Y축은 주가를 나타낸다. 따라서 매일같이 그날의 주가와 거래량으로 이루어지는 (X, Y) 좌표를 작성할 수 있을 것이다. 예컨대 어느 날 주가가 2,000포인트이고, 거래량이 4억 주라면 X축과 Y축이 각각 그것에 해당되는 지점에 점을 찍을 수 있다. 이런 식으로 매일같이 그래프에 점을 찍고 그 점들을 연결하면 역시계 곡선이 된다. 그런데 보통의 경우, 점들을 이어가는 선의

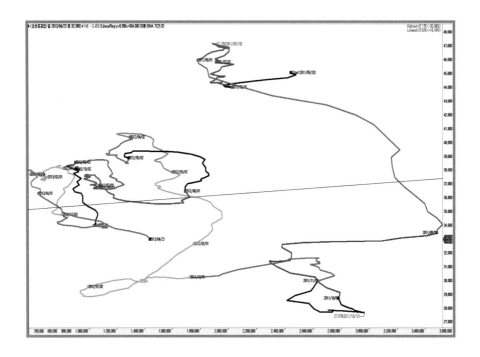

방향이 시계 바늘과 반대 방향, 즉 왼쪽에서 오른쪽으로 움직인다고 하여 이 차트를 역시계 곡선으로 지칭한다.

★ 해석 ★

주가와 거래량과의 상관관계를 기준으로 말한다면 주식시장의 추세는 통상적으로 다음의 8단계 국면을 거친다.

❶ 주가가 바닥 수준이고 거래량이 서서히 증가하면 상승전환 신호로 간주된다.

❷ 거래량이 증가하고 주가도 상승하면 이는 적극적인 매입신호이다.

❸ 거래량은 더 이상 증가하지 않으나 주가가 상승하면 매입지속 신호이다.

❹ 주가는 계속 상승하는데, 거래량은 서서히 감소한다면 이는 정점에 이르렀다는 신호이므로 추가적인 매입은 중단하고 주가의 추이를 살핀다.

❺ 거래량은 큰 폭으로 감소하고, 주가는 더 상승하지 못하고 횡보한다면 정점으로 판단되고 하락전환 신호로 간주된다.

❻ 거래량도 감소하고 주가도 하락하면 이는 적극적인 매도신호이다.

❼ 거래량은 더 이상 감소하지 않으나 주가가 하락하면 매도지속 신호이다.

❽ 주가는 계속 하락하는데, 거래량은 서서히 증가한다면 이는 바닥에 이르렀다는 신호이므로 추가적인 매도는 중단하고 주가의 추이를 살핀다.

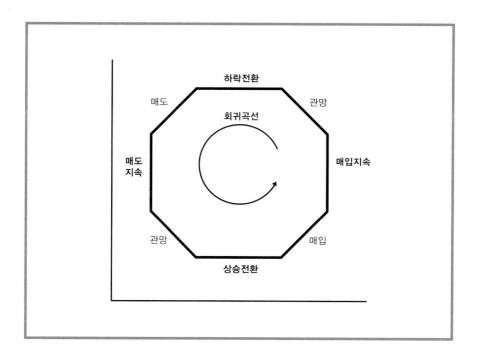

따라서 역시계 곡선을 그려서 곡선의 방향이 어느 쪽을 향하고 있는지 파악하는 것이 키포인트이다. 예를 들어 곡선이 오른쪽으로 움직이면서 동시에 상승하고 있다면 그것은 주가가 오르면서 동시에 거래량도 증가한다는 의미가 되므로 매입신호로 간주하는 식이다. 다만 실제로 곡선을 그려보면 방향이 명확하지 않으며, 아울러 앞의 그림에서의 순서와는 달리 방향이 제멋대로인 경우도 종종 있어서 판단하기 어려울 때가 많다. 이를 보완하기 위하여 요즘에는 역시계 곡선에다 추가로 회귀분석(regression)을 이용한 회귀곡선을 그리기도 한다. 회귀곡선이란 각각의 좌표를 종합하여 이것의 특성을 가장 잘 나타내는 선을 말한다. 역시계 곡선을 좀 더 잘 파악하기 위하여 회귀곡선이 추가되었다. 앞에서 예로 든 차트에서 회귀곡선은 완만하지만 오른쪽으로 상승하고 있다. 즉 주가는 크게 오르고 있지 않으나 거래량은 증가하고 있다는 의미. 따라서 매입의 기회라는 뜻이다.

캔들볼륨차트
CANDLE VOLUME CHART

8

평 점	★★★★
총 평	이 차트 역시 거래량을 고려하기 위한 방안으로 만들어졌다. 기존의 캔들차트와 똑같으며, 다만 거래량을 고려하여 몸통의 두께를 만든다. 시각적으로 거래량이 많고 적음을 쉽게 파악할 수는 장점이 있다. 그런데 너무 복잡하다고 여겨서일까? 실제로는 많이 사용하지 않는다.

★ 작성법 ★

금융시장에서 거래량의 중요성은 아무리 강조하여도 지나치지 않는다. 왜냐하면 어차피 시장에서 가격이 형성되려면 거래량이 동반되어야 하기 때문이다. 똑같은 가격이라 할지라도 거래량이 많이 실린 가격일수록 중요성이 높아지는 것은 당연하다. 그러므로 단순히 가격의 움직임만을 분석하는 것은 '반쪽분석'이 되기 십상이다.

캔들볼륨차트는 기존의 캔들차트에다 거래량을 합한 차트이다. 만드는 법은 비교적 단순하다. 캔들차트와 마찬가지로 장중고점과 저점을 연결하여 위, 아래 수염이 만들어지며, 또한 시가와 종가를 이용하여 몸통이 만들어진다. 그런데 기존의 캔들차트에서는 몸통의 폭이 모두 일정하였으나, 캔들볼륨차트에서는 거래량의 과다에 따라 몸통의 폭을 바꾼다. 즉 거래량이 많은 날의 몸통은 두텁게 하고, 거래량이 적은 날의 몸통은 얇게 만든다.

에퀴볼륨차트(좌)와 캔들볼륨차트(우)

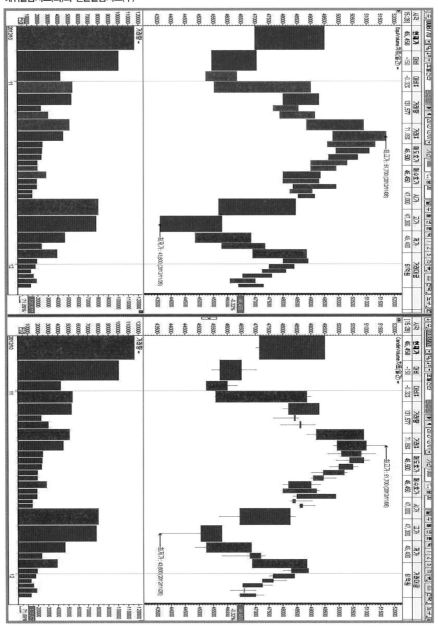

출처: 연합 인포맥스(www.einfomax.co.kr)

거래량을 감안한 차트에는 에퀴볼륨차트(Equi-Volume Chart)라는 것도 개발되어 있다. 에퀴볼륨차트도 거래량을 감안하여 차트를 작성한다. 다만 캔들볼륨차트와는 달리 에퀴볼륨차트에서는 통상적인 캔들차트에서 나타나는 위, 아래 수염이 없다. 왜냐하면 에퀴볼륨차트에서는 장중고점과 저점을 몸통으로 사용하기 때문이다.

캔들볼륨차트에서는 통상적인 캔들차트에서처럼 시가와 종가를 이용하여 몸통을 만들지만, 에퀴볼륨차트에서는 고점과 저점을 이용하여 몸통을 만든다. 캔들볼륨차트와 에퀴볼륨차트를 서로 비교해보면 그 차이를 명백하게 알 수 있다. 48쪽 그림에서 왼쪽의 차트가 에퀴볼륨차트이고, 오른쪽의 차트가 캔들볼륨차트이다.

★ 해석 ★

기존의 캔들차트의 해석과 다르지 않다. 다만 캔들볼륨차트는 거래량을 반영한 것인 만큼 거래량이 많은 날의 주가 움직임을 더욱 중시하여 분석할 수 있다. 예로 든 차트를 살펴본다면 거래량이 증가한 날의 주가가 지지선이나 저항선으로 작용하는 경우가 많았고, 또는 그날이 결정적인 추세전환일이 되는 경우도 발견할 수 있다. 반면 거래량이 크게 많지 않은 날의 경우에는 주가 움직임이 전체 흐름에서 별다른 역할을 하지 못한 사실도 나타난다.

나는 '차트쟁이' 이다

나는 '차트쟁이' 이다. 여기서 '쟁이' 란 국어사전의 풀이를 인용한다면 '일부 명사 뒤에 붙어서 그것이 나타내는 속성을 많이 가진 사람의 뜻을 더하는 접미사' 를 뜻한다. 예컨대 겁쟁이, 고집쟁이, 떼쟁이, 멋쟁이, 무식쟁이 등등이 대표적인 말들이다. 그런데 앞선 예와는 달리 나=차트가 아니고, 또한 내가 차트의 속성을 많이 가지고 있는 것도 아니므로 사실 차트쟁이라는 표현은 엄밀하게 말하면 틀렸다. 그래도 그 말을 쓰는 것은 그만큼 내가 차트에 애정을 가지고 있고, 의사결정을 차트에 근거하여 내린다는 의미이다. 덕택에 나는 지금처럼 연합 인포맥스에 내 이름을 걸고 칼럼을 매주 쓰고 있다. 그리고 이 글을 매주 꼬박꼬박 챙겨보는 '단골' 이 꽤 있다는 사실도 알고 있다. 감사히다.

차트쟁이인지라 당연히 차트를 중시한다. 차트쟁이는 펀더멘털을 믿지 않는다. 펀더멘털 요인은 그게 무엇이건 죄다 차트에 포함되어 있다고 보는 것이 일반적인 차트쟁이들의 판단이다. 20년도 지난 일이지만 미국의 TAG(Technical Analyst Group)의 세미나에서 만났던 저명한 기술적분석가 알렉산더 엘더(Alexander Elder)의 말이 인상적이었다. 그는 차트에서 앞으로 주가가 상승할 것이라는 신호가 나타나면 반드시 시장에는 호재가 출현하게 되어 있고, 차트가 향후 주가가 하락할 것이라고 신호를 보내면 반드시 시장에는 악재가 나타나게 되어 있다고 말했다. 호재나 악재 '때문에' 시장의 주가가 움직이는 것이 아니라, 어차피 차트에 의하여 오르내림이 예측된 연후에 그것을 '추인(support)' 하기 위하여 호재나 악재가 나타난다는 것이 그의 주장이었다. 차트쟁이 입장에서 본다면 꽤 마음에 드는 말이다. 그래서인지 한참이나 지난 과거의 일이로되 지금까지도 기억하고 있다.

나는 차트를 활용하는 여러 기법 중에서도 특히 '추세'를 좋아한다. 추세에 순응하는 것이 나의 매매방법이다. 추세가 상승세이면 매수하고, 추세가 하락세로 판단되면 매도한다. 비유하자면, 흐르는 강물에 배를 띄울 때 강물의 흐름과 같은 방향으로 노를 젓는 것이 편하고 안전하다. 흐름의 방향과 같다면 설령 노를 젓지 않아도 배는 저절로 떠내려가게 되어 있다. 하지만 반대 방향으로 강을 거슬러 오르려면 노를 젓느라 힘도 엄청나게 많이 들고, 노력에 비하여 성과도 좋지 않다. 주식시장도 똑같다. 흐름에 몸을 실어야 한다.

상당히 많은 투자자들이 '저점매수'를 부르짖는다. 주가가 내렸을 때, 즉 쌀 때 매수한다는 것이 그들의 주장이다. 물론 그럴싸하다. 주식투자라는 것이 '싸게 사서, 비싸게 파는' 일이기도 하다. 하지만 곰곰 생각하면 저점매수라는 전략은 매우 위험하다. 주가의 하락세에는 한계가 있을 수 없는데, 대체 어디를 저점이라고 말할지 모호하기 때문이다. 싸다고 매수하였는데, 주가가 더 떨어지면 어떻게 하나? 하지만 추세에 순응하는 전략은 저점매수보다 안전하다. 주가가 한창 상승 흐름을 탈 때 추세에 편승하여 매수하면 된다. 설령 비싸게 매수하였더라도 '더 비싸게' 매도할 수 있다면 성공이지 않은가?

플로우차트
FLOW CHART

9

평 점	★★
총 평	문자 그대로 '플로우' 즉 시장의 흐름을 용이하게 파악하기 위하여 고안되었다. 그러나 그것뿐이다. 다른 정보는 없다. 투자자 입장에서 그냥 한번 스윽 살피는 정도. 이 차트가 매매에 결정적으로 중요한 역할을 하지는 않는다.

★ 작성법 ★

플로우차트는 시장의 흐름(flow)을 파악하는 데 사용된다. 플로우차트를 이용하면 전체적으로 보아 시장이 어느 방향으로 흘러가고 있는지, 그리고 개략적인 지지선이나 저항선은 어느 수준에 위치하고 있는지 파악하기 쉽다. 플로우차트는 매일 나타나는 고점끼리 서로 연결하고, 또한 매일 형성되는 저점끼리 서로 연결하는 방식으로 작성된다. 그러면 고점과 저점 사이에 공간이 만들어지게 되는데, 이 공간에 색을 칠하면 플로우차트가 완성된다. 소개하는 그림은 똑같은 기간의 주가 움직임을 각각 플로우차트(우)와 캔들차트(좌)로 만들어 서로 비교해놓은 것이다. 그림을 보면 플로우차트를 어떻게 만들며, 어떤 목적으로 사용하는지 쉽게 이해할 수 있겠다.

★ 해석 ★

그냥 흐름을 보는 것이다. 그게 전부이므로 다른 기능은 없다.

플로우차트(우)와 캔들차트(좌)

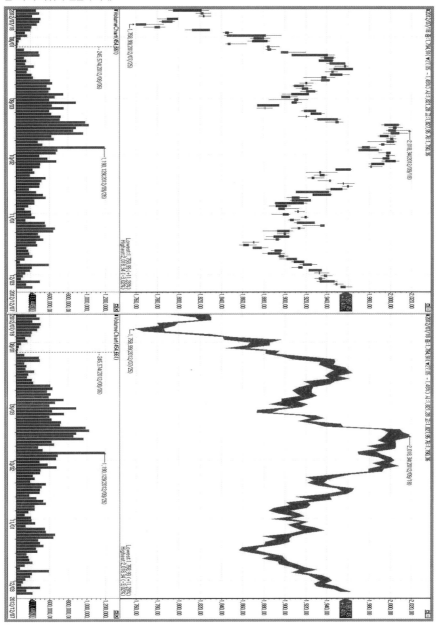

출처: 연합 인포맥스(www.einfomax.co.kr)

마운틴차트
MOUNTAIN CHART

10

평 점	★★
총 평	'산이 높으면 골이 깊다'는 증시격언에 착안하여 산과 골을 두드러지게 나타내도록 고안된 차트이다. 그러나 역시 그것뿐이다. 다른 방법의 분석 도구로는 사용할 수 없고, 그저 참고사항인 정도.

★ 작성법 ★

마운틴차트는 사실상 라인차트(Line Chart)와 같다. 장중의 고점이나 저점은 모두 무시하고 오로지 종가만을 선으로 연결하여 작성하기 때문이다. 다만 라인차트와 마운틴차트의 차이점은 마운틴차트의 경우 선 아래쪽에 모두 색을 칠하여 마치 '산'처럼 보이도록 만들었다는 것이다.

소개하는 차트는 똑같은 기간의 주가 움직임을 각각 마운틴차트(우)와 라인차트(좌)로 만들어 서로 비교해놓은 것이다. 굳이 말하지 않아도 구분할 수 있으며, 누구나 그림만으로도 마운틴차트를 어떻게 만드는지 쉽게 이해할 수 있다.

★ 해석 ★

증시격언에 '산이 높으면 골이 깊다'는 말이 있다. 마운틴차트는 단순히 라인차트의 아래에 색을 입혀놓은 것에 불과하지만 형상이 마치 '산'처럼 나타난다. 따

마운틴차트(우)와 라인차트(좌)

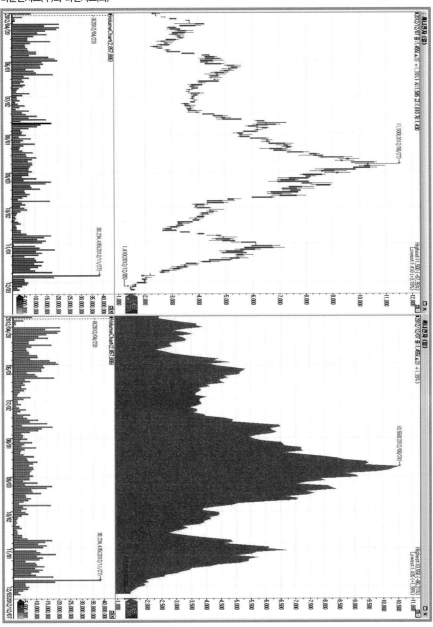

출처: 연합 인포맥스(www.einfomax.co.kr)

라서 산의 높이를 시각적으로 쉽게 파악할 수 있으며, 아울러 이에 따른 조정의 깊이가 얼마정도 나타날지 또한 가늠하기 쉽다는 장점을 가진다.

다만 이 차트 역시 단순히 산과 골의 깊이를 두드러지게 나타내는 것 이외의 특징은 딱히 없으므로 참고로 사용하는 정도의 가치를 지닌다.

렌코차트
RENKO CHART

11

평 점	★★★★
총 평	이처럼 주가차트를 그리는 다양한 방법이 존재한다는 것은 참으로 경탄할 일이다. 렌코차트는 삼선전환도처럼 시간의 흐름은 무시하고 가격에만 주목한다. 그리는 방법이 유사하니 해석 또한 삼선전환도와 유사하다. 추세의 전환점을 파악하는 것이 렌코차트의 주된 목적이다.

★ 작성법 ★

렌코차트라는 이름은 일본어로 벽돌을 뜻하는 렌카(れんが, 煉瓦)에서 왔다. 그 이름에서 유추할 수 있듯이 일본에서 개발되었는데, '벽돌'이라는 문자 그대로 렌코차트는 벽돌을 차곡차곡 쌓아가듯이 만들어진다. 렌코차트는 시간의 개념을 무시한다. 오로지 주가가 상승하는지 하락하는지에만 관심을 둔다. 따라서 렌코차트는 삼선전환도와 그 형태나 그리는 법이 매우 비슷하다. 삼선전환도에서는 이전의 양선이나 또는 음선 3개를 뛰어넘는 반대 방향의 주가 움직임이 나타나야만, 추세전환으로 간주한다. 렌코차트의 경우도 같다. 추세전환으로 간주하려면 역시 조건을 충족해야 한다. 렌코차트에서는 통상 사흘 연속으로 기존의 추세와 다른 방향으로 가격이 움직여야만 추세전환으로 간주한다.

그런데 렌코차트와 삼선전환도와 약간 다른 점도 있다. 삼선전환도에서는 하루의 주가 움직임을 하나의 봉으로 작성하지만 렌코차트는 그렇지 않다. 당일의

렌코차트(상)와 삼선전환도(하)

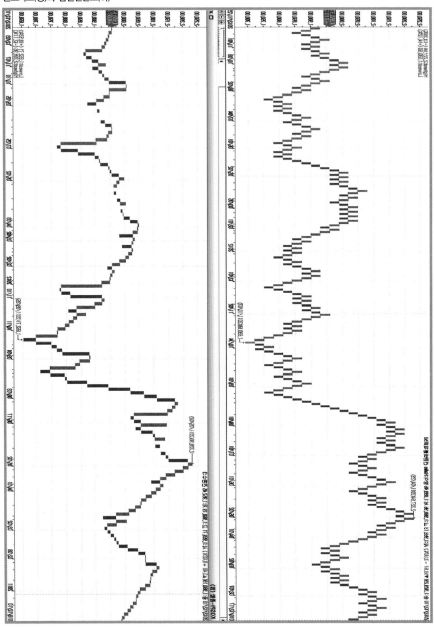

출처: 연합 인포맥스(www.einfomax.co.kr)

움직임을 하나의 봉으로 만드는 삼선전환도에서는 어떤 날에는 봉의 길이가 길게 나타나고, 또 어떤 날에는 봉의 길이가 짧게 나타나기도 한다. 그러나 렌코차트는 '벽돌'이라는 이름에 걸맞게 한 칸의 크기가 일정하다. 예컨대 한 칸의 크기가 10포인트이고 어느 날 주가가 30포인트 움직였다고 하자. 이럴 때 렌코차트에서는 벽돌 3장, 즉 3칸을 그린다. 반면 삼선전환도는 그냥 30포인트를 죽 이어서 연결하면 된다. 따라서 그날의 주가 움직임에 따라 봉 길이가 제각각으로 나타나는 삼선전환도와는 달리 렌코차트는 벽돌을 차곡차곡 쌓은 것처럼 만들어진다. 소개하는 차트는 똑같은 기간의 주가 움직임을 각각 렌코차트와 삼선전환도로 작성하여 비교해놓은 것이다. 두 차트의 차이점을 파악할 수 있을 것이다.

★ **해석** ★

포인트&피겨차트나 삼선전환도 또는 렌코차트 모두 추세의 흐름과 전환점을 쉽게 파악하도록 개발되었다. 다만 그 표현방식이 포인트&피겨차트에서는 O와 X로 나타내고, 삼선전환도는 매일매일의 가격 움직임을 하나의 봉으로 표현한다면, 렌코차트는 벽돌을 쌓듯이 차곡차곡 일정한 칸을 이어간다는 것이 조금씩 서로 다른 차이점일 따름이다.

카기스윙차트
KAGI SWING CHART

평 점	★★★★
총 평	이 차트는 1870년대 일본에서 만들어졌으므로 아마 역사상 가장 오래된 차트 가운데 하나일 것이다. 시간은 무시하고 주가 움직임에만 주목하므로 삼선전환도, 렌코차트 등과 같이 추세전환 여부를 파악하기 용이하다. 거기에 덧붙여 카기스윙차트에는 중간점이라는 독특한 개념이 있어서 추세의 강도를 파악하기 쉽다는 특징도 있다. 오래되었다고 하여 구닥다리, 촌스러울 것이라는 생각은 잊어라. 매우 유용하다.

★ **작성법** ★

이것 역시 가격의 움직임에만 주목하지 시간의 흐름에는 신경 쓰지 않는 방법의 하나이다. 이미 우리는 포인트&피겨차트, 삼선전환도, 렌코차트 등을 살펴보았다. 카기스윙차트 역시 같은 종류이다. 스윙차트는 1870년대 일본에서 증권거래가 막 시작되었을 당시, 가격의 움직임을 기록하고 미래를 예측하는 방법으로 개발되었다. 카기스윙차트는 오로지 종가만을 연결하여 그리는데, 포인트&피겨차트와 작성하는 방법이 비슷하다. 다만 포인트&피겨차트에서는 가격이 상승하면 X표로 나타내고, 하락하면 O표로 나타내는 것에 비하여 카기스윙차트는 단순히 선을 긋는다는 것이 다르다.

카기스윙차트에서도 기존의 방향과 다른 방향으로 차트를 그리려면, 즉 추세가 전환되려면 사전에 정해진 일정한 기준을 충족하여야 한다. 이것 역시 포인트&피겨차트와 같다.

카기스윙차트(상)와 캔들차트(하)

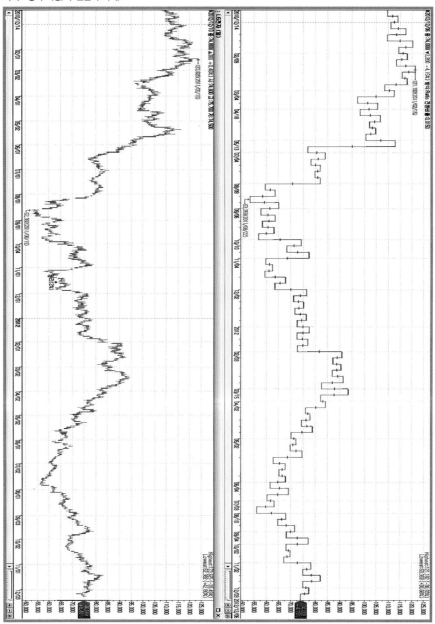

출처: 연합 인포맥스(www.einfomax.co.kr)

★ 해석 ★

카기스윙차트와 가장 큰 특징이라면 '중간점'이라는 독특한 개념을 가지고 있다는 사실이다. 61쪽에서 카기스윙차트(상)와 캔들차트(하)를 서로 비교해서 나타내었다. 이때 카기스윙차트에서 수평으로 짧게 표시된 선이 중간점이다. 중간점이란 쉽게 말하여 직전에 만들어진 고점과 저점의 중간 지점인데 이후 추세의 강도 여부를 확인하는 데 중요한 지침으로 사용된다. 예를 들어보자. 어떤 시점에 가격 움직임이 저점 5,000원, 고점 10,000원으로 나타났다고 하자. 그러면 중간점은 7,500원이 된다. 그런데 이후의 움직임에서 중간점을 건드리는지의 여부가 향후 추세를 가늠하는 중요한 판단근거가 된다. 만일 10,000원에서 하락한 하락세가 중간점을 건드리지 않고 다시 반등한다면(예컨대 8,000원까지 하락하고 다시 반등한다면), 이후의 상승세는 강력할 것으로 예상된다. 그러나 주가가 더 하락하여 중간점을 건드렸다면 설령 그 이후 재차 반등할지라도 상승추세의 강도는 강력하지 않을 것으로 예상된다.

본문에 소개하는 카기스윙차트는 LG전자인데, 2011년 5월, 112,500원의 고점을 만들고 하락한 주가가 직전의 중간점을 하회하며 더 내려가면서 하락추세가 강해졌음을 알 수 있다. 아울러 그 이후에 반등이 나타났으나 아예 중간점 95,000원을 넘어보지도 못한 탓에 하락세가 더 이어졌다는 사실도 알 수 있다.

분산차트

13

평 점	★★★
총 평	통계적 기법을 활용한 차트이다. 하지만 과학적 기법을 사용하였다고 하여 반드시 유용하다는 보장은 없다. 차트라기보다는 시장의 상황을 파악하는 참고자료 정도로 사용하는 것이 합리적이다.

★ 작성법 ★

차트에다 X축에는 거래량을 표시하고, Y축에는 주가를 표시하면 매일매일 거래량과 주가를 각각 (X, Y) 좌표로 나타낼 수 있다.

분산차트는 이처럼 매일매일의 거래량과 주가로 구성된 (X, Y) 점을 모은 것이다. 그리고 각 점들의 특성을 가장 잘 나타내는 통계기법인 회귀곡선(regression line)을 차트에 표시한다.

★ 해석 ★

분산차트는 주가와 거래량과의 관계를 나타내기 위하여 개발되었다. 앞서 역시계곡선을 살펴보았는데, 이것 역시 주가와 거래량과의 관계를 이용하여 추세를 파악하는 방법이었다. 분산차트도 마찬가지이다. 다만 분산차트는 좀 더 과학적인 통계기법을 이용하여 회귀곡선을 활용하므로 더욱 수준 높은 분석기법이라고

분산차트

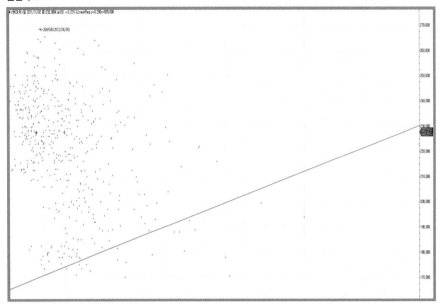

출처: 연합 인포맥스(www.einfomax.co.kr)

말할 수 있겠다.

　'주가는 거래량의 그림자'라고 하였으니 거래량의 동향은 주가 예측에 매우 중요하다. 거래량을 감안한다면 주가가 상승할 때 동시에 거래량이 증가하는 것이 가장 바람직하다. 왜냐하면 시장에 매입세가 꾸준하게 유입되고 있으므로 거래량이 증가하는 것이기 때문이다. 따라서 이럴 때에는 안정적인 상승세를 기대할 수 있다. 반면 주가는 오르는데 거래량이 감소하는 것은 위험하다. 주가가 많이 올라서 투자자들이 추가로 매입하기에 부담스럽다고 느끼기 때문이다. 그리기에 매입세가 늘지 않는데, 이는 거래량이 증가하지 않는 현상으로 파악된다. 그런데 거래량과 주가와의 관계는 이처럼 중요하지만 앞선 역시계 곡선으로는 곡선의 방향이 일정하지 않아서 전반적인 흐름을 파악하기 어려웠다. 이 약점을 해소하기 위하여 개발된 것이 분산차트이다. 매일매일의 주가 움직임과 거래량과의 관계를 (X, Y) 좌표로 나타내고, 그것의 특성을 회귀곡선으로 나타낸다.

　분산차트에서는 회귀곡선의 방향이 중요하다. 회귀곡선이 우상향의 방향이라면 주가가 상승하면서 거래량이 증가하고 있음을 뜻한다. 따라서 상승세가 견조하다고 간주된다. 반면에 회귀곡선이 우하향의 방향이라면 주가가 상승하지만 거래량은 되레 감소하고 있다는 의미이므로 추세전환이 곧 나타날 것으로 간주된다. 소개하는 분산차트에서는 가격이 상승하면서 거래량이 증가하고 있다는 것을 회귀곡선을 통하여 파악할 수 있다. 따라서 이 종목의 상승세는 비교적 견조하다고 볼 수 있다.

계단차트

평 점	★★
총 평	라인차트와 그리는 법이 같다. 다만 지지선이나 저항선의 위치를 손쉽게 파악하기 위하여 '계단'식으로 나타내는 방법을 사용하였다. 그것 외에는 별다른 특징이 없다.

★ 작성법 ★

계단차트는 라인차트와 그리는 법이 유사하다. 종가만을 이용한다거나 또는 종가를 서로 연결한다는 점이 서로 같다. 다만 라인차트의 경우는 어제의 종가와 오늘의 종가를 각각 점으로 표시하고, 점과 점을 서로 연결하므로 끝이 날카롭게 만들어진다. 반면 계단차트는 마치 계단을 만들 듯이 어제의 종가를 수평으로 짧게 나타내고, 오늘의 종가도 수평으로 짧게 나타낸 다음, 이 둘 사이를 수직선으로 연결하므로 문자 그대로 '계단' 모양의 차트가 만들어진다.

★ 해석 ★

계단차트를 굳이 라인차트로 만들지 않고 계단 모양으로 나타내는 그럴 만한 이유가 있다. 저점이나 고점을 끝이 뭉툭한 수준으로 나타내므로 고점과 저점의 수준 또는 지지선이나 저항선의 위치를 좀 더 정확하게 파악할 수 있다는 것이 계

계단차트(상) 라인차트(하)

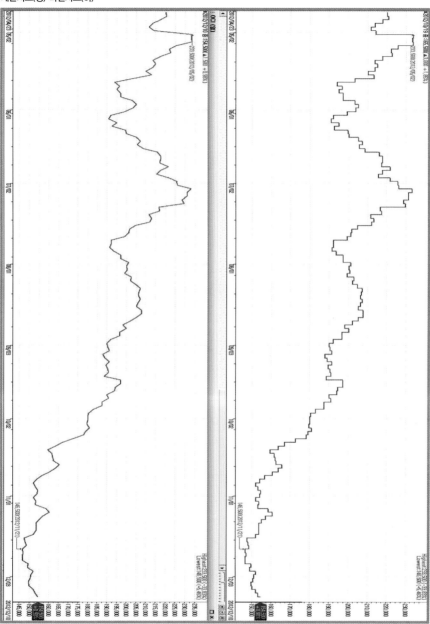

출처: 연합 인포맥스(www.einfomax.co.kr)

단차트의 장점이다. 그 외의 해석법은 라인차트와 다를 바 없다.

　소개하는 차트는 계단차트(상)와 라인차트(하)를 서로 비교한 것이다. 차트를 보면 19만 원 수준에서 지지선이 여러 차례 만들어진 것이 확인된다. 물론 라인차트로도 지지선을 확인하지 못하는 것은 아니지만, 계단차트로는 지지선이 좀 더 명확하게 나타난다는 장점이 있다. 그런데 계단차트의 장점이라고 해보아야 이것뿐이므로 꼭 이 차트만을 사용하여야 한다고 말하기는 어렵다.

 추세차트

15

평 점	★★★
총 평	추세차트는 문자 그대로 추세의 흐름을 파악하려는 목적으로 개발된 것이다. 추세 흐름을 화살표로 나타내므로 시각적으로 쉽게 알 수 있다. 그러나 종가 정보가 포함되지 않는다는 결정적인 약점이 있다.

★ 작성법 ★

추세차트는 추세의 흐름을 보다 확실하게 알아볼 수 있도록 화살표 형태로 만들어진다. 추세차트에는 시가와 장중고가, 그리고 장중저가가 사용된다. 따라서 종가는 추세차트에 포함되지 않는다. 추세차트를 그리는 방법은 시가를 출발점으로 하여 장중고점과 장중저점을 각각 연결하는 뾰쪽한 삼각형을 만드는 것이 기본이다. 이때 종가는 비록 차트에는 나타나지 않지만, 개장가에 비하여 종가가 낮으면 추세차트의 일봉은 음선으로 나타나고, 반대로 개장가에 비하여 종가가 높으면 추세차트의 일봉은 양선으로 나타난다. 70쪽에 소개하는 차트는 추세차트(상)와 일반적인 캔들차트(하)를 서로 비교한 것이다. 추세차트의 특징이 고스란히 드러나 있다.

추세차트(상)와 캔들차트(하)

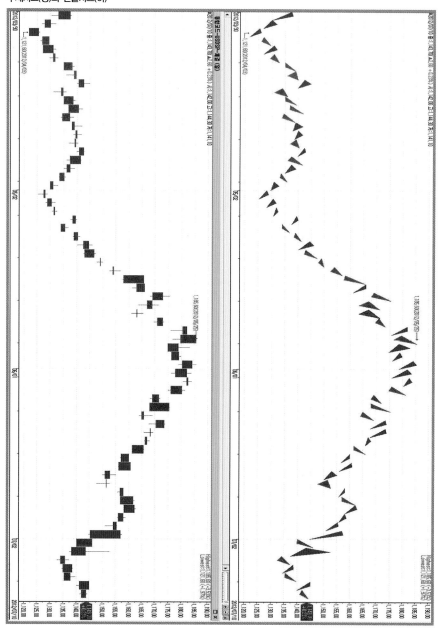

출처: 연합 인포맥스(www.einfomax.co.kr)

★ 해석 ★

이름에 걸맞게 추세차트를 이용하면 추세의 흐름을 용이하게 파악할 수 있다. 추세를 판단하는 방법은 의외로 간단하다. 화살표의 방향이 어디를 향하는지를 살피면 된다. 옆에 소개된 추세차트(상)를 보자. 3월 말부터 5월 초의 기간 동안의 화살표 방향에만 주목한다면 추세가 상승세에서 하락세로 바뀌는 과정을 손쉽게 알아볼 수 있다. 또한 5월 중순 이후 양선으로 만들어진 일련의 화살표들이 위쪽 방향을 계속 가리키고 있다. 당연히 추세는 상승세로 간주된다. 그러나 6월 하순에 이르자 화살표의 방향은 지속해서 아래쪽으로 향한다. 따라서 하락세로 판단된다.

 # 전환선차트

16

평 점 ★★★★
총 평 카기스윙차트와 사실상 같은 차트이다. 다만 카기스윙차트에 비하여 모양이 약간 다르게 나타난다는 정도이다. 해석은 똑같다.

★ 작성법 ★

전환선차트는 사실상 카기스윙차트와 그리는 법이 같다. 차이점이라면 카기스윙차트에서는 고점과 저점을 짧은 수평선으로 표시하는 데 비하여 전환선차트는 고점과 저점을 각각 점으로 나타낸다는 것이다. 따라서 두 차트를 서로 비교하면 추세가 바뀔 때마다 전환선차트는 끝이 뾰쪽하게 나타나지만 카기스윙차트의 끝은 뭉툭하게 나타난다. 소개하는 차트는 똑같은 가격 움직임을 각각 전환선차트(좌)와 카기스윙차트(우)로 작성하여 비교한 것이다. 두 차트의 차이점을 쉽게 알 수 있다.

★ 해석 ★

전환선차트와 카기스윙차트는 같은 차트이므로 해석하는 방법도 같다. 전환선차트에서도 중간점이 표시되는데, 이것을 건드리는지의 여부가 향후 추세의 강도

전환선차트(좌)와 카기스윙차트(우)

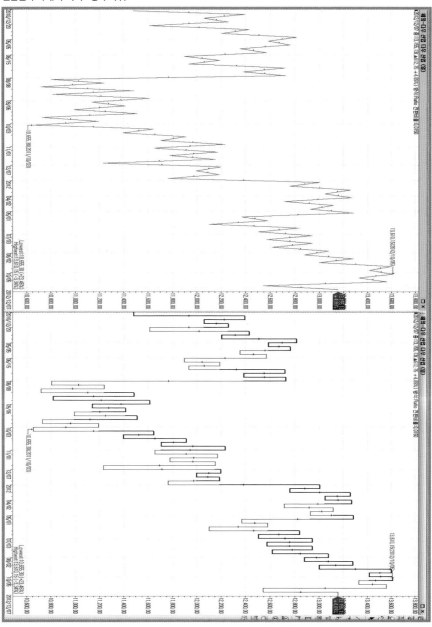

출처: 연합 인포맥스(www.einfomax.co.kr)

를 결정하는 중요한 시금석이 된다. 차트를 보면 전환선의 색이 파랗게 또는 빨 갛게 나타나 있는 것을 알 수 있다. 이것은 직전 고점을 돌파하였는지 또는 직전 저점을 무너뜨렸는지 구분하기 위한 것이다. 일반적으로 직전 고점은 저항선으 로 작용하고, 직전 저점은 지지선으로 작용한다. 따라서 주가가 직전 고점을 넘 어 상승하였다면 상승세가 강력하여 추가 상승의 여력이 있다고 판단할 수 있다. 반대로 주가가 직전 저점을 무너뜨리고 하락하였다면 하락세가 강력하다고 판단 된다. 거기에다 상승세(또는 하락세)가 중간점마저 넘어선다면 추세는 매우 강력한 것이다.

물론 카기스윙차트에도 직전 고점을 돌파하였는지, 또는 직전 저점을 무너뜨 렸는지 구분할 수 있다. 선의 굵기가 달리 나타나 있다. 굵은 선으로 표시된 것은 직전 고점을 넘어선 상승세, 반대로 가는 선으로 표시된 것은 직전 저점을 무너 뜨리는 하락세이다.

마켓 프로파일
MARKET PROFILE

17

평 점	★★★★★
총 평	마켓 프로파일은 이름 그대로 시장의 프로필, 즉 일반적인 개요, 흐름을 나타내려는 목적에서 만들어졌다. 시카고 상품거래소에서 일중 트레이딩을 위해서 개발되었는데, 단기거래에 매우 유용하다. 특히 시장의 균형을 쉽게 알 수 있다. 매우 쓸모 있는 차트이지만 우리나라에 아직 잘 알려지지 않아서인지 사용하는 사람이 드물다.

★ **작성법** ★

마켓 프로파일(Market Profile)은 시카고 상품거래소(CBOT, Chicago Board of Trade)에서 트레이더로 일하던 피터 스테이들메이어(J. Peter Steidlmayer)가 1985년에 개발한 차트기법이다. 이제까지의 보편적인 차트기법과는 전혀 다른 방식으로 만들어져서 얼핏 보면 매우 어렵고 복잡하게 느껴지는데, 조금만 익숙하면 시장의 흐름을 나타내는 데 아주 효과적이라는 것을 알게 된다. 마켓 프로파일은 하루 중의 거래시간을 구간별로 나누어서 그때의 가격을 기록하는 방식으로 만들어진다. 그러므로 하루에 하나씩 만들어진다.

작성하는 방법을 구체적으로 살펴보자. 주식시장은 하루에 6시간 열린다. 아침 9시에 시장이 개장되어 오후 3시에 마감한다. 거래시간을 20분 단위의 구간으로 나누면 모두 18구간이 된다. 이때 각각의 구간을 순서대로 9시부터 9시 19분까지를 1구간, 9시 20분부터 9시 39분까지를 2구간, 9시 40분부터 9시 59분까지를 3구간, 그리고 10시부터 10시 19분까지를 4구간… 등등으로 나눌 수 있다. 또는 시간을 20분 단위가 아닌 30분 단위로 나눌 수 있고(물론 10분 단위이거나 또는 1시간 단위로 나누는 것도 가능하다.) 그리고 각 시간 구간을 1, 2, 3 등으로 표시하지 않고 A, B, C 등의 문자로 나타내어도 상관없다. 그런 연후에 구간별 가격 움직임을 그래프에 기록한다. 단, 여기서 주의해야 할 것은 Y축이 가격이니만큼 수직으로 가격 움직임이 나타난다는 점이다.

소개하는 차트는 삼성전자의 2012년 12월 10일의 움직임이다. 이날 삼성전자는 1,506,000원으로 개장되어 9시에서 9시 19분까지의 1구간에는 1,506,000원~1,493,000원의 범위를 오간 것으로 나타난다. 그리고 9시20분부터 9시 39분의 2구간에는 1,503,000원~1,494,000원의 범위를 나타내었으며 9시 40분부터 9시 59분의 3구간에는 1,500,000원~1,492,000원의 범위를 오고 갔음을 알 수 있다.

★ 해석 ★

마켓 프로파일에는 콘트롤 가격대(POC, Point of Control)이라는 것과 가치영역(Value Area), 그리고 최초균형영역(IB, Initial Balance)이라는 독특한 개념이 있다. 이것을 잘 알아야 마켓 프로파일을 정확히 해석할 수 있다.

첫 번째로 컨트롤 가격대에 대해서 알아보자. 마켓 프로파일은 통계학에서 정규분포 이론을 토대로 하고 있다. 변수의 숫자가 늘어나면 그 분포는 자연스럽게 가운데가 볼록한 종(bell) 모양의 정규분포로 만들어진다. 마켓 프로파일로 주가의 움직임을 기록하여도 마찬가지로 종 모양의 정규분포로 나타나는 경우가 대부분이다. 이때 중심점이 주가의 균형점을 나타내는 곳으로 매우 중요한 의미를

마켓 프로파일

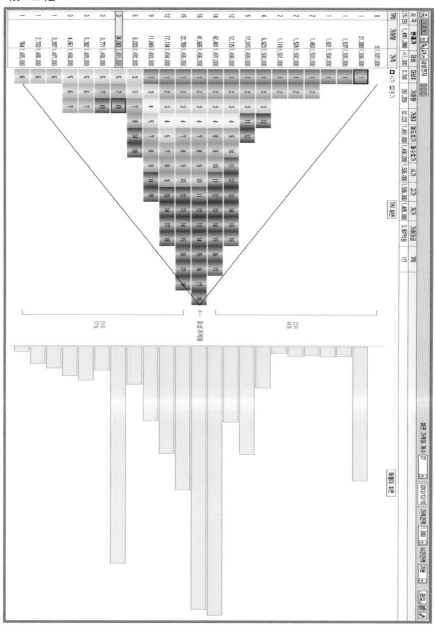

출처: 연합 인포맥스(www.einfomax.co.kr)

가진다. 이 가격을 컨트롤 가격대(POC)라고 한다. 컨트롤 가격대는 중요한 지지선이나 저항선으로 작용하는 경우가 많다. 현실적으로 컨트롤 가격대는 하루 중에 거래가 가장 많았던 수준이다. 그림에서 찾아본다면 1,496,000원이 바로 POC가 된다.

두 번째로 가치영역에 대해 알아본다. 통계학에 의하면 정규분포에서 평균값을 중심으로 표준편차의 +/- 1배 범위에 전체의 68%가 분포되고, 표준편차의 +/- 2배 범위에는 전체의 96%가 분포된다. 거꾸로 말하여 평균에서 표준편차의 +/- 1배 범위를 벗어나는 구역에는 전체의 32%(=100-68)만 분포되고, 나아가 표준편차의 +/- 2배 범위를 벗어나는 구역에는 고작 4%(=100-96)만 분포한다. 이를 주식으로 설명한다면 평균에 비하여 주가가 큰 폭으로 오르거나 또는 큰 폭으로 하락하는 주가의 비율은 매우 낮다. 따라서 마켓 프로파일에서도 주가는 중심 가격대를 중심으로 분포될 수밖에 없는데, 특히 평균을 중심으로 70% 이내를 가치영역(Value Area)이라고 정의한다. 일반적으로 말하여 가치영역 내에서의 고점과 저점은 각각 하루 중 거래에서 중요한 지지선이나 저항선으로 작용하는 경우가 많다.

마지막으로 최초균형영역이라는 개념은 또 무엇인지 살펴본다. 마켓 프로파일에서는 개장 이후 1시간을 중시하는데, 이때 거래된 가격대를 최초균형영역(IB)으로 간주한다. 만일 하루 중의 가격이 최초균형영역을 벗어나지 못한다면 그날은 추세가 없는 날로 간주된다. 일반적으로 중심가격대는 최초균형영역을 벗어나 형성되는데, 그것이 최초균형영역보다 위쪽에 있으면 상승세, 반대로 중심 가격대가 최초균형영역의 아래쪽에 형성되면 하락세로 판단된다. 또한 어떤 날에는 추세가 매우 강력할 때도 있다. 이런 날에는 하루 중의 가격이 최초균형영역의 3~4배 범위를 벗어나서 형성된다.

이제 예로 든 삼성전자의 마켓 프로파일을 살펴보자. 개장 직후 1시간은 결국 1, 2, 3구간에 속한다. 따라서 개장 직후 1시간 동안 주가는 1,506,000원 ~1,492,000원의 범위를 오갔다. 그 이후 장중에 주가는 잠시 최초균형영역을 벗어나 하락하기도 하였으나 컨트롤 가격대는 1,496,000원으로 결정되어 최초균형영역에 속한다. 대체로 시장의 추세는 그리 강력하지 않은 것으로 판단되는데, 다만 마감가가 1,491,000원으로 나타나 최초균형영역을 벗어나 하락하였으므로 전체적인 추세는 미약하지만 하락세로 볼 수 있다.

당신은 샀고, 그들은 팔았다

2002년 9월 2일자 미국의 경제 전문지 〈포천(Fortune)〉은 '당신은 샀고, 그들은 팔았다(You bought, They sold)' 라는 제목의 기사를 실었다. 여기에는 1999년 1월부터 2002년 5월까지 3년 반 동안 경영진들의 주가조작이나 분식회계 등 범죄로 인하여 주가가 고점 대비 75% 이상 추락한 20개 회사의 이름이 열거되어 있다. 리스트에는 엔론, 월드컴, 타이코 등 한때 세상을 떠들썩하게 만들었고 우리에게도 익숙한 기업들이 대부분 포함되었다. 그런데 이들에는 공통적인 특징이 하나 있다. 한결같이 주가가 최고점에 이르렀을 때 대주주나 또는 기업 내부의 경영진들이 주식을 팔았다는 점이다. 주가가 고점에 이르렀을 때 매도한 덕택으로 내부자들은 엄청난 자본소득이나 스톡옵션에 따른 이익을 챙겼다. 이들이 챙긴 수익은 무려 600억 달러에 이른다. 반면 주가가 최고점에 이르렀는데도 멋모르고 장밋빛 낙관론에 도취하여, 경영진 등 내부자들이 팔아버린(they sold) 주식을 사들인 일반 투자자들은(you bought), 주가가 폭락하면서 거액의 손실로 고통을 받을 수밖에 없었다. 예컨대 엔론은 회계장부 조작을 통하여 가공의 이익을 만들어내었으니, 겉으로 보기에 회사는 엄청나게 수익성이 좋았다. 주가는 당연히 하늘 높은 줄 모르고 치솟을 수밖에…

하지만 경영진 등 내부자들이 고점에서 주식을 대거 팔고 사라지자 이내 실상이 드러났다. 회사는 부도가 나서 청산되었고, 주식은 걷잡을 수 없이 추락하다가 결국 휴지가 되었다. 그 주식을 좋아라 매수하였던 일반 투자자들은 고스란히 손실을 입었다.

"그들은 팔고, 당신은 산다!"

당신은 앞으로 주가가 오를 것이라 기대하면서 주식을 사들이지만, 당신에게 주식을 팔고 있는 그들은 앞으로 주가가 하락하리라고 예상한다. 물론 주식을 매도한 사람들이 모두 엔론이나 타이콤의 내부자들이라는 뜻은 아니다. 주가조작을 하였다는 말도 아니다. 시장에는 언제나 당신과 의견을 달리하는 사람이 반드시 존재한다는 사실, 그게 핵심이다.

서로 의견을 달리하는 사람이 존재하여야 거래가 형성된다. 시장에 참여하는 '모든 사람'들이 앞으로 주가가 오르기를 예상하거나 반대로 '모든 사람'들이 앞으로 주가가 내릴 것으로 믿는다면 시장에서는 거래가 이루어지지 않는다. 앞으로 주가가 오를 것이 확실한데 자신이 가지고 있는 주식을 지금 헐값으로 팔고자 하는 투자자는 아무도 없고, 거꾸로 앞으로 주가가 떨어질 것이 분명한데 그 주식을 당장 비싼 값으로 사고자 하는 투자자 역시 없다. 하지만 많은 사람들이 앞으로 주가가 오르기를 기대하고 있고, 동시에 많은 사람들이 앞으로 주가가 내리리라 예상하기 때문에 시장에서 거래가 성사된다. 그렇다면 당신은 어느 편인가? 당신의 생각이 맞을 확률은 잘해야 50%에 불과하다. 이런 상황에서 어떻게 돈을 벌 수 있을까? 정답은 뻔하다. 어차피 승산은 절반인지라 모든 거래에서 수익을 낼 수는 없다. 따라서 성공한 거래에서 최대한의 수익을 얻고, 실패한 거래에서는 최소한의 손실을 보도록 하는 것이 '성투의 비결'이다.

주가의 움직임은 매우 불규칙하여 방향을 종잡을 수 없을 때가 많다. 며칠 오르는가 싶더니 금세 떨어지고, 한동안 하락세인 듯하다가 갑자기 급등하기 십상이다. 따라서 시장의 움직임, 즉 가격만을 살펴서는 제대로 된 흐름이나 방향을 파악하기 어렵다. 가격지표는 시장의 흐름을 파악할 수 있도록 가격 움직임을 이리저리 가공한 것이다. 단순화하기도 하고, 평균도 산출하고 통계적 기법도 동원하는 등 시장의 '속살'에 다가설 수 있도록 마련된 기법이다. T3, VIDYA, DEMA 등 생소하고 복잡한 지표들도 있으나 이를 통해 시장을 더욱 잘 분석하고 예측할 수 있으니 얼마나 좋은가!

PART

2

가격지표

가격이동평균
PRICE MOVING AVERAGE

신뢰도	★★★★★
안정성	★★★★★
민감도	★★★
기 간	장기·중기·단기거래 모두 사용할 수 있다.
총 평	매우 우수한 기술적지표이다. 기술적분석에 관심이 있는 투자자라면 반드시 알고 잇어야 하는 필수적인 지표. 다만 주가의 움직임에 다소 늦게 반응한다는 약점은 감안해야 한다.

★ 의의 ★

추세분석가들의 꿈은 '추세'를 적절하게 나타내는 지표를 개발하는 것이다. 추세만 제대로 파악할 수 있다면 그 다음의 일은 쉽다. 그저 추세를 뒤따르는 일(trend following)만으로도 확실한 수익을 얻기 때문이다. 하지만 현실적으로 추세를 파악하기란 녹녹하지 않다. 매일매일의 가격은 오르기도 하고, 내리기도 하는 등 얼핏 느끼기에 대단히 불규칙하게 움직이는 것 같다. 이 와중에 어떻게 추세를 파악하고, 또 그걸 어떻게 따른다는 말인가!

그러나 전혀 방법이 없는 게 아니다. 길게 본다면 시장의 가격은 일정한 흐름, 즉 추세를 가지고 있다. 다만 그 흐름은 매일매일 가격이 들쑥날쑥 움직이는 틈에 가려서 잘 보이지 않을 따름이다. 따라서 불규칙한 움직임에 가려서 잘 보이지 않는 추세를 드러내기만 한다면 추세를 파악하기란 용이해질 것이다. 이것이 바로 이동평균이 만들어진 배경이다. 이동평균은 주가의 흐름에서 들쑥날쑥한 부분, 잡음(noise)을 제거하고 추세를 파악하려는 방법으로 사용된다.

일반적으로 평균이란 어떤 집단의 전체적인 특성을 나타내기 위한 수단으로 만들어졌다. 한국 남자들의 키가 평균 170센티미터라고 한다면, 개개인의 차이는 있을지라도 대체로 한국 남자들의 신장이 대략 그런 정도라는 사실을 우리는 쉽게 알아챌 수 있다. 이것이 평균의 의의이다. 이동평균은 기술적분석 기법에서 역사상 가장 오래되었다. 또한 비교적 이해하기 쉽고, 그러기에 많은 투자자들이 사용하고 있다. 아울러 이동평균이 쉽고 단순하다는 이유만으로 많은 투자자들은 이를 무시하는 경향도 드러내고 있다. 그러나 이동평균이야말로 기술적분석의 기초이다. 앞으로 이 책에서 우리가 살펴볼 기술적지표 중에는 이동평균을 기반으로 만들어진 것이 헤아릴 수 없을 정도로 많다. 쉽다고 무시할 것이 아니다. 단순하다고 하여 예측력이 떨어진다는 법은 없다.

이동평균은 다 좋은데, 결정적인 약점이 있다. 바로 후행성(time lag)이다. 이동평균은 근본적으로 '과거'의 가격 움직임을 평균하는 방식으로 산출되므로 가격이 움직인 연후에야 비로소 이동평균이 반응할 수밖에 없다. 시장이 추세를 가지고 움직이는 상황이라면 약간 늦더라도 별 문제는 없다. 그러나 시장이 박스권에서 횡보하는 상황이라면 민감도가 떨어지는 이동평균으로만 거래하기에는 문제가 많다. 이동평균의 시차를 해결하기 위한 여러가지 방법이 모색되었으나 현재까지 뚜렷한 개선책은 나오고 있지 않다. 다만, 시차라는 약점을 고려하더라도 이동평균은 여전히 매우 뛰어난 지표임이 분명하다.

★ 산출법 ★

이동평균을 산출하는 공식은 다음과 같다.

$$n\text{일 이동평균} = \frac{P_0 + P_{-1} + P_{-2} + \cdots P_{-(n-1)}}{n}$$

단, $P_0 = $ 당일의 시장가격 | $P_{-n} = n$일 전의 시장가격

공식에서 알 수 있듯이 5일간 이동평균이라면 오늘 종가를 포함하여 과거 5일 동안의 종가를 모두 합하여 평균을 산출하면 된다. 그런데 오늘은 그렇다 치고 다음날이 되면 어떻게 해야 할까? 당연히 새롭게 이동평균을 구해야 할 것이다. 어제와 똑같다. 다시 그날의 가격을 포함하여 과거 5일 동안의 가격을 평균하면 된다. 어렵지 않다. 여기서 알 수 있듯이 매일매일의 평균을 구할 때 사용되는 기간이 점차 이동한다고 하여 이를 이동평균(moving average)이라는 이름으로 부른다. 기간만 조정하면 어떤 기간이건 이동평균을 산출할 수 있다. 예를 들어 구하고자 하는 기간이 20일이라면 오늘의 주가를 포함하여 1일 전, 2일 전… 등등으로 모두 20일간의 주가를 평균하면 된다. 60일, 120일 이동평균도 마찬가지이다.

★ 해석 ★

앞서 설명하였듯이 이동평균선은 투자자에 따라서 다양한 기간으로 산출할 수 있다. 그런데 대체로 5일, 20일, 60일, 120일, 240일 등의 이동평균이 보편적으로 사용된다. 5일은 1주일을 의미하고(토, 일요일을 제외한 영업일로는 1주일이 5일이다), 20일은 1달을 의미한다(역시 순수한 영업일을 따져서 그렇다). 같은 논리로 60일은 3개

월, 그리고 120일은 6개월, 240일은 1년을 각각 의미한다. 이때 시장에서는 5일 이동평균선(통상 5일선으로 지칭한다)을 '심리선', 20일선을 '추세선', 60일선을 '수급선', 그리고 120일선을 '경기선'으로 부른다. 심리선이라는 것은 5일선이 현재 시장의 단기적인 분위기 또는 시장의 심리를 나타낸다는 뜻이고, 추세선이라는 것은 20일선으로 미루어 시장이 상승세인지 하락세인지 판단할 수 있다는 뜻, 즉 그게 추세의 기준이 된다는 의미이다. 수급선이라는 것은 60일선이 수요와 공급의 균형점이 된다는 말이며, 경기선이라는 것은 120일선이 경기의 흐름을 나타낸다는 것이다.

아울러 이동평균선은 지지선/저항선으로서의 의미를 가진다. 이동평균은 과거 특정한 기간의 가격을 평균한 것이다. 따라서 그 기간 동안의 가격을 대표하는 값이며 이동평균 안에는 그동안의 가격 움직임이 녹아 있다. 이를테면 20일 이동평균이란 과거 20일간 가격의 평균으로서 20일 동안의 가격 움직임을 대표하며, 지난 20일간의 가격 움직임이 '평균'이라는 하나의 가격 안에 녹아 있는 것이다. 그런데 주가가 상승하여 이동평균을 상회한다면 대푯값을 넘어서므로 전체적인 평균값을 끌어올리는 결과가 되고, 반대로 주가가 하락하여 이동평균을 하회한다면 대푯값을 내려서므로 전체적인 평균값을 끌어내리는 결과가 된다. 이때 이동평균은 대푯값인 데다 그동안의 가격 움직임이 녹아 있는지라 평균을 넘어서거나 또는 못 미치는 가격 움직임을 막아서는 역할을 하는 경향이 높다. 다시 말하여 이동평균은 지지선이나 저항선의 역할을 하게 된다.

둘째로 이동평균을 구하는 기간에 따라 매일매일의 가격 움직임이 이동평균에 미치는 영향력이 달라진다. 예컨대 5일 이동평균의 경우는 당일의 가격 변동폭의 1/5만큼 영향을 받을 것이고(당일에 주가가 +500원 상승하였다면 5일 이동평균은 +100원

가격이동평균

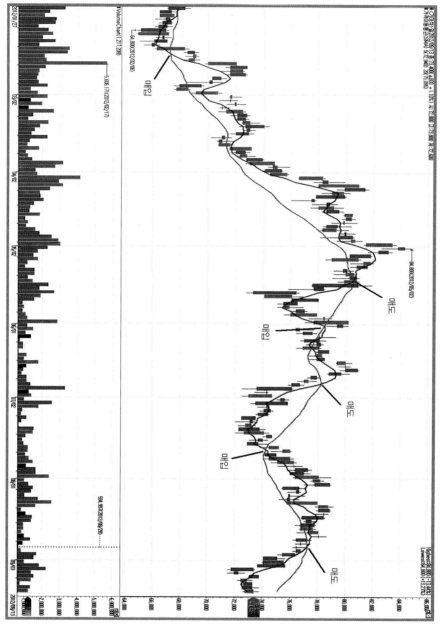

출처: 연합 인포맥스(www.einfomax.co.kr)

상승하는 효과가 있다), 20일 이동평균이라면 당일의 가격 변동폭의 1/20만큼 영향을 받을 것이다. 결국 단기이동평균일수록 최근의 가격 움직임에 영향을 많이 받는다. 이런 성질을 이용한다면 장기·단기이동평균선의 관계를 이용하여 매매 타이밍을 설정할 수 있다. 예를 들어 단기이동평균선이 장기이동평균선을 상향돌파하는 현상이 나타난다면 이는 결국 최근의 가격 움직임을 많이 반영하는 단기이동평균이 상승하였다는 뜻이므로 매입신호로 간주된다. 이를 골든크로스(Golden Cross)로 부른다. 반대로 단기이동평균선이 장기이동평균선을 하향돌파하는 현상이 나타나면 이는 매도신호로 간주된다. 그리고 이것을 데드크로스(Dead Cross)로 부른다.

★ 매매방법 ★

가장 단순한 방법으로는 골든크로스와 데드크로스를 이용하는 것이다. 골든크로스가 나타나면 매입하고, 데드크로스가 나타나면 매도하는 기계적인 방법을 사용하면 매우 효과적이다. 아래의 차트에 매입, 매도 신호가 표시되어 있다. 아울러 이동평균선이 지지선 또는 저항선으로 작용하는 것을 이용하는 매매방식도 생각해볼만 하다. 즉 주가가 하락하여 이동평균에 근접할 경우, 이동평균이 지지선이 되는 것을 확인하고 매입한다. 반대로 주가가 상승하여 이동평균이 근접할 경우, 이동평균이 저항선이 되는 것을 확인하고 매도하는 방식이 바로 그것이다. 이 방법 또한 효과적이다.

거래량조정 이동평균
VOLUME-ADJUSTED MOVING AVERAGE

2

신 뢰 도	★★★★★
안 정 성	★★★★★
민 감 도	★★★
기　　간	장기·중기·단기거래 모두 사용할 수 있다.
종합평가	가격이동평균이 거래량은 고려하지 않는다는 약점에 착안하여 만들었다. 그러나 실제로 매매할 때에는 거래량을 무시하고 산출해낸 단순한 가격이동평균이나 거래량까지 고려한 거래량조정 이동평균이나 별반 차이를 느끼기가 어렵다. 괜히 복잡하기만 하다.

★ **의의** ★

가격이동평균에도 몇몇 약점이 있다. 그건 분명하다. 앞서 지적하였듯 시차문제는 치명적인 약점 중 하나이다. 그 외에도 다른 약점이 있는데, 하나를 꼽는다면 가격이동평균인지라 이름 그대로 거래량은 무시하고 오로지 가격만으로 이동평균을 산출한다는 것이다. 그것도 문제점으로 작용한다. 왜냐하면 거래량이 기술적분석에서 큰 의미를 가지기 때문이다. 거래량이 많을수록 그 가격의 중요도가 높다는 것은 당연하다.

　예컨대 거래량이 적은 상태에서 주가가 1,000원 상승한 것에 비하여 거래량이 많으면서 주가가 1,000원 상승한 것이 기술적분석에서는 훨씬 더 중요한 일로 간주된다. 이동평균을 산출하면서 동시에 거래량을 가중치로 한 것이 거래량조정 이동평균이다.

★ 산출법 ★

거래량조정 이동평균의 산출 공식은 다음과 같다.

$$n\text{일 거래량조정 이동평균} = \frac{V_0 P_0 + V_{-1}P_{-1} + V_{-2}P_{-2} + \cdots + V_{-(n-1)}P_{-(n-1)}}{V_0 + V_{-1} + V_{-2} + \cdots + V_{-(n-1)}}$$

단, P_0 = 당일의 시장가격 | P_{-n} = n일 전의 시장가격 | V_{-n} = n일 전의 거래량

위의 산식에서도 알 수 있듯이 주가에다 당일의 거래량을 곱한 값을 이동평균한 것이 거래량조정 이동평균이다. 이 경우 거래량이 이동평균의 산출에 직접적인 영향을 미치는데 거래량이 많은 날의 가격이 훨씬 더 중요한 의미를 가질수 있다.

★ 해석 ★

거래량조정 이동평균을 해석하는 방법이라고 하여 이동평균의 해석과 다를 바없다. 거래량조정 이동평균은 앞서 설명하였듯 이동평균을 좀 더 세밀하고 정확하게 산출하기 위한 것이지 근본적으로 이동평균의 성격이 바뀌는 것은 아니기때문이다. 거듭 강조하지만 이 지표는 특별히 거래량을 중시하였다. 그건 특기할만하다. 그러나 이동평균의 근본적이자 치명적인 약점인 시차문제는 거래량을아무리 강조하더라도 소용없다. 거래량이라고 하여 시간을 앞서는 것은 아니기때문이다. 아울러 거래량이 매일같이 엄청나게 차이가 나서 하루가 다르게 들쑥날쑥한 경우라면 이 지표가 의미가 있을지 모른다. 그런데 보통의 경우는 거래량이 눈에 뜨일 정도로 엄청나게 차이가 나는 일은 드물다. 따라서 괜히 거래량을

거래량조정 이동평균

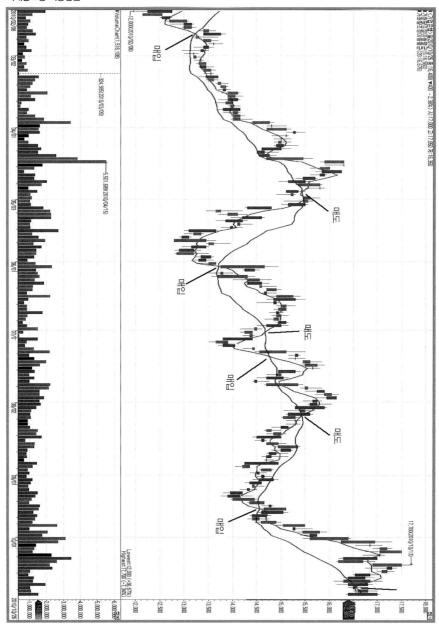

출처: 연합 인포맥스(www.einfomax.co.kr)

조정한답시고 지표만 복잡하게 만들었을 뿐, 실제로는 단순한 가격이동평균과 별 차이가 나지 않는다. 필자의 견해로는 지표가 복잡하다고 하여 그 지표의 효율이 높아지는 것은 아니므로, 오히려 단순한 형태의 이동평균이 더 낫지 않을까 하는 생각이다.

★ 매매방법 ★

역시 단순한 가격이동평균과 크게 다를 바 없다. 골든크로스가 나타나면 매입하고, 데드크로스가 나타나면 매도하는 원칙을 따른다. 또는 가격이동평균의 경우와 마찬가지로 이동평균이 지지선이나 저항선으로 작용하는 원리를 이용하는 매매방식도 유효하다. 굳이 말한다면 이동평균이 지지선이나 저항선으로 작용하는 경우에는 거래량조정 이동평균의 효용성이 더 높다. 왜냐하면 아무래도 가격을 가중하였기에 지지선이나 저항선의 의미가 더욱더 또렷해지기 때문이다.

고저이동평균
HIGH-LOW MOVING AVERAGE

3

신 뢰 도 ★★★★
안 정 성 ★★★
민 감 도 ★★★
기　　간 장기·중기·단기거래 모두 사용할 수 있다.
종합평가 통상적으로 이동평균은 종가만을 기준으로 산출하지만 고저이동평균은 하루 중의 고가와 저가를 아우른다. 따라서 지지선이나 저항선의 위치를 파악하는 데에는 탁월하다. 하지만 그것뿐이다. 골든크로스나 데드크로스 등 매매신호를 포착하는 일에는 무효과!

★ **의의** ★

일반적으로 이동평균은 종가를 기준으로 만든다. 즉 매일매일의 종가를 모아서 그것을 5일 이동평균하거나 또는 20일 이동평균하는 식이다. 그런데 하루 중의 가격 변동폭이 크다면 종가만을 가지고 작성하는 이동평균은 시장의 정보를 정확하게 나타내지 못할 위험이 있다. 다시 말하여 종가가 같더라도 하루 종일 꼼짝하지 않은 날도 있을 것이고, 반대로 엄청나게 가격의 변동폭이 큰 날도 있을 것이다. 그런데 종가가 같다는 이유로 이들을 똑같이 취급하는 것은 문제가 있다. 따라서 하루 중의 고가와 저가를 모두 아우르는 이동평균이 필요하게 되었다. 고저이동평균은 하루 중의 종가가 아니라 하루 중의 고가와 저가를 기준으로 이동평균을 산출한다. 그러므로 이동평균이 2개, 즉 하루 중의 고가를 기준으로 하는 이동평균(MAHigh)과 하루 중의 저가를 기준으로 하는 이동평균(MALow)이 각각 만들어진다.

★ 산출법 ★

고저이동평균을 산출하는 공식은 다음과 같다.

$$n일\ 고점이동평균,\ MAHigh = \frac{H_0 + H_{-1} + H_{-2} + \cdots + H_{-(n-1)}}{n}$$

단, H_0 = 당일의 최고가격 | H_{-n} = n일 전의 최고가격

$$n일\ 저점이동평균,\ MALow = \frac{L_0 + L_{-1} + L_{-2} + \cdots + L_{-(n-1)}}{n}$$

단, L_0 = 당일의 최저가격 | L_{-n} = n일 전의 최저가격

단순한 가격이동평균을 산출하는 방식과 다르지 않다. 다만 고저이동평균은 이동평균이 두 개, 즉 고가만으로 만들어지는 이동평균과 저가만으로 만들어지는 이동평균이 산출된다. 좀 더 복잡하게 하려면 통상적인 경우처럼 종가만으로 만들어지는 이동평균까지 함께 산출하여 분석할 수도 있다. 물론 복잡하다고 하여 반드시 좋다는 법은 없지만 말이다.

★ 해석 ★

고저이동평균은 지지선이나 저항선의 위치를 확인하는 데 사용된다. 이동평균선을 설명하였을 때 지적하였듯 이동평균은 과거 특정한 기간의 대푯값이기에 지지선이나 저항선으로 작용하는 경우가 많다. 그런데 고저이동평균은 매일의 고점과 저점만으로 이동평균을 만든 것이라 특별히 하루 중의 저항선 또는 지지선을 모은 것과 같다. 하루 중에 나타난 당일 고점은 결국 주가가 더 오르지 못한 수준이다. 그 언저리에서 매도세의 강력한 저항이 나타났기 때문에 가격은 더 상승하지 못하였다. 바로

당일의 고점이 당일의 저항선이다. 반대로 당일의 저점은 주가가 더 이상 하락하지 못한 수준이다. 그 부근에서 매입세가 적극적으로 지지에 나섰기에 가격은 더 내리지 못하였다. 바로 당일의 고점이 당일의 저항선이다. 결국 당일의 고점을 모아 이동평균을 산출하고, 또한 당일의 저점을 모아 이동평균을 산출하였다면 이것이 바로 저항선의 이동평균, 지지선의 이동평균이 된다. 예로 든 차트에서 볼 수 있듯이 고저 이동평균은 매우 훌륭한 지지선 또는 저항선의 역할을 하는 것으로 나타난다. 특별히 저점이동평균선은 통상적으로 1차 저항선과 2차 지지선의 역할을 수행하며, 고점이동평균선은 2차 저항선과 1차 지지선의 역할을 수행하는 것으로 보인다.

★ **매매방법** ★

지지선과 저항선을 이용하는 방법은 추세추종형 거래의 핵심이다. 일단 기본적으로는 주가가 지지선 근처에 근접하면 매입하고, 저항선 부근에 이르면 매도하는 것이 원칙이다. 그러나 만일 지지선이나 저항선이 뚫리면(돌파, break-out) 어떻게 할까? 그럴 때에는 기존의 추세가 더욱 강화되는 것으로 봐야 한다. 예컨대 주가가 하락하다가 지지선 근처에 이르렀다. 일단은 지지선이 유지되고 주가의 하락세가 멈출 것으로 예상되는 시점이다. 그런데 지지선이 못 버텨 뚫렸고, 주가는 금세 지지선 아래로 내려갔다. 이때가 바로 기존의 하락세가 더 강화되는 상황. 지지선을 무너뜨릴 만큼 하락세가 강력하다는 뜻이다. 당연히 매도로 대응한다. 저항선의 경우는 반대로 생각한다. 주가가 상승하다가 저항선 근처에 이르렀다. 일단 저항선이 버틸 것이고 상승세가 멈추리라 예상할 수 있다. 그런데 저항선이 못 버텨 뚫렸고, 주가는 저항선 위로 훌쩍 올라섰다. 이때가 바로 기존의 상승세가 더 강화되는 상황. 저항선을 무너뜨릴 만큼 하락세가 강력하다는 뜻이니 당연히 매입으로 대응해야 한다.

고저이동평균

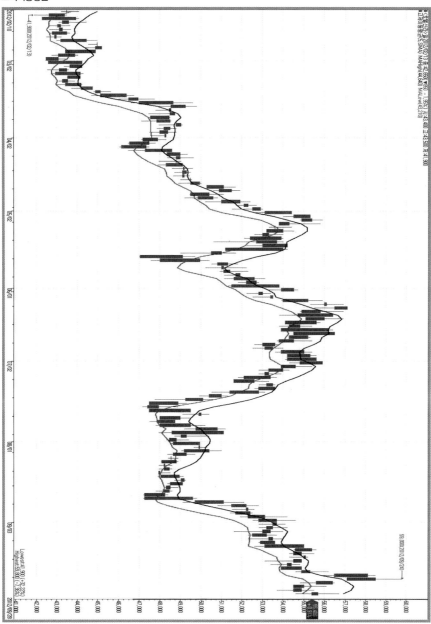

출처: 연합 인포맥스(www.einfomax.co.kr)

가격지표

일목균형표
ICHI MOKU KINKOU HYO

4

신 뢰 도	★★★★★
안 정 성	★★★★★
민 감 도	★★★★
기　　간	장기·중기·단기거래 모두 사용할 수 있다.
종합평가	최근에 각광을 받고 있는 기술적분석 기법이다. 특히 추세를 시각적으로 손쉽게 파악할 수 있다는 점에서 독보적이다. 아울러 일목균형표는 시간과 가격과의 관계를 독특하게 설명하는 동양적인 이론으로 기술적지표 중에서는 거의 유일하다. 다만 시간론에 너무 빠져들면 추세와 역행할 수 있으니 주의가 필요하다.

★ 의의 ★

일목균형표는 신문기자 출신의 일본인 일목산인(一目山人)이 개발한 차트 기법이다. 일목균형표라는 이름이 의미하는 것은 시장의 '균형'을 '일목요연'하게 나타내는 '표'라는 뜻이다. 일목산인은 시장의 균형을 차트로 적절하게 나타내는 방법을 고심하였다. 그리하여 만든 것이 일목균형표이다. 그는 시세의 움직임이란 결국 매입세와 매도세 간의 균형으로 이루어진다고 생각하였다. 매입세가 시장에서 우위를 나타내면 가격이 오르고, 반대로 매도세가 시장에서 우세하다면 가격이 하락하는 것은 당연하다. 일목균형표는 이런 시장의 균형을 표로 나타내고자 하였다. 일반적이고 초보적인 괘선을 이용하는 거래방법 외에도 더 깊숙하게 들어가면 가격론, 시간론, 파동론, 형보론 등의 세부적인 이론들로 구성되어 있다. 가격론은 쉽게 말하여 가격의 목표치를 구하는 방법이다. 우리가 흔히 '목표가'라고 말하는 것이 알고 보면 일목균형표에서부터 비롯되었다고 하여도 과언이 아니다.

시간론은 시간과 가격과의 관계를 밝히는 이론이다. 이 이론을 더 파고들면 '변화일' 등의 개념이 나온다. 변화일이란 추세가 변화하는 날이다. 변화일은 사전에 예측할 수 있으므로 변화일을 알면 '미래의 특정한 날', 즉 변화일을 전후하여 추세가 어떻게 될지 미리 예상할 수 있다. 파동론은 주가의 움직임을 일정한 파동으로 세분하는 방법을 다룬 이론이다. 일목산인은 일본인이지만 특이하게도 I파동, V파동, N파동, Y파동 등 '영어'로 파동을 표현하였다. 파동의 전개를 파악한다면 앞으로의 가격 움직임을 미리 예상할 수 있다. 형보론을 오늘날의 기술적분석 용어로 말한다면 '패턴분석'이다. 특정한 모양이 반복되는 것을 살펴 가격 움직임을 예측하려는 것이 패턴분석인데, 형보론도 이와 같다. 그런데 일목균형표의 모든 이론을 이 책에서 다 설명할 수는 없다. 더 흥미가 있는 투자자들은 일목균형표 전문서적(필자가 쓴 책도 있다!)을 참고하기 바란다. 여기서는 괘선을 산출하는 방법, 그리고 기본적인 거래방법만을 설명하고자 한다.

★ 산출법 ★

일목균형표에는 괘선이라고 불리는 5개의 선이 들어가 있다. 먼저 전환선과 기준선이 가장 기본이 되는 괘선인데, 다음과 같은 공식에 따라 산출된다.

$$전환선 = \frac{최근\ 9일간\ 최고가격 + 최근\ 9일간\ 최저가격}{2}$$

$$기준선 = \frac{최근\ 26일간\ 최고가격 + 최근\ 26일간\ 최저가격}{2}$$

아울러 일목균형표에는 선행스팬이라는 독특한 개념이 있다. 선행스팬 1과 선행스팬 2를 산출하는 공식은 다음과 같다.

$$선행스팬\ 1 = \frac{당일의\ 기준선값 + 당일의\ 전환선값}{2}$$

$$선행스팬\ 2 = \frac{최근\ 52일간\ 최고가격 + 최근\ 52일간\ 최저가격}{2}$$

이때 중요한 것은 이렇게 구해진 선행스팬 1과 선행스팬 2를 표시하는 위치이다. '선행'이라는 이름이 뜻하듯 차트의 당일자에 이들을 표시하는 것이 아니라, '26일 앞', 즉 선행한 위치에다 선행스팬 1과 선행스팬 2를 각각 나타낸다. 그리고 선행스팬 1과 선행스팬 2 사이에서 만들어지는 공간에 색을 칠하고 이를 '구름(〈も〉'이라고 부른다. 마지막으로 괘선에는 후행스팬이 있는데, 이것은 현재의 가격을 26일 뒤쪽, 즉 후행하여 표시한 것이다.

★ 해석 ★

일목균형표를 해석하는 방법으로 가장 기본적인 것에는 기준선과 전환선의 움직임으로 가격을 예측하는 일이다. 전환선은 이름 그대로 추세의 '전환'을 알려주는 선이다. 하락하고 있던 전환선이 상승한다면 그때를 고비로 하여 추세가 상승세로 전환하였다고 인식되며, 반대로 상승하고 있던 전환선이 하락세로 뒤바뀐다면 그때를 기점으로 하여 추세가 하락세로 전환되었다고 인식된다. 그리고 기준선, 이것 역시 문자 그대로 추세의 '기준'이 되는 선이다. 기준선이 상승하고 있다면 현재의 추세는 상승세인 것이고, 반대로 기준선이 하락하고 있다면 현재의 추세는 하락세일 수밖에 없다. 기준선의 방향만으로도 투자자들은 손쉽게 추세의 흐름을 파악할 수 있다.

아울러 기준선과 주가의 관계에서도 추세를 파악할 수 있다. 이동평균의 경우도 마찬가지인데, 주가가 먼저 움직이고 그 뒤를 기준선이 따른다. 기준선은 앞서 설명하였듯 과거 26일 동안 주가의 중간값이니 만큼 주가에 앞서서 움직일 수 없다. 주가를 항시 뒤따른다. 즉 상승세일 때에는 가격이 먼저 오르고, 그 뒤를 기준선이 따라가며, 반대로 하락세일 때에는 가격이 먼저 하락하고 기준선이 뒤를 잇는다. 그러므로 주가가 기준선 위쪽에 위치하고 있다면 현재의 추세는 상승세인 것이고 반대로 주가가 기준선 아래쪽에 위치한다면 현재의 추세는 하락세로 간주할 수 있다. 또한 일목균형표의 독특한 개념인 선행스팬 1과 선행스팬 2의 위치, 그리고 이들 사이의 공간으로 만들어지는 구름도 매우 중요하다. 통상적으로 구름은 추세의 균형추가 된다. 따라서 현재의 주가가 구름 위에 있다면 상승세이고, 반대로 주가가 구름 아래에 놓여 있으면 현재의 추세는 하락세로 판단된다.

구름은 다른 기술적분석기법에는 존재하지 않는다. 일목균형표에서만 찾을 수 있는 개념이다. 구름은 상승세나 하락세의 기준이 되기도 하면서 동시에 지지선이나 저항선으로 작용한다. 즉 주가가 구름 위에 있다면 현재의 추세는 상승세로 간주된다. 이때 주가의 상승세가 주춤거리면서 하락하더라도 구름 근처에 이르면 구름이 지지선으로 작용하고, 그 결과 주가가 반등하는 일이 많다. 반대로 구름은 저항선이 되기도 한다. 앞의 경우와 반대로 생각하면 된다.

마지막으로 후행스팬. 이것은 다른 괘선들과는 달리 유일하게 중간값이 아니

일목균형표

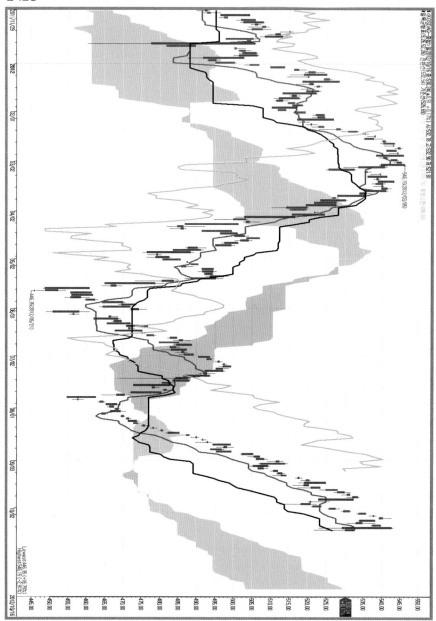

출처: 연합 인포맥스(www.einfomax.co.kr)

다. 그저 당일의 종가를 26일 뒤로 옮겨놓은 것에 불과하다. 일목산인은 현재의 추세가 상승세라면 당일의 종가는 26일전의 종가 수준보다 높아야 한다고 보았다. 반대로 현재의 추세가 하락세라면 당일의 종가는 26일 전의 종가 수준보다 낮아야 한다고 생각하였다. 당일의 종가를 26일 전의 종가와 비교하는 방법으로 고안된 것이 후행스팬이다. 후행스팬은 다만 이름 그대로 추세를 뒤따르는, 즉 후행하는 지표이다. 그러므로 추세를 선행한다거나 예측하기보다는 기존의 추세를 확인하는 목적으로 사용된다.

★ 매매방법 ★

일목균형표를 이용하는 매매방법은 매우 다양하다. 그중에서도 가장 단순한 방법은 전환선의 방향에 따라 매입 또는 매도를 결정하는 방법이다. 전환선은 추세의 전환을 가장 먼저 알려주는 지표이므로 그것의 방향에 따라 매매한다면 매매 타이밍으로 가장 빠른 시점을 포착할 수 있다. 즉 전환선이 하락하다가 상승세로 돌아서면 즉각 매입하였다가, 상승하던 전환선이 하락세로 바뀌면 즉각 매도하는 방법을 택하면 된다. 이 방식은 빠르지만 그만큼 약점도 가지고 있다. 너무 예민하므로 자주 거래를 해야 한다는 점. 그리고 시장이 제대로 된 추세를 나타내지 못하고 횡보할 때라면 자칫 추세를 내내 추종하기만 하여 수익을 내기 어렵다는 것 등이 약점이다.

　또 하나 유효한 매매방식은 기준선과 전환선의 교차를 이용하는 방법이다. 전환선은 당일을 포함한 최근 9일간의 중간값이다. 약간은 다른 의미이지만 굳이 비유한다면 단기이동평균선과 유사하다. 그리고 기준선은 당일을 포함한 최근 26일간의 중간값이며, 비유한다면 장기이동평균선과 같다. 따라서 이동평균의 골든크로스 또는 데드크로스와 마찬가지로 전환선이 기준선을 상향돌파할 때를 (이를 일목균형표에서는 전환선과 기준선이 호전되었다고 말한다) 매입 타이밍으로 간주하고, 반대로 전환선이 기준선을 하향돌파할 때를(전환선과 기준선이 역전될 때) 매도 타이밍으로 간주한다.

일목균형표를 이용한 매매방법으로 또 하나 유효한 것은 구름을 이용하는 것이다. 구름은 이동평균만의 독특한 개념으로 추세를 시각적으로 나타내는 데 탁월한 효과가 있다. 주가가 구름 위에 있으면 상승세이고, 주가가 구름 아래에 위치할 때가 하락세이다. 따라서 가장 최적의 매입 타이밍은 주가가 구름 아래에 있다가 상승하여 막 구름 위로 올라섰을 때가 된다. 반대로 가장 최적의 매도 타이밍은 구름 위에 위치하던 주가가 하락하여 급기야 막 구름 아래로 내려섰을 때가 된다.

이동평균선 그물지표
MOVING AVERAGE RIBBON

5

신 뢰 도 ★★★★
안 정 성 ★★★
민 감 도 ★★★
기　　간 장기+중기+단기가 결합된 형태이다.
종합평가 지지선과 저항선의 강도를 파악할 수 있는 기법이다. 아울러 그물차트의 폭이 늘어
나거나 또는 줄어드는 순간을 추세전환 타이밍으로 간주한다. 다만 해석이 주관적이
어서 이를 능숙하게 활용하려면 오랜 경험이 필요하다. 따라서 자신에게 유리한 방
향으로 억지 해석할 위험도 존재한다.

가격지표

★ 의의 ★

이동평균선은 골든크로스 또는 데드크로스가 발생할 때를 매매의 타이밍으로 삼
는다는 탁월한 특징이 있다. 아울러 이동평균선은 지지선이나 저항선으로 작용한
다는 특징 또한 가지고 있다. 주가가 이동평균에 근접하면 더 이상 상승하거나 또
는 하락하지 못하고 기존의 방향과 반대 방향의 가격 움직임을 나타내는 경우가
허다하다. 지지선이나 저항선의 전형적인 특징이다. 그런데 이동평균선을 하나가
아니라 두 개, 또는 세 개, 나아가 여러 개를 한꺼번에 표시하면 어떨까? 이들 각
각 이동평균선이 지지선이나 저항선으로 작용하는 만큼 이동평균선을 많이 나타
낼수록 시장에서 지지선이나 저항선의 위치가 어디쯤인지 쉽게 판별할 수 있을
것이다. 그런데다 이동평균이 서로 겹칠 경우에는, 우리는 이동평균이 더욱더 강
력한 지지선이나 저항선으로 작용하리라 예측할 수 있다. 그물지표는 이 점에 착
안하였다.

그물지표는 이동평균선을 여러 개 늘어놓은 것이다. 따라서 이동평균선만 구할 수 있다면 누구나 그물지표를 만들 수 있다. 사실 그물지표는 '산출'하는 것이 아니라 여러 개의 이동평균을 계산하여 그것을 차트 위에다 늘어놓은 것이다. 그런데 아무렇게나 늘어놓는 건 아니다. 나름 원칙이 있는데 그물차트는 '일정한 날짜 간격이 있는 다수의 이동평균'을 한꺼번에 한 화면에 표시한다. 가령 2일 이동평균선부터 시작하여 4일, 6일, 8일, 10일, 12일… 등의 이동평균선을 주욱 표시하면 그물지표가 된다. 차트에 나타내는 이동평균선의 숫자에는 제한이 없으나 너무 많아지면 복잡하다. 통상 12개에서 15개 정도의 이동평균선으로 나타낸다. 이때 이동평균선의 모양이 마치 그물과 같아 그물지표라 부르는데, 영어 원어는 리본과 같다고 하여 '이동평균선 리본'이라고 한다. 이름이 어떻든 그물지표는 결국 이동평균선 분석을 좀 더 확장한 것이다.

★ 해석 ★

그물지표는 일정한 일자 간격이 있는 여러 개의 이동평균선을 한 번에, 한 화면에 표시하였다. 그리고는 이들 각각 이동평균선의 간격이 서로 늘거나 주는 것을 바탕으로 추세를 판단한다. 첫째로, 이동평균의 간격이 줄어드는, 즉 이동평균선이 서로 수렴(converge)하는 현상이 나타나는 것부터 살펴보자. 여러 기간으로 산출된 이동평균의 간격이 서로 좁아진다면, 이는 각 기간의 이동평균이 별 차이가 없다는 뜻이다. 이런 현상은 결국 일정한 기간 동안 주가의 변동성이 낮아져서 횡보국면이 전개되었다는 의미이다. 둘째로, 이동평균선들이 서로 수렴하는 경우라면 그만큼 이동평균이 서로 모인 곳은 더욱 강력한 지지선 또는 저항선으로 작용할

이동평균선 그물지표

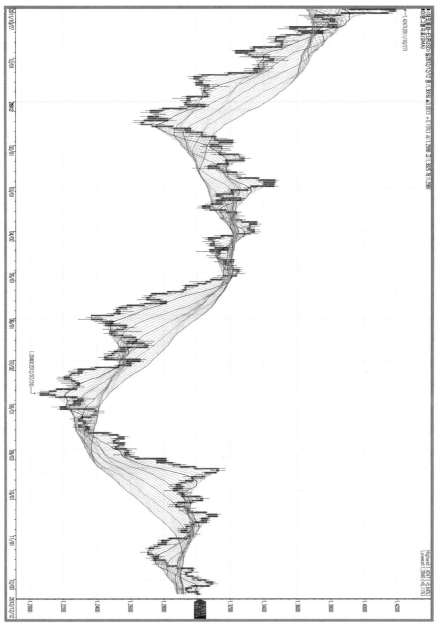

출처: 연합 인포맥스 (www.einfomax.co.kr)

것이다. 이동평균 하나만으로도 충분히 저항선이나 지지선이 되는데, 하물며 그 것들이 여러 개 모여 있는 곳인지라 그것의 지지선 또는 저항선으로서의 강도가 매우 강력하리라는 것을 알 수 있다. 셋째로, 이번에는 이동평균의 간격이 서로 벌어지는, 즉 이동평균이 서로 발산(diverge)하는 경우를 보자. 이런 상황이라면 앞 선 것과는 반대로 주가의 움직임이 매우 활발할 때이다. 2일 동안의 가격 움직임 에 비해 최근 4일 동안의 움직임이 다르고, 또한 6일 동안의 움직임이 더 다르게 나타나기에 각각의 이동평균 간격이 서로 벌어지는 터. 이런 현상이 나타난다는 것은 그만큼 기존의 추세가 한창 힘을 받고 진행되는 것으로 해석된다.

★ 매매방법 ★

주가는 일시적 또는 단기적으로 횡보할 수는 있으나 궁극적으로는 움직일 수밖에 없다. 따라서 이동평균선이 서로 수렴하더라도 일정 시간이 흐르고 난 뒤, 어느 순 간에는 위나 아래로 크게 움직일 것이다. 그 '순간'이 지나면 주가는 급등하거나 급락하면서 제일 먼저 주가에 가까운 단기이동평균선부터 돌파하고, 나아가 그것 보다 더 긴 이동평균선을 차례로 무너뜨릴 것이다. 이때 추세가 새롭게 시작된다. 횡보상태에 있던 주가가 새로운 추세를 만들며 나갈 때이므로 절호의 매매 타이밍 이다. 매매방법은 쉽다. 주가가 움직이는 것과 똑같은 방향으로 따라가면 된다. 왜 냐하면 그것이 바로 새로운 추세의 방향이기 때문이다. 따라서 그물차트의 간격이 넓어졌다가 좁혀지는 시점을 추세전환 신호로 해석. 즉 바닥권에서 그물의 간격이 좁혀지면 매입신호로, 꼭지에서 그물의 간격이 좁혀지면 매도신호로 본다. 그리고 그물차트의 간격이 좁아졌다가 넓어진다면 한창 추세가 진행되는 국면으로 간주된 다. 이때 섣불리 추세와 반대 방향으로 매매하는 것은 매우 위험하다.

볼린저밴드
BOLLINGER BANDS

6

신 뢰 도 ★★★
안 정 성 ★★★★
민 감 도 ★★★
기　　간 20일 이동평균선을 주로 사용한다. 중기적인 분석에 유효하다.
종합평가 통계학 기법을 이용하였으므로 얼핏 보아서 꽤 과학적인 것으로 느껴진다. 그러나 실제는 그렇지도 않다. 왜 표준편차의 2배가 지지선이나 저항선이 되어야 하는지 설명이 없다. 더구나 시장이 추세로 움직일 때에 밴드의 지지나 저항을 기대하였다가는 큰 실패를 맛본다. 다만 시장이 횡보할 때에는 꽤 효과적이며 추세의 강도를 확인하는 수단으로도 좋다.

★ **의의** ★

볼린저밴드는 1980년대 초에 기술적분석가 존 볼린저(John Bollinger)가 만들었기에 그의 이름을 따 붙인 것이다. 이 지표는 통계학 이론에서 출발하였다. 통계학에 따르면 표본의 숫자가 어느 수준 이상으로 늘어날 경우 그것의 분포는 대체로 정규분포(Normal Distribution)로 나타난다. 정규분포라는 것은 소개하는 그림처럼 평균을 중심으로 좌우 대칭인 종(bell) 모양의 분포를 말한다.

이때 그림에서 표시되었듯 정규분포에서는 표본을 구성하는 각 변수들이 평균(m)을 중심으로 하여 표준편차(σ)의 +/- 1배의 범위 안에 전체의 68.3%가 분포되어 있고, 평균을 중심으로 하여 표준편차의 +/- 2배의 범위 안에 전체의 95.5%가 분포되어 있으며, 평균을 중심으로 하여 표준편차의 +/- 3배의 범위 안에는 전체의 99.7%가 분포되어 있다. 따라서 거꾸로 말하여 정규분포에서는 어떤 변수가 평균을 중심으로 표준편차의 +/- 1배의 범위를 벗어날 확률은 31.7%(=100-68.3%)가 되고, 평균을 중심으로 표준편차의 +/- 2배의 범위를 벗

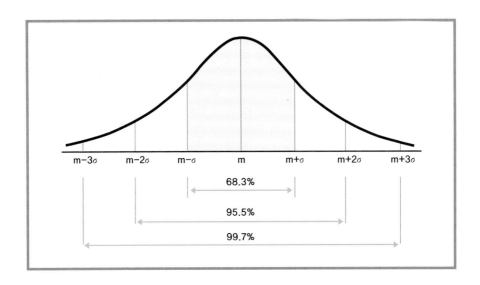

m−3σ   m−2σ   m−σ   m   m+σ   m+2σ   m+3σ

68.3%

95.5%

99.7%

어날 확률은 4.5%(=100−95.5%)로 대폭 감소한다. 그리고 평균을 중심으로 표준편차의 +/− 3배의 범위를 벗어날 확률은 0.3%(=100−99.7%)가 되므로 더 낮아진다.

앞서 살펴보았듯이 정규분포에서는 어떤 변수가 평균을 중심으로 +/− 2배의 표준편차의 범위를 벗어날 확률은 4.5%이므로 매우 낮다. 더구나 (+) 또는 (−) 2배 표준편차를 벗어날 확률이 4.5%이므로 (+)나 또는 (−) 한쪽만 따지면 확률은 그것의 절반으로 더욱 낮아진다.

예를 들어 정규분포에서는 어떤 변수가 평균을 중심으로 +2배 표준편차 이상이 될 가능성은 4.5%의 절반, 즉 2.25%에 불과하다. 같은 논리로 어떤 변수가 평균을 중심으로 −2배 표준편차 이하가 될 가능성도 역시 4.5%의 절반, 즉 2.25%에 불과하게 된다. 볼린저밴드는 바로 이런 점에 착안하였다.

★ 산출법 ★

볼린저밴드는 현재의 주가와 이동평균의 간격이 얼마나 되는지에 따라 현재의 시장이 정상적인지 비정상적인 상태인지를 판단하려는 방법이다. 볼린저밴드는 중간 밴드, 위쪽 밴드 그리고 아래쪽 밴드의 3개 밴드로 구성된다. 중간 밴드는 추세의 중심 역할을 하는데, 통상 20일 이동평균선이 사용된다(물론 분석가에 따라 다른 기간의 이동평균선을 사용할 수도 있다). 그리고 위쪽 밴드는 중간 밴드에다 표준편차 2배를 더한 값으로 나타내며, 아래쪽 밴드는 중간 밴드에다 표준편차 2배를 차감한 값으로 나타낸다.

★ 해석 ★

볼린저밴드의 해석에서 요점은 두 가지이다. 하나는 위쪽 밴드나 아래쪽 밴드가 각각 저항선이나 지지선으로 작용한다는 사실이고, 다른 하나는 밴드의 폭이 좁아졌다 넓어졌다 하는 사실이 중요한 의미를 가진다는 점이다.

첫 번째로 위쪽 밴드 또는 아래쪽 밴드의 기능을 살펴본다. 볼린저밴드에서 위쪽 밴드와 아래쪽 밴드를 중간 밴드에다 각각 표준편차 2배를 더하거나 뺀 값으로 설정한 이유는 통계학이론에 따른 것이다. 볼린저밴드에서 실제 시장의 가격이 이 밴드를 벗어날 확률은 통계학적으로 매우 낮다. 앞서 계산하였듯 주가가 상승하여 위쪽 밴드를 벗어날 확률은 2.25%에 불과하고, 또는 주가가 하락하여 아래쪽 밴드를 벗어날 확률도 역시 2.25%에 불과하기 때문이다. 따라서 주가가 상승하여 위쪽 밴드에 근접하거나 반대로 하락하여 아래쪽 밴드에 근접한다면 그만큼 현재의 시장은 비정상적인 과열국면이거나 과매도국면으로 해석된다. 또한 우리는 볼린저밴드의 위쪽 밴드나 아래쪽 밴드가 저항선 또는 지지선으로 작

볼린저밴드

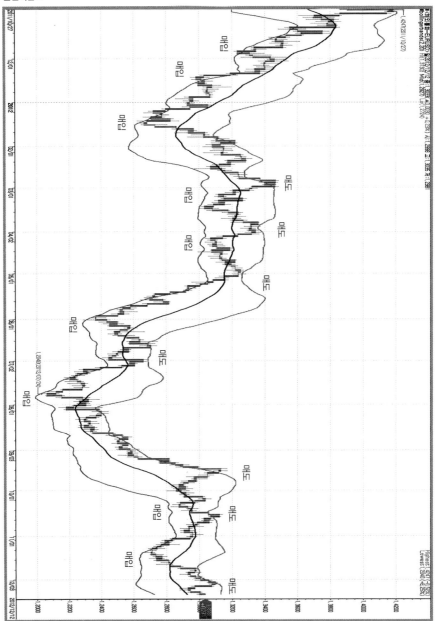

출처: 연합 인포맥스(www.einfomax.co.kr)

용할 것으로 기대할 수 있다.

두 번째로 볼린저밴드의 폭도 중요하다. 볼린저밴드의 밴드는 평균에다 표준 편차의 2배를 가감한 것이므로 밴드의 폭은 표준편차의 크기와 밀접한 관계가 있다. 표준편차의 값이 늘어나면 밴드의 폭도 덩달아 늘어날 것이요 표준편차의 값이 줄면 밴드의 폭도 저절로 좁아진다. 표준편차는 매일매일의 주가가 평균값에 비하여 얼마나 많이 분산되어 있는지를 따지는 척도이다. 따라서 표준편차가 크다면 주가가 평균값에서 많이 분산되어, 즉 가격이 제각각으로 흩어져 나타났다는 의미가 된다. 이는 일정한 기간 동안 가격의 변동성이 높았다는 뜻이다. 반대로 표준편차가 작다면 주가가 평균에서 멀리 떨어지지 않은 채 형성되었다는 뜻, 즉 이는 일정한 기간 동안 가격의 변동성이 크지 않았다는 의미이다.

앞서 그물지표에서 살펴보았듯 시장은 단기적으로는 횡보할 수 있으나 결국은 움직이게 마련이다. 따라서 볼린저밴드의 위 아래 밴드 폭이 좁혀들 때, 다시 말하여 오랜 기간 동안 가격의 변동성이 줄어들었을 시점이 추세가 전환하는 결정적인 타이밍이 된다.

★ 매매방법 ★

볼린저밴드의 특성을 알았으니 매매방법은 쉽게 이해할 수 있다. 첫째로, 볼린저밴드의 위쪽 밴드나 아래쪽 밴드를 이용하는 방법이 있다. 주가가 상승하여 위쪽 밴드에 근접할 경우, 우리는 통계적으로 주가가 위쪽 밴드를 넘어설 확률이 2.25%에 불과하다는 것을 안다. 따라서 주가는 위쪽 밴드를 넘어서지 못할 가능성이 높다. 다시 말하여 위쪽 밴드가 저항선으로 작용할 것이다. 그러기에 주가가 위쪽 밴드에 근접할 때가 매도 타이밍이 된다. 그 반대의 경우도 성립한다. 주가가 하락하여 아래쪽 밴드에 근접할 경우, 통계적으로 보아 주가는 아래쪽 밴드를 넘어서지 못할 공산이 매우 높다. 아래쪽 밴드가 지지선이 될 것이므로 주가가 아래쪽 밴드에 근접할 때가 매입 타이밍이 된다.

둘째로, 밴드의 폭을 살피는 방법도 고려할 수 있다. 밴드의 폭이 좁아지고 있다면 그동안의 변동성이 낮았다는 의미가 된다. 조만간 큰 폭의 가격변동이 나타날 것을 예고하는 신호이다. 이를테면 폭풍전야와 같다. 주가는 곧 폭등하거나 폭락할 것이다. 다만, 볼린저밴드로는 '변동성'이 커질 것은 예측할 수 있어도 '방향'은 예측할 수 없다.

시카고 플로어 트레이더 피봇

CFTPP, CHICAGO FLOOR TRADERS' PIVOTAL POINT

7

신 뢰 도 ★★★
안 정 성 ★★★
민 감 도 ★★★
기　　간　단기거래, 특히 하루 중에 모든 매매를 끝내는 스캘핑이나 데이트레이딩에 유효하다.
종합평가　시카고 선물거래소에서 상주하는 플로우 트레이더들의 실전적인 거래 노하우이다.
　　　　　다만 경험적으로 지지선이나 저항선을 산출하는 방법을 설명할 뿐 왜 그것이 지지선
　　　　　이나 저항선이 되어야 하는지 이론적인 배경은 부족하다.

★ 의의 ★

시카고 상품거래소(Chicago Mercantile Exchange)의 플로어에서 직접 거래하는 거래
원(Floor Trader)들은 고객의 주문을 받아 시장에서 거래를 체결해주는 브로커의 역
할을 하는데, 동시에 자신의 계정으로 거래한다. 다시 말하여 직접 거래의 당사자
가 되어 선물을 사거나 팔기도 하며, 그에 따르는 수익을 얻는다. 플로어의 거래원
이 되기 위하여서는 거액의 돈을 투자하여 거래소 회원 자격을 사들여야 하는 데
다 시장이 급변하는 경우가 많은 만큼 전문적인 소양이 없으면 일을 제대로 수행
하기 어렵다. 특히 자기거래의 경우, 손익의 직접적인 영향을 받으므로 매우 민감
할 수밖에 없다. 이들은 스캘핑(scalping)같은 초단기거래를 위주로 하며 또는 시간
이 길어보았자 데이 트레이딩(day trading)이라고 하여 포지션을 일중에 보유하지만
마감 전에 포지션을 청산하는 단기거래를 선호한다. 시카고 플로어 트레이더들이
초단기거래를 위하여 개발한 방법이 피봇이다. 이것은 하루 중의 가격 변동을 이
용하여 지지선과 저항선, 그리고 중심점인 피봇을 미리 예측할 수 있는 방법이다.

피봇에는 하루 거래의 중심점이 되는 피봇을 비롯하여 1, 2차 저항선과 1, 2차 지지선이 각각 존재한다. 이것을 구하는 공식은 다음과 같다.

$$\text{피봇 포인트}(PP) = \frac{\text{최고가격} + \text{최저가격} + \text{종가}}{3}$$

1차 저항선$(R1) = PP \times 2 - low_{-1}$ | 2차 저항선$(R2) = PP + (high_{-1} - low_{-1})$
1차 지지선$(S1) = PP \times 2 - high_{-1}$ | 2차 지지선$(S2) = PP - (high_{-1} - low_{-1})$

피봇을 산출하는 방법을 요약하면 다음과 같다.

첫째로, 오늘의 최고가와 최저가 그리고 종가의 평균값이 피봇 포인트(PP)가 된다. 둘째로, 일단 피봇 포인트가 산출되면 그런 연후에 1차 지지선과 1차 저항선을 산출한다. 피봇 포인트 곱하기 2, 즉 중심점의 2배에서 어제의 최고가를 뺀 것이 1차 지지선, 그리고 피봇에서 어제의 최저가를 뺀 것이 1차 저항선이 된다. 셋째로, 2차 지지선과 2차 저항선을 구하는데 피봇에다 '어제의 최고가와 최저가의 차이'를 더하면 2차 저항선이 되고, 그 값을 피봇에서 빼면 2차 지지선이 된다. 예를 들어 어제의 최고가가 100 그리고 최저가가 80이었는데, 오늘은 주가가 상승하여 장중의 최고가가 130, 최저가는 110 그리고 종가는 120으로 결정되었다고 하자. 이때 피봇을 구하면 다음과 같다. 우선 피봇 포인트는 오늘의 최고가, 최저가, 종가의 평균이므로 (130+110+120)/3=120이 된다. 그리고 1차 지지선은 120×2-100=140, 1차 저항선은 120×2-80=160으로 산출된다. 아울러 2차 지

시카고 플로어 트레이더 피봇

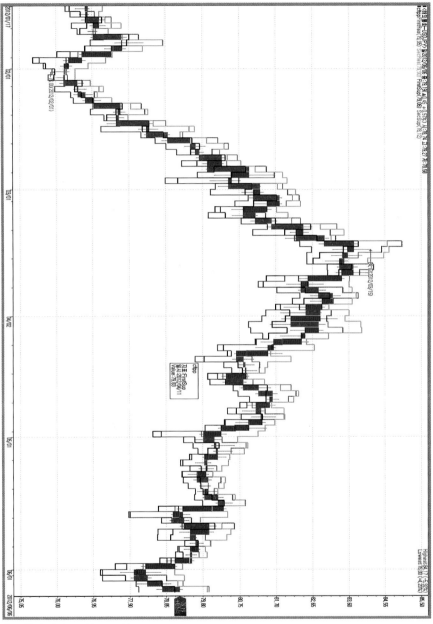

출처: 연합 인포맥스(www.einfomax.co.kr)

지선은 120-(100-80)=100, 2차 저항선은 120+(100-80)=140이 된다. 따라서 오늘의 종가는 120인데, 산출한 결과에 따르면 내일 시장에서 140선은 1차 지지선이면서 동시에 2차 저항선이 되는 만큼 꽤 중요한 의미를 가질 것으로 해석된다. 그리고 오늘의 종가보다 낮은 100이 지지선으로 작용하리라 예상되고, 반대로 160선이 저항선이 될 전망이다.

결론적으로 내일의 시장은 1차적으로 오늘의 종가보다 높은 140의 저항을 받을 것으로 보이나, 이를 돌파한다면 140이 오히려 지지선으로 작용하면서 가격 상승을 부추길 것으로 예상되며, 그럴 경우 160선이 저항선으로 나타날 것으로 예상할 수 있다.

★ 매매방법 ★

피봇을 이용한다면 지지선이나 저항선이 대략 어느 수준에 나타날 것인지 미리 예상해볼 수 있다. 그러므로 선제적인 대응이 가능하다. 예를 들어 현재의 주가가 1차 지지선 언저리에서 점차 하락하는 상태라면 일단 1차 지지선에서 지지를 받을 것으로 기대하고 매입할 수 있다. 그리고 만일 1차 지지선이 무너지더라도 2차 지지선이 대기하고 있으므로 또 한 차례 매입 포지션을 늘려갈 수 있는데, 물론 최악의 경우 2차 지지선이 돌파될 경우 매입 포지션을 손절하는 방식으로 대응할 수 있다. 반대로 주가가 상승한다면 매입 포지션은 1차 저항선 근처에서 일부 청산하여 수익을 얻을 수 있고, 1차 저항선을 넘어설 경우 2차 저항선 근처에서 청산하는 전략을 취할 수 있다.

중간값
MEDIAN PRICE

신 뢰 도	★★
안 정 성	★★★
민 감 도	★★★
기　　간	단기거래에서는 사용하기 어렵다. 중기·장기거래에 적합하다.
종합평가	시세의 중심이 어디 있는지를 파악하려는 기법. 주가가 중간값을 상회한다면 매입세가 더 힘을 내고 있으므로 상승추세가 이어질 것으로 예상하고, 반대로 현재의 주가가 중간값을 하회한다면 하락추세가 이어질 것으로 예상한다. 단순하다는 것이 장점이지만 그것이 오히려 약점이기도 하다.

★ **의의** ★

시장의 가격은 상승하기도 하고, 하락하기도 한다. 이럴 때 시세의 중심점을 파악할 수 있다면 매우 편하겠다. 왜냐하면 시세의 중심점이란 결국 매입세-매도세 간의 균형점이기 때문이다. 매입세와 매도세 간의 줄다리기로 인하여 시세가 결정되므로 이들의 중간 위치가 바로 균형점이다.

또는 이렇게도 설명할 수 있는데, 최고가는 결국 매입세가 힘을 내어서 만들어낸 가격이고, 최저가는 매도세가 우세한 결과로 만들어진 가격이므로 이 두 가격의 중간값은 결국 매입세와 매도세 간의 균형점이 된다.

현재의 주가가 중심점을 넘어서 상승한 수준이라면 매입세가 매도세를 압도하고 있다는 증거이므로 상승세가 더 이어질 것으로 예상할 수 있다. 반대로 현재의 주가가 중심점을 넘어서 하락한 수준이라면 매도세가 매입세를 압도하고 있다는 증거이므로 하락세가 더 이어질 것으로 예상할 수 있다.

중간값

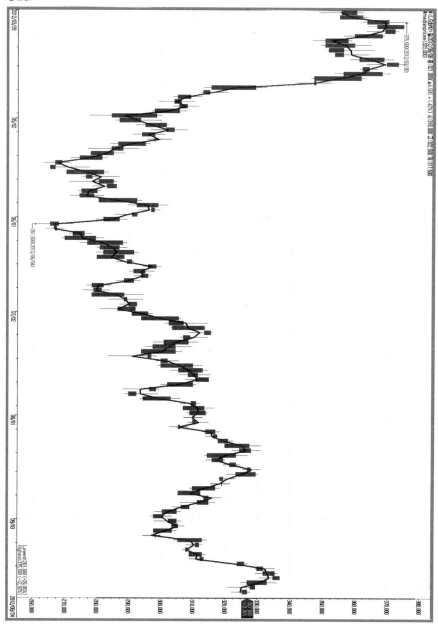

출처: 연합 인포맥스(www.einfomax.co.kr)

★ 산출법 ★

중간값을 산출하는 방식은 매우 단순하다. 당일 주가의 최고가와 최저가의 중간값으로 산출된다.

★ 해석 ★

앞서 설명하였듯 중간값은 결국 매입세와 매도세 간의 균형점을 나타낸다. 그런데 이 중간값은 종종 지지선이나 저항선으로도 작용한다. 중간값은 매입−매도세 간의 세력이 팽팽하게 균형을 맞추고 있는 수준인지라 그것을 넘어선다면 세력 균형이 무너질 판. 따라서 기존의 세력균형이 무너지기보다는 그대로 유지되려는 경향이 높을 것이고, 중간값은 돌파되지 않고 유지되면서 지지선이나 저항선이 된다. 또한 현재의 가격이 중간값을 상회한다면 지금의 추세는 상승세이고 앞으로의 주가는 더 상승할 여지가 있는 것으로 해석된다. 반대로 현재의 가격이 중간값을 하회한다면 지금의 추세는 하락세이고 앞으로의 주가도 더 하락할 여지가 있는 것으로 간주한다.

이중지수이동평균
DEMA, DOUBLE EXPONENTIAL MOVING AVERAGE

9

신 뢰 도	★★★★
안 정 성	★★★★
민 감 도	★★★★
기　　간	이동평균이니만큼 장기·단기거래 모두 사용할 수 있다.
종합평가	이동평균의 후행성을 해소하기 위하여 개발된 지표이다. 계산과정이 복잡해 보이나 단순이동평균보다는 훨씬 효율적이다.

★ **의의** ★

이 지표는 패트릭 멀로이(Patrick Mulloy)가 1994년에 개발하였다. DEMA는 이중지수이동평균(Double Exponential Moving Average)의 약자이다. 기존의 전통적인 이동평균은 시차(time lag)라는 결정적인 약점이 있었다. 이런 약점을 완화하기 위하여 여러 시도가 이루어졌는데, DEMA도 그중의 하나이다. 우리가 일반적으로 널리 사용하는 단순이동평균(Simple Moving Average)은 다 좋은데, 현재의 시장과 너무 동떨어져 움직인다는 약점이 있었다. 왜냐하면 평균이라는 특성에 따라 과거의 주가와 현재의 주가를 모두 같은 비중으로 간주하기 때문이다. 평균을 구할 때에 산출기간 중의 종가를 모두 합산하여 이를 기간으로 나눈다. 예컨대 20일 이동평균이라면 20일 전의 주가나 오늘의 주가가 모두 똑같은 비중으로 취급한다. 하지만 아무래도 미래의 주가에 가장 큰 영향을 미치는 것은 최근의 주가일 수밖에 없다. 따라서 과거의 주가나 현재의 주가나 모두 같은 비중으로 간주되는 단순이동평균은 문제점이 많았다. 그게 시차, 후행성으로 나타난 것이다. DEMA

는 이를 해결하려는 수단으로 고안되었다.

★ **산출법** ★

이중지수이동평균이라는 이름에서 알 수 있듯이 DEMA는 지수이동평균법을 사용하면서도 또다시 그것의 이동평균을 구하는 방식으로 산출된다.

DEMA를 구하는 공식은 다음과 같다.

$$DEMA = 2 \times EMA - EMA(EMA)$$
$$단, EMA = EMA(1) + \alpha \times (Close - EMA(1))$$
$$\alpha = 2 / (N + 1) \mid N = \text{The smoothing period}$$

★ **해석** ★

DEMA는 앞서 설명하였듯 이동평균의 후행성을 해소하려는 목적에서 만들어졌다. 이동평균의 후행성을 극복하려면 결국 이동평균을 산출하는 데에 가장 최근의 종가가 많이 반영되어야 한다. 이를 위해서 가중이동평균(Weighted Moving Average)를 사용하는데, 이는 과거의 종가에 동일한 가중치를 매기는 것이 아니라 최근의 종가일수록 가중치를 많이 두는 방식이다. 그런데 DEMA가 바로 가중이동평균이다. DEMA는 지수를 이용하여 가중치를 설정하였다.

종가	단순이동평균	EMA(N=3)	DEMA
10		10	10
20		15	17.5
30	20	22.5	27.5
40	30	31.25	38.125
50	40	40.625	48.75
60	50	50.3125	59.21875

이중지수이동평균

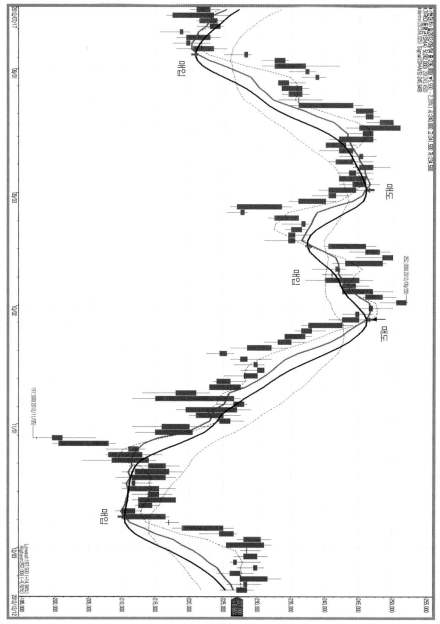

출처: 연합 인포맥스(www.einfomax.co.kr)

예를 들어 시장이 위와 같이 매일 상승하였다고 할 때, 이 가격을 이용하여 3일 간(즉 N=3) 지수이동평균 및 단순이동평균, 그리고 DEMA를 각각 산출하였다. 이 동평균을 서로 비교해보면 현재 가격의 움직임에 어느 이동평균이 가장 근접한지 한눈에 알 수 있다. 단순이동평균과 지수이동평균은 별 차이가 없으나 DEMA는 최근 가격의 움직임에 가장 가까운 수치로 나타난다.

★ 해석 ★

DEMA도 이동평균의 일종이므로 이동평균을 이용하는 방법과 동일하다. 골든 크로스가 나타나면 매입신호로 간주하고, 데드크로스가 나타나면 매도신호로 인식한다. 아울러 주가가 DEMA에 근접할 경우 DEMA는 종종 지지선이나 저항 선의 역할도 수행한다. 또한 현재의 종가가 DEMA와의 간격을 산출하는 이격도 를 활용할 수도 있다. 그런데 DEMA는 전통적인 이동평균의 약점인 시차문제를 해결하기 위하여 고안된 것이다. 따라서 단순이동평균과 비교할 때 골든크로스 나 데드크로스의 시기가 앞당겨진다는 장점을 당연히 가진다. 소개하는 차트에 5일선 DEMA와 20일선 DEMA, 그리고 전통적인 5일 단순이동평균선과 20일 단순이동평균선을 각각 나타내었다. 차트 5일선 DEMA와 20일선 DEMA에서 서로 골든크로스가 발생하거나 데드크로스가 발생할 때 화살표로 표시하였다. 그림에서 확인할 수 있듯이 점선으로 표시된 전통적인 5일 단순이동평균선과 20일 단순이동평균선에 비하여 하루에서 3일 정도 매매신호가 빠르게 발생하고 있다.

엔빌로프
ENVELOPE

신 뢰 도	★★★
안 정 성	★★★
민 감 도	★★★
기 간	단기거래에서는 사용하기 어렵다. 중기·장기거래에 적합하다.
종합평가	주가가 이동평균을 중심으로 일정한 밴드를 형성한다는 개념에서 출발하였다. 지지선이나 저항선의 위치를 파악하기 용이하다. 다만 주가가 엔빌로프를 돌파할지의 여부를 알 수 없다는 단점이 있다.

★ **의의** ★

엔빌로프는 매닝 스톨러(Manning Stoller)라는 기술적분석가가 1980년대 후반에 개발하였다. 이것은 앞서 살펴본 볼린저밴드와 접근방식이 비슷하다. 중간에 설정한 밴드를 중심으로 아래, 위쪽으로 각각 밴드를 만든다는 점도 같다. 볼린저밴드나 엔빌로프의 기본 원리는 주가가 이동평균선을 중심으로 일정한 폭이 있는 밴드를 형성한다는 개념에서 출발하였다. 주가가 일정한 범위 안에서 움직인다면 범위의 경계선을 넘지 못할 것이다.

결국 범위의 한계선이 되는 위쪽 엔빌로프는 저항선으로 작용하고, 반대로 아래쪽 엔빌로프는 지지선으로 작용할 것으로 예상된다. 볼린저밴드에서는 중간 밴드에다 표준편차 2배를 가감하는 방식으로 산출된다. 그러나 엔빌로프는 그렇지 않고 주가에 대한 일정한 비율, 예컨대 2%를 가감한다는 것이 다르다.

★ 산출법 ★

볼린저밴드의 경우 밴드의 폭은 '표준편차'로 정해진다. 따라서 밴드의 폭은 들쑥날쑥하다. 주가의 변동폭이 커져서 표준편차가 늘어나면 밴드의 폭도 덩달아 확대되고, 반대로 주가의 변동폭이 줄어들어 표준편차가 감소하면 밴드의 폭도 덩달아 축소된다. 그러나 엔빌로프의 경우는 그렇지 않다. 중간 밴드를 중심으로 미리 정해진 '일정한 폭'으로 범위가 정해지므로 엔빌로프의 폭이 들쑥날쑥할 수 없다. 오히려 정확하게 똑같은 폭으로 만들어진다. 엔빌로프를 개발한 매닝 스톨러는 수없는 시행착오 끝에 중간 밴드와 아래 위 엔빌로프의 폭을 아래와 같이 제시하고 있다. 그러나 이것은 어차피 하나의 예이며, 분석가에 따라 자신만의 조합을 만들어내어야 할 것이다. 예컨대 매닝 스톨러는 중간 밴드로 13일 이동평균선을 제시하고 있으나 보통의 경우라면 엔빌로프의 중간 밴드로 20일 이동평균선이 많이 활용된다. 또한 밴드의 폭도 분석가에 따라 정하기 나름인데, 통상 0.1~10% 정도의 범위에서 결정된다. 차트를 작성하는 기간이 단기가 될수록 엔빌로프의 폭이 좁아져야 하는 것은 당연하다. 반대로 차트를 작성하는 기간이 장기가 될수록 엔빌로프의 폭은 넓어져야 한다. 기간이 길어질수록 주가의 변동성은 늘어날 수밖에 없기 때문이다.

차트의 종류	이동평균	엔빌로프의 범위
5분간(5minutes)	65분(5분x13)	+/- 0.3%
시간(hourly)	13시간	+/- 0.8%
일간(daily)	13일	+/- 2.0%
주간(weekly)	13주	+/- 10.0%

★ 해석 ★

엔빌로프는 볼린저밴드와 만드는 법도 비슷하니 해석하는 방법도 유사하다. 중간

엔빌로프

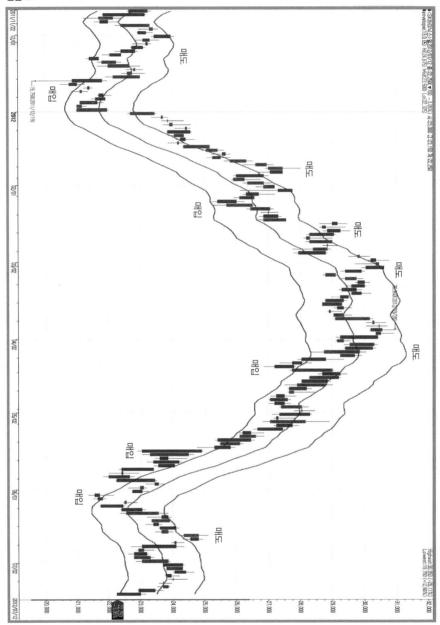

출처: 연합 인포맥스(www.einfomax.co.kr)

밴드가 중심축의 역할을 하므로 주가가 중간 밴드 위로 올라서면 상승세, 그 반대의 경우는 하락세로 판단한다. 아울러 위, 아래 밴드는 각각 저항선과 지지선의 역할을 하는 것으로 간주된다. 따라서 주가가 위쪽 밴드에 근접하면 일시적으로 과열상태이므로 매도기회를 찾아야 할 것이고, 반대로 주가가 아래쪽 밴드에 근접하면 일시적으로 과매도상태이므로 매입기회를 노려야 할 것이다. 또한 주가가 밴드를 벗어날 때의 해석도 매우 중요하다. 앞서 설명하였듯이 일반적으로 아래, 위 밴드는 저항선이나 지지선의 역할을 한다. 하지만 그 선이 돌파될 때도 없지 않다. 이때는 기존의 시장균형이 무너지고 새로운 균형이 시작되는 것으로 간주된다.

★ 매매방법 ★

엔빌로프는 그 자체가 지지선 또는 저항선의 역할을 하는 것으로 간주되므로 주가가 엔빌로프에 근접할 때가 매매의 타이밍이 된다. 주가가 지지선 근처에 근접하면 의당 매입기회로 삼고 거꾸로 주가가 저항선 근처에 근접하면 매도기회로 삼아야 하는 것은 마땅하다. 그런데 여기서 주의해야 할 것은 지지선 또는 저항선으로 간주되는 엔빌로프가 '결코 무너지지 않는' 장벽은 아니라는 사실이다. 엔빌로프는 종종 무너지기도 하는데, 이럴 때라면 즉각 손절하거나 또는 포지션의 방향을 바꾸는 순발력이 요구된다. 구체적으로 말하여 주가가 상승하여 저항선으로 간주되던 위쪽 밴드마저 돌파하였다면 기존의 매입세와 매도세 간의 균형은 깨지고 다시 새로운 균형이 만들어질 것이며, 여기에서는 매입세가 훨씬 더 강력한 힘을 가지는 것으로 해석된다. 결국 상승세가 훨씬 강화되는 것이므로 추격매입이라도 단행해야 한다. 반대로 지지선의 역할을 하던 아래쪽 밴드가 무너진다면 매도세가 훨씬 새롭게 강화되는 것으로 해석되므로 즉각 추격매도라도 단행해야 한다.

통계 법칙에도 예외가 있는 법

대학 다니던 시절, 재미 반 호기심 반으로 소개팅이라는 것을 몇 번 하였다. 생전 서로 처음 만난 이성인지라 만남의 분위기가 어색해지는 것은 당연하다. 공통의 화제나 관심사도 없으니(군대에서 축구한 이야기를 할 수는 없지 않은가) 답답한 침묵만이 이어졌다. 하지만 소개팅 몇 번의 경험이 쌓이면서 제법 말솜씨도 늘어났고 상대방을 기분 좋게 만드는 비법도 터득할 수 있었다. 당시 내가 즐겨 써먹던 수법은 불쑥 "생일이 언제냐?"라고 물어보는 것이었다. 처음 만난 놈이 생일을 왜 묻는지 상대방 여학생은 의아하다. 그러면서도 "4월 15일이요." 하는 식으로 대답해 줄 터. 그러면 나는 심각한 얼굴로 "어? 이상하다. 그렇지 뭐, 예외는 있는 법이니까…."라고 혼잣말인 척, 상대방 들으라고 말한다. 생일을 일러주었더니 대체 뭐가 이상하다는 거야? 상대방 여학생의 궁금증이 커지는 찰나, 때를 놓치지 않고, 이어지는 설명! 이때 심각한 얼굴로 고개를 갸우뚱거리는 것이 중요하다. "이상합니다. 생일이 4월이라고 하시는데… 통계적으로는 겨울에 태어난 여자 중에 미인이 많거든요. 하기야 통계 법칙에도 예외는 있는 법이니까요."

여자들치고 자기가 미인이라는데 싫어하는 사람은 아무도 없다. 하지만 대놓고 "미인이십니다."라고 하면 역효과를 얻을 수도 있다. 그러나 이처럼 슬쩍 돌려 말하면 아무리 뾰로통한 여자도 웃게 마련. 상대방이 듣고 싶은 이야기를, 적절한 표현을 통하여 전달하라! 이것이 핵심이다. 나는 예전에 은행에서 외환딜러로 일하였는데, 당시 많은 기업체 사람들이 환율전망에 대한 나의 생각을 묻곤 하였다. 하지만 전망을 묻는 이들과 30초만 통화하면, 그가 내심 환율이 오르기를 바라는지, 아니면 내리기를 바라는지 금세 알 수 있었다. 기업마다 수출을 위주로 하는 기업, 수입을 위주로 하는 기업이 달랐다. 따라서 각각의 입장에 따라 환율에 대한 '희망'이 상이하다. 이들은 은연중에 자신들의 기대를 내비치게 마련.

"앞으로 달러환율이 오르겠지요? 어떻게 보세요?"라고 묻는 사람은 분명히 달러를 잔뜩 쥐고 있으면서 환율이 상승하기를 기대하고 있고, "해외에서 달러가 약세라는데, 한국은 어떻게 될까요?"라고 묻는 사람은 수입대금 결제를 위해 달러를 사야 할 입장이 분명하였다.

냉정히 말한다면 그들은 정확한 전망이 아니라 '듣고 싶은' 이야기를 원하였던 것이다. 미래는 그 누구도 정확히 알 수 없는지라 나는 이럴 때, 그들이 원하는 '정답'을 말해주곤 하였는데, 그 덕택에 많은 외환거래를 따낼 수 있었다. 물론 내가 말한 방향과 실제 환율이 정반대로 움직이는 경우가 허다하였다. 하지만 그건 필자의 잘못이 아니라고 강변할 수 있었다. 돌발사태가 발생하였기 때문이었지 예측이 틀린 것은 아니라고 주장하여도 이미 '듣고 싶은 말'을 전해들은 사람들은 다 수긍하고 넘어갔다. 주식시장에는 투자자들이 듣고 싶어 하는 말이 있다. 그것이 무엇인지 누구나 다 안다. 주가가 오를 것이라는 말을 듣고 싶은 것이다. 각 증권사들이 내놓은 월간 주식시장 전망을 읽어보았다. 온통 장밋빛 일색이다. 문득, 어쩌면 투자자들은 "이상하네요. 통계 법칙에도 예외가 있나 보지요."라는 식의 전망을 읽고는 좋아라 하는 것은 아닌지… 의심이 들었다.

파라볼릭

PSAR, PARABOLIC STOP AND REVERSAL

신 뢰 도	★★★★
안 정 성	★★★★
민 감 도	★★★
기　　간	장기 · 단기거래 모두에 사용된다.
종합평가	추세전환을 파악하는 데에 효과적인 지표이다. 특히 손절(Stop Loss)을 어느 수준에 두어야 할지 모르는 투자자들에게는 매우 유용하다. 다만 다소 느리다는 것이 약점이다.

★ **의의** ★

파라볼릭, 즉 PSAR은 RSI, DMI 등을 개발한 유명한 기술적분석가 웰리스 윌더 주니어(Welles Wilder, Jr)가 만들었다. PSAR이라는 이름이 무슨 뜻인지를 살펴보면 이 지표의 의의를 쉽게 파악할 수 있다. SAR이란 '청산 및 반대 방향(Stop And Reverse)으로의 거래'를 의미한다. 즉 추세가 이제 바뀌었으니 기존의 포지션을 얼른 청산하고 지금 당장 기존의 추세와 반대 방향으로 거래하라는 뜻이다.

첫 글자 P는 파라볼릭(Parabolic)을 뜻한다. 이것은 '포물선'이라는 의미인데, PSAR을 차트에 나타내면 마치 포물선 모양을 나타낸다고 하여 붙여진 이름이다. PSAR은 주가의 추세가 이어지려면 추세의 강도가 계속 유지되어야 한다는 원리에서 출발하였다. 추세의 강도란 힘, 에너지를 말한다. 예컨대 현재의 추세가 상승세이고 그러한 상승세가 계속 이어지려면 주가가 매일 최소한 어느 수준 이상으로 올라야 한다는 뜻이다. 그런데 시간이 지나면 아무리 초반의 강력한 상승세라고 할지라도 힘이 떨어지게 마련이다. PSAR은 바로 이 시점, 즉 상승세의 힘이 떨어질 찰나를 잡아내어 그때를 추세전환의 시점으로 파악한다.

★ 산출법 ★

PSAR을 구하는 공식은 다음과 같다.

$$PSAR_{오늘} = PSAR_{어제} + AF \times (EP - PSAR_{어제})$$

단, AF=Acceleration Factor | EP=Extreme Point

여기서 AF(Acceleration Factor), 즉 가속요소는 0.02부터 시작하는데, 하루가 지날 때마다 매일 0.02가 추가된다. 그러나 무한정 커지지는 않으며 0.20이 최대이다. 따라서 AF가 일단 0.20 수준에 이르는 경우면 그 이후에는 계속 0.20을 사용한다. 또한 EP(Extreme Point), 즉 극단점은 추세가 바뀌는 가격수준으로 정해진다. 예컨대 추세가 상승세에서 하락세로 바뀔 때라면 EP는 직전 최고가격이 되고, 반대로 추세가 하락세에서 상승세로 바뀔 때라면 EP는 직전 최저가격이 된다. 이때 추세가 막 바뀌는 첫 번째 날의 PSAR은 EP와 같은 값으로 설정된다.

★ 해석 ★

PSAR을 차트에 나타내면 포물선이라는 것을 명확히 알 수 있다. 예컨대 상승세 일 때에는 PSAR이 주가의 아래쪽에서 포물선과 같은 모양으로 매일 조금씩 상승 하고 있으며 반대로 하락세일 때에는 PSAR이 주가의 위쪽에서 마치 물체가 자유 낙하하듯이 포물선을 그리며 낮아지고 있는 것을 알 수 있다. 이때 포물선이 나 타나는 PSAR은 '추세가 유지되기 위해서 주가가 움직여야 할 최소한'을 나타낸

파라볼릭

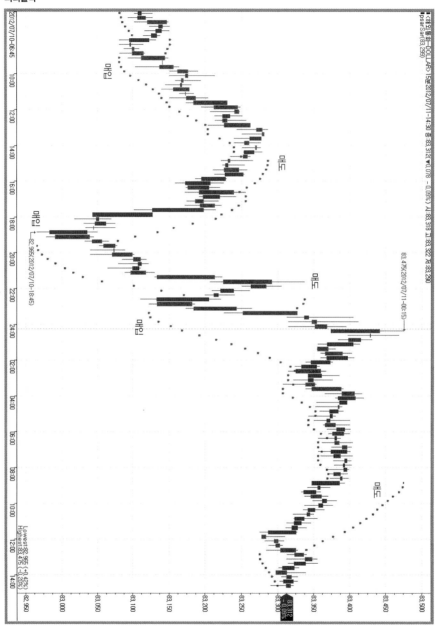

출차: 연합 인포맥스(www.einfomax.co.kr)

다. 예컨대 상승세가 이어지려면 주가가 최소한 그날의 PSAR 이상은 올라야 하고, 반대로 하락세가 유지되려면 주가가 최소한 그날의 PSAR 이하로 하락해야 한다는 것이다. 결국 이는 공식에서도 잘 나와 있는데, PSAR을 구하는 공식을 가만히 살펴보면 추세가 이어지기 위해서는 그 방향으로의 움직임이 가속화되어야 한다는 원리를 담고 있다. 시간이 흐를수록 가속변수, AF가 커지므로 매일매일 PSAR의 값은 자연스럽게 커진다. 이때 상승추세를 나타내고 있는 주가가 추세의 막바지에 이르러 주춤거리거나 또는 더 오르지 못하고 하락한다면 결국 주가는 PSAR이 만나게 되고, 이때가 추세가 뒤바뀌는 시점이다. 다시 말하여 SAR, 바로 'Stop And Reversal'이 되는 시기이다. 기존의 포지션을 청산하고 반대 방향으로 포지션을 취할 때이다. 다시 말해 추세가 전환되는 시기로 간주된다.

★ 매매방법 ★

PSAR은 추세전환 시점을 알려주므로 주가와 PSAR이 닿을 때가 매매 시기이다. 상승추세일 경우를 예로 들면 주가가 상승하다가 더 오르지 못하고 하락하여 아래쪽에서 포물선을 그리면서 상승하고 있는 PSAR을 건드리면 그때가 하락추세로 전환하는 시기로 간주된다. 즉각 매도하여야 한다. 반대로 하락추세일 때라면 주가가 하락하다가 더 하락하지 않고 상승하여 위쪽에서 포물선을 그리면서 하락하고 있는 PSAR을 건드리면 그때가 상승추세로 전환하는 시기로 간주된다. 즉각 매입에 나서야 한다. PSAR을 이용하여 새롭게 추세가 시작되는 시기를 발견하고 신규매매에 나설 수도 있으나 보통의 경우는 손절을 결정하는 데에 사용된다. 즉 상승추세로 판단하여 주식을 매입하였을 경우 주가가 더 오르지 못하고 PSAR을 건드리면 즉각 손절하는 것이 바람직하다.

가격채널
PRICE CHANNELS

12

신 뢰 도 ★★★
안 정 성 ★★★★
민 감 도 ★★★
기   간 장기·단기거래 모두 사용할 수 있다.
종합평가 지지선이나 저항선의 위치를 파악하는 데에 용이하다. 다만 너무 단순하고, 주가가
        채널을 벗어날지의 여부를 미리 알 수 없다는 약점이 있다.

★ 의의 ★

볼린저밴드, 엔빌로프의 공통점은 무엇인가? 그렇다. 주가가 일정한 범위에서
등락을 반복하리라는 가정에서 출발하였다. 주가의 등락 범위를 미리 알 수 있다
면 우리는 지지선이 어느 정도에 걸쳐 있는지 또는 저항선이 어느 수준인지를 쉽
게 파악할 수 있고, 아울러 지지선 근처에서는 매입을 노리고 저항선 근처에서
매도를 노려볼 수 있다. 가격채널 역시 주가의 등락 범위를 미리 산출하려는 의
도에서 비롯되었다. 다만, 볼린저밴드나 엔빌로프는 이동평균선을 중심으로 특
정한 비율을 더하거나(+) 또는 빼서(−) 고점이나 저점의 범위를 '산출'하려는 데
에 비하여 가격채널은 과거에 이미 만들어졌던 고점이나 저점을 그대로 '이용'
한다는 것이 다르다.

★ 산출법 ★

가격채널은 최근 일정한 기간(일반적으로 10~20일 정도) 동안의 최고점과 최저점으

가격채널

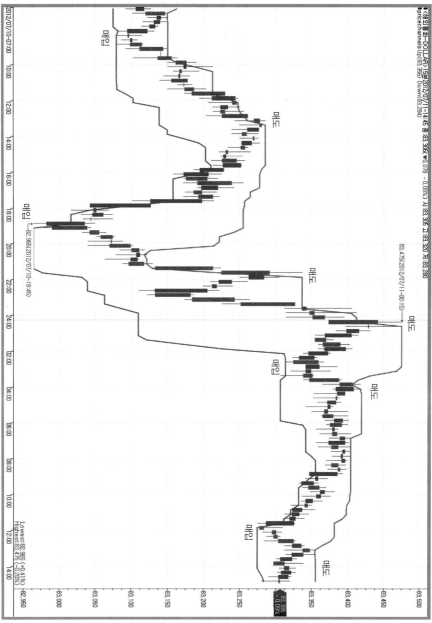

출처: 연합 인포맥스(www.einfomax.co.kr)

로 만들어진다. 예를 들어 최근 10일 동안의 최고점이 5만 원이었다면 그것이 가격채널의 위쪽 밴드로 사용되고, 최근 10일 동안의 최저점이 4만원이었다면 그것이 가격채널의 아래쪽 밴드로 사용된다. 물론 그러다가 가격이 상승하거나 하락하여 최고점이나 최저점이 변경되면 다시 채널도 바뀐다.

★ 해석 ★

가격채널은 지지선이나 저항선으로 작용하는 경우가 많다. 추세가 상승세일 때, 위쪽에 형성되는 가격채널, 즉 최근 일정한 기간의 최고점은 저항선으로 작용하고, 반대로 추세가 하락세일 때 아래에 형성되는 가격채널, 즉 최근 일정한 기간의 최저점은 지지선으로 작용한다. 그 이유는 조금만 생각해보면 쉽게 납득할 수 있다. 최근 일정한 기간 동안의 최고점은 결국 매입세가 노력한 끝에 만들어낸 가격이다. 최고점 수준보다 가격이 더 상승하지 못하였다는 것은 그 수준에서 강력한 저항이 나타났다는 뜻이다. 그러므로 이후에 주가가 상승하여 다시금 최고점 수준으로 근접한다면 앞서 나타났던 저항세력이 재차 나타날 것이라고 짐작할 수 있다. 물론 반대의 경우, 즉 지지선의 경우도 마찬가지이다.

★ 매매방법 ★

볼린저밴드나 엔빌로프의 경우와 마찬가지로 주가가 위쪽 저항선 근처에 도달하면 매도기회를 노리고, 반대로 주가가 아래쪽 지지선 근처에 이르면 매입기회를 노린다. 단, 저항선이나 지지선이 돌파되면 새로운 균형이 만들어진다는 의미이므로 즉각 손절하고 그 방향으로 추격하여야 한다.

프로젝션 밴드
PROJECTION BANDS

13

신 뢰 도 ★★★★
안 정 성 ★★★★
민 감 도 ★★★★
기　　간 장기·단기거래 모두 사용할 수 있다.
종합평가 지지선이나 저항선의 위치를 파악하는 또 다른 방법이다. 그런데 수학적인 기법을
활용함으로써 주가가 절대로 위쪽이나 아래쪽 밴드를 벗어나지 않는다는 특징이 만
들어졌다. 현실적으로 지지선 또는 저항선을 파악하는 데 매우 효과적이다.

가격채널

★ 의의 ★

프로젝션 밴드는 앞서 소개한 가격채널과 유사하지만 차트에 나타내는 방식에서 차이가 있다. 프로젝션 밴드에서도 최근 일정한 기간의 최고점과 최저점을 각각 찾는 것은 같다. 그런데 가격채널에서는 이러한 최고점과 최저점을 그냥 현재의 가격수준과 수평이 되도록 차트에 나타내지만 프로젝션 밴드는 그렇게 하지 않고 회귀곡선을 구한 다음 회귀곡선의 각도에 맞추어 나타낸다는 것이 다르다. 이 지표는 멜 위드너 박사(Mel Widner, Ph.D)가 1995년에 개발하여 소개하였다.

★ 산출법 ★

회귀곡선은 통상 'Y=a+bX'의 형태로 나타난다. 이때 b가 바로 회귀곡선의 각도이다. 따라서 프로젝션 밴드를 그리려면 먼저 회귀곡선(regression line)의 각도를 산출하는 일이 진행되어야 한다. 이때 회귀곡선은 2개가 산출되어야 하는데, 하나는 일정한 기간 동안 매일매일의 최고가를 이용하여 만든 회귀곡선이고, 또 하

나는 일정한 기간 동안 매일매일의 최저가를 이용하여 만든 회귀곡선이다. 그래서 일단 매일매일의 고가를 이용한 회귀곡선이 산출되었으면 그다음 단계로 과거 일정한 기간 동안의 최고가격을 그 회귀곡선과 동일한 각도로 나타낸다.

마찬가지로 매일매일의 저가를 이용한 회귀곡선이 산출되었으면 그다음 단계로 과거 일정한 기간 동안의 최저가격을 그 회귀곡선과 동일한 각도로 나타낸다. 이때 과거 일정한 기간 동안의 최고가격을 그 회귀곡선과 동일한 각도로 나타낸 곡선이 프로젝션 밴드의 위쪽 밴드가 되는 것이고, 과거 일정한 기간 동안의 최저가격을 그 회귀곡선과 동일한 각도로 나타낸 곡선이 프로젝션 밴드의 아래쪽 밴드가 된다.

★ 해석 ★

프로젝션 밴드는 가격채널과 마찬가지로 지지선이나 저항선으로 작용한다. 주가가 위쪽 밴드에 근접하면 꼭지로 파악되어 매도기회로 인식된다. 반대로 주가가 아래쪽 밴드에 근접하면 바닥으로 파악되어 매입기회로 인식된다.

그런데 여기서 중요한 것은 볼린저밴드나 엔빌로프와는 달리 프로젝션 밴드에서는 주가가 결코 밴드를 벗어날 수 없다는 점이다. 특히 가격채널은 최고점이나 최저점이 일단 만들어지면 그 가격 수준과 수평하도록 채널이 그려지므로 실제 시장의 가격과 밴드가 종종 괴리를 나타내는 경우가 많았다. 따라서 가끔 현실과 동떨어진 지지선이나 저항선으로 나타났다. 그러나 프로젝션 밴드는 고점과 저점으로 구성된 각각의 회귀곡선을 구하고 그 각도에 따라 밴드의 각도를 설정하므로 실제 시장의 가격과 근접하여 현실적인 지지선이나 저항선이 된다. 141쪽에 소개하는 그림은 프로젝션 밴드(상)와 가격채널(하)을 서로 비교한 것이

프로젝션 밴드(상)와 가격채널(하)

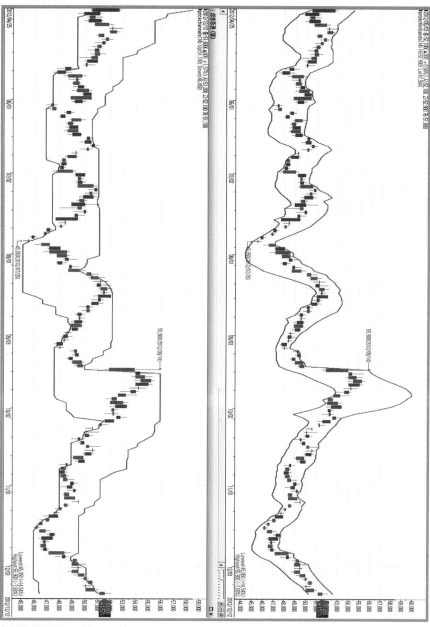

출처: 연합 인포맥스(www.einfomax.co.kr)

다. 차트에서 확인할 수 있듯이 프러젝션 밴드가 가격채널에 비하여 훨씬 촘촘하게 만들어지고 있으며, 따라서 현실적인 지지선이나 저항선으로 작용한다.

★ 매매방법 ★

볼린저밴드, 엔빌로프 또는 가격채널 등과 똑같다. 지지선 근처에 주가가 도달하면 매도기회로 간주하고, 반대로 주가가 저항선 근처에 도달하면 매입기회로 간주한다. 그런데 앞서 설명하였듯이 프로젝션 밴드에서는 주가가 절대로 밴드 바깥으로 이탈되지 않는다. 따라서 현실적으로 지지선이나 저항선을 설정하는 데에 다른 기법과 비교해 훨씬 용이하다.

 # T3

14

신 뢰 도 ★★★
안 정 성 ★★★
민 감 도 ★★★★
기　　간　장기·단기거래 모두에 활용될 수 있으나, 아무래도 중장기 추세 파악에 사용되는
　　　　　것이 일반적이다.
종합평가　"이동평균을 이처럼 복잡하게 산출할 수 있구나!"라는 감탄사가 절로 나온다. 이동평
　　　　　균의 시차문제를 해결하는 장점은 있으나 너무 복잡하다.

★ 의의 ★

이동평균법은 단순하고 기계적이며 객관적이라는 등의 장점이 많으나, 후행성(Time
Lag)이라는 것이 최대 약점이다. 기술적분석가들은 이런 약점을 해소하려 노력해왔
다. MACD 또는 앞에서 살핀 DEMA 등이 후행성을 극복하기 위한 노력에서 만들
어졌다. T3는 이동평균법의 일종인데, 역시 이동평균의 후행성을 극복하려는 시도
중 하나이다. 팀 틸슨(Tim Tillson)이라는 기술적분석가가 1998년에 개발하였다.

★ 산출법 ★

T3는 앞서 살펴보았던 DEMA, 즉 이중지수이동평균을 근간으로 하고 있으나 그
것보다 더 복잡한 방법으로 산출된다. 산출과정을 요약하여 설명한다면 다음과
같다. 우선 DEMA를 산출한다. 그리고 두 번째 단계로 DEMA에 vfactor, 즉 가
중치를 더한다. 이렇게 산출된 수치를 GD, 즉 Generalized DEMA라고 지칭한
다. 이때 가중치는 0에서 1사이의 값에서 분석가가 나름대로 정할 수 있다. 만일

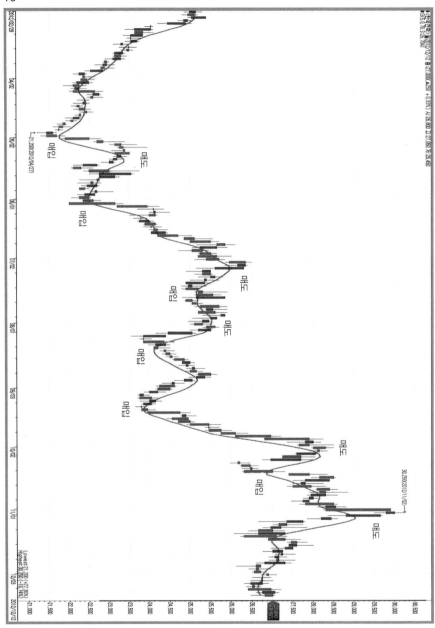

출처: 연합 인포맥스(www.einfomax.co.kr)

가중치 0을 사용한다면 그렇게 구해진 GD의 값은 단순한 지수이동평균, 즉 EMA의 값과 일치한다. 그리고 가중치가 1이라면 그렇게 산출된 GD의 값은 DEMA, 즉 이중지수이동평균의 값과 일치한다. 일반적인 경우 가중치는 0.7이 사용된다. 마지막 세 번째 단계로 T3를 산출하는데, 이는 GD를 두 차례 지수이동평균한 것으로 구해진다. T3의 공식은 다음과 같다.

$$GD = EMA \times (1 - \upsilon factor) - EMA(EMA) \times \upsilon factor$$
$$T3 = GD(GD(GD))$$

★ 해석 ★

복잡한 방식으로 T3를 산출하였으나 사실 T3는 추세의 방향을 대표한다는 의미 외에는 별로 내세울 것이 없다. T3의 방향이 상승세라면 현재의 추세도 역시 상승세로 간주되고, T3가 하락하고 있다면 현재의 추세 역시 하락하는 것이라고 간주된다.

★ 매매방법 ★

추세분석법의 기본 원리는 '추세와 동행(Trend is Friend)하는' 것이다. 따라서 T3를 통해 파악한 현재의 추세가 상승세라면 매입, 반대로 추세가 하락세라면 매도한다. 또는 더 단기적으로 T3를 이동평균선으로 간주하여 주가와의 관계를 이용하는 방법도 있다. 즉 주가가 T3를 상향돌파하면 매입, 주가가 T3를 하향돌파하면 추세가 바뀌었다고 판단해 매도한다. 이 방법은 추세변화에 즉각적으로 따른다는 장점이 있지만 거래를 너무 자주해야 한다는 단점도 있다. 차트에 표시한 것은 T3의 방향이 바뀔 때마다 매입하거나 매도하는 방법이다.

삼중지수이동평균

TEMA, TRIPPLE EXPONENTIAL MOVING AVERAGE

15

신 뢰 도 ★★★
안 정 성 ★★★
민 감 도 ★★★★
기　　간 장기·단기거래 모두 사용할 수 있다.
종합평가 이중지수이동평균인 DEMA를 보면서 복잡하다고 생각한 투자자라면 겁먹겠다.
TEMA는 더 복잡한 삼중지수이동평균이니 말이다! 하지만 복잡하다고 하여 반드시
완벽하다는 법은 없다. 계산을 복잡하게 함으로써 이동평균의 시차문제를 다소간 완
화할 수는 있겠지만 문제를 완벽하게 해결하기는 불가능한 일이다.

★ 의의 ★

우리가 알고 있는 전통적인 평균, 즉 산술이동평균(Arithmetic Moving Average)은
모든 변수의 가중치를 동일하게 설정한다는 것이 약점이다. 예컨대 20일 이동평
균의 경우 가장 최근의 주가와 20일 전 오래된 주가가 모두 동일한 비율로 이동
평균 산출에 사용된다. 결국 이미 오래되어 현재의 주가에 별반 영향을 미치지
못하는 과거의 주가가 상대적으로 더 비중이 높아지는 셈이다. 그러다 보니 단순
이동평균은 쉽고 간편하지만 반면에 현재의 가격 변화를 제대로 따라잡지 못한
다는 시차(time lag)의 문제를 늘 안고 있었다. 이 문제를 해결하기 위하여 가중치
를 부여한 이동평균이 개발되었다. 특히 지수를 가중치로 사용하는 지수이동평
균은 산출방법에서 최근의 주가에 훨씬 많은 가중치를 주고 과거의 주가일수록
가중치가 낮아지도록 설계되었으므로 단순이동평균의 시차문제를 상당 부분 해
소할 수 있다. 더 나아가 앞서 살펴보았던 DEMA는 지수이동평균을 거듭하여 이
중으로 완만하게 만들었으므로 시차문제를 해소하는 데 더욱 효과적인데, TEMA

는 그 과정을 한 차례 더 수행하여 시차문제를 더욱 완벽하게 해결하도록 노력하였다. TEMA는 DEMA를 개발한 패트릭 멀로이(Patrick Mulloy)가 1994년에 개발하였다.

★ 산출법 ★

앞서 살펴본 DEMA가 이중지수이동평균(Double Exponential Moving Average)의 약자로서 지수이동평균을 다시 한번 완만하게 만든 것이라면, TEMA는 삼중지수이동평균(Tripple Exponential Moving Average)의 약자. 즉 DEMA를 또 한 차례 지수이동평균한 것이다.

앞서 DEMA를 구하는 공식은 다음과 같았다.

$$DEMA = 2 \times EMA - EMA(EMA)$$
$$단, EMA = EMA(1) + \alpha \times (Close - EMA(1))$$
$$\alpha = 2 / (N + 1) \mid N = The\ smoothing\ period$$

그런데 TEMA를 구하는 공식은 DEMA를 구하는 과정에서 한 번 더 나아간다. 다음과 같다.

$$TEMA = 3 \times EMA - 3 \times EMA(EMA) + EMA(EMA(EMA))$$

★ 해석 ★

DEMA나 TEMA는 모두 지수이동평균의 일종인데, 통상적인 지수이동평균에서

삼중지수이동평균

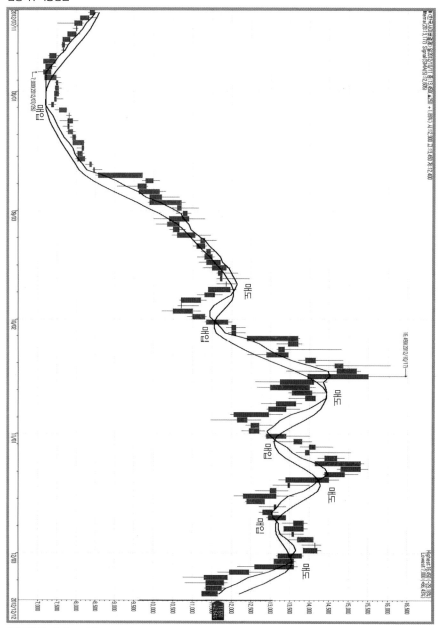

출처: 연합 인포맥스(www.einfomax.co.kr)

한 걸음 더 나아가 그것을 다시 한번 지수이동평균하여 이중으로 산출하거나
(DEMA) 또는 또다시 지수이동평균하여 삼중으로 산출하는 방식(TEMA)으로 구한
다. 이처럼 이중, 또는 삼중으로 지수이동평균을 하는 이유는 결국 변덕스러운 주
가의 움직임을 더욱더 완만하게 만들어 추세를 더 정확하게 파악하려는 데에 있
다. 특히 지수이동평균은 단순이동평균과 달리 매일매일의 주가에 가중치를 부여
한다. 가장 최근 움직임에 많은 가중치를 부여하는 방식이므로 이동평균이 내재
하고 있는 시차문제도 상당 부분 해결할 수 있다.

★ 매매방법 ★

우리가 알고 있는 통상적인 이동평균법과 동일하다. 첫 번째로 단기 TEMA(통상
적으로 5일간)와 장기 TEMA(통상적으로 20일간) 곡선을 각각 산출하고 위 두 TEMA
곡선이 서로 골든크로스를 나타내거나 또는 데드크로스를 나타낼 때를 각각 매
입신호 또는 매도신호로 인식한다. 두 번째로 TEMA를 지지선이나 저항선으로
인식할 수 있다. 어차피 이동평균을 산출하는 방법이 무엇이건 그건 과거 일정한
시기의 주가를 대표하는 대푯값이다. 따라서 주가는 대푯값을 넘어서려는 순간
에 항상 주춤거린다. 거꾸로 이동평균선은 그 순간에 지지선 또는 저항선으로 작
용한다. 세 번째로 주가와 TEMA와의 간격, 즉 이격도를 산출할 수도 있다. 주가
와 이동평균의 간격이 멀어질수록 주가는 이동평균으로 수렴하려는 특성이 있
다. 따라서 이격도를 산출하여 간격이 너무 멀어지면 그때의 시장은 비정상적인
것으로 판단한다. 일반적으로 이격도가 105%를 상회하면 과열국면으로 간주되
어 매입기회로 판단되고, 반대로 이격도가 95%를 하회하면 시장은 과매도국면
인 것으로 해석되어 매도기회로 인식된다.

대푯값
TYPICAL PRICE

신 뢰 도	★★★
안 정 성	★★★
민 감 도	★★
기　　간	장기·단기거래 모두 사용할 수 있다.
종합평가	이 지표는 단독으로 매매에 사용하기 어렵다. 대푯값은 종가를 대체하는 것으로 활용된다. 예를 들어 종가로 이동평균을 산출하기보다는 종가 대신에 대푯값을 사용하면 이동평균의 신뢰도가 높아진다.

★ 의의 ★

일반적으로 하루 중의 종가는 그날의 거래를 대표하는 것으로 간주된다. 하루 중의 거래가 한 가격으로 모였기 때문이다. 따라서 일반적인 경우라면 종가를 이용하여 이동평균을 산출한다. 그러나 냉정하게 말하여 종가가 진실로 그날의 매매를 대표할까? 하루 중에 주가는 고점도 만들고, 저점도 만드는 등 변화무쌍하게 움직이는데, 종가만으로 그것을 대표하기에는 부족하다. 결국 대푯값은 하루 중의 가격 움직임을 대표하는 가격으로 개발되었다.

★ 산출법 ★

대푯값은 피봇과 산출방법이 똑같다. 따라서 아래처럼 구할 수 있다.

$$대푯값(Typical\ Price) = \frac{최고가 + 최저가 + 종가}{3}$$

대푯값

출처: 연합 인포맥스(www.einfomax.co.kr)

★ 해석 ★

이 가격은 그것 자체로는 특별한 의미를 가지지 않는다. 물론 당일의 최고가, 최저가 그리고 종가의 평균치이므로 하루의 가격에서 중심축이 된다는 의미는 있겠지만 그렇다고 더 다른 의미를 도출하기는 어렵다. 그러므로 대푯값은 피봇에서 1, 2차 지지선과 저항선을 산출하는 데 사용되듯이 다른 지표를 산출하는 데에 종종 활용된다. 특히 단순히 종가만을 이용하여 만드는 지표인 경우, 종가 대신에 대푯값을 사용하면 지표의 신뢰도가 높아지는 결과를 낳는 일이 많다. 예를 들어 이동평균의 경우 종가만으로 이동평균을 구하지만 이처럼 당일의 최고가, 최저가 그리고 종가의 평균치인 대푯값을 이용하여 이동평균을 산출할 수 있다.

가변동적 이동평균

VIDYA, VARIABLE INDEX DYNAMIC AVERAGE

17

신 뢰 도	★★★★
안 정 성	★★★
민 감 도	★★★
기　　간	장기·단기거래 모두 활용될 수 있다.
종합평가	이동평균의 후행성 문제… 정말 지겹다. 이를 해결하려고 얼마나 많은 분석가들이 팔을 걷어 부쳤을까! VIDYA는 이름은 복잡하지만 이것 역시 이동평균의 후행성을 극복하려는 수많은 노력 가운데 하나이다. 이것은 후행성을 개선하는 효과가 크다. 허다한 방법 중에서 가장 뛰어나다고 판단된다.

★ **의의** ★

VIDYA는 가변동적 이동평균(Variable Index Dynamic Average)의 약자로서 CMO, Qstick 등 주옥같은 기술적지표들을 개발한 투샤 샨드(Tushar Chande)가 1995년에 만들어 소개하였다. 그는 원래 이 지표를 1992년에 만들었는데, 이후 보완하여 더 안정적인 것으로 개발해내었다. 이름은 상당히 복잡해 보이지만 이것 역시 이동평균의 약점인 시차문제를 해결하기 위한 많은 시도이다. 예컨대 우리가 앞서 살폈던 DEMA, TEMA 등과 같은 맥락의 지표이다.

　단순이동평균은 쉬운 반면에 시차문제가 심각하다. 그래서 다소 복잡하지만 이동평균을 이중, 삼중으로 산출하는 DEMA, TEMA가 나왔다. VIDYA도 역시 이동평균의 시차문제를 해결하기 위한 방안으로 고안되었다.

가변동적 이동평균

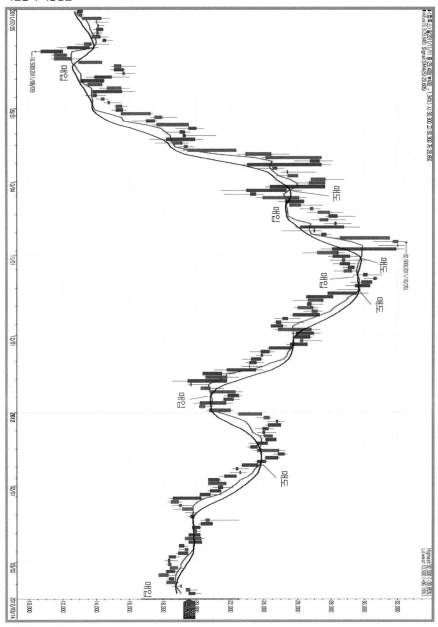

출처: 연합 인포맥스(www.einfomax.co.kr)

VIDYA를 산출하는 공식은 다음과 같다.

$$VIDYA = SC \times VI \times P + (1 - SC \times VI) \times P_{-1}$$

$$단, SC(Smoothing\ Constant) = \frac{2}{n+1}$$

$$VI(Volatility\ Index) = CMO$$

★ 해석 ★

VIDYA의 가장 큰 장점이라면 이동평균의 약점인 시차문제를 해결하는 방법으로 이동평균의 산출기간이 '자동적으로' 바뀌도록 고안되었다는 점이다. 그런데다 VIDYA는 단순이동평균이 아니라 지수이동평균을 사용하므로 이것 역시 이동평균의 시차를 해결하는 데 큰 도움이 된다.

이동평균의 산출기간은 매우 중요하다. 예를 들어 시장이 횡보하는 구간이라면 이동평균의 산출기간은 평소보다 단축되어야 한다. 그래야 옆으로 기는 가격 움직임에 재빨리 대응하여 매매신호를 나타낼 수 있다. 반대로 주가의 변동성이 큰 시기에는 이동평균의 산출기간은 길어져야 한다. 그래야 휩소(whipsaw, 일시적인 급격한 움직임)를 걸러낼 수 있으며 투자자는 추세에 따라 포지션을 보유하여 더 큰 수익을 향유할 수 있다.

★ 매매방법 ★

VIDYA를 산출하는 방법은 다소 복잡해 보이고 독특하지만 역시 이동평균이라는 사실에는 변함이 없다. 따라서 VIDYA를 이용하는 매매방법 역시 이동평균법과 같다. 첫 번째로 주가와 VIDYA의 관계에서 골든크로스와 데드크로스를 찾아서 매매 타이밍으로 삼는 방법이 주로 많이 사용된다. 두 번째로는 주가와 VIDYA간의 크로스가 아니라 VIDYA를 산출한 이후에 VIDYA의 이동평균(이를 시그널이라고 한다)을 산출하고, 두 곡선이 서로 교차하는 시기를 매매 타이밍으로 인식하는 방법이다. 소개된 차트에는 VIDYA와 시그널곡선의 교차시점을 매매 타이밍으로 인식하는 것으로 나타내었다.

ABSOLUTE · GUIDE · TO · THE · STOCK · CHART

'추세는 나의 친구(Trend is my Friend)'라는 말은 추세분석가들의 오랜 꿈이다. 이들은 추세와 동행하는 것을 매매의 원칙으로 삼는다. 즉 상승추세일 때에는 매수하고 하락추세일 때 매도하려는 것이다. 그런데 현실에서는 '친구(Friend)'로 삼을 만한 추세를 발견하기 쉽지 않다. 주가의 움직임이란 것이 가지런하기보다는 원래부터 들쑥날쑥하기 때문이다. 따라서 추세지표는 여러 가지 기법을 동원하여 현재의 추세가 무엇인지, 방향은 어느 쪽인지 판별하려는 지표이다. MACD를 비롯 MAO, ADX, ADXR 등이 있으며 MFI, Qstick 등 국내에 전혀 소개되지 않은 지표들도 많으니 잘 익혀두면 도움이 될 것이다.

PART

3

추세지표

방향성지수
DMI, DIRECTIONAL MOVEMENT INDEX

1

신뢰도	★★★★
안정성	★★★
민감도	★★★
기 간	중기·장기 지표이다.
총 평	웰러스 월더가 개발한 방향성지표 시리즈 중 첫 번째이다. 이 지표를 이해하고 있어야 뒤에 나오는 ADX, ADXR 등을 제대로 알 수 있다. 시장 움직임을 즉각적으로 반영하는 민감도가 다소 낮으므로 단기 매매에 사용하기에는 부적절하지만, 중장기 추세를 나타내는 데에는 매우 효과적이다.

★ 의의 ★

우리가 주식(또는 선물, 옵션, 외환, 채권 등도 마찬가지)을 매매하는 이유는 결국 수익을 내기 위해서이다. 그리고 매매이익을 얻기 위하여 가장 필요한 것은 거래의 대상이 되는 주식이나 외환 등 기초자산의 방향을 정확하게 파악하고 예측하는 일이다. 그게 잘못되면 다른 것들은 아무 쓸모없다.

그런 관점에서 이 지표가 만들어졌다. 방향성지수(DMI, Directional Movement Index)는 주가의 방향성을 알려주도록 고안된 추세이다. 1978년에 웰러스 월더가 개발하였다. 이 지표 외에도 RSI 등을 만들었고, 또한 DMI를 더욱 발전시켜 DX, ADX, ADXR 등의 지표들도 만들어냈다.

★ 산출법 ★

DMI에는 +DI와 −DI가 있다. 부호에서 짐작할 수 있듯 +DI는 상승추세의 강도를 알려주는 지표이고, −DI는 하락추세의 강도를 알려주는 지표이다. DMI를 산출하는 공식은 다소 복잡한데, 차근차근 단계를 밟아서 이해해보길 권한다. 첫 번째 단계로, 먼저 +DM과 -DM을 구해야 한다. 여기서 DM이 의미하는 바는 방향성, 즉 Directional Movement이다. 공식은 다음과 같다.

$\Delta High$ = 전일의 고점 − 당일의 고점
ΔLow = 당일의 저점 − 전일의 저점

❶ $\Delta High$와 ΔLow가 모두 0보다 작거나, 또는 $\Delta High = \Delta Low$일 경우,
$Plus\ DM = 0$
$minus\ DM = 0$
❷ $\Delta High$가 ΔLow보다 큰 경우,
$Plus\ DM = \Delta High$
$minus\ DM = 0$
❸ $\Delta High$가 ΔLow보다 작은 경우,
$Plus\ DM = 0$
$minus\ DM = \Delta Low$

두 번째로, +DM과 −DM을 구했다면 이제 그것들의 합계인 *plus* DMsum과 *Minus* DMsum을 각각 구한다.

$$plus\ DMsum = plus\ DMsum_{-1} - \left(\frac{plus\ DMsum_{-1}}{n}\right) + plus\ DM$$

$$minus\ DMsum = minus\ DMsum_{-1} - \left(\frac{minus\ DMsum_{-1}}{n}\right) + minus\ DM$$

세 번째로, 이제 DMI의 독특한 개념 TR, 즉 True Range를 산출해야 한다.

$$True\ High = 당일자\ 최고점과\ 전일\ 종가\ 중에서\ 높은\ 것$$

$$True\ Low = 당일자\ 최저점과\ 전일\ 종가\ 중에서\ 낮은\ 것$$

$$TR(True\ Range) = True\ High - True\ Low$$

$$TRsum = TR_{-1} - \left(\frac{TR_{-1}}{n} \right) + TR$$

이제 마지막으로 우리가 원하는 +DI와 −DI를 산출해야 한다.

$$plus\ DI = \frac{plus\ DMsum}{TRsum} \times 100$$

$$minus\ DI = \frac{minus\ DMsum}{TRsum} \times 100$$

★ 해석 ★

DMI 지표를 산출하는 방법이 복잡해 보이나, 산출법을 제대로 이해하면 DMI가 무엇이고 왜 산출하는지 쉽게 알 수 있다. 산출법을 그림으로 나타내면 쉽다. 먼저 +DM과 -DM의 의미가 무엇인지 알아보자. 그림에서 알 수 있듯이 (1) 전일에 비하여 고점은 하락하고 저점은 상승하였다면 시장의 방향성은 없다. 즉 +DM과 -DM은 모두 0이다. (2) 전일에 비하여 고점이 저점보다 더 많이 상승하였다면 그날의 plus DM은 고점의 상승폭으로 결정되고, 반면 -DM은 0이 된다. (3) 전일에 비하여 저점이 고점보다 더 많이 하락하였다면 그날의 +DM은 0, 반면 -DM은 저점의 하락폭으로 결정된다. 따라서 +DM 또는 -DM은 어제와 오늘 사이에 주가의 방향성을 나타낸 것이다.

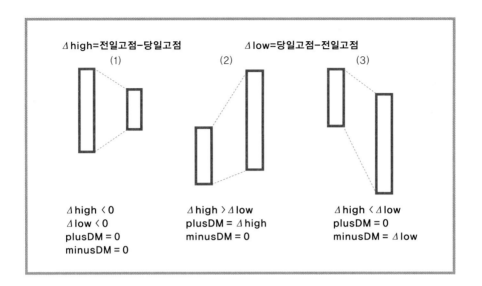

그리고 두 번째 단계로 +DMsum과 -DMsum을 산출하는데, 공식은 복잡해보이지만 이것은 사실 +DM 또는 -DM의 14일간 이동평균이다. 웰러스 윌더가 이 지표를 만든 것은 1978년이었다. 지금이야 컴퓨터가 있으나 당시는 제대로 된 컴퓨터가 없었고, 따라서 그는 이동평균을 쉽게 산출하는 법을 고안하였다. 그 공식이 사용된 것이다. 어렵게 말하고 있으나 결국 그건 이동평균이니 당황해할 필요는 없다.

이제 세 번째 단계로 True Range를 구한다. True Range는 True High에서 True Low를 뺀 것이다. 그런데 True High는 문자 그대로 '진정한 고점'을 말한다. 어제의 종가보다 오늘의 고점이 더 높다면 주가는 상승하였다. 따라서 당일의 True High는 당일 고점이 된다. 그러나 어제의 종가보다 오늘의 고점이 높지 못하다면 주가는 오르지 않았다. 이럴 때의 True High는 어제의 종가가 된다. True Low도 '진정한 저점'이므로 같은 원리로 구한다. 어제의 종가보다 오늘의 저점이 더 낮다면 주가는 하락했고, 따라서 True Low는 당일 저점이 된다. 그러나 어제의 종가보다 오늘의 저점이 낮지 못하다면 주가는 내리지 않았다. 이럴 때의 True Low는 어제의 종가가 된다. 따라서 True Range는 True High에서 True Low를 차감한 것이니, 진정으로 주가가 어제에 비하여 얼마나 올랐는지 또는 내렸는지를 나타내는 지표이다. TRsum은 역시 True Range의 14일간 이동평균이다.

그리고 마지막 단계로 +DI와 −DI를 구하는데, 이것은 +DMsum을 True Range의 이동평균으로 나눈 것과 -DMsum을 True Range의 이동평균으로 각각 나눈 것이다. 복잡한가? 그러나 이처럼 차곡차곡 논리적으로 주가의 방향성을 산출하도록 고안한 월더의 노력이 대단하지 않은가?

★ **매매방법** ★

일반적으로 +DI 또는 −DI를 산출하는 데에는 14일이 가장 널리 사용된다. 그러나 분석가에 따라 기간을 길게 또는 짧게 할 수 있다. 산출기간이 길어질수록 지표는 안정적으로 움직이지만 대신 주가 변동에 민감하게 반응하지 못한다는 단점이 있고, 산출기간을 짧게 설정하면 주가 변동에 민감하게 반응하는 속도는 높아지지만 반면에 불안정해진다는 약점이 드러난다. 어느 쪽을 선택할지는 분석가의 성향에 달렸다.

+DI는 상승추세의 강도를 나타내고, −DI는 하락추세의 강도를 나타낸다. 따라서 +DI가 계속 증가한다는 것은 그만큼 시장에서 주가의 상승세가 증가하고 있는 것으로 파악할 수 있다. 반대로 −DI가 계속 증가한다는 것은 그만큼 시장에서 주가의 상승세가 증가하고 있는 것으로 파악할 수 있다. 그렇다면 결정적으로

방향성지수

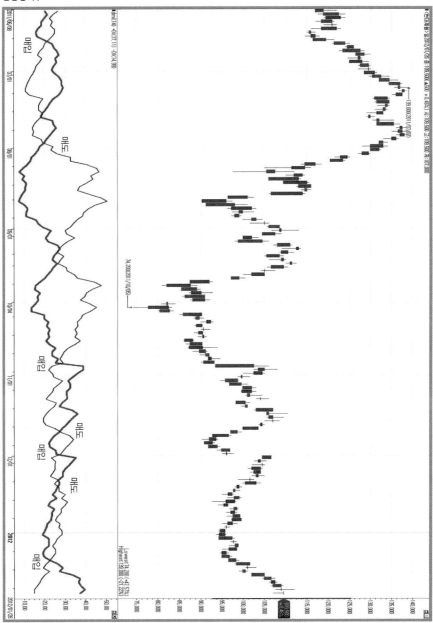

언제를 매매 타이밍으로 잡을까? 상승세의 강도가 하락세의 강도를 넘어서는 순간이 바로 추세가 변하는 시점으로 볼 수 있다. 따라서 +DI와 −DI를 나란히 차트에 표시하였다가 +DI선이 −DI선을 상향돌파한다면 그때부터 상승추세의 강도가 하락추세의 강도를 넘어선 시기로 파악하여 매입기회로 포착한다. 반대로 −DI선이 +DI선을 상향돌파한다면 그때부터 하락추세의 강도가 상승추세의 강도를 넘어선 시기로 간주하여 매도기회로 포착한다. 결국 +DI와 −DI선이 서로 교차할 때가 매매 타이밍이다.

방향성지표

DX, DIRECTIONAL INDEX

신뢰도	★★★
안정성	★★★
민감도	★★
기 간	중기·장기 지표이다.
총 평	웰러스 윌더가 개발한 방향성지표 시리즈의 두 번째. DMI지표는 +DI와 −DI로 구분하여 다소 복잡하였는데, 이 지표는 그것을 통합하여 추세의 강도를 더욱 명확히 알 수 있도록 만들었다.

추세지표

★ **의의** ★

방향성지표, 즉 DX는 앞서 살폈던 +DI와 −DI에서 한 단계 더 앞으로 나간 것이다. +DI는 상승추세의 강도를 나타내고, −DI는 하락추세의 강도를 나타낸다고 하였다. 그리고 DMI에서는 +DI가 −DI보다 더 크다면 현재의 추세가 상승세이고, 반대로 −DI가 +DI보다 더 크다면 현재의 추세가 하락세인 것으로 파악한다. 그런데 결정적인 추세의 전환점, 즉 상승추세의 꼭지나 하락추세의 바닥은 엄밀하게 말하여 +DI와 −DI가 교차하는 시점이 아니다. 두 곡선이 교차하는 시점은 상승추세나 하락추세가 정점을 만들고 되돌아서서 어느 정도 방향을 나타낸 이후이다. 따라서 +DI와 −DI가 교차하는 시점에 매매 타이밍을 잡는 것은 다소 늦어진다는 시차의 문제가 발생한다.

따라서 결정적인 시기, 즉 추세의 강도가 최고점에 이르렀을 때를 찾는 것이 시차문제를 해결하는 방법이 될 것이다. DX는 전반적인 추세의 강도를 종합적으로 판단하는 지표이므로 +DI나 −DI의 문제를 다소 완화할 수 있다.

DX를 구하는 공식은 단순하다. 아래의 공식으로 구할 수 있다.

$$DX = \frac{(+DI)와\ (-DI)의\ 차이}{(+DI)와\ (-DI)의\ 합계} \times 100$$

★ 해석 ★

+DI와 −DI가 각각 상승추세의 강도, 하락추세의 강도를 대표한다. 거듭 설명하지만 +DI의 값이 클수록 현재의 추세는 강력한 상승세이고, −DI의 값이 클수록 현재의 추세는 강력한 하락세로 인식된다. 그런데 상대적인 추세의 강도를 나타낸다는 점에서 +DI와 −DI는 다소 부족하다. 예를 들어 현재 +DI 곡선이 −DI 곡선 위에 위치하고 있어서 추세가 상승세라는 것은 알겠는데, 대체 '얼마나' 상승추세가 강력한지, 이런 추세가 앞으로 더 이어질 것인지, 현재의 상승추세가 혹시 과열상태는 아닌지 등에 대한 질문은 DMI로서는 해결할 수 없다. 이것을 DX로는 해결된다.

DX를 산출하는 공식을 찬찬히 들여다보면 웰러스 윌더가 무엇을 산출하려고 했는지 의도를 파악할 수 있다. 따져보자. 가령 어느 시점에 +DI가 매우 큰 값(예컨대 95)으로 나타나고 있다고 하자. 그러면 의당 강력한 상승추세일 것이다. 상승추세의 강도가 강력하므로 상대적으로 −DI의 값은 매우 적게(예컨대 5) 나타날 것이다. 그리고 그때의 DX의 값은 100에 근접한다. 반대의 경우도 성립한다. 어느 시점에 강력한 하락세가 나타나고 있다고 하자. 그럴 경우 −DI가 매우 큰 값

방향성지표

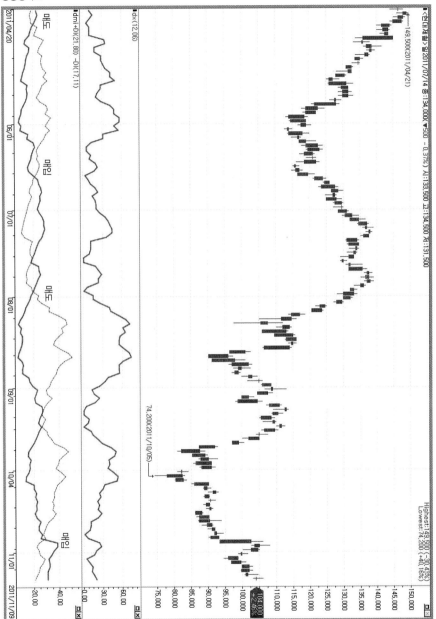

출처: 연합 인포맥스(www.einfomax.co.kr)

(예컨대 95)으로 산출될 것이다. 하락추세가 강력하므로 상대적으로 +DI의 값은 매우 적게(예컨대 5) 나타날 터. 그때의 DX의 값도 100에 근접한다.

하지만 이도 저도 아니고 추세가 뚜렷하지 못하고 횡보하고 있는 상태라면 +DI와 −DI의 값은 서로 엇비슷할 것이다. 예를 들어 +DI는 52, −DI는 48 정도로 나타날 터. 그리고 이때의 DX를 산출하면 0에 근접한다. 결론적으로 말하여 DX 는 최소 0에서 최대 100의 값을 가진다. 그리고 앞서 살펴보았듯이 DX의 값이 100에 근접할수록, 현재의 상승추세나 하락추세가 매우 강력한 것으로 판단한다. 일반적인 경우라면 60을 넘어서기 어렵다.

★ 매매방법 ★

엄밀하게 말한다면 DX는 매매지표가 아니다. DX가 60을 넘어서기 어렵다고 하여 DX가 60에 근접할 때 매입한다거나 또는 매도한다는 식의 매매 방식은 성립하지 않는다. 다시 말하여 DX는 매입 또는 매도 타이밍을 알려주지는 않는다. 그것보다는 현재의 추세가 과도한지 여부를 판단할 수 있도록 하는 지표이다. 현재의 추세가 상승세인데, DX가 60에 근접하였다면 현재의 추세는 과열된 상태로 간주되어야 한다. 따라서 비록 상승세일지라도 추가 매입은 조심한다. 반대로 현재의 추세가 하락세인데, DX가 60에 근접하였다면 현재의 추세는 과열된 상태로 간주되어야 한다. 따라서 비록 하락세일지라도 추가 매도는 조심한다.

평균방향성지표
ADX, AVERAGE DIRECTIONAL MOVEMENT INDEX

3

신뢰도	★★★★
안정성	★★★
민감도	★★
기 간	중기·장기 지표이다.
총 평	웰러스 윌더가 개발한 방향성지표 시리즈의 세 번째. DX까지 안다면 ADX는 쉽다. DX의 평균이다. DX의 움직임이 다소 들쑥날쑥한데 이를 보완하였다. 오히려 DX보다는 매매에 훨씬 도움이 된다.

★ 의의 ★

ADX를 굳이 번역한다면 평균방향성지표(Average Directional Movement Index)가 될 것이다. 역시 웰러스 윌더가 개발한 지표이다. 이 지표는 +DI, −DI, DX 등과 연관되어 있으며 나아가 한 단계 더 발전된 지표가 ADXR이다. 따라서 ADX만을 따로 떼어서 이용하는 것은 의미가 없다. 관련된 지표들을 총 망라하여 전체적으로 이해해야만 한다. ADX는 DX의 이동평균이다. 그런데 이동평균을 산출함으로써 많은 점이 개선되었다. 특히 DX의 경우, 추세의 강도를 나타내기는 하였으나 움직임이 들쑥날쑥하였고, 아울러 정확히 추세의 전환점을 잡아내기 어려웠다. 하지만 이동평균을 산출함으로써 DX 움직임의 불규칙성이 완화되었고, 추세의 전환점을 파악하기도 용이해졌다.

★ 산출법 ★

ADX를 산출하는 공식은 다음과 같다.

$$ADX = \frac{(n-1) \times ADX_{-1} + DX}{n}$$

　얼핏 복잡해 보이나 이는 앞에서 설명하였던 '웰러스 윌더 방식'의 이동평균 산출법이다. 5일간 이동평균을 구하려면 어제의 이동평균에다 4/5를 곱하고 거기에다 오늘의 종가를 더하면 된다. 그 과정을 나타낸 것이 위의 식이다. ADX를 구하는 기간은 통상 14일이 많이 사용된다.

★ 해석 ★

ADX는 방향성지표의 이동평균이다. 웰러스 윌더는 주가의 방향성의 정도, 다시 말하여 '추세'가 얼마나 강력한지 여부를 지수로 표현하려고 노력하였다. 그 결과로 만들어진 것이 ADX이다. 앞서 DX의 값이 최소 0에서 최대 100의 값을 가지므로 그것을 이동평균한 ADX 역시 최소 0에서 최대 100의 범위에서 움직인다. 그러나 실제로는 100에 근접하는 일은 거의 없으며 보통은 60을 넘어서기도 어렵다. ADX의 숫자가 높으면 높을수록 현재의 추세가 강력한 것으로 판단되고, 반대로 ADX의 숫자가 작으면 작을수록 현재의 추세는 뚜렷한 방향성을 가지지 못하고 횡보하는 것으로 판단할 수 있다.

★ 매매방법 ★

앞서 DX는 매매지표가 아니라고 하였다. 그러기에 DX의 이동평균인 ADX 역시 매매지표가 되기는 어렵다. 다시 말하여 ADX만으로 매입 또는 매도신호를 포착하기는 힘들다는 의미이다. 그러나 ADX는 추세의 강력한 정도를 보여주는 지표

평균방향성지표

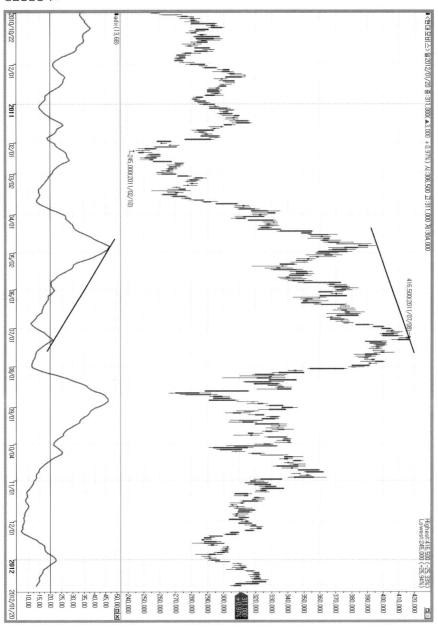

출처: 연합 인포맥스(www.einfomax.co.kr)

이므로 주가의 움직임과 ADX의 관계를 고려한다면 중요한 매매신호를 포착할 수 있다. 그게 중요한 포인트이다. 첫째로, 주가가 최고점을 경신하면서 동시에 ADX도 최고점을 경신하고 있다면 이는 현재의 상승추세가 매우 강력하다는 것을 보여주는 신호이다. 추세를 거슬러 매도하는 일은 매우 위험하다. 둘째로, 주가는 최고점을 경신하고 있지만 ADX는 최고점을 경신하지 못하였다면 추세의 강도가 저하되고 있다는 신호이다. 즉 현재의 상승추세는 조만간 전환될 것을 시사하는 신호이다. 매도시기로 파악된다. 셋째로 주가가 최저점을 경신하면서 동시에 ADX도 최고점을 경신하고 있다면 이는 현재의 하락추세가 매우 강력하다는 것을 보여주는 신호이다. 추세를 거슬러 매입하는 일은 매우 위험하다. 넷째로, 주가는 최저점을 경신하고 있지만 ADX는 최고점을 경신하지 못하였다면 추세의 강도가 저하되고 있다는 신호이다. 즉 현재의 하락추세는 조만간 전환될 것을 시사하는 신호이다. 매입시기로 파악된다. ADX를 활용하는 매매방법을 요약한다면 결국 수렴(convergence)과 괴리(divergence)를 이용하는 것이다. 수렴이란 시장의 움직임과 지표의 움직임 방향이 서로 같은 것을 뜻한다. 즉 주가가 최고점을 경신하고 ADX도 최고점을 경신하거나, 주가가 최저점을 경신하고 ADX 역시 최고점을 경신하는 경우로서 이럴 때에는 추세가 매우 강력한 상황이다. 추세를 거슬러 매매하는 것은 어리석은 일이다. 반면 괴리는 시장의 움직임과 지표의 움직임 방향이 서로 달리 나타나는 것을 뜻한다. 즉 주가는 최고점을 경신하는데 ADX는 최고점을 경신하지 못하고 주춤거리거나, 주가는 최저점을 경신하는데 ADX가 최고점을 경신하지 못하고 주춤거리는 경우. 이럴 때야말로 추세가 전환되는 결정적인 시기이다. 기존의 추세와 반대 방향으로 매매하는 것이 효율적이다.

평균방향성지표 순위
ADXR, AVERAGE DIRECTIONAL MOVEMENT INDEX RATING

4

신뢰도	★★★★
안정성	★★★★
민감도	★★
기 간	중기·장기 지표이다.
총 평	월리스 월더가 만든 방향성지표의 네 번째. 시리즈의 마지막 지표이다. ADX는 DX 를 이동평균한 것인데, 그것도 모자라 ADXR은 ADX를 또 평균한 것이다. 그런데 월더는 이런 과정을 통하여 그 어떤 지표도 제공하지 못하는 정보를 얻었다. 바로 추세적으로 움직이는 시장인지 아니면 횡보장인지를 판단할 수 있도록 하였다.

★ **의의** ★

평균방향성지표 순위(ADXR, Average Directional Movement Index Rating)는 당일의 평균방향성지표(ADX)와 n일 전 ADX의 중간값이다. 다시 말하여 이동평균은 아니고, 두 개의 ADX에 대한 평균값이다. 예를 들어 ADX를 구하는 기간이 14일이라면 오늘의 ADX와 14일 전의 ADX를 합하여 2로 나눈 것이 ADXR이다. 중간값을 산출함으로써 각각의 ADX 값이 들쑥날쑥하게 나타나는 현상을 완화할 수 있으며 따라서 ADX의 변동성을 낮추는 장점이 있다.

이로 인하여 ADX의 추세가 명백해지는 효과를 낳았다. 물론 단점도 있다. DX 를 구하고, 이것의 이동평균인 ADX를 산출하고, 한 단계 더 나아가 중간값인 ADXR을 산출하는 일련의 완만화(smoothing out) 과정을 거치면서 시장에서의 주가변동에 반응하는 민감도가 현저하게 저하되었다.

ADXR을 산출하는 방법은 앞에서 설명하였다. 중간값이다. 공식은 다음과 같다. 일반적인 경우 ADXR을 구하는 기간은 DMI, ADX 등과 마찬가지로 14일이 많이 사용된다.

$$ADXR = \frac{ADX_0 + DX_{-n}}{2}$$

★ 해석 ★

산출하는 공식에서 알 수 있듯이 ADXR은 ADX의 중간값이다. 많은 숫자를 모아서 평균값을 구한 것도 아니라 달랑 2일간의 ADX를 평균한 것에 불과하다. 그러니 ADXR의 해석법은 ADX와 다를 바 없다. 즉 ADXR의 숫자가 커질수록 현재의 추세는 강력한 것으로 간주되며, 거꾸로 ADXR의 숫자가 작아질수록 현재의 추세는 미미하고 횡보세가 이어지는 것으로 간주된다. 그런데 바로 이 점에서 ADXR의 진가가 드러난다. 추세의 강도를 나타내는 지표로 거듭 완만화 과정을 거치면서 주가가 조금 흔들리더라도 안정적인 지표가 만들어졌다. 그리고 ADXR의 값을 보면 현재의 시장이 추세를 만들면서 움직이는 시장(trending market)인지, 아니면 횡보하는 시장(trading market)인지 파악할 수 있다.

DX의 값이 보통의 경우 60을 넘기지 못하니 ADX 역시 60을 넘어서는 경우가 드물다. 그런데다 ADX의 중간값인 ADXR이야 말할 나위가 없다. 통상적으로 ADXR의 값이 20일 때가 기준이다. ADXR이 20을 넘어선다면 현재의 시장은 추세가 강력하게 나타나는 추세적 시장이라고 판단한다. 반대로 ADXR의 값이 20

평균방향성지표 순위

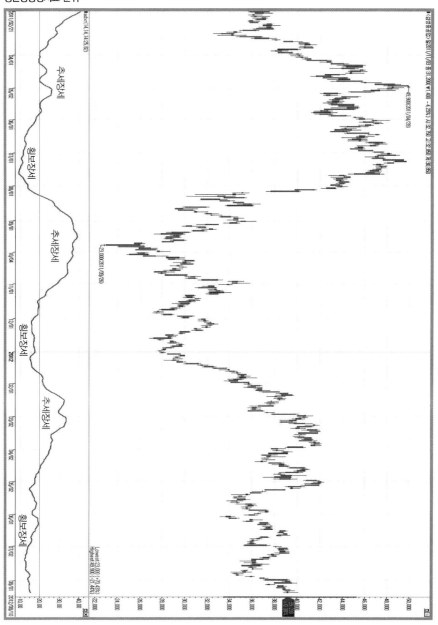

출처: 연합 인포맥스(www.einfomax.co.kr)

을 하회한다면 현재의 시장은 뚜렷한 추세를 나타내지 못하면서 주가가 횡보하는 비추세적 시장으로 간주된다.

★ 매매방법 ★

ADXR 역시 엄밀하게 말하여 매매지표가 아니다. 즉 ADXR에서 매입신호 또는 매도신호를 포착하기 힘들다는 뜻이다. 그러나 ADXR은 다른 기술적지표들과는 달리 현재의 시장이 추세장인지 아니면 비추세장인지를 알려주므로 그것을 이용할 수 있다. 현재 ADXR의 값이 20을 넘어선다고 하자. 그렇다면 현재의 시장은 추세를 가지고 움직인다는 뜻. 이럴 때에는 이동평균, MACD 등과 같이 추세추종형 기술적지표를 사용하여 매매한다면 매우 효과적이다. 추세가 강력하므로 추세추종형 기술적지표의 정확도는 매우 높고, 따라서 추세에 동반하여 큰 수익을 얻을 수 있다.

반면 ADXR의 값이 20을 밑돈다면 현재의 시장은 뚜렷한 추세 없이 횡보하고 있다는 의미가 된다. 소폭의 상승과 소폭의 하락을 거듭하는 상황이므로 추세추종형 기술적지표를 사용하였다가는 실패할 확률이 높다. 이럴 때에는 단기적으로 주가변동에 민감하게 반응하는 지표를 사용하여야 할 것이고, 또는 시장에서 잠시 벗어나 관망하는 것도 좋은 전략이 된다.

상품선택지수
CSI, COMMODITY SELECTION INDEX

5

신뢰도	★★★★
안정성	★★★★
민감도	★★
기 간	중장기 투자보다는 단기투자, 예컨대 1달을 전후로 하는 투자에 적합하다.
총 평	다른 지표들과는 달리 이 지표는 서로 다른 종목간의 우열을 비교할 때에 매우 유용하다. 매수할 종목을 선택하는 일이야말로 투자자들의 오랜 고민이기도 한데 이 지표는 그런 고민을 말끔히 해결해줄 수 있는 빼어난 지표이다.

★ 의의 ★

주식시장에는 수많은 종목이 상장되어 거래되고 있다. 엄청난 자금을 자랑하는 투자자라면 몰라도 일반적인 투자자로서는 제한된 자금으로 최적의 투자효과를 얻어야 할 것이다. 따라서 주식시장의 수많은 종목 중에서 최선의 수익을 얻을만한 종목을 골라야 할 터. 여기에 착안하여 개발된 지표가 상품선택지수이다. 이 지표 역시 상대강도지수(RSI), 방향성지수(DMI), 평균방향성지표 순위(ADXR) 등을 개발한 바 있는 웰레스 윌더가 만들었다. 그는 자신이 만든 지표를 가만히 두지 않고, 지표들을 계속 활용하여 이렇게 저렇게 개선하는 노력을 게을리하지 않았다. 예컨대 방향성지수를 먼저 만들고, 이 지표를 개선하여 평균방향성지표를 개발하였으며, 한 단계 더 나아가 평균방향성지표 순위를 만드는 식이었다. 그렇기에 상품선택지수 역시 그가 기존에 사용하였던 지표를 개선하려는 관점에서 활용한다. 상품선택지수는 평균방향성지표 순위(ADXR, Average Directional Movement Index Rating)와 평균진정 가격범위(ATR, Average True Range) 지표로 산출한다.

CSI를 산출하는 공식은 다음과 같다.

$$CSI = ADXR \times ATR_{14} \times \frac{V}{\sqrt{M}} \times \frac{1}{150+C}$$

ADXR = *Average Directional Movement Index Rating*

ATR_{14} = *Average True Range*의 14일 평균

V = 주식의 최소가격변동폭 / M = 거래증거금 / C = 거래수수료

★ 해석 ★

상품선택지수는 거래소에 상장된 여러 종목 중에서 효과적인 투자 결과를 얻어 낼 만한 종목을 선택하는(selection) 지표로 개발되었다. 위에 설명한 공식을 찬찬히 살피면 ADXR이 높거나, ATR이 높을수록 상품선택지수는 커지는 구조로 되어 있다. 또한 같은 조건일지라도 증거금이 낮거나(거래소에는 종목에 따라 100% 증거금을 요구하는 종목도 있고, 30%의 증거금만으로도 전액을 매수할 수 있는 주식도 있다) 수수료가 적은 종목일수록 상품선택지수는 커진다. 웰레스 월더는 각 종목의 상품선택지수를 서로 비교한 결과, 상품선택지수가 높을수록 그 종목을 매수하였을 때 향후 기대되는 수익이 높다고 말했다. 왜 그런지 이유를 살펴보자.

첫째, ADXR이 높을수록 상품선택지수는 커진다. 그런데 앞에서 배웠듯 ADXR의 수치가 커질수록 현재의 추세가 강력한 것으로 간주된다. 따라서 같은 조건이라면 추세가 강력한 종목을 매수하는 것이 유리하다는 사실은 당연하다.

둘째, ATR이 높을수록 상품선택지수는 커진다. 그런데 TR(True Range)은 진정한 고점(True High)에서 진정한 저점(True Low)을 빼는 것으로 구해진다. 이때 오

늘의 고점이 어제보다 낮으면 어제의 고점이 진정한 고점이 되며, 오늘의 저점이 어제보다 낮으면 오늘의 저점이 진정한 저점이 되는 식이다. 즉, 신고점 혹은 신저점의 의미를 띤다. TR은 신고점에서 신저점을 뺀 것이고 ATR은 이를 평균한 것이므로 결국 ATR은 특정한 기간에서의 가격변동폭, 다시 말하여 변동성을 의미한다. ATR이 클수록 변동성은 높을 수밖에 없다. 당연한 이야기이지만, 변동성이 높은 종목일수록 향후 기대되는 수익도 높을 것이다.

셋째, 증거금이 낮은 종목일수록 상품선택지수는 높게 산출된다. 이는 쉽게 예상할 수 있다. 100% 증거금을 쌓아야 하는 종목에 비하여 예컨대 50% 증거금만 넣어도 매수할 수 있는 종목의 수익률은 의당 2배 이상 커진다.

넷째, 수수료가 낮을수록 상품선택지수가 높아진다는 특징 역시 우리는 쉽게 이해할 수 있다.

추세지표

★ 매매방법 ★

상품선택지수를 활용하는 가장 간단한 방법은 고려 대상이 되는 종목의 상품선택지수를 산출하고 그중에서 상품선택지수가 높은 종목을 선택하는 것이다. 예를 들어 A종목의 상품선택지수가 1,200이고 B종목의 상품선택지수가 900이라면 A종목을 선택하면 된다. A종목은 ADXR로 대표되는 추세도 강력하고, 동시에 ATR을 통해 확인한 변동성도 높으므로 향후 높은 변동성을 보이면서 탄탄한 추세를 나타낼 것으로 기대되기 때문이다. 그런데 비단 여러 종목 중에서 한 종목을 선택할 때가 아니더라도 상품선택지수를 활용할 수 있다. 종목 하나를 놓고 매수 혹은 매도를 저울질할 때에도 이용할 수 있다. 차트에서 확인할 수 있듯이 상품선택지수의 절대적인 수치가 높을수록 그만큼 매수하기에 매력적인 수준이 된다.

상품선택지수

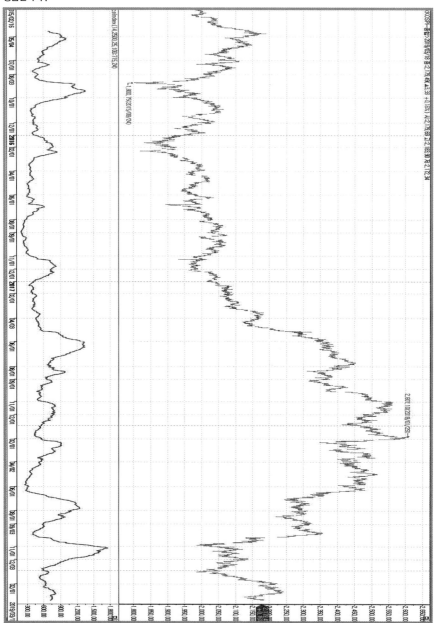

출차: 연합 인포맥스(www.einfomax.co.kr)

아룬
AROON

6

신뢰도	★★★★
안정성	★★★★
민감도	★★
기 간	중장기 지표이지만 단기거래에도 유효하다.
총 평	이름이 신비롭다. 하지만 이름과는 달리 지극히 단순한 방법으로 산출되는데, 그럼 에도 불구하고 시장의 추세를 정확하게 반영한다. 일반적으로 널리 알려진 심리선과 유사하지만 훨씬 효율적이다. 다만 시장의 추세전환을 반영하는 시차가 좀 나타난다 는 것이 단점이다.

추세지표

★ **의의** ★

'아룬(Aroon)'은 산스크리트어로 '새벽 동틀녘의 빛', 즉 여명(黎明)을 뜻한다. 이름이 시사하는 것처럼 Aroon은 새로운 추세가 움틀 때 이를 포착하려는 기법이다. 아룬에는 두 개의 곡선이 존재하는데, 하나는 상승추세 그리고 또 다른 하나는 하락추세를 의미한다. 이 곡선은 특정한 기간 동안 최고점이나 최저점이 형성된 이후 지금까지 얼마의 기간이 흘렀는지를 나타내는 지표이다.

이 지표는 CMO, Qstick, Forecast Oscillator 등 주옥같은 기술적지표를 만든 투사 샨드가 1995년에 개발하여 발표하였다.

지표의 이름은 신비로우나 원리는 의외로 단순하다. 최고점이나 최저점이 형성된 이후의 기간이 많이 지날수록 추세의 정점 혹은 바닥이 될 확률이 높다는 것이다.

Aroon을 산출하는 공식은 다음과 같다.

$$Aroon\ Up = 100 \times \left(\frac{n-최고점이\ 형성된\ 기간}{n} \right)$$

$$Aroon\ Down = 100 \times \left(\frac{n-최저점이\ 형성된\ 기간}{n} \right)$$

★ 해석 ★

공식에서 의미하듯이 아룬의 값은 결국 최고점이나 최저점이 만들어진 다음으로 얼마나 기간이 흘렀는지를 나타내는 것이다.

좀 더 구체적으로 알아보자. 이를테면 20일간의 Aroon Up을 구한다고 하자. 만일 20일 동안의 최고점이 형성된 것이 5일 전이라면, 공식에 의하여 Aroon Up의 값은 15/20×100=75로 계산된다. 이 값이 커질수록 최고점은 최근에 형성된 것이다. 극단적인 경우로 당장 오늘에 새로운 최고점이 만들어졌다면, 공식에 따라 20/20×100, 즉 Aroon Up의 값은 100으로 산출된다. 반대로 20일 동안의 최고점이 형성된 것이 20일 전이라면 0/20×100, 즉 0으로 산출된다. Aroon Down의 경우도 원리는 같다. 최저점을 만든 기간이 지금으로부터 가까울수록 Aroon Down의 값은 100에 근접한다.

★ 매매방법 ★

일반적으로 Aroon Up의 값이 70에서 100 사이로 나타나면 상승추세가 강력한 것으로 판단할 수 있고, 반대로 Aroon Down의 값이 70에서 100 사이로 나타나

아룬

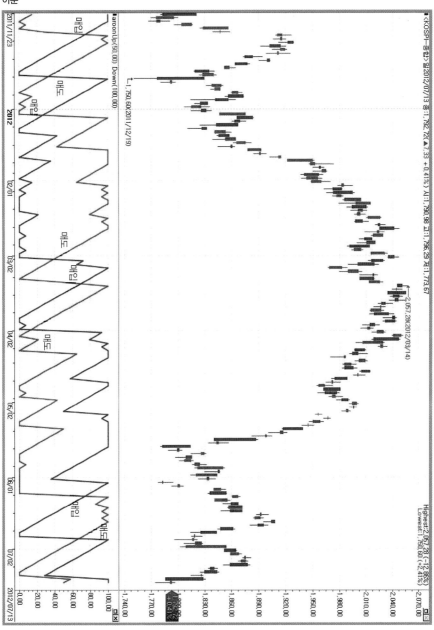

출처: 연합 인포맥스(www.einfomax.co.kr)

면 하락추세가 강력한 것으로 판단할 수 있다. 그런데 사실 가장 강력한 상승세는 Aroon Up의 값은 70 이상이면서 동시에 그 기간 중 Aroon Down의 값이 30 이하인 때가 될 것이다. 즉 상승세가 강력하고 동시에 하락세가 취약한 것으로 나타난다면 그 어느 때보다도 상승세가 매우 막강하다는 의미가 된다. 같은 원리로 Aroon Down의 값은 70 이상이면서 동시에 그 기간 중 Aroon Up의 값이 30 이하라면 그때는 강력한 하락추세라고 판단한다. 왜냐하면 그때야 말로 하락세는 강력하지만 동시에 상승세가 취약한 것으로 나타나기 때문. 그 어느 때보다도 하락세가 매우 막강하다는 의미가 된다.

그렇다면 언제가 매매 타이밍이 될까? 역시 추세가 전환되는 시기이다. 상승세가 수그러들면서 동시에 하락세가 힘을 내기 시작하는 때가 결정적인 매도 타이밍이 될 것이고, 반대로 하락세가 수그러들면서 동시에 상승세가 힘을 내기 시작하는 때가 결정적인 매입 타이밍이 될 것이다. 이때를 어떻게 포착할까? 그렇다. Aroon Up 곡선과 Aroon Down 곡선이 서로 교차하는 시기를 추세전환 타이밍으로 잡는다.

아룬 오실레이터
AROON OSCILLATOR

7

추세지표

★ **의의** ★

앞서 우리는 아룬을 구하면서 Aroon Up이 70 이상이고, 동시에 같은 기간 동안 산출한 Aroon Down의 값이 30 이하일 때 상승세가 강력하다고 말하였다. 그 반대로 Aroon Down의 값이 70 이상이면서 동시에 Aroon Up의 값이 30 이하일 때에는 하락추세가 강력한 것으로 파악한다. Aroon Up의 값이 크면 클수록 그리고 동시에 같은 기간에 산출한 Aroon Down의 값이 작으면 작을수록 상승 추세의 힘은 강력한 것이다. 따라서 Aroon Down의 값이 차이가 많이 날수록 추세의 힘이 센 것으로 판단할 수 있다. 아룬 오실레이터는 바로 이런 특성을 이용한 것이다.

★ **산출법** ★

아룬 오실레이터의 공식은 다음과 같다. 누구나 이해할 수 있듯이 단순하게 Aroon Up에서 Aroon Down의 값을 차감한 것에 불과하다.

$$Aroon\ Oscillator = Aroon\ Up - Aroon\ Down$$

★ 해석 ★

소개하는 차트는 아룬 지표와 아룬 오실레이터를 비교하여 표시한 것이다. 이를 보면 아룬 오실레이터를 사용하는 법을 쉽게 알 수 있다. 더구나 우리는 산출하는 방법을 알고 있는지라 그 원리를 이미 깨우치고 있기도 하다. 소개하는 차트에서 볼 수 있듯이 아룬 오실레이터의 값이 100에 근접할수록 상승추세가 매우 강력한 시기로 파악되고, 반대로 값이 −100에 근접할수록 하락추세가 매우 강력한 시기로 파악된다.

★ 매매방법 ★

아룬 오실레이터의 값이 +100에 근접하거나 또는 −100에 근접할 때에는 상승추세 또는 하락추세가 매우 강력한 상황이다. 이럴 때에는 추세를 거슬러 반대 방향으로 매매하기는 위험하다. 추세와 같은 방향으로 거래하는 것이 현명하다. 즉 상승추세일 때에는 매입 위주로, 그리고 하락추세일 때에는 매도 위주의 거래를 하는 것이 바람직하다. 그렇다면 추세전환의 시기는 언제로 파악하는가? 앞서 우리는 Aroon Up 곡선과 Aroon Down 곡선이 서로 교차할 때를 매매 타이밍으로 간주하였다. Aroon Up 곡선이 Aroon Down 곡선을 상향돌파할 때가 매입 타이밍, 반대로 Aroon Down 곡선이 Aroon Up 곡선을 상향돌파할 때가 매도 타이밍이다.

아룬 오실레이터

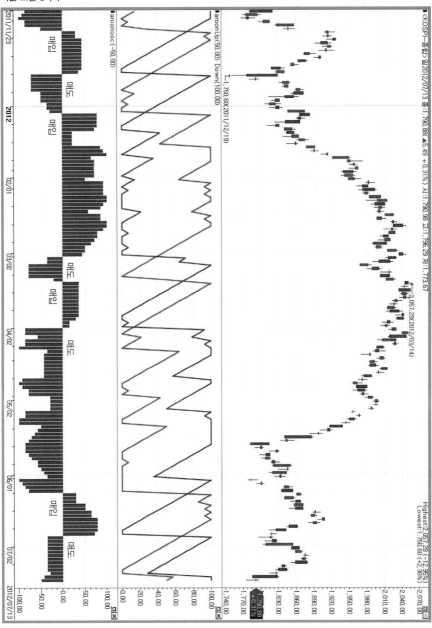

축세지표

187

같은 원리가 그대로 적용된다. 아룬 오실레이터의 값이 0선을 통과하는 시점이 추세전환 시기이다. 즉 +100 근처에 머무르면서 하늘 높은 줄 모르고 치솟던 상승추세의 힘이 빠지면 아룬 오실레이터의 값도 점차 감소하는데, 그것이 0선을 하향돌파하는 시점이 매도 타이밍이다. 반대로 −100 근처에 머무르면서 죽어라 내리기만 하던 하락추세의 힘이 빠지면 아룬 오실레이터의 값도 점차 증가하는데, 그것이 0선을 상향돌파하는 시점이 매입 타이밍이다.

추세채널지수
CCI, COMMODITY CHANNEL INDEX

8

신뢰도	★★★
안정성	★★★
민감도	★★★
기 간	장기·단기거래 모두 사용 가능하다.
총 평	이격도와 원리가 비슷하다. 주가가 가진 평균으로의 회귀(Mean Reverting) 속성을 활용한 것이다. 그런데 엄밀하게 말하면 이 지표는 매매지표라기보다는 시장이 정상인지 비정상인지 알려주는 경계신호에 가깝다. 괴리(divergence)를 찾는 것이 훨씬 효과적이다.

★ **의의** ★

추세채널지수(CCI, Commodity Channel Index)는 추세의 시작과 끝을 포착하기 위하여 개발되었다. 주가와 이동평균의 관계를 주의 깊게 살피면 주가가 이동평균과의 간격이 어느 정도 멀어지면 다시 이동평균으로 근접하려는 경향을 발견할수 있다. 왜냐하면 이동평균은 과거 일정한 기간의 주가 움직임을 대표하는 가격이다. 따라서 주가가 대푯값으로부터 멀어지는 정도가 커지면 어느 순간에 이르러 다시 가까워지게 마련이다. 추세가 한 방향으로 계속 움직일수록 현재의 가격은 이동평균과 필연적으로 멀어질 수밖에 없는데, 그런 현상이 심해질수록 시장은 비정상적인 상태라고 간주된다. 따라서 현재의 주가가 이동평균과 많이 떨어져 있으면 조만간 주가가 방향을 돌려 이동평균 부근으로 가까워질 것이고, 결국현재의 추세는 조만간 끝이 날 것이라고 예상할 수 있다.

CCI는 바로 이런 점에 착안하여 만들어졌다. 즉 현재의 가격이 이동평균과 얼마나 많이 떨어져 있는지를 측정하는 지표이다. 1980년에 도널드 램버트(Donald

Lambert)가 개발하여 소개하였다.

★ 산출법 ★

CCI를 구하는 공식은 다음과 같다.

$$CCI = \frac{M-m}{d} \times 0.15$$

$$단, \; M(평균가격) = \frac{당일의\;고가+당일의\;저가+종가}{3}$$

$m=M$의 n일자 이동평균 | d(평균오차)= 절대값 |$M-m$의 n일자 이동평균

여기서 0.15를 곱하는 것은 CCI의 값이 대체로 −100에서 +100 사이에 머무르
도록 설정한 임의의 상수(arbitrary constant)이다. 일반적으로 CCI를 구하는 기간,
즉 n의 기간은 20일로 설정하는 것이 보통이다.

★ 해석 ★

공식은 복잡해 보이지만 사실 CCI는 20일 이동평균과 현재 주가 사이의 괴리도
가 어느 정도 수준인지를 나타낸다. 그러므로 CCI의 값이 클수록 현재의 주가는
이동평균에서 많이 떨어져 있다는 의미가 된다. 그리고 CCI의 값이 (+)로 나타난
다면 현재의 주가는 상승추세이고, 반대로 CCI의 값이 (−)로 나타난다면 현재의
주가는 하락추세인 것으로 파악된다.

보통의 경우 CCI의 값은 −100에서 +100 사이에서 오락가락하는 모습을 보인
다. 그런데 CCI의 값이 +100을 넘어서기도 하는데, +100을 돌파하여 더 커질수

출처: 연합 인포맥스(www.einfomax.co.kr)

록 현재의 추세는 상승세이지만 추세의 강도가 과열되고 있음을 나타낸다. 시장이 비정상적인 상태이고 이런 상황은 곧 마무리될 것이므로 CCI가 +100을 넘어선다면 매도기회로 인식한다. 반대로 CCI의 값이 −100 이하로 더 내려갈수록 현재의 추세는 하락세이지만 추세의 강도가 과열되고 있음을 나타낸다. 따라서 CCI가 −100 이하로 내려선다면 이를 매입기회로 본다.

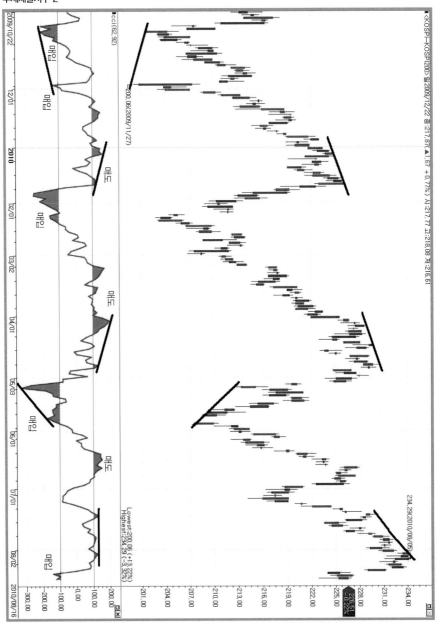

출처: 연합 인포맥스(www.einfomax.co.kr)

★ 매매방법 ★

그런데 현실적으로 CCI가 +100을 넘어선 순간에 매도하거나 또는 −100 이하로 내려선 순간에 매수하면 오히려 역효과가 나는 경우가 많다. 너무 일찍 매도하거나 매수한 결과가 되어버리기 때문이다. 왜냐하면 CCI가 +100 이상이라면 현재의 시장이 과열상태, 비정상 상태라는 것을 의미하지만 그것이 반드시 정점 또는 추세전환을 의미하는 것은 아니기 때문이다. 마찬가지로 −100 이하로 내려선다고 하여 즉각 시장이 상승세로 돌아선다는 의미는 아니다. 따라서 CCI를 매매지표로 사용하기 위해서는 차라리 CCI가 +100 위로 올라서는 순간에 즉각 매도할 것이 아니라 더 기다렸다가 CCI가 +100선을 위에서 아래로 통과할 때 매도하는 것이 오히려 효과적이다. 같은 원리로 −100선 아래로 내려서자마자 매수하기보다는 기다렸다가 CCI가 −100선을 아래에서 위로 상향돌파할 때 매수하는 것이 더 효과적이다.

또한 CCI와 주가와의 관계에서 나타나는 괴리를 확인하는 것도 추세전환을 포착하는 좋은 방법이다. 괴리는 주가의 움직임과 기술적지표의 움직임이 서로 일치하지 못하는 현상이다. 예를 들어 주가는 고점을 계속 높이면서 상승하고 있는데 비하여 기술적지표의 고점은 더 상승하지 못하고 오히려 낮아지거나, 또는 그 반대로 주가는 저점을 계속 낮추면서 하락하고 있는데 비하여 기술적지표의 저점은 오히려 더 낮아지지 않고 서서히 상승하는 경우를 괴리, 또는 다이버전스라고 부른다. 괴리 현상이 나타나는 것은 추세가 전환할 것이라는 강력한 신호로 간주된다.

엘더레이 강세지수
ELDER RAY BULL POWER

9

신뢰도	★★★★
안정성	★★★★
민감도	★★★
기 간	장기·단기거래 모두 사용할 수 있다.
총 평	원리는 매우 간단하지만 효과는 뛰어나다. 특히 추세전환 포인트를 포착하는 데에 탁월한 능력이 있다. 약간의 시차가 있으나 장점이 단점을 충분히 극복한다. 이렇게 좋은 지표인데 왜 우리나라 투자자들은 잘 사용하지 않는지 모르겠다.

★ **의의** ★

엘더레이 강세지수(Elder Ray Bull Power)는 의사이면서 동시에 저명한 기술적분석가인 알렉산더 엘더(Alexander Elder)가 개발한 것이다. 엘더는 러시아 태생의 정신과 전문의였는데, 23살 때 미국으로 망명하였다. 이후 그는 주식투자에 심리학을 접목한 선구자로 손꼽힌다. 그는 심리적 불안감을 해소하려면 투자원칙이 확실하여야 한다고 강조하였다. 따라서 엘더는 합리적 투자원칙에 활용되는 기술적지표도 다수 개발하였다. Elder Ray Bull Power도 그것의 하나인데, 엘더는 인간의 신체 내부를 세밀하게 탐색하기 위하여 엑스레이(X-Ray)가 사용되는 것에 착안하여 지표의 이름을 '엘더레이' 라고 붙였다.

★ 산출법 ★

Elder Ray Bull Power를 산출하는 공식은 다음과 같다.

$$ERayBull = High - EMA(Close, 13)$$
$$ERayBear = Low - EMA(Close, 13)$$

★ 해석 ★

Elder Ray Bull Power를 산출하는 공식에서 알 수 있듯이 이 지표는 오늘의 고가와 13일간 지수이동평균과의 차이다. 엘더는 이동평균의 위치에 주목하였다. 추세가 상승세라면 현재의 주가 아래쪽으로 이동평균이 위치하게 된다. 이동평균은 태생적으로 주가를 추종할 수밖에 없기 때문이다. 상승세가 이어질수록 이동평균도 상승하고 또한 당일의 고가도 상승할 것이다. 그런데 당일의 고가라는 것은 장중에 매입세가 최대로 힘을 낸 끝에 만들어낸 결과이다. 당일의 고가는 매입세의 힘이 얼마나 강력한지를 나타낸다. 매입세가 강력할수록 당일의 고가는 더 높은 수준에서 결정될 것이다. 결국 당일의 고가와 이동평균과의 차이를 산출하는 Elder Ray Bull Power 지표는 현재의 상승추세가 얼마나 강력한지 판단하는 지표이다. 또한 상승추세는 언젠가는 끝나고 주가는 정점을 만들 수밖에 없다. 그러므로 상승추세의 힘을 측정하여 매도시기를 포착하는 데 사용된다.

엘더레이 강세지수

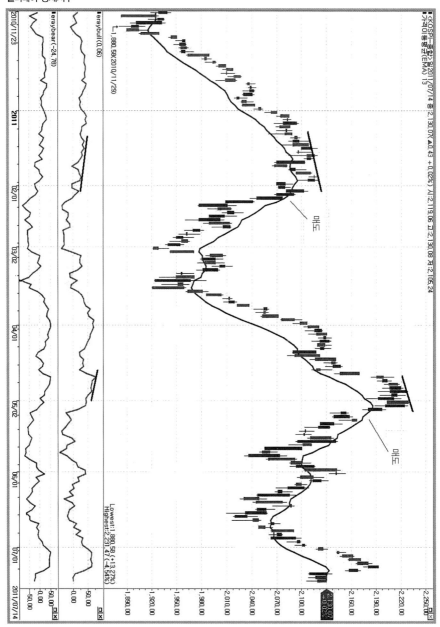

출처: 연합 인포맥스 (www.einfomax.co.kr)

★ 매매방법 ★

Elder Ray Bull Power 지표는 매도시기를 파악하기 위하여 개발되었다. 매도시기가 되려면 두 가지의 조건이 만족되어야 한다.

❶ 지수이동평균의 추세가 하락세로 바뀌어야 하며, 동시에

❷ Bull Power는 플러스(+) 상태에 있으나 점차 감소하여야 한다.

추가적으로 다음과 같은 조건도 충족한다면 더욱더 명백한 매도시기가 된다 (Elder Ray Bear Power 지표, 즉 엘더레이 약세지수는 바로 다음 장에서 설명한다).

❶ Bear Power의 저점이 전 저점을 무너뜨리고 더 낮아진다.

❷ Bull Power와 주가와의 관계에서 다이버전스가 나타난다.

페따 꼼쁠리

전쟁이 터진다면 주가는 오를까? 내릴까? 바보가 아닌 다음에야 누구나 "주가가 하락한다."라고 대답할 것이다. 그건 상식이다. 모든 것이 잿더미가 되는지라 전쟁은 당연히 주식시장에는 악재일 수밖에 없다. 옳다. 딩동댕! 정답이다. 하지만 그건 '상식적인' 판단에서 그렇다는 말이지 실제 주식시장에는 그렇지 않은 경우도 많다. 전쟁이 발발하였다는 뉴스가 알려지자 주가가 오히려 급등한 경우도 심심치 않게 발견된다. 히틀러의 사례도 그중의 하나이다.

1939년 9월, 독일은 약속을 깨고 폴란드를 침공하였다. 제2차 세계대전이 발발한 것이다. 유럽 사람들은 전율하였고 공포에 질렸다. 상식에 따른다면, 이제 주식시장은 폭락만을 거듭하여야 한다. 하지만 유럽의 주식시장은 히틀러의 독일이 폴란드를 침공하였다는 소식을 접하고는 되레 올랐다. 더구나 이런 상승세가 하루, 이틀로 끝난 것도 아니었다. 다음 해 2월까지 무려 6개월이나 주가는 상승세를 거듭했다. 놀라운 일이다. 상식을 깨는 일이 대체 어떻게 가능하였을까? 전후 사정을 살펴보는 것이 대단히 중요하다. 그래야 무슨 일이 핵심인지 정확히 집어낼 수 있다. 만일 전쟁이 발발하였다는 뉴스가 나오기 전에 주식시장이 상승세를 보였다면, 전쟁 소식이 알려지자마자 주가는 폭락하였을 것이다. 전쟁보다 더 강력한 악재는 없기 때문이다. 하지만 1939년의 경우는 사정이 다르다. 히틀러가 폴란드를 침공하기 이전부터 이미 유럽은 히틀러가 전쟁을 일으킬 공산이 높다고 우려하였고, 그리하여 주가는 내내 하락세였던 것이다. 그러다가 막상 히틀러가 폴란드를 침공하자, 시장은 다르게 반응하였다.

과거에도 전쟁이 터지면 극심한 인플레를 겪었다. 돈은 별 쓸모가 없었고, 물건이 훨씬 더 가치가 있었다. 투자자들은 전쟁 소식을 접하자 인플레를 떠올렸고, 인플레 '헤지' 수단으로 주식을 매수하기 시작하였다. 그게 주가 상승으로 이어진 것이다. 이를 '페따 꼼쁠리(Fait Accompli)' 현상이라고 한다. 전쟁이 발발하였다는 소식이 전해지는 순간, 전쟁은 이미 기정사실(accomplished fact)로 되어버렸다. 시장은 더 새로운 현상에 대비하였다. 그게 전쟁으로 인한 인플레에 대비하기 위한 주식 사재기로 이어졌고, 주가 상승세를 촉발하게 된 이유가 되었다.

주식시장은 꿈을 먹고 사는 곳이다. 과거의 일, 그게 아무리 큰일이라 할지라도 사전에 이미 예상되었던 것이라면 주가에는 별 영향이 없다. 실적 시즌을 맞아 기업들이 실적을 쏟아내고 있는데, 그것 역시 이미 과거의 일에 불과하다. 지금까지의 실적이 좋지 못하였더라도 앞으로의 전망이 좋다면 주가가 오를 수도 있다. 참으로 어렵다. 얼핏 악재처럼 보이지만 악재가 아닌 것이 수두룩하다. 앞뒤 사정을 잘 이해하지 못하면 엉뚱한 짓을 할 수도 있다. "알려진 악재는 악재가 아니다."라는 말이 나오는 것도 이 때문이다. 페따 꼼쁠리! 우리가 기억해 두어야 할 단어일 것이다.

엘더레이 약세지수
ELDER RAY BEAR POWER

10

신뢰도	★★★★
안정성	★★★★
민감도	★★★
기 간	장기 · 단기거래 모두 사용할 수 있다.
총 평	엘더레이 강세지수와 떼려야 뗄 수 없는 지표. 두 지표가 서로 보완하면서 탁월한 효과를 발휘한다.

★ 의의 ★

엘더레이 약세지수(Elder Ray Bear Power)는 알렉산더 엘더가 개발한 엘더레이 강세지수(Elder Ray Bull Power)와 짝을 이루는 것이다. 이것만으로는 제대로 사용할 수 없고, 반드시 Elder Ray Bull Power와 함께 사용해야 한다.

★ 작성법 ★

Elder Ray Bear Power를 산출하는 공식은 다음과 같다.

$$ERayBull = High - EMA(Close, 13)$$
$$ERayBear = Low - EMA(Close, 13)$$

★ 해석 ★

Elder Ray Bear Power를 산출하는 공식에서 알 수 있듯이 이 지표는 오늘의 저가와 13일간 이동평균과의 차이다. 추세가 하락세라면 현재의 주가 위쪽으로 이동평균이 위치하게 된다. 이동평균은 태생적으로 주가를 추종할 수밖에 없기 때문이다. 하락세가 이어질수록 이동평균도 하락하고 또한 당일의 저가도 더 밀릴 것이다. 그런데 당일의 저가라는 것은 장중에 매도세가 최대로 힘을 낸 끝에 만들어낸 결과이다. 당일의 저가는 매도세의 힘이 얼마나 강력한지를 나타낸다. 매도세가 강력할수록 당일의 저가는 더 낮은 수준에서 결정될 것이다. 결국 당일의 저가와 이동평균과의 차이를 산출하는 Elder Ray Bear Power는 현재의 하락추세가 얼마나 강력한지 판단하는 지표이다. 또한 하락추세는 언젠가는 끝나고 주가는 바닥을 만들 수밖에 없다. 그러므로 하락추세의 힘을 측정하여 매입시기를 포착하는 데 사용된다.

★ 매매방법 ★

Elder Ray Bear Power는 매입시기를 파악하기 위하여 개발되었다. 매입시기가 되려면 두 가지의 조건이 만족되어야 한다.

❶ 지수이동평균의 추세가 상승세로 바뀌어야 하며, 동시에
❷ Bear Power는 마이너스(−) 상태에 있으나 점차 증가하여야 한다.

추가적으로 다음과 같은 조건도 충족한다면 더욱 명백한 매입시기가 된다.

❶ Bull Power의 고점이 전 고점을 넘어서서 더 높아졌다.
❷ Bear Power와 주가와의 관계에서 다이버전스가 나타난다.

엘더레이 약세지수

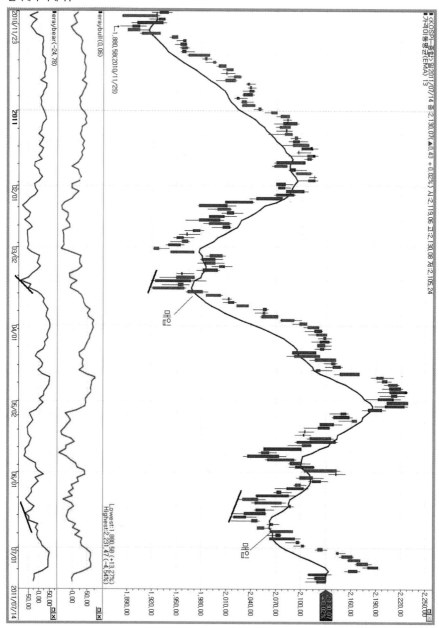

출처: 연합 인포맥스 (www.einfomax.co.kr)

포스 인덱스
FORCE INDEX

table
신뢰도	★★★★
안정성	★★★★
민감도	★★★
기 간	장기·단기거래 모두 사용할 수 있다.
총 평	문자 그대로 힘(force), 즉 시장의 추세가 얼마나 강력한지 판단하려는 지표. 그런데 중요한 것은 추세의 힘은 어느 순간에는 강력하겠지만 결국은 빠질 수밖에 없으며, 그때에 주가는 정점이나 바닥을 만든다는 사실이다. 이 지표는 추세의 힘을 측정하여 궁극적으로 추세전환점을 파악하려는 지표이다. 다만 매매시점을 알려주기보다는 괴리, 다이버전스를 포착하는 것이 합리적이다.

추세지표

★ 의의 ★

포스 인덱스(Force Index)도 러시아 태생의 정신과 의사이자 기술적분석가인 알렉산더 엘더가 개발하였다. 이름이 의미하는 것처럼 추세의 강력한 정도, 힘을 측정하는 지수이다.

★ 산출법 ★

Force Index는 아래와 같은 공식에서 산출된다.

$$Force\ Index = (당일종가 - 전일종가) \times 거래량$$

그런데 현실적으로 매일매일의 Force Index를 그대로 사용하면 지수의 변동이 너무 커서 혼란스럽다. 이런 상황에서는 제대로 된 의사결정을 하기 어렵다. 그래서 일반적인 경우는 Force Index를 일단 산출하고, 그것을 다시 한번 13일

203

/ PART 3 /

간 지수이동평균하여 매매에 사용한다.

★ 해석 ★

Force Index를 산출하는 공식을 살펴보면 그 의미를 파악할 수 있다. 사실 지표를 개발한 분석가가 무엇을 원하고, 어떤 정보를 찾으려고 하였는지는 산출공식에 모두 들어 있다. Force Index는 어제와 오늘의 가격 차이에다 거래량을 곱하여 산출한다. 그러므로 Force Index가 증가하거나 감소하는 데에 영향을 미치는 요소는 다음의 세 가지다. 첫째로, 오늘의 종가가 어제보다 높으면 Force Index의 값은 플러스(+)로 산출되고, 반대로 오늘의 종가가 어제보다 낮으면 Force Index의 값은 마이너스(−)로 산출된다. 둘째로, 오늘의 종가와 어제의 종가 사이의 가격 차이가 크면 클수록 Force Index의 값이 커진다. 셋째로, 거래량이 늘어나면 늘어날수록 Force Index의 값이 커진다. 결론적으로 말하여 어제와 오늘 사이에 주가가 많이 움직여 가격차이도 크고, 동시에 오늘의 거래량도 많다면 Force Index는 큰 폭으로 변동할 것이다. Force Index가 어제에 비하여 크게 늘어나면 그만큼 시장의 상승추세가 강력하다는 의미가 된다. 반대로 Force Index가 어제에 비하여 크게 감소하면 그만큼 시장의 하락추세가 강력하다는 의미가 된다.

★ 매매방법 ★

Force Index는 추세의 강도를 나타내는 지표이다. 이런 성격을 이해한다면 이 지표를 활용하는 데에 큰 도움이 된다. 일반적인 경우 추세의 방향을 알려준다. Force Index가 상승세이면서 상승폭이 늘어난다는 것은 그만큼 주가가 어제에

포스 인덱스

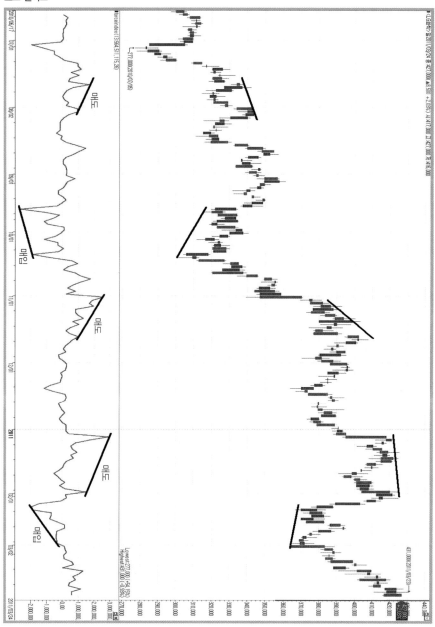

출처: 연합 인포맥스(www.einfomax.co.kr)

비하여 오르고, 아울러 거래량도 증가하고 있음을 나타낸다. 그만큼 상승추세가 강력하다는 의미가 된다. 반대로 Force Index가 하락세이면서 하락폭이 늘어난다는 것은 그만큼 주가가 어제에 비하여 내렸지만 그럼에도 불구하고 거래량이 증가하고 있음을 나타낸다. 주가가 내리고 있는데도 거래량이 늘어난다는 것은 하락추세가 강력하다는 의미이다. 하지만 추세의 힘은 어느 순간에 정점이나 바닥을 만들고 추세가 뒤바뀌게 마련이다. Force Index는 엄밀하게 말하면 매매지표는 아니다. 언제 매수하여야 하는지, 매도하여야 하는지 정확한 시기를 포착하기는 어렵다. 반면에 Force Index와 주가와의 관계에서 다이버전스를 발견하면 그것이 강력한 추세전환의 신호로 간주된다.

Force Index는 다이버전스를 발견하는 데에 매우 효과적이다. 다이버전스는 앞에서 설명하였듯 기술적지표와 주가의 방향이 서로 다르게 나타나는 것을 뜻한다. 예컨대 주가는 더 상승하는데 Force Index는 오히려 줄고 있다면 그것이 다이버전스이다. 또는 주가는 더 하락하는데 Force Index는 오히려 늘고 있다면 그것도 역시 다이버전스이다. 다이버전스는 소개하는 차트에서 표시하였듯 결정적인 추세전환점에서 발생한다. 예를 들어 겉으로 보아 주가는 오르고 있는데 Force Index는 줄어들고 있다면, 상승추세의 내재적인 힘이 약화되고 있다는 의미이다. 이럴 때 상승추세는 더 이어지지 못하고 조만간 하락세로 전환된다. 반대의 경우도 성립한다. 겉으로 보아 주가는 내리고 있는데 Force Index는 증가하고 있다면 하락추세의 힘이 빠지고 상승추세의 기운이 감돌기 시작하였다는 의미이다. 이럴 때 하락추세는 더 이어지지 못하고 조만간 상승세로 전환된다.

예측 오실레이터
FORECAST OSCILLATOR

신뢰도	★★★
안정성	★★★
민감도	★★★★
기 간	장기·단기거래 모두 사용 가능하지만 중기·장기 추세매매에 더 효율적이다.
총 평	통계학 기법인 회귀분석 기법을 이용하였다. 이 지표는 회귀분석으로 주가를 일단 예측하고, 실제의 주가가 예측한 수치와 어떻게 다르냐를 보고 추세를 판단하는 독특한 방법을 채택하였다. 시그널곡선 기법을 이용하여 완만화(smoothing out) 과정을 거쳤으나 그럼에도 불구하고 너무 예민하여 종종 휩소를 만드는 것이 단점이다.

추세지표

★ 의의 ★

현실 세계에서 미래를 예측하는 방법에는 여러 가지가 있다. 그중에서도 회귀분석(regression analysis)은 시계열 자료를 이용하여 향후의 가격을 전망하는 방법이다. 이는 과거의 주가 움직임에서 특정한 수식을 도출하고, 이 식이 미래의 주가를 예측하는 데에도 그대로 적용될 것으로 간주한다. 예를 들어 과거의 주가 움직임이 Y=100+3X의 회귀식을 만족한다고 하자. 그렇다면 앞으로의 주가도 회귀식으로 구해진 값으로 예측이 가능하다. 여기서 X는 시간이므로 결국 내일의 주가는 103(=100+3×1), 그리고 모레의 주가는 106(=100+3×2)이 될 것으로 각각 예측된다.

그런데 실제 시장의 가격은 예측된 것과는 좀 다를 것이다. 이때 실제 시장의 가격이 회귀분석으로 예측된 값보다 크다면, 시장의 추세는 더욱더 상승하는 쪽으로 변화하였다고 판단된다. 반대로 실제 시장의 가격이 회귀분석으로 예측된 값보다 작다면, 시장의 추세는 하락하는 쪽으로 변화하였다고 판단된다.

Forecast Oscillator는 이처럼 회귀분석으로 예측된 값과 실제 시장의 가격과의 차이를 측정하는 지표이다. 여러 가지 기술적지표를 개발한 투사 샨드가 만들었다.

★ 산출법 ★

산출하는 공식은 다음과 같다.

$$Forecast\ Oscillator = \frac{당일종가 - 회귀분석\ 예측치}{당일종가} \times 100$$

$$Signal = Forecast\ Oscillator의\ n일간\ 지수이동평균$$

★ 해석 ★

Forecast Oscillator의 값은 0이거나, 플러스(+)이거나 또는 마이너스(-) 등 세 가지 형태가 될 것이다. 값이 0이라면 이는 예측치와 실제 시장의 종가가 정확하게 일치한다는 의미이다. 그리고 값이 플러스(+)라면 예측치에 비하여 실제 시장의 종가가 더 높다는 것이므로 현재의 추세가 상승세라는 뜻이다. 거꾸로 Forecast Oscillator의 값이 마이너스(-)라면 현재의 추세는 하락세로 간주된다. 나아가 값이 마이너스에서 플러스로 바뀌거나 플러스였던 것이 마이너스로 바뀐다면 그때가 추세전환의 시기이다. 따라서 Forecast Oscillator를 산출하는 목적은 현재의 추세를 파악하는 것도 있고, 또한 현재의 추세가 전환되는 시기를 파악하는 것도 큰 목적의 하나이다.

예측 오실레이터

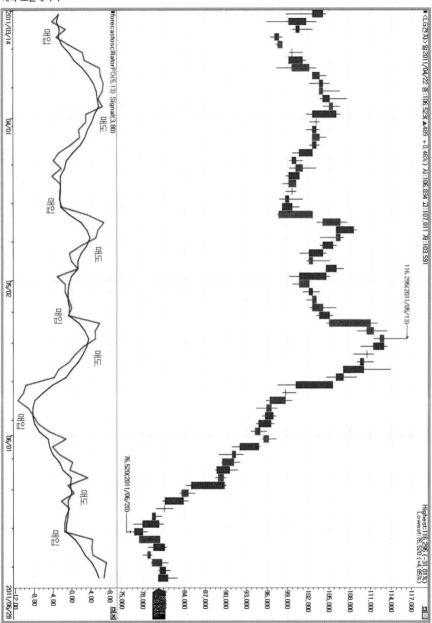

출처: 연합 인포맥스(www.einfomax.co.kr)

★ 매매방법 ★

단순히 Forecast Oscillator가 오르고 있을 때를 주가의 상승추세로 간주하였다가 곡선의 방향이 하락세로 뒤바뀔 때를 추세전환으로 간주하여 매도 타이밍으로 잡는 방법, 또는 그 반대로 곡선의 방향이 하락세에서 상승세로 바뀔 때를 매입 타이밍으로 잡는 방법도 있긴 하다. 하지만 실제로는 그렇게 하기에는 매우 어렵다. 왜냐하면 실제로 Forecast Oscillator를 산출해보면 매일같이 Forecast Oscillator 곡선의 방향이 들쑥날쑥하여 종잡을 수 없기 때문이다. 단지 방향만으로 추세전환을 파악하기는 쉽지 않다. 따라서 앞서 소개하였던 시그널 라인 (Signal Line) 기법을 활용하는 것이 훨씬 효과적이다. 시그널 라인이란 어떤 지표의 이동평균값이다.

예컨대 VIDYA 기법에서 우리는 VIDYA 곡선과 VIDYA의 5일 이동평균인 시그널곡선이 서로 교차할 때를 매매의 타이밍으로 간주하였다. Forecast Oscillator의 경우도 마찬가지이다. 일반적으로 시그널곡선은 단순이동평균보다는 지수이동평균을 많이 사용한다. 왜냐하면 단순이동평균에 비하여 지수이동평균이 이동평균의 후행성을 상당 부분 해소하기 때문이다. 아울러 시그널곡선을 구하는 기간은 분석가에 따라 다르나 보통의 경우는 5일을 사용한다. Forecast Oscillator의 지수이동평균선, 즉 시그널곡선과 Forecast Oscillator 자체가 서로 교차할 때를 추세전환의 타이밍으로 간주한다. Forecast Oscillator가 시그널곡선을 상향돌파할 때가 매입시기이고, 반대로 시그널곡선을 하향돌파할 때가 매도시기이다.

이동평균 수렴발산
MACD, MOVING AVERAGE CONVERGENCE DIVERGENCE

13

신뢰도	★★★★★
안정성	★★★★
민감도	★★★
기 간	장기·단기거래 모두 사용할 수 있다.
총 평	이동평균의 장점은 그대로 살리면서 동시에 이동평균의 약점인 후행성은 상당 부분 보강하였다. 특히 나타난 신호에 따라 기계적으로 거래하여도 되므로 초보자들이 사용하는 데에도 문제없다.

★ 의의 ★

이동평균법은 참으로 간단하면서도 편리한 방법이다. 단기이동평균선이 장기이동평균선을 상향돌파하면 이를 골든크로스로 인식하여 매입하고, 거꾸로 단기이동평균선이 장기이동평균선을 하향돌파하면 이를 데드크로스로 인식하여 매도하는 것만으로도 수익률을 높일 수 있다. 다만 이동평균법은 장점이 많으나, 결정적으로 매매신호가 너무 늦게 나타난다는 약점, 즉 시차의 문제를 안고 있다. MACD는 이러한 이동평균의 문제점을 해소하기 위하여 개발된 것이다.

MACD는 이동평균 수렴발산(Moving Average Convergence Divergence)의 약자인데, 이름에서 알 수 있듯이 이동평균이 서로 만나는(수렴, Convergence) 현상과 멀어지는(발산, 괴리, Divergence) 현상을 이용하였다. 여기서 주의해야 할 것은, MACD에서 사용되는 이동평균은 단순이동평균이 아니라 지수이동평균이라는 점이다. 제럴드 아펠(Gerald Appel)이 1970년대 후반에 개발하였다.

MACD를 산출하는 공식은 다음과 같다.

$$MACD = 9일간\ 지수이동평균 - 26일간\ 지수이동평균$$
$$Signal = MACD의\ 13일간\ 지수이동평균$$

분석가에 따라 MACD의 산출기간을 조금씩 변경하기도 하는데, 이것을 만든 제럴드 아펠은 나름대로 온갖 장기·단기 기간의 조합을 조사하였고 그중에서 가장 효율적인 조합을 선택한 것이다. 그러므로 자신만의 특별한 노하우가 없다면 굳이 산출기간을 변경하는 것은 바람직하지 않다.

★ 해석 ★

이동평균선을 이용하는 전통적인 거래기법에서는 장기·단기이동평균선이 서로 교차하면 이를 골든크로스 또는 데드크로스로 파악하여 매매 타이밍으로 인식하였다. 그러나 이 경우 바닥이나 꼭지가 한참 지난 이후에야 비로소 신호가 나타나는 문제, 즉 시차가 항상 대두되었다. MACD를 만든 제럴드 아펠은 가격의 움직임을 관찰하던 중 정작 주가의 바닥과 꼭지는 이동평균선이 서로 교차할 때가 아니라 이동평균선 간의 거리가 가장 멀어졌을 때라는 사실을 발견하였다. 결국 단기이동평균과 장기이동평균의 '간격'이 핵심이었다.

★ 매매방법 ★

MACD를 산출하는 공식에 원리가 고스란히 담겨 있다. 공식에서 알 수 있듯이

이동평균 수렴발산

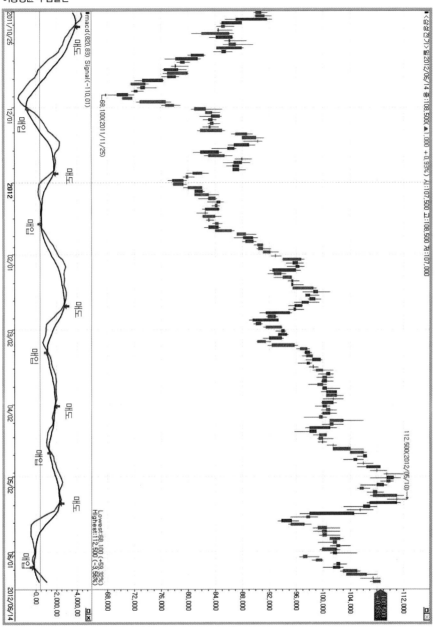

출처: 연합 인포맥스(www.einfomax.co.kr)

MACD는 두 이동평균선 간의 차이를 의미한다. 가장 주목해야 할 것은 이동평균의 차이가 최대한일 때이다. 왜냐하면 그때가 바로 바닥이거나 꼭지이기 때문이다. 그래서 장, 단기 지수이동평균의 차이, 즉 MACD를 산출하는 데 그것만으로는 부족하다. 언제 MACD의 값이 최대가 되는지 또는 최소가 되는지 알기 어렵다. 그러기에 MACD 곡선의 추세전환을 포착하기 위하여 시그널곡선을 만든다. 시그널곡선은 MACD의 9일간 지수이동평균이다. MACD 곡선이 시그널곡선을 무너뜨리고 하락하거나 또는 MACD가 시그널곡선을 뚫고 위로 치솟을 때가 추세가 바뀌는 시점이다. 따라서 매매 타이밍은 MACD와 시그널곡선이 서로 교차하는 시기로 인식한다. MACD 곡선이 시그널곡선을 상향돌파할 때가 매입기회이고, 반대로 시그널곡선을 하향돌파할 때가 매도기회이다. 아울러 MACD의 값이 플러스 상태인지 아니면 마이너스 상태인지도 고려하여야 한다. 값이 플러스이건 마이너스이건 관계없이 MACD와 시스널곡선이 서로 교차하면 매매매신호로 인식된다. 그런데 값이 플러스인지 마이너스인지는 그 매매신호의 강도나 신뢰도에 큰 영향을 미치므로 주의해야 한다.

MACD의 값이 플러스 상태라는 것은 단기이동평균이 장기이동평균보다 크다는 뜻, 즉 현재의 추세가 상승세라는 의미이다. 따라서 이런 상황에서 MACD 곡선과 시그널곡선이 서로 교차하여 매도신호를 나타내면, 이것은 MACD가 마이너스 상태일 때 나타내는 매도신호에 비하여 훨씬 더 강력하다. MACD가 플러스일 때 매도신호가 발생하였다면 그 이후의 주가가 큰 폭으로 하락하는 경우가 많다. 같은 원리로 MACD가 마이너스일 때 나타나는 매입신호는 그렇지 않을 때의 매입신호에 비하여 훨씬 더 강력하다. MACD가 마이너스일 때 매입신호가 발생하였다면 그 이후의 주가가 큰 폭으로 상승하는 경우가 많다.

MACD 오실레이터
MACD OSCILLATOR

14

신뢰도	★★★
안정성	★★
민감도	★★★★★
기 간	단기거래에 특화된 지표이다.
총 평	인간의 욕심은 한이 없는지라 이동평균의 후행성을 상당히 보완한 MACD에도 만족하지 못한다. 정확히 주가의 꼭지에 매도하고 싶고, 바로 주가의 바닥에 매입하고 싶은 인간의 욕망을 만족하기 위하여 개발되었다. 따라서 주가 움직임에 예민하게 반응하여 꼭지와 바닥을 포착하는 데 탁월하다. 다만 너무나 불안정하다는 것이 취약점.

★ 의의 ★

MACD는 이동평균의 약점인 시차문제를 해결하기 위하여 고안되었다. 그러나 이것 역시 정확한 고점이나 바닥을 잡아내지 못한다. 왜냐하면 MACD 또한 이동평균인지라 태생적인 한계를 극복할 수는 없기 때문이다. 이를 해소하기 위하여 개발된 것이 MACD 오실레이터이다. MACD 오실레이터는 MACD에서 한 단계 더 발전한 것이다. 즉 MACD가 가지고 있는 후행성을 더욱더 개선하기 위하여 개발된 것이 MACD 오실레이터이다. 1980년대 말 매닝 스톨러가 개발하였다.

★ 산출법 ★

MACD 오실레이터를 구하는 공식은 다음과 같다.

$$MACD \text{ 오실레이터} = MACD - Signal$$

★ 해석 ★

MACD는 먼저 장기 · 단기이동평균의 차이를 구하고 이를 MACD로 칭한다. 그런 연후에 MACD의 이동평균을 산출한다. 그리고는 MACD 곡선과 시그널곡선이 서로 교차할 때를 매매 타이밍으로 잡는다. 하지만 MACD 역시 본질적으로 이동평균이므로 후행성을 완벽하게 벗어날 수는 없었다. 그런데 MACD 오실레이터를 개발한 매닝 스톨러는 MACD와 시그널곡선이 서로 교차(수렴)한다면 이들이 언젠가는 벌어질(발산) 것이라는 점에 착안하였다. 따라서 MACD와 시그널곡선의 차이를 산출하고, MACD 곡선과 시그널곡선의 차이가 최대한으로 벌어지는 순간을 매매 타이밍으로 인식하고자 하였다.

★ 매매방법 ★

217쪽의 차트에서 MACD 오실레이터를 막대그래프로 나타내었다. MACD 오실레이터는 MACD와 Signal의 차이를 말한다. 따라서 막대그래프의 길이가 늘어난다는 것은 MACD와 Signal의 차이가 커지고 있다는 의미이고, 반대로 막대그래프의 길이가 줄어든다는 것은 MACD와 Signal의 차이가 줄어들고 있다는 의미이다. 아울러 막대그래프가 0이 되는 순간은 MACD와 시그널곡선이 서로 교차하는 순간이다. 막대그래프로 나타낸 MACD 오실레이터는 어느 수준까지 늘어나다가 줄어드는 일을 반복하고 있다. 즉 MACD와 Signal의 차이가 늘어났다 줄어드는 일을 거듭한다. 따라서 결정적인 매매 타이밍은 막대그래프의 길이가 늘어나다가 줄어드는 순간, 또는 막대그래프의 길이가 줄어들다가 늘어나는 순간이 된다. 구체적으로 말하여 MACD 오실레이터의 막대그래프가 점점 증가하다가 감소세로 돌아서는 순간(차트에서는 막대그래프의 색이 붉은색에서 푸른색으로 바

MACD 오실레이터

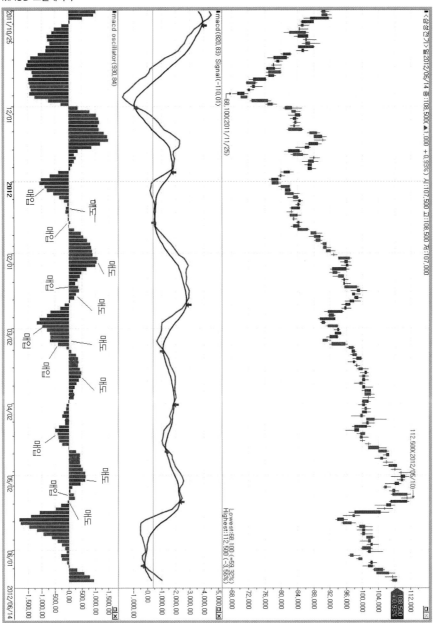

뀌는 시점이다)이 매도 타이밍으로 인식된다. 반대로 막대그래프가 점점 감소하다가 증가세로 돌아서는 순간(차트에서는 막대그래프의 색이 푸른색에서 붉은색으로 바뀌는 시점이다)이 매입 타이밍으로 인식된다.

여기서 주의하야 할 일이 있다. 실제로 MACD 오실레이터를 매매에 적용하려면 상당 부분 어려움에 부딪친다. 즉 MACD 오실레이터가 주가의 조그만 움직임에도 너무 예민하게 반응한 나머지 MACD 오실레이터를 뜻하는 막대그래프가 자주 색깔을 바꾼다. MACD 오실레이터를 이용하는 매매방법에 따르면, 막대그래프의 색이 붉은색에서 푸른색으로 바뀌는 시점이 매도 타이밍으로 인식되고 막대그래프의 색이 푸른색에서 붉은색으로 바뀌는 시점이 매입 타이밍으로 인식되는데, 그게 너무 잦다. 심지어 막대그래프의 색깔이 바뀐 지 단 하루 만에 다시 색깔이 바뀌기도 한다. 즉 나중에 보면 붉은 막대그래프의 가운데에 푸른 막대그래프가 달랑 하나만 끼어 있는 꼴이 된다. 원칙에 충실하려면 그때마다 매입, 매도를 반복하여야 한다. 이 문제를 어떻게 해결할까?

아쉽지만, 정답은 없다. 예컨대 오늘 차트의 MACD 오실레이터 막대그래프의 색깔이 붉은색에서 푸른색으로 바뀌었다고 하자. 매도신호이다. 이 신호를 따라야 할까? 아니면 무시할까? 그런데 만일 우리가 막대그래프의 색깔이 당장 내일이면 다시 푸른색에서 붉은색으로 바뀔 것이라는 것을 안다면, 오늘 나타난 매도신호를 무시할 수 있다. 그러나 정말로 유감스럽지만 우리는 내일의 MACD 오실레이터 막대그래프의 색깔이 어떨지 모른다! 설령 내일 또다시 매매신호가 나타나 오늘 매매한 방향과 정반대의 매매를 금세 또 해야 하는 불상사가 있을지 모르나, 그럼에도 불구하고 오늘 나타난 매매신호를 따라야 한다. 그게 원칙이다. 지표가 민감하여 바닥이나 꼭지를 정확하게 잡으려면 그에 상응하는 대가가 따른다.

이동평균 오실레이터
MAO, MOVING AVERAGE OSCILLATOR

신뢰도	★★★
안정성	★★★★
민감도	★★★
기 간	장기·단기거래가 모두 사용 가능하지만 중기·장기거래에 더욱 효과적이다.
총 평	이동평균의 차이를 이용한 지표이다. 앞서 배웠던 MACD 등과 유사하지만 산출방법이 훨씬 간단하다. 이 지표로는 매매 타이밍을 잡아내기보다는 괴리, 즉 다이버전스를 찾는 데에 훨씬 유용하다.

★ **의의** ★

기술적분석가들은 저마다 이동평균의 단점인 후행성을 극복하려고 온갖 노력을 다했다. 이동평균 오실레이터도 그런 노력의 하나이다. MAO는 이동평균 오실레이터(Moving Average Oscillator)를 의미하는 약자이다. MAO의 원리 역시 이동평균선의 차이를 계산하여 장기·단기이동평균의 격차가 최대한으로 벌어졌을 때를 매매 타이밍으로 삼는다는 데에 있다.

★ **산출법** ★

MAO를 산출하는 공식은 다음과 같다.

$$MAO = 단기이동평균 - 장기이동평균$$

장기·단기이동평균의 기간에 대하여서 정해진 기준은 없다. 투자자 나름대로 자신에게 맞도록 조정하면 된다. 일반적으로 단기로는 5일, 장기로는 20일이 사용되는 것이 보통이다.

★ 해석 ★

MAO는 단순히 단기이동평균과 장기이동평균의 차이를 구하는데 불과하지만 이렇게 약간의 가공만을 거치더라도 많은 정보를 얻을 수 있다. 특히 MAO의 움직임과 주가와의 움직임 사이에 나타나는 다이버전스 현상을 파악하면 추세전환의 시기를 알아내는 데 큰 도움이 된다. 추세가 전환되려면 결국 장기·단기이동평균선이 서로 교차하여야 하는데, 그러기 위해서는 먼저 장기·단기이동평균 간의 격차가 줄어드는 일이 나타나야 한다. 통상적인 이동평균법으로는 이동평균들 간의 격차를 알아내기 어려우나 MAO를 산출하면 쉽게 파악할 수 있다. 그리고 이 특징이 유감없이 발휘된 것이 바로 다이버전스 현상이다.

★ 매매방법 ★

대부분의 기술적지표에서는 주가와의 관계에서 다이버전스가 나타난다. 그리고 투자자가 다이버전스를 찾아낸다면 그것을 추세전환의 결정적인 신호로 받아들이면 된다. 이동평균만으로는 다이버전스가 발견되지 않는다. 그러나 이것을 약간 가공한 이동평균 오실레이터만으로도 다이버전스가 나타난다. 이동평균 오실레이터에서의 다이버전스라면 결국 주가는 오르는데 이동평균 오실레이터는 감소하거나, 반대로 주가는 내리는데 이동평균 오실레이터는 증가하는 현상을 말한다. 그리고 이럴 때가 추세전환의 결정적인 시기이므로 즉각적인 매매 타이밍으로 여긴다.

이동평균 오실레이터

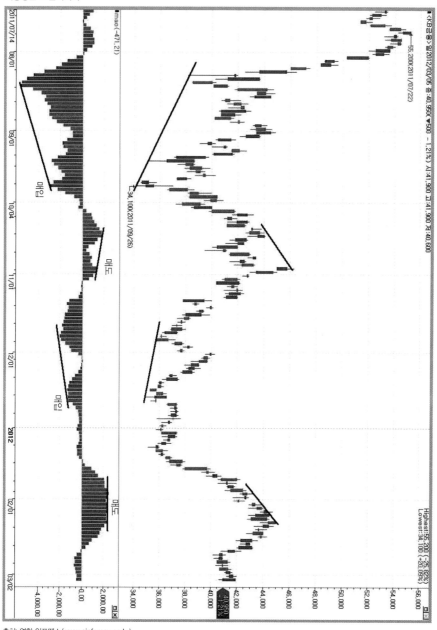

출처: 연합 인포맥스(www.einfomax.co.kr)

시장촉진지수
MFI, MARKET FACILITATION INDEX

16

신뢰도	★★★
안정성	★★★
민감도	★★★
기 간	장기거래에 더 효과적이다.
총 평	기술적분석에서 거래량 분석은 매우 중요하다. 하지만 거래량 단독으로 분석하여서는 오류가 발생하기 쉽다. 반드시 주가와의 관계에서 거래량을 따져야 한다. MFI는 거래량을 고려한 주가 추세를 측정하는 지표이다. 다만 원리는 좋은데 실제 매매에서 활용하기 매우 어렵다. 전반적인 흐름을 파악하는 데 사용되는 정도.

★ 의의 ★

MFI는 굳이 번역한다면 시장촉진지수(Market Facilitation Index)쯤 되겠다. 'facilitation'이라는 단어는 '용이하게 하다, 편리하게 만들다, 또는 촉진, 조장' 등의 의미를 가지고 있다. 그런데 사실 주식시장에서 '촉진, 조장' 등이란 결국 거래가 얼마나 활발하느냐란 뜻, 다시 말하여 거래량을 의미한다. 이 지수는 주가의 움직임과 거래량을 비교하기 위하여 만들어졌다. 빌 윌리엄스 박사(Dr. Bill Williams)가 1995년에 개발하였다.

★ 산출방법 ★

산출방법은 비교적 간단하며, 공식은 다음과 같다.

$$MFI = \frac{당일고점 - 당일저점}{거래량}$$

시장촉진지수

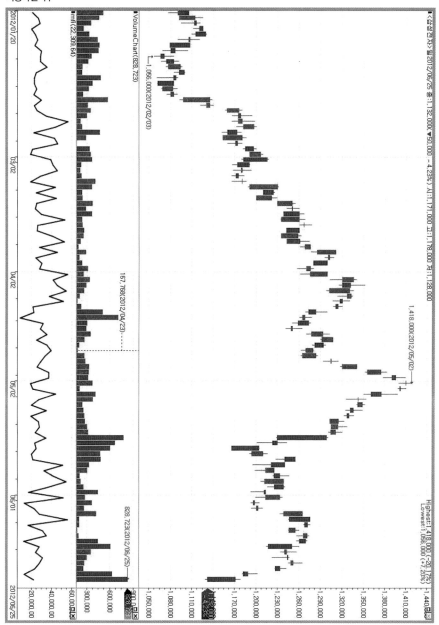

출처: 연합 인포맥스(www.einfomax.co.kr)

MFI는 한 마디로 하루 중의 가격 변동 범위를 그날의 거래량으로 나눈 것이다.

★ 해석 ★

MFI 값을 결정하는 요인은 두 가지이다. 산출 공식에서 볼 수 있듯이 같은 조건이라면 거래량이 적을수록 MFI의 값이 증가한다. 그리고 똑같은 거래량일 경우는 당일 장중의 가격 변동폭이 클수록 MFI의 값도 커진다. 그러므로 MFI를 해석하기 위해서는 반드시 거래량의 변화도 같이 살펴야 한다. 이때 거래량과 MFI의 관계에서 4가지 경우의 숫자를 따질 수 있다. 그리고 각각의 경우, 해석하는 방법은 달라진다. 그것을 표로 정리하였다.

MFI의 값	거래량	해석
증가	감소	현재 진행되고 있는 추세는 거짓. 조만간 기존의 추세와 반대 방향으로의 추세전환이 나타날 것을 예고하는 신호이다.
감소	증가	상승이건 하락이건 큰 폭의 추세가 조만간 나타날 것을 예고하는 신호이다.
감소	감소	현재의 추세는 거의 소멸 직전이고, 따라서 곧 새로운 추세가 나타날 것을 예고하는 신호이다.
증가	증가	현재의 추세는 매우 강력하며, 당분간은 추세전환을 기대하기 어렵다.

★ 매매방법 ★

MFI만으로 매매 타이밍을 잡기는 거의 불가능하다. 움직임이 들쑥날쑥할 뿐더러 일정한 범위(예컨대 최소 0, 최대 100)에서 등락을 반복하는 것도 아니므로 매매 타이밍의 기준을 설정하기도 어렵다. 그렇기에 MFI를 이용하여 매입 타이밍을 포착하거나 매도 타이밍을 잡으려 하기보다는 앞서 설명하였듯 MFI와 주가 움직임과의 관계를 통하여 시장의 흐름을 파악하는 것이 훨씬 효율적이다. 시장에 바짝 붙어서 '나무'를 살피는 것도 중요하지만 한발 물러서서 전체적인 흐름, 즉 '숲'을 조망하는 것도 큰 의미가 있다.

프랙탈지수
PFE, POLARIZED FRACTAL EFFICIENCY

17

신뢰도	★★★
안정성	★★★★
민감도	★★
기 간	장기거래에 더 효과적이다.
총 평	기술적분석의 범위는 참으로 무궁무진하다. 시장의 움직임을 어떻게든 정확하게 나타내려는 노력이 급기야 프랙탈 이론으로까지 끌어들이는 수준이 되었다. 이 지표는 얼핏 보아 이해하기 어렵다. 그러나 매매에 활용하기는 의외로 단순하다. 매매신호가 자주 나타나지 않고, 따라서 신호가 너무 늦게 나타난다는 단점은 있으나, 이는 그만큼 안정적이라는 장점도 된다.

축세지표

★ 의의 ★

PFE는 Polarized Fractal Efficiency의 약자이다. 1994년 한스 하눌라(Hans Hannula)가 개발하였다. 이 지표는 주가의 프랙탈 움직임을 측정하려는 시도이다. 프랙탈 움직임이란 간략하게 말하여 '전체를 대표하는 부분'으로 정의할 수 있다. 프랙탈 이론은 1975년 미국의 만델브로(Mandelbrot)가 제창하였는데, 그는 해안선이나 구름 등 자연의 복잡하고 불규칙한 모양은 아무리 확대하여도 결국 세세한 부분에는 그것의 전체 모양과 유사한 모양이 숨어 있다고 주장하였다. 지금까지의 이론은 아무리 복잡한 곡선이라도 그것을 단순화하면 직선으로 만들 수 있다는 것이었는데, 프랙탈 이론은 그 생각을 전면적으로 부인하고 있다. 프랙탈 이론에 의하면 세세한 부분은 결코 직선으로 단순화할 수 없으며, 오히려 세세한 부분은 전체 모습과 유사하다고 주장한다. 이를 자기상사성(自己相似性)이라고 한다. 따라서 부분과 전체는 서로 닮았으므로 부분을 보면 전체를 알 수 있고, 거꾸로 전체를 보면 부분을 알 수 있다는 것이 프랙탈 이론의 원리이다. 결국 PFE는 이를 구체화한 지표이다.

225

★ 산출법 ★

PFE를 산출하는 공식은 다소 복잡하다. 공식을 보고 내용을 제대로 이해하기가
만만치 않을 것이다. 여하간 공식을 살펴보자.

$$Effizenz = 100 \ \times \ Sign \ \times \ \frac{\sqrt{\left(\frac{C\text{-}C_{\text{-}B}}{200}\right)^2 + B^2}}{\sum\limits_{i=1}^{B} \sqrt{\left(\frac{C\text{-}C_i}{200}\right)^2 + 1^2}}$$

$$단, Sign = \left\{ \begin{array}{l} +1 \ : \ C > C_{\text{-}B} \\ -1 \ : \ C < C_{\text{-}B} \end{array} \right.$$

$B = Back \ 9 \ periods \ ago$

$PFE_1 = 0.333 \ \times \ Effizenz$

$PFE_n = PFE_1$의 n일 지수이동평균 $= 0.333 \times Effizenz + (1 - 0.333) \times PFE_{n-1}$

★ 해석 ★

PFE를 산출하는 목적은 프랙탈 움직임의 정도를 알아보고자 하는 것인데, 이는
결국 현재의 주가 움직임이 전체 흐름을 얼마나 반영하고 있는지 판단하려는 것이
다. PFE를 실제로 계산해보면 그 값은 최고 +100, 그리고 최소 −100의 범위에서
움직인다. 이때 PFE가 0선 주위를 오락가락 횡보하면서 0선 근처에 결집하는 모
습을 나타낸다면 현재의 시장은 별다른 추세 없이 횡보할 것으로 예상된다. 반대
로 PFE가 0선 이상으로 넘어서서 계속 상승하거나 또는 반대로 0선 이하로 내려
선 이후 계속 하락한다면 현재의 추세는 강력한 상승세 또는 하락세로 간주된다.

프랙탈지수

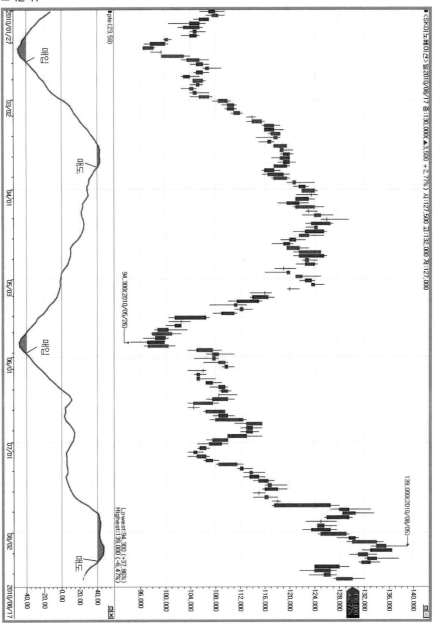

출차: 연합 인포맥스(www.einfomax.co.kr)

★ 매매방법 ★

현실적으로 PFE가 +100이나 −100에 근접하기는 어렵다. +40을 넘어서면 그것만으로도 현재의 상승추세가 매우 강하다고 판단할 수 있다. 현재의 시장은 상승추세이나 상승추세가 과열된 상태이다. 비정상적인 상황은 조만간 정상적인 상황으로 바뀔 것이고, 결국 현재의 상승추세는 곧 마무리될 것이다. 주가는 얼마되지 않아 꼭지를 만들 가능성이 매우 높다. 다만 단순히 PFE가 +40이라는 것만으로 매도하는 것은 너무 성급한 선택이다. 따라서 결정적인 매도기회는 상승추세의 힘이 수그러드는 시기를 포착해야 한다. 즉 PFE의 값이 +40 이상인 수준에서 하락세로 돌아설 때가 매도 타이밍으로 인식한다.

매입 타이밍을 잡는 것도 같은 원리가 적용된다. 현재의 시장이 하락세이지만 시장이 비정상적으로 하락하여 바닥권이라는 판단이 들 때가 매입 타이밍이다. 즉 PFE의 값이 −40 이하일 때가 시장이 비정상적인 상태이다. 다만 단순히 PFE가 −40이라는 것만으로 매입하는 것은 너무 성급한 선택이다. 조금 기다렸다가 PFE의 값이 −40 이하인 수준에서 상승세로 돌아설 때를 매입 타이밍으로 인식한다.

큐스틱
QSTICK

18

신뢰도	★★★
안정성	★★★
민감도	★★★★
기 간	장기거래에 더욱 효과적이다.
총 평	캔들차트의 해석은 그동안 다소 주관적이었는데, 이 지표로 말미암아 객관적, 합리적인 해석이 가능하게 되었다. 추세의 변화를 민감하게 잡아내는 장점이 있으나 반면 다소 들쑥날쑥하다는 단점이 있다. 최근에는 이를 보완하기 위하여 Qstick의 이동평균을 구하는 기법도 개발되어 있다.

추세지표

★ 의의 ★

캔들차트는 개장가와 종가와의 관계에 따라 봉의 색을 밝게 칠하거나 또는 어둡게 칠한다. 개장가보다 종가가 높은 경우, 즉 장중에 상승세가 이어진 경우에는 봉의 색을 밝게 칠하고 이를 양봉 또는 양선(White Body)이라고 부른다. 반대로 개장가보다 종가가 낮은 경우, 즉 장중에 하락세가 이어진 경우에는 봉의 색을 어둡게 칠하고 이를 음봉 또는 음선(Black Body)이라고 부른다. 캔들차트에서 봉의 색에 주목하는 것은 개장가와 종가를 살피면 매입세와 매도세 간의 힘의 균형을 알 수 있기 때문이다. 그런데 여기서 중요한 것은 봉의 색과 아울러 몸통의 길이다. 몸통의 길이가 길거나 짧은 것이 바로 시장에서 매입세와 매도세 간의 세력균형을 나타내기 때문이다. 매입세가 강할수록 종가는 개장가보다 더 많이 상승할 것이고 따라서 몸통은 양선으로 길게 만들어질 것이다. 반대로 매도세가 강할수록 종가는 개장가보다 더 많이 하락할 것이고, 그 결과 몸통은 음선으로 역시 길게 나타날 것이다. 사실 이제까지는 그저 직관적으로 몸통의 길이가 길다거나 짧다

229

/ PART 3 /

고 판단하였다. 이러한 주먹구구식 판단에서 벗어나 개장가와 종가와의 관계를 과학적으로 측정하여 시장에서의 세력균형을 파악하기 위하여 개발된 지표가 Qstick이다. 이 지표는 수많은 지표를 개발한 기술적분석가 투사 샨드와 스탠리 크롤(Stanley Kroll)이 공동으로 1994년에 개발하여 발표하였다.

★ 산출법 ★

Qstick을 구하는 공식은 다음과 같다. 지극히 단순하다.

$$Qstick = Moving\ Average(종가-개장가,\ 8)$$

쉽게 말로 풀어쓴다면, Qstick은 종가에서 개장가를 뺀 값, 즉 하루 중에 주가가 개장가에 비하여 얼마나 많이 올랐는지, 상승폭을 산출하여 그것을 8일간 이동평균한 것이다. 물론 분석가에 따라 8일보다 더 긴 기간을 이동평균할 수 있고, 또는 짧은 기간을 이동평균할 수 있다.

★ 해석 ★

Qstick은 종가에서 개장가를 뺀 값을 8일간 이동평균한 것이다. 매입세가 강력할수록 종가는 개장가보다 더 많이 상승할 것이므로 Qstick의 값은 증가한다. 따라서 Qstick 곡선의 추세가 상승세라면 현재의 추세는 상승세로 간주할 수 있다. 반대의 경우도 성립한다. 매도세가 강력할수록 종가는 개장가보다 더 많이 하락할 것이므로 Qstick의 값은 크게 감소한다. 따라서 Qstick 곡선의 추세가 하락세라면 현재의 추세는 하락세로 간주할 수 있다. 실제로 종가에서 개장가를 뺀 값은 하루

큐스틱

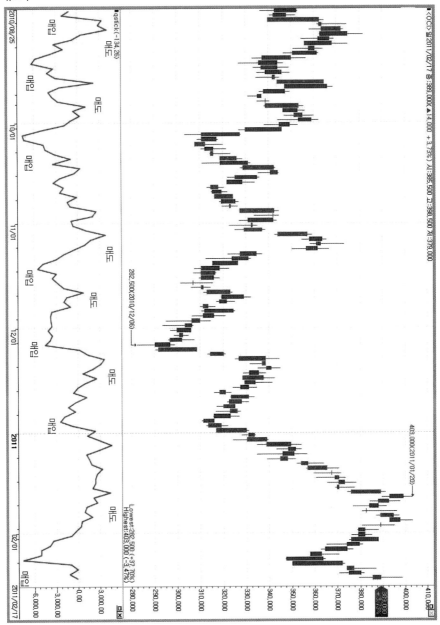

출처: 연합 인포맥스(www.einfomax.co.kr)

가 다르게 바뀐다. 어제는 종가에서 개장가를 뺀 값이 늘어났다가 하루 만에 감소하는가 하면, 어제는 플러스였다가(캔들차트는 양선) 오늘은 금세 마이너스(캔들차트는 음선)로 뒤바뀐다. 따라서 매일매일 종가에서 개장가를 뺀 값을 그대로 사용하지 못하고 움직임을 완만하게 하고, 추세를 파악하기 위하여 8일간 이동평균한 것이 Qstick이다. 하지만 이것 역시 들쑥날쑥할 때가 많다. 그래서 최근에는 Qstick을 다시 한번 8일간 이동평균한 Qstick Average가 실전에서 많이 사용된다.

★ 매매방법 ★

Qstick은 매입세와 매도세 간의 세력균형을 파악하려는 지표이다. Qstick의 추세가 상승세라면 현재의 추세도 상승세이다. 그런데 늘어나던 Qstick의 값이 줄기 시작한다면 그때가 바로 매입세의 힘이 빠지는 시기이다. 결정적인 매도 타이밍으로 본다. 반대의 경우도 있다. Qstick의 추세가 하락세라면 현재의 추세도 하락세이다. 그런데 계속 줄어들던 Qstick의 값이 늘기 시작한다면 그때가 바로 매도세의 힘이 빠지는 시기이다. 결정적인 매입 타이밍으로 인식된다. 또는 앞서 설명하였듯 Qstick Average를 이용하여 매매 타이밍을 파악할 수 있다. Qstick의 값이 상향돌파할 때가(골든크로스) 매입 타이밍, 반대로 값이 Qstick Average를 하향돌파할 때가(데드크로스) 매도 타이밍이다. Qstick 추세가 하락세에서 상승세로 바뀌는 순간이나 상승세에서 하락세로 바뀌는 순간을 각각 매입, 매도 타이밍으로 간주하는 방법은 빠르고 신속한 반면 주관적인 판단에 많이 좌우되고, 또한 거래를 자주 해야 한다는 단점도 있다. 그러나 Qstick Average를 사용한다면 매매 타이밍은 다소 늦어져도 안정적이라는 장점을 지닌다. 어느 방법이 더 좋은지 정답은 없다. 투자자의 성향에 따라 선택할 수밖에….

소나
SONAR

19

신뢰도	★★★
안정성	★★★★
민감도	★★★
기 간	장기·단기거래에 모두 사용할 수 있으나, 아무래도 장기거래에 더 효과적이다.
총 평	시장의 모멘텀, 즉 시장에 내재된 에너지를 파악하려는 기법이다. 장기·단기이동평균을 차감하는 단순한 방법으로 멋진 지표를 만들어내었다. 특히 단순히 SONAR만을 이용하기보다는 그것의 이동평균을 함께 사용하면 훨씬 안정성을 높일 수 있다.

추세지표

★ 의의 ★

소나(SONAR)는 일본의 노무라 증권 조사부에서 개발한 것으로 SONAR 모멘텀 지수라는 이름으로 불리기도 한다. 이 지표는 오늘의 지수이동평균에서 n일자 이전의 지수이동평균을 차감하는 방식으로 산출된다. 여기서 모멘텀(Momentum)이란 운동량, 속도, 추세의 강도 등을 의미하는 말이다. 추세의 상승이나 하락속도가 증가할수록 모멘텀도 덩달아 상승할 것이다. 모멘텀은 이를테면 추세를 뒷받침하는 에너지로 해석된다.

시장의 추세는 종종 연장되는 경우가 많다. 이미 에너지는 고갈되었는데, 그동안의 관성에 의하여 추세가 이어지는 것이다. 하지만 에너지가 고갈된 상태가 오래 이어질 수는 없는 노릇, 결국은 추세가 뒤바뀌고 만다. 따라서 추세전환을 파악하려면 시장의 에너지, 다른 말로 추세의 모멘텀이 어떤 상태인지 알아야 한다. 왜냐하면 모멘텀이 어느 순간 상승세에서 하락세로 돌아서는 때, 또는 하락세에서 상승세로 바뀌는 때가 추세가 전환되는 시기이기 때문이다.

233

SONAR를 산출하는 공식은 다음과 같다.

$$SONAR = EMA_0 - EMA_{-n}$$

일반적으로 지수이동평균에는 9일 이동평균이 사용되며, 통상 오늘의 지수이동평균에서 6일 이전의 지수이동평균을 차감하는 방식으로 쓰인다. 물론 분석가에 따라 지수이동평균의 기간이나 n일 전의 기간을 달리하여 사용할 수 있다.

★ 해석 ★

오늘의 지수이동평균에서 n일자 이전의 지수이동평균을 차감하는 것이 어떤 의미를 가질까? 예를 들어 추세가 상승세라고 하자. 상승세의 강도가 강화된다면 주가는 점점 상승폭을 늘릴 것이며 덩달아 이동평균의 값도 증가할 것이다. 그러므로 현재의 이동평균의 값과 n일자 이전의 이동평균을 서로 비교한다면 그 차이는 점점 벌어질 것이다. 반대의 경우도 성립한다. 현재의 추세가 하락세이고, 하락세의 강도가 강화된다면 주가는 점점 하락폭을 늘릴 것이며 덩달아 이동평균의 값도 감소할 것이다. 그러므로 현재의 이동평균의 값과 n일자 이전의 이동평균을 서로 비교한다면 그 차이는 점점 벌어질 것이다. 그렇다면 추세는 언제 전환될까? 결국 현재의 이동평균과 n일자 이전의 이동평균의 차이가 키포인트이다. 장기 · 단기이동평균의 차이가 플러스(+) 상태에서 점점 늘어나다가 어느 순간부터 줄어들고 있다면 상승세의 강도가 이제 퇴색하는 것으로 판단할 수 있다. 비록 지금은 상승세이지만 조만간 상승세가 끝나고 추세가 하락세로 전환될 것이라고 예상된다. 물론 반

소나

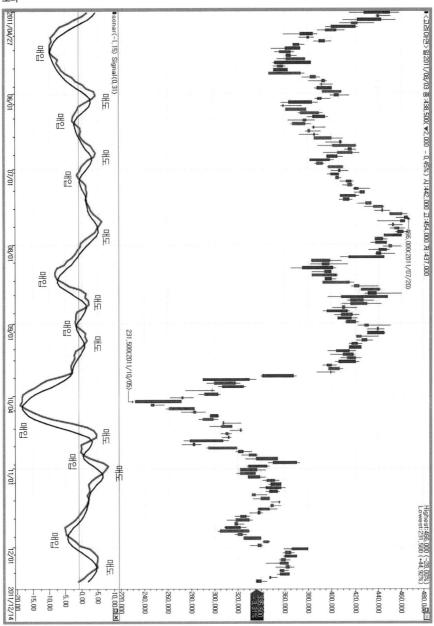

출처: 연합 인포맥스(www.einfomax.co.kr)

대의 경우도 똑같다. 장기·단기이동평균의 차이가 (−) 상태에서 점점 늘어나다가 어느 순간부터 줄어들고 있다면 하락세의 강도가 이제 퇴색하는 것으로 판단할 수 있다. 비록 지금은 하락세이지만 조만간 하락세가 끝나고 추세가 상승세로 전환될 것이라고 예상된다.

★ 매매방법 ★

결국 SONAR는 추세의 강도, 즉 모멘텀을 산출하여 추세전환의 시기를 파악하려는 방법이다. 원칙대로 한다면 SONAR의 추세가 상승세에서 하락세로 바뀔 때를 매도 타이밍으로 간주하고, SONAR의 추세가 하락세에서 상승세로 바뀔 때를 매입 타이밍으로 보아야 한다. 그러나 현실에서 사용한다면 과연 SONAR의 추세가 바뀔지 여부를 즉각 판단하기는 어렵다. 소개된 차트에서 확인할 수 있듯이 SONAR 곡선의 움직임이 들쭉날쭉하게 나타나는 경우가 많기 때문이다. 어제를 기점으로 상승세에서 하락세로 돌아선 SONAR 곡선이 단 하루 만에 추세의 방향을 바꾸어 하락세에서 상승세로 다시 방향을 돌리는 일도 비일비재하다. 원칙대로 한다면 그때마다 매입과 매도를 반복해야 하는데, 이는 매우 어렵고 힘들다. 이를 보완하기 위하여 개발된 것이 역시 이동평균이다. SONAR의 이동평균인 시그널곡선을 산출하고, 시그널곡선과 SONAR가 서로 교차할 때를 매매 타이밍으로 인식한다. 일반적인 방법과 똑같다. SONAR 곡선이 시그널곡선을 상향돌파할 때가 매입 타이밍이고, 시그널곡선을 하향돌파할 때가 매도 타이밍으로 간주된다. 일반적으로 시그널곡선은 SONAR의 5일 지수이동평균이 사용된다. 다른 기술적지표에서도 대부분 공통된 사항이지만, 시그널곡선을 산출하는데 사용되는 이동평균은 단순이동평균 또는 산술이동평균이 아니라 지수평활법을 이용한 가중평균의 일종인 지수이동평균이다.

상대강도 스토캐스틱
STOCHRSI

신뢰도	★★★★
안정성	★★★
민감도	★★★
기 간	단기거래나 중기·장기거래 모두 사용할 수 있다.
총 평	두 지표를 합성하면 그 결과는 어떨까? 자칫 잘못되어 두 지표의 단점만 결합되면 낭패일 것이다. 그러나 StochRSI는 스토캐스틱과 RSI의 장점이 잘 결합되었다. 안정적이면서도 민감도를 높였다. 그러나 역시 스토캐스틱이 워낙 단기지표인지라 안정성은 아무래도 다소 불안하다.

추세지표

★ 의의 ★

StochRSI는 Stochastic과 RSI가 서로 결합한 것이다. 이처럼 '하이브리드(hybrid)' 지표를 만든 것은 두 지표의 장점을 취하여 더 좋은 지표를 만들려는 목적에서이다. 물론 잘되면 장점이 부각될 수 있으나 자칫 잘못되면 단점만 결합될 위험도 있다. 다행스럽게도 StochRSI는 두 지표의 장점을 살리면서 동시에 약점을 완화할 수 있게 되었다. 스토캐스틱은 주가 변화에 예민하게 움직이면서 매입, 매도신호를 나타낸다. 그러나 단점도 없지 않은데, 산출하는 기간이 너무 단기간이라 주가 변화에 민감하다는 것이 문제점이다. 특히 주가 변화에 너무나 예민한 탓에 종종 잘못된 신호(whipsaw)를 나타내는 등 불안정하다는 것이 지적된다. 반면에 RSI는 비교적 안정적으로 움직인다. 너무나 안정적인 탓에 주가 움직임을 즉각 반영하지 못하고 다소 둔하다는 약점이 있다. 따라서 이 둘을 합친다면 스토캐스틱의 장점인 민감성을 살리면서 동시에 RSI의 장점인 안정성도 확보하리라는 생각에서 만들어진 게 StochRSI이다. 이 지표도 투사 샨드와 스탠리 크롤이 1994년에 공동으로 개발하여 발표하였다.

★ 산출법 ★

StochRSI를 산출하는 공식은 스토캐스틱을 산출하는 방법과 똑같다. 다만 '주가'가 들어갈 자리에 그날의 RSI가 들어간다는 것에만 차이가 있을 따름이다. StochRSI를 산출하는 공식은 다음과 같다.

$$StochRSI = \frac{RSI - RSI_L}{RSI_H - RSI_L} \times 100$$

단, RSI=당일의 RSI

RSI_H=과거 일정기간(일반적으로 5일) 중 RSI의 최대값

RSI_L=과거 일정기간(일반적으로 5일)중 RSI의 최소값

일반적으로 RSI를 산출하는 기간은 9일이 사용된다. 원래 RSI를 개발한 웰러스 월더는 14일 RSI를 사용하였으나 근래에 와서는 14일이 너무 길다는 이유로 산출 기간이 점차 짧아지고 있어 9일을 사용하는 경우가 많다. 다만 9일 이하의 단기간이 되면 불안정성이 높아지므로 9일 정도가 최소한이다.

★ 해석 ★

RSI를 사용할 경우, 단지 RSI의 값이 70 이상이라는 이유만으로 매도하는 것은 금물이다. 물론 RSI의 값이 70 이상을 나타낸다면 현재의 시장은 과열상태인 것은 틀림없다. 그러나 추세는 종종 연장되며, 시장은 종종 한쪽으로 쏠리는 모습을 드러내기도 하는지라 이와 같은 과열상태가 당장에 해소되지 않고 오래 이어지는 경우도 많다. 따라서 RSI로 보아 시장이 과열상태라고 하여 매도하는 것은 성급한 결정이 될 공산이 높다. 아직 상승추세의 끝은 이르지 않았는데 서둘러 일찍

상대강도 스토캐스틱

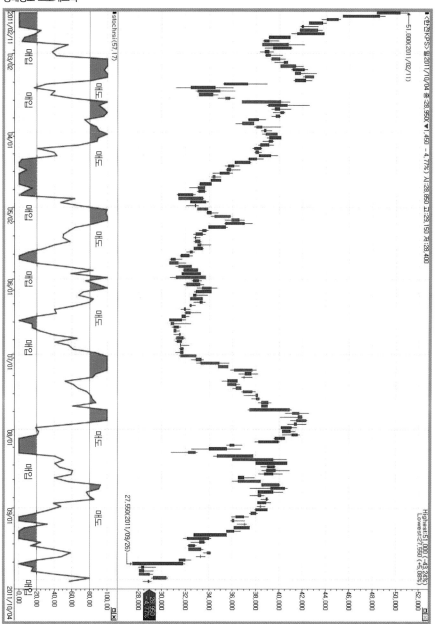

팔아버리는 결과가 되기 십상이다. 물론 매입의 경우도 정반대로 생각하면 된다. 단지 RSI의 값이 30 이하라는 이유만으로 매입하는 것은 성급한 선택이라는 뜻이다. 그러면 어떻게 거래하는 것이 좋을까. 비록 과열상태라고 할지라도 느긋하게 기다려서 상승추세가 막바지까지 치솟았다가 급기야 정점을 확인하고 추세가 전환되는 결정적인 순간을 포착하는 것이 가장 적절한 매도 타이밍이 될 것이다. 매입 타이밍으로 말한다면 추세가 바닥 끝으로 주저앉을 때를 느긋하게 기다렸다가 추세가 저점을 확인하고 전환되는 결정적인 순간을 포착하는 것이 바로 최적의 매입기회가 된다. 즉 RSI가 단순히 70 이상일 때를 매도 타이밍으로 인식하는 것이 아니라, 70 이상이던 RSI가 다시 낮아져서 70 아래로 내려서는 순간이 최적의 매도 타이밍이 된다. 마찬가지로 RSI가 30 이하일 때가 무조건 매입의 기회가 아니라, 30 이하에 머무르던 RSI가 상승하기 시작하여 30선을 상향돌파할 때가 최적의 매입 타이밍이다. StochRSI에도 RSI에서의 논리가 그대로 적용된다. 왜냐하면 StochRSI는 바로 RSI를 스토캐스틱 방식으로 재산출한 것이기 때문이다.

★ 매매방법 ★

RSI에서의 매매방법은 70선 또는 30선을 기준으로 한다. 그러나 StochRSI에서는 이 기준을 다소 강화하여 80 또는 20선으로 하는 것이 보통이다. 왜냐하면 StochRSI는 스토캐스틱의 장점인 민감도를 살림과 동시에 RSI의 장점인 안정성도 추구하기 때문. RSI에 비하여 매매신호를 더 빨리 포착하려 노력한다. 따라서 StochRSI에서 과열의 기준은 80 이상, 과매도의 기준은 20 이하이다. 앞서 RSI에서 설명하였듯 StochRSI가 단지 80 이상이라는 것만으로 매도하는 것은 성급하다. 일단 기다렸다가 80 위로 올라선 StochRSI가 80선을 하향돌파할 때가 매도 기회, 반대로 20 이하에 있다가 20선을 상향돌파할 때가 매입기회이다.

트릭스
TRIX

신뢰도	★★★
안정성	★★★
민감도	★★★
기 간	단기거래나 중기·장기거래 모두 사용 가능하다.
총 평	이동평균의 후행성을 해소하기 위한 노력은 끝도 없다. 트릭스는 지수이동평균을 삼중으로 한 것이다. 단순한 이동평균도 아니고 지수이동평균이고, 그것도 세 번이나 거푸 이동평균을 구하였다. 노력은 가상한데, 정작 효용성은 노력만큼 큰 것 같지 않다.

투세지표

★ 의의 ★

트릭스(TRIX)는 삼중지수이동평균이다. 지수이동평균은 단순이동평균이 지니고 있는 약점, 즉 시차문제를 해결하기 위한 방안으로 고안된 것이다. 지수이동평균은 일종의 가중평균(weighted average)인데, 가장 최근의 주가가 이동평균에 많이 반영되도록 만들어졌다. 그런데 트릭스는 지수이동평균을 한 번도 아니고 왜 세 번이나 연달아 할까? 그 이유는 지표의 변동성을 줄이고 안정적인 신호를 나타내도록 하기 위해서이다. 지수이동평균을 여러 차례 반복함으로써 이동평균의 산출기간보다 더 짧은 초단기의 가격 등락은 걸러낼 수 있으므로 그만큼 지수의 신호가 안정적이 된다.

이 지표는 기술적분석에서 독보적인 위치에 있는 잡지,《주식, 상품의 기술적분석(Technical Analysis of Stocks & Commodities)》의 발행인 잭 헛슨(Jack K. Hutson)이 개발하였다.

★ 산출법 ★

트릭스를 산출하려면 먼저 지수이동평균을 산출하여야 한다. 첫째로, 종가의 n일자 지수이동평균을 산출한다. 둘째로, 첫 단계에서 산출한 값을 다시 n일 지수이동평균을 구한다. 셋째로, 두 번째 단계에서 산출한 값을 이용하여 다시 n일자 지수이동평균을 구한다. 이렇게 삼중지수이동평균이 산출되었으면 그 이동평균이 전일의 이동평균에 대하여 얼마나 상승 또는 하락하였는지 변동률을 구한다. 그것이 트릭스이다. 끝으로 매매신호 포착을 위해 트릭스의 9일자 지수이동평균을 산출하여 시그널곡선으로 사용한다. 위 과정을 공식으로 만들면 다음과 같다.

$$M = EMA(EMA(EMA(종가)))$$

$$TRIX = \frac{M - M_{-1}}{M} \times 100$$

이때 이동평균을 구하는 기간이 문제인데, 일반적인 경우는 12일이 사용된다. 즉 먼저 12일 지수이동평균을 산출하고, 그것을 다시 12일 지수이동평균하고, 그리도 또다시 세 번째로 12일 지수이동평균을 산출한다. 물론 분석가에 따라 12일보다 긴 기간을 사용할 수도 있고 또는 더 짧은 기간을 사용할 수도 있으며, 또는 1차 지수이동평균의 기간과 2차, 3차 지수이동평균의 기간을 서로 달리 만들수도 있다. 다만 아무리 짧더라도 5일 이내의 지수이동평균을 산출하는 것은 피한다. 너무 민감하여 불안정해지기 때문이다.

트릭스

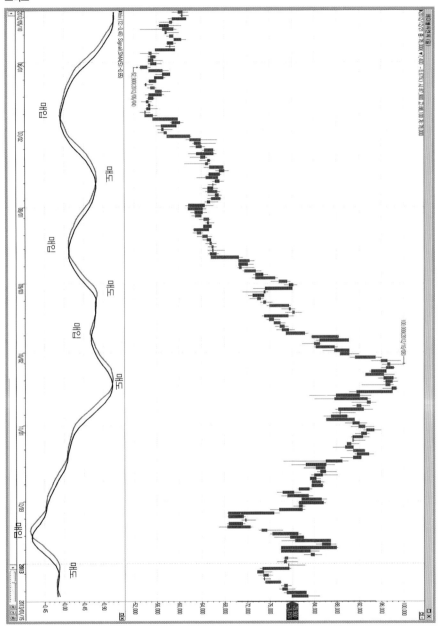

출처: 연합 인포맥스(www.einfomax.co.kr)

★ 해석 ★

트릭스는 일반적으로 0을 중심으로 오르내림을 반복한다. 이럴 때 트릭스의 방향이 상승하면 현재의 추세는 상승세이고, 트릭스의 방향이 하락하면 현재의 추세를 하락세로 간주할 수 있다. 따라서 트릭스의 방향이 바뀌는 시점이 매매의 타이밍이다.

그러나 현실적으로 트릭스의 방향이 바뀌었는지 여부를 확인하기는 어렵다. 따라서 트릭스의 9일자 지수이동평균을 산출하여 이를 시그널로 인식하면 트릭스의 방향이 바뀌는지의 여부를 파악하기 용이하다.

★ 매매방법 ★

트릭스가 그것의 이동평균인 시그널곡선을 상향돌파할 때가 매입 타이밍이고, 반대로 시그널곡선을 하향돌파할 때가 매도 타이밍이다.

진정강도지수
TSI, TRUE STRENGTH INDEX

22

신뢰도	★★★
안정성	★★★★
민감도	★★
기 간	중기·장기거래에 효과적이다.
총 평	이것을 만든 기술적분석가는 RSI가 안정적이지만 주가 변화에 굼뜨다는 단점이 있어서 이를 해소하려고 만들었다고 주장한다. 그런데 실제로 사용해보면 민감도가 좋아졌다고 생각되지 않는다. 오히려 매매신호보다는 주가와 지표와의 관계에서 나타나는 다이버전스를 통해 추세전환을 알리는 기능이 훨씬 좋다.

★ 의의 ★

진정강도지수(TSI)는 RSI 지표를 변형한 것이다. RSI는 안정적이긴 하지만 그런 만큼 주가의 움직임에 예민하게 반응하지 못한다는 약점이 있었다. TSI를 만든 윌리엄 블로(William Blau)는 이 점에 착안하여 이중지수이동평균을 이용한 지수를 개발하였다. 그는 RSI(Relative Strength Index)보다 주가의 움직임을 더 잘 나타낸다는 의미로 이 지표에 TSI, 즉 True Strength Index라는 이름을 붙였다.

★ 산출법 ★

TSI를 산출하는 공식은 다음과 같다.

$$TSI = \frac{EMA(EMA(종가-종가_{-1}))}{EMA(EMA(종가-종가_{-1}))}$$

여기서 지수이동평균을 구하는 기간은 분석가마다 달리 설정할 수 있으나 보통의 경우 10일 지수이동평균을 사용한다.

★ 해석 ★

TSI의 산출공식을 보면 앞서 TRIX를 살폈을 때 보았던 지수이동평균(트릭스는 삼중 이동평균이었다)이 사용되었음을 알 수 있다. 또한 그것도 지수이동평균을 한 차례만 한 것이 아니라 이중으로 산출하였다. 이처럼 지수이동평균을 이중 또는 삼중으로 하는 것은 TRIX와 마찬가지로 들쑥날쑥한 지표의 움직임을 완만하도록 하기 위한 장치이다. 그런데 TSI는 '오늘 종가와 어제 종가와의 차이'를 지수이동평균한 값과, '오늘 종가와 어제 종가와 차이의 절대값'을 지수이동평균한 값을 서로 나누었다. 이것은 무슨 의미일까? 예를 들어 생각해보자. 가령, 산출기간을 10일로 한다고 하자. 만일 10일 동안 주가가 줄곧 상승하였다면 TSI의 값은 얼마가 될까? 이 경우는 '오늘 종가와 어제 종가와의 차이'와 '오늘 종가와 어제 종가와 차이의 절대값'은 서로 같다. 왜냐하면 둘 다 플러스(+)의 값으로 나타나기 때문이다. 따라서 그 어제와 오늘 종가 차이를 이동평균하고 다시 어제와 오늘 종가 차이의 절대값을 이동평균하여 서로 나눈, TSI는 +1로 계산될 것이다. 이번에는 정반대의 경우를 생각해본다. 10일 동안 주가가 줄곧 하락하였다면 TSI의 값은 얼마가 될까? 이 경우는 '오늘 종가와 어제 종가와의 차이'와 '오늘 종가와 어제 종가와 차이의 절대값'은 서로 같으나 부호는 정반대로 나타날 것이다. 왜냐하면 주가가 줄곧 하락하였으니 어제와 오늘 종가의 차이, 즉 하루 동안의 변동폭을 합한 값은 마이너스가 될 수밖에 없기 때문이다. 결국 이때의 TSI는 −1이 된다. 따라서 극단적인 경우를 상정해본다면 10일 동안 주가가 내내 오르는 경우와 10일 동안 주가가 내내 하락하는 경우가

진정강도지수

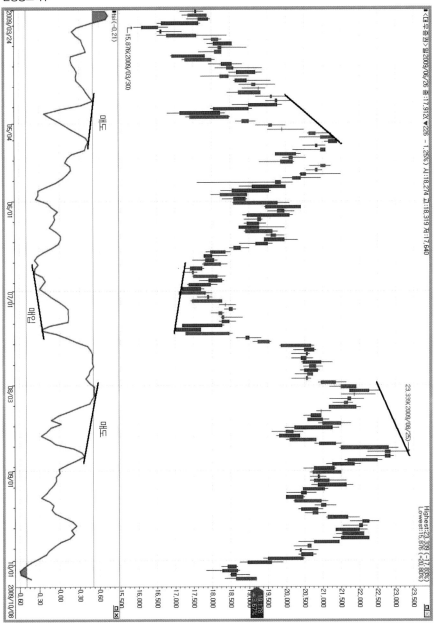

출처: 연합 인포맥스(www.einfomax.co.kr)

극단적이다. 나머지는 어떨까? 주가가 며칠 오르고 며칠 하락하는 경우일 터. 따라서 TSI는 극단적인 경우는 +1, 또는 −1이 되고, 대부분의 경우는 +1과 −1 사이에서 움직일 것이다. 일반적으로 말하여 TSI가 +1이 되는 경우는 거의 없다. 또는 −1이 되는 경우도 역시 거의 없다. 10일 동안 주가가 단 하루도 빠지지 않고 줄곧 오르거나 줄곧 내리는 경우는 드물기 때문이다.

★ 매매방법 ★

통상적으로 TSI가 0.50 이상이면 시장이 과열되었다고 판단하고, 반대로 TSI가 −0.50 이하를 나타내면 시장이 과매도되었다고 판단한다. 따라서 TSI가 0.50 이상일 때 매도할 기회를 노리고, TSI가 −0.50 이하일 때 매입할 기회를 노린다. 다만 단순히 TSI가 0.50 이상이라는 이유만으로 덜컥 매도하거나 또는 단순히 TSI가 −0.50 이하라는 이유만으로 매입하는 전략은 성급하다. 주가가 고점에 이르지 않았는데도 너무 빨리 매도한 결과가 되기 십상이고, 또는 주가가 바닥에 닿지도 않았는데 너무 빨리 매입한 결과가 되기 쉽다. 따라서 TSI가 +0.50 이상 또는 −0.50 이하로 내려서면 느긋하게 기다렸다가 +0.50 선을 하향돌파할 때를 매도기회로 삼는다. 또는 TSI가 −0.50선을 상향돌파할 때를 매입기회로 삼는 것이 훨씬 효과적이다. 그런데 사실 TSI는 엄밀한 의미로 말한다면 매매지표는 아니다. 시장의 상황이 과열 분위기인지 또는 과매도 분위기인지 여부를 알려주는 데 특화된 TSI를 이용하여 매입 또는 매도시기를 노리는 것은 무리가 따른다. 따라서 차라리 그것보다는 TSI와 주가와의 관계에서 다이버전 현상, 즉 괴리현상을 발견하는 것이 훨씬 효과적이다. 다이버전스가 나타나면 추세가 전환될 확률이 매우 높다는 것은 기타 다른 지표에서 확인된 바와 같다.

수직수평필터
VHF, VERTICAL HORIZONTAL FILTER

23

신뢰도	★★
안정성	★★★
민감도	★★★
기 간	장기거래가 더 효과적이다.
총 평	추세의 강도를 측정하려는 목적에서 개발된 지표이다. 그런데 다른 지표들은 통상적으로 0에서 100 등 일정한 범위에서 움직이지만 이 지표는 그렇지 않다. 따라서 매매신호를 포착하기 쉽지 않다. 이런 약점을 보완하기 위하여 시그널곡선을 산출하는데, 그럼에도 매매 타이밍의 모호성 문제는 완벽하게 해결되지 않는다.

추세지표

★ 의의 ★

VHF는 수직수평필터(Vertical Horizontal Filter)의 약자이다. 이 지표는 아담 화이트(Adam White)가 개발하였는데, 현재의 시장상황에서 추세의 강도가 어느 수준인지를 파악하기 위하여 개발되었다. 여기서 수직(vertical)은 주가차트에서 Y축, 즉 주가를 의미한다. 그리고 수평(horizontal)은 주가차트에서 X축, 즉 시간을 의미한다.

추세가 강력해진다는 것은 시간의 경과에 따라 주가가 계속 오르거나 내린다는 것을 뜻한다. 만일 시간이 지나는데도 주가의 변화가 없다면 이는 추세의 강도가 약화된 것을 말한다.

VHF를 산출하는 공식은 다음과 같다.

$$VHF = \frac{n\text{일간 최고점} - n\text{일간 최저점}}{\sum\limits_{i=1}^{n} \dfrac{\text{종가}_i - \text{종가}_{i-1}}{\text{종가}_{i-1}}}$$

일반적으로 기간(n)으로는 14일이 사용된다.

★ 해석 ★

VHF를 산출하는 공식을 잘 살피면 의미를 파악할 수 있다. VHF는 일정한 기간 중의 최고점과 최저점의 차이를 매일매일의 가격 등락률의 합으로 나눈 것이다. 공식에 따를 때 VHF가 커지려면 기간 중의 최고점과 최저점의 차이가 늘거나, 또는 매일 종가와 종가 사이의 등락률이 줄어야 한다.

VHF의 값이 증가하면 현재의 추세가 강화되는 신호로 간주된다. 이는 상승세나 또는 하락세나 모두 동일하다. VHF가 증가한다는 것은 그만큼 기간 중의 최고점이 더욱 높아지거나 또는 기간 중의 최저점이 더욱 낮아진다는 것을 뜻하기 때문이다. 또는 어제와 오늘 종가의 등락률이 줄어도 VHF의 값이 증가하는데, 이는 그만큼 현재의 추세가 꾸준하다는 것으로 해석된다. 어떤 경우이건 VHF의 값이 클수록 현재 추세의 강도는 강력하다고 판단된다.

반대로 VHF의 값이 감소하기 시작하면 현재의 추세는 약화되고 당분간은 별다른 추세 없이 주가는 횡보할 것으로 예상된다. VHF의 값이 줄어든다는 것은 결국 기간 중의 고점과 저점의 차이가 감소함을 뜻한다. 고점이 점차 낮아

수직수평필터

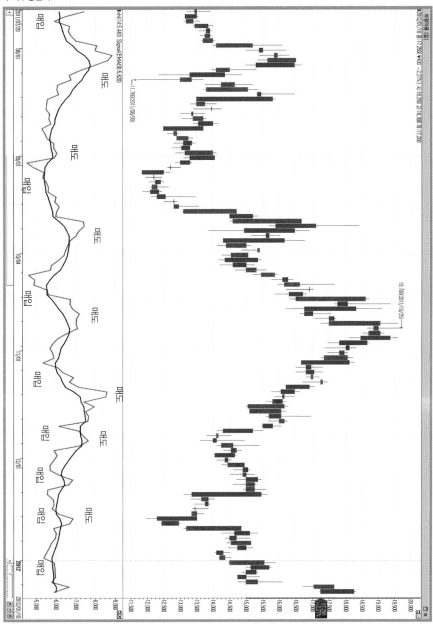

출처: 연합 인포맥스(www.einfomax.co.kr)

지거나 또는 저점이 서서히 상승하면 기간 중의 고점과 저점의 차이가 줄어든다. 이는 그만큼 추세의 강도가 약화되는 증거이다. 또는 종가 사이의 등락률이 커져도 VHF의 값이 감소한다. 이것 역시 추세가 꾸준하지 못하고 등락폭이 커진다는 의미이다. 기존의 추세가 약화된다는 것으로 해석된다. 그런데 VHF의 값이 너무 작아도 문제이다. 추세의 강도가 영원히 약화될 수는 없는 노릇. VHF의 값이 너무 작으면, 조만간 새로운 추세가 나타날 것을 알리는 신호로 간주된다.

★ 매매방법 ★

다만 VHF의 결정적인 약점은 일정한 범위 안에서 등락(oscillate)하지 않는다는 점이다. 예컨대 RSI는 0에서 100의 범위를 오가며, TSI는 +1에서 −1의 범위를 오락가락한다. 그러나 VHF는 일정한 등락 범위가 없다.

따라서 현실적으로 매매신호를 포착하기 어렵다. VHF가 상승하다가 하락하는 순간이 기존의 추세가 뒤바뀌는 순간으로 파악할 수는 있으나 현실에서 그런 타이밍을 포착하기란 거의 불가능하다. 왜냐하면 VHF의 값이 자주 바뀌기 때문이다.

이를 보완하기 위한 방법으로 시그널곡선이 사용된다. 시그널곡선이란 앞서 살펴보았던 허다한 기술적지표들과 마찬가지로 지표의 이동평균이다. VHF의 경우는 VHF의 9일간 지수이동평균을 사용한다. 그리고 매매 타이밍의 인식은 상승세이건 하락세이건 같다. VHF 곡선이 시그널곡선을 하향돌파할 때, 즉 기존의 추세가 약화될 때가 매매 타이밍으로 간주된다.

구체적으로 말하여 주가가 상승하는 도중에 VHF 곡선이 시그널곡선을 하향돌파하면 그때가 매도 타이밍이다. 반대로 주가가 하락하는 도중에 VHF 곡선이 시그널곡선을 하향돌파하면 그때가 매입 타이밍이다. VHF 곡선이 시그널곡선을 상향돌파할 때는 매매신호로 간주되지 않는다. 왜냐하면 그때는 기존의 추세가 더욱더 강화되는 시기이기 때문이다.

바보 같은 눈물, 흘리지 마라

'소돔과 고모라'는 음행이 가득한 도시, 성문란의 극치를 달리는 도시였다. 하늘에서 황음(荒淫)의 추악한 도시를 바라보시던 하느님은 더 참지 못하셨다. 방탕한 소돔성을 불바다로 만들어 멸망시키 겠다고 결심하셨다. 이때 하느님의 진노를 막고 소돔성을 구하기 위하여 나선 사람이 있었으니, 믿음의 조상으로 잘 알려진 아브라함이다.

아브라함은 하느님에게 간청하였다. "하느님께서는 의인도 악인과 함께 쓸어버리시렵니까? 소돔성에 의인 50명이 있는데도 용서하지 않고 정말 쓸어버리시렵니까?" 하느님은 "만일 소돔성에서 의인 50명을 찾으면 그들을 위하여 모두를 용서하겠노라."라고 말씀하셨다. 아브라함은 또 물었다. "혹시 50명을 다 못 채우고 45명의 의인만 찾으면 어떡하실 것입니까?" 하느님은 "그래도 용서해준다."라고 하셨다. 아브라함은 "의인이 30명밖에 되지 않으면요?" "20명이면요?" 하고 조르다가, 결국 10명의 의인이라도 찾으면 소돔성 전체를 살려주겠노라는 하느님의 확답을 받았다. 하지만 아브라함은 오직 롯이라는 의로운 사람 하나만을 겨우 찾아내었을 뿐, 성을 다 뒤졌으나 방탕하지 않은 사람은 더 이상 발견할 수 없었다. 소돔성의 멸망을 막을 수 없게 된 아브라함은 롯에게, "불벼락이 떨어질 것이니 성에서 빨리 벗어나라. 단, 절대로 뒤를 돌아보지 말라."라고 이른다. 롯은 아내와 가족을 이끌고 성을 빠져나왔고, 그 즉시 불벼락이 떨어져서 소돔성에 있던 모든 사람은 진멸되었다. 그런데, 아브라함이 신신당부한 말에도 불구하고 롯의 아내는 소돔성이 어떻게 되었는지 호기심을 이기지 못해 뒤를 돌아보았고, 순간 그 자리에서 소금 기둥으로 변하고 만다. 구약성경 창세기에 나오는 이야기이다. 그리고 지금도 이스라엘에 가 보면 사해 인근에 '롯의 아내'라는 전설이 내려오는, 사람 모습과 비슷한 소금 기둥을 볼 수 있다.

주식을 사는 일이 어려울까? 아니면 파는 일이 어려울까? 투자를 조금이라도 해본 사람은 이구동성으로 매도하는 일이 어렵다고 답한다. 미련 때문이다. 혹시 주식을 팔고 나면 그때부터 주가가 오르지나 않을까 하는 두려움이 앞서는지라 매도를 주저하게 된다. 그러나 일단 팔아버린 주식이 이후 어떻게 되었든 우리와는 상관없다. 팔고 난 다음의 주가에 관심을 기울인다고 할지라도 손해가 줄어들거나 수익이 늘어나는 것도 아니다. 그저 '기분'이 좀 나쁠 따름이다. 물론 기분도 중요하다. 하지만 지극히 당연한 말이로되, 수익이 훨씬 더 중요하다. 기분에 사로잡혀 일을 망치는 것처럼 어리석은 일도 없듯이, 매도한 다음 행여나 주가가 올라버려 기분이 나빠질까 보아 주식을 팔지 않는 것처럼 바보짓도 없다. 팔고 나면 끝이다. 싹 돌아설 수 있어야 자유롭다. 팔고 난 다음의 주가에 관심을 기울이지 않는 것이 고수가 되는 비법이다.

돌아보지 마라. 지나간 것은 지나간 것일 뿐. 소돔성을 빠져나오던 롯의 아내는 뒤를 돌아보아 소금기둥이 되었다. 그녀는 그나마 관광의 대상이라도 되었지만, 주식 투자자들이 팔아버린 주식을 돌아보았자 얻는 것은 전혀 없다. 히트곡 〈만남〉에서 노사연은 이렇게 외친다. "돌아보지 마라, 후회하지 마라. 아~ 바보 같은 눈물 흘리지 마라."

변동성(Volatilitu)이란 문자 그대로 '주가가 아래, 위쪽으로 크게 움직인 정도'를 뜻한다. 그리고 변동성지표는 이러한 시장의 변동성을 측정하는 지표이다. 사실 변동성지표만으로는 매매신호를 포착하기 어렵다. 예컨대 주가가 크게 변동한다고 하여 방향이 결정된 것은 아니기 때문이다. 하지만 기술적분석가들은 오랜 연구 끝에 주가의 움직임과 변동성 사이에 숨어 있는 비밀을 밝혀내었다. 첫째, 주가가 정점에 이르면 변동성이 축소된다. 둘째, 주가가 바닥에 이르러도 변동성이 감소한다. 셋째, 단기적으로 변동성이 급증하면 추세전환이 임박하다. 넷째, 장기적으로 변동성이 서서히 감소하면 현재의 장기추세도 거의 막바지라는 신호이다. 흥미 있지 않은가? 변동성지표에는 ATR, 볼린저밴드 폭 등 다소 알려진 지표뿐만 아니라 차이킨 변동성 관성지수 등 생소한 지표들도 많다.

PART
4

변동성지표

평균진정 가격범위

ATR, AVERAGE TRUE RANGE

신뢰도	★★★★
안정성	★★★
민감도	★★★
기 간	장, 단기 관계없다. 이 지표는 매매 타이밍을 알려주는 지표가 아니기 때문이다.
총 평	요즘에는 VIX 등의 지표가 개발되어 있으나 웰러스 윌더가 활동하던 1970년대에는 시장의 변동성을 제대로 측정하는 지표가 없었다. 윌더는 나름대로 고심하여 변동성 지표를 개발하였는데, 요즘은 다른 지표에 가려서 잘 사용되지 않는다. 더구나 ATR 은 매매지표가 아니니 오죽하랴!

★ 의의 ★

ATR을 굳이 번역한다면 평균진정 가격범위(Average True Range) 정도가 되겠다. 우리나라에는 아직까지 이 지표에 대한 일관된 한글 번역용어가 없다. 그냥 ATR이라는 약자로 통한다. 물론 이 지표 외에도 제대로 된 한글이름이 없는 지표가 얼마나 많은가! ATR은 RSI 등을 개발한 웰러스 윌더가 만들었다. 웰러스 윌더는 주가의 변동성을 측정하는 방법으로 어제와 오늘 하루 동안의 가격 변동폭을 이용하였다. 하루 동안의 주가 변동폭이 크면 시장의 변동성이 큰 것이고, 반대로 하루 동안의 주가 변동폭이 작으면 시장의 변동성이 작다고 해석할 수 있다.

일반적으로 우리는 어제의 종가와 오늘의 종가와의 차이를 하루 동안의 가격 변동폭이라고 말한다. 그런데 엄밀한 의미로는 그렇게 말하는 것은 정확하지 않다. 왜냐하면 하루 종일 거래가 단지 종가로만 이루어지는 것이 아니기 때문이다. 장중에 주가는 고점도 만들고 저점도 만든다. 따라서 이 모든 것을 다 감안하여 하루 동안의 주가 변동폭을 계산하여야 한다. 웰러스 윌더는 이런 변동폭을 진정한 의미의 변동폭, 즉 True Range라고 불렀다. 그리고 True Range를 이동평균하였는데, 이것이 ATR이다.

★ 산출법 ★

ATR을 산출하는 공식은 다음과 같다.

$$True\ High = 당일의\ 고점과\ 전일의\ 종가\ 중에서\ 높은\ 것$$

$$True\ Low = 당일의\ 저점과\ 전일의\ 종가\ 중에서\ 낮은\ 것$$

$$True\ Range = True\ High - True\ Low$$

$$ATR = \frac{True\ Range_{-1} \times (n\text{-}1) + True\ Range}{n}$$

일반적으로 ATR을 구할 때에는 14일이 주로 사용된다.

★ 해석 ★

ATR은 주가의 변동성을 측정하려는 지표이다. 어제와 오늘 사이 주가의 진정한 변동폭을 산출하고, 그리고는 그것의 이동평균을 산출한 것이 ATR이다. 그러므로 주가의 변동폭이 늘어날수록 ATR도 증가하며 주가의 변동폭이 감소할수록 ATR도 감소한다. 실제로 차트에서 알 수 있듯이 주가가 별다른 추세 없이 횡보할 때에는 ATR은 낮은 값을 나타내는 경향이 많다. 그리고 주가가 추세를 가지고 움직이기 시작하면서 ATR도 덩달아 증가하는데, 특히 주가가 급등하거나 급락할 때에 ATR의 값 역시 급격하게 증가한다. 상승세이건 하락세이건 마찬가지

평균진정 가격범위

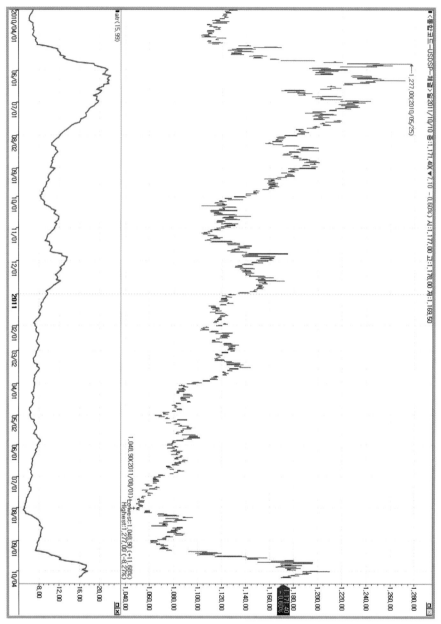

출차: 연합 인포맥스 (www.einfomax.co.kr)

이다. ATR이 증가하면 변동성 강화의 신호이고, 반대로 ATR이 감소하면 변동성이 약화되는 신호이다.

★ 매매방법 ★

ATR은 엄밀하게 말하여 매매지표는 아니다. ATR 자체만으로는 매입 또는 매도 신호를 포착하기는 어렵다. 왜냐하면 ATR은 변동성을 측정하는 지표이지 추세의 방향성을 알아보는 지표가 아니기 때문이다. 변동성이 증가하거나 감소하였다고 하여 추세의 방향이 뒤바뀔 것이라고 말할 수는 없다. 따라서 ATR은 독립적으로 사용하기보다는 다른 지표들의 보조지표로 사용되는 것이 보통이다.

예를 들어 ATR이 계속하여 상승하고 있어서 앞으로 주가의 변동성이 늘어날 것으로 판단된다고 하자. 그렇다면 거래의 위험도 덩달아 높아진다. 주가가 급등할 공산이 높을수록 그만큼 주가가 급락할 위험도 높아지게 마련이다. 이럴 때에는 포지션을 줄이는 위험관리가 필요할 것이다.

볼린저밴드 폭

BOLLINGER BAND WIDTH

신뢰도	★★★★
안정성	★★★★
민감도	★★★★
기 간	단기거래나 중기·장기거래 모두 사용 가능하다.
총 평	볼린저밴드에서는 밴드의 폭이 줄어들 때가 중요하다. 조만간 시장의 변동성이 크게 늘어날 것을 알리는 신호탄이기 때문이다. 마치 일진광풍이 몰아치기 직전의 태풍전야가 바로 이때이다. 이 지표는 밴드의 폭만을 중점적으로 산출하여 변동성이 확대되는 시점을 포착하려고 하였다. 다만 밴드의 폭이 줄어들었는지 여부를 판단하는 과정이 주관적이라는 단점은 피할 수 없다.

★ 의의 ★

볼린저밴드(Bollinger Band) 기법은 잘 알려져 있다. 일반적으로 20일 이동평균선이 중심선으로 사용되는데, 이것을 중심으로 아래, 위 밴드를 설정한다. 그리고 주가가 위쪽 밴드에 근접하면 그때의 시장을 과열국면으로 파악하고, 반대로 주가가 아래쪽 밴드에 근접하면 그때의 시장을 과매도국면으로 파악하려는 기법이다. 다시 말하여 위, 아래 밴드가 저항선이나 지지선으로 작용하리라 기대한다.

아울러 볼린저밴드에는 또 하나의 특성이 있다. 밴드의 폭이 키포인트이다. 밴드의 폭을 살피면 향후의 주가 변동성을 예측할 수 있다. 볼린저밴드는 중간 밴드에다 +/− 2배의 표준편차를 더하거나 빼서 아래 위 밴드를 설정한다. 이때 표준편차는 각각의 변수가 평균값 언저리에 얼마나 몰려 있는지를 측정하는 지표이다. 시장의 변동폭이 크면 매일매일의 주가는 평균에서 많이 벗어날 것이고 이때의 표준편차는 클 것이다. 반대로 주가가 평균 근처에 오글오글 몰려 있다는 것은 그만큼 시장의 변동폭이 줄어들었다는 의미이며, 이때의 표준편차는 감소할 것이다. 따라서 표준편차를 이용하여 설정하는 볼린저밴드의 폭은 시장의 변동성에 따라 일정하지 않다. 변동성에 따라 밴드의 폭이 늘어나거나 줄어드는 일을 반복한다. 주가의 변동성이 커서 각 주가에서 산출한 표준편차가 증가하면 밴드의 폭도 저절로 확대되며, 반대로 주가의 변동성이 축소되어 주가에서 산출한 표준편차가 감소하면 밴드의 폭도 역시 축소된다. 참고로 볼린저밴드 폭은 볼린저밴드를 개발한 존 볼린저의 작품이다.

★ 산출법 ★

볼린저밴드 폭을 산출하는 공식은 다음과 같다.

$$Bollinger\ Band\ Width = Upper\ Bollinger\ Band - Lower\ Bollinger\ Band$$

★ 해석 ★

볼린저밴드 폭은 문자 그대로 밴드의 폭을 측정하려는 목적에서 만들어졌다. 그런데 본질로 돌아가 생각해본다. 볼린저밴드 폭은 왜 계산할까? 의당 볼린저밴드의 폭이 확대되거나 축소되었는지 여부를 쉽게 파악하기 위하여 밴드 폭을 산출하는 것인데, 그 이유는 다음과 같다. 주가의 변동성은 확대되기도 하고 축소되기도 한다. 변동성이 축소되었다는 것은 주가가 횡보하거나 보합권에서 머무르고 있다는 뜻이다. 하지만 주가란 애당초 움직이도록 되어 있는 것인지라 일시적으로 횡보 또는 보합상태가 나타날 수는 있어도 그런 상태가 내내 이어질 수는 없다. 횡보하는 기간이 길어질수록 조만간 변동성이 확대되는 시기가 나타날 확률은 높아진다. 볼린저밴드에서도 밴드의 폭을 확인할 수 있다. 물론 단순히 '육안'으로 밴드의 폭이 늘어났는지 또는 줄어들었는지 살펴보고, 폭이 좁아지고 있다면 조만간 변동성이 크게 확대될 조짐으로 파악할 수도 있다. 그러나 육안으로 밴드의 폭을 살피는 것은 다소 주먹구구식이므로 이를 개선하는 기법이 볼린저밴드 폭이다. 256쪽의 차트를 참고하면 밴드의 폭이 줄어들 때마다 어김없이 큰 폭의 급등이나 급락이 나타났음을 알 수 있다.

★ 매매방법 ★

볼린저밴드 기법의 약점이 하나 있는데, 그것은 밴드의 폭이 좁아지고 있다면 조만간 변동성이 크게 확대될 조짐으로 파악할 수 있지만 주가가 오를지 또는 내릴지는 알 수 없다는 것이다. 즉 볼린저밴드의 폭 만으로는 주가의 방향성을 파악할 수 없다는 것이 문제점이다. 따라서 볼린저밴드 폭이 줄어들거나 또는 늘어난다고 하여 매매의 타이밍이 될 수는 없다. 다만 이를 이용하여 굳이 매매하려고 한다면 밴드의 폭이 늘어날 때보다는 밴드의 폭이 줄어들 때를 타이밍으로 삼아야 한다는 것은 말할 필요 없다. 밴드의 폭이 충분히 좁아졌을 때, 매수와 매도 포지션을 동시에 설정하면 된다. 그러면 조만간 주가가 큰 폭으로 급등하거나 급락하면 어느 한 편에서 수익을 크게 얻는다. 물론 현물주식으로는 이 방법이 불가능하다. 밴드의 폭이 줄어들 때에는 예컨대 옵션을 이용할 수 있는데, 콜 옵션과 풋 옵션을 동시에 매수하는 방법이 유망할 것이다.

아울러 약점이 또 있다. 즉 밴드의 폭에 대한 뚜렷한 기준이 없다. 저마다의 주관적인 기준에 따라 밴드의 폭이 늘었거나 또는 줄어들었다고 판단할 수밖에 없다. 그만큼 주관적이고, 나쁘게 말하여 주먹구구인 셈이다.

볼린저밴드 폭

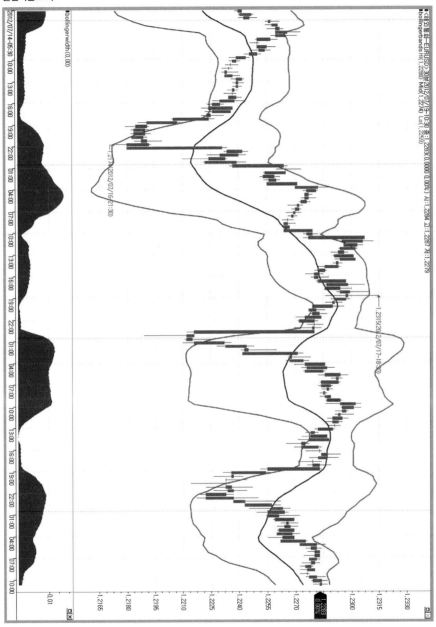

차이킨 변동성
CHAIKIN VOLATILITY

3

신뢰도	★★★★
안정성	★★★
민감도	★★★
기 간	단기거래나 중기·장기거래 모두 사용 가능하다.
총 평	이 지표는 ATR과 비슷한 방식으로 시장의 변동성을 측정한다. 여기서는 당일의 고가와 저가의 차이를 변동성으로 정의하였다. 특히 시장의 고점 부근에서 변동성이 증가하면 추세가 바뀔 위험이 크므로 변동성에 유의하여야 한다. 다만 이 지표 역시 다른 변동성지표와 마찬가지로 결정적인 매매 타이밍을 포착하는 데에는 다소 어려움이 있다.

★ 의의 ★

변동성은 그것 자체로는 주가의 방향성을 알려주지 않으나, 다른 지표와 결합할 때 매매의 훌륭한 참고자료가 된다. 그러기에 수많은 기술적분석가들이 시장의 변동성을 정확하게 알려주는 지표를 구하려고 노력하였다. 차이킨 변동성(Chaikin Volatility)은 주가의 당일 고가와 저가의 차이, 즉 장중의 가격변동폭을 이용하여 시장의 변동성을 측정하는 지표이다. 차트의 이름에서 알 수 있듯이 이 지표는 차이킨 오실레이터(Chaikin Oscillator) 등을 개발한 마크 차이킨(Marc Chaikin)이 만들었다.

★ 산출법 ★

Chaikin Volatility를 산출하는 공식은 다음과 같다.

$$EMAHL = \text{매일(고점-저점)의 } n\text{일 이동평균}$$

$$Chaikin\ Volatility = \frac{EMAHL - EMAHL_{-n}}{EMAHL_{-n}} \times 100$$

공식의 EMAHL, 즉 당일 고가와 저가의 차이를 모아서 산출하는 이동평균은 단순이동평균이 아니라 지수이동평균이다. 일반적으로 기간(n)에는 10일이 사용된다. 또한 공식에서 알 수 있듯이 당일의 EMAHL에서 n일자 이전의 EMAHL의 차이를 구하는데, 여기서도 기간은 10일이 사용되는 것이 보통이다.

★ 해석 ★

Chaikin Volatility는 역시 시장의 변동성을 측정하는 기법인데, 변동성을 관찰하면 시장의 아래와 같은 특성을 파악할 수 있다.

첫째로, 주가가 정점에 이르면 변동성이 증가하는 경향이 많다. 그동안 상승세가 계속 이어지다가 이제 추세의 막바지에 이르면 시장 참여자들의 흥분은 극에 달하게 마련이다. 지금까지의 상승세로 미루어보아 주가가 더 오를 것이라고 믿는 매입세력은 더욱 확신에 차서 적극적으로 매입에 나서지만 반대로 주가가 너무 올랐다고 생각하는 매도세의 저항도 만만치 않다. 이럴 때 주가는 요동을 치는 경우가 많다. 그 결과 변동성이 증가한다.

둘째로, 주가가 바닥에 이르면 변동성도 덩달아 감소하는 경향이 많다. 그동안 하락세가 계속 이어진 탓에 주식을 보유하고 있는 세력은 이제 더 이상 매도하는 일을 포기하였고, 바닥을 노려 매입하려는 세력 역시 주가가 거듭 하락한 탓에 적극적으로 시장에 뛰어들기보다는 관망하는 태도를 보이게 마련. 결국 하

차이킨 변동성

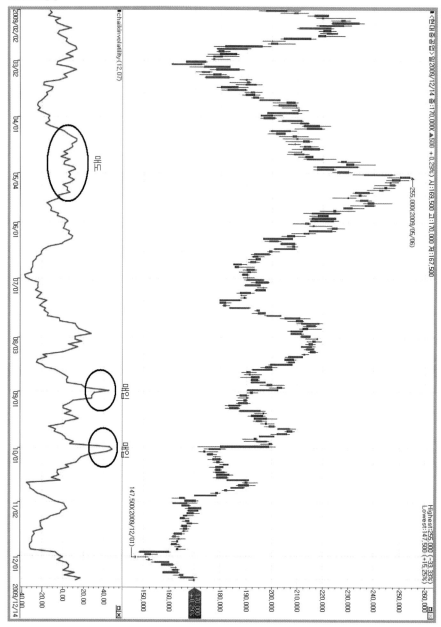

출처: 연합 인포맥스(www.einfomax.co.kr)

락세의 막바지에 이르면 시장 참여자들은 거의 체념 상태이고, 변동성도 크게 줄어들 수밖에 없다. 거꾸로 말하여 주가의 하락세가 내내 이어지다가 변동성마저 감소하는 양상이 나타난다면 주가가 이제 바닥에 닿았다는 신호로 간주된다.

셋째로, 단기적으로 변동성이 급격하게 증가한다면 이는 단기적으로 저점이 임박하였다는 신호이다. 바닥이나 꼭지 등 시장의 흥분이 극에 달할 때 변동성은 단기간에 급격하게 증가하는데, 이것이 Chaikin Volatility의 단기 급증으로 나타난다.

넷째로, 변동성이 장기간에 걸쳐 서서히 감소한다면 이는 현재의 추세가 거의 정점 부근에 이르렀다는 신호로 간주된다.

★ 매매방법 ★

Chaikin Volatility는 시장의 변동성을 측정하는 훌륭한 도구이다. 다만 이것 역시 추세의 방향을 살피는 지표가 아니므로 이것만 독립적으로 사용될 수는 없다. 다른 지표들의 보조지표로 사용되어야 한다.

다만, 변동성의 움직임으로 추세전환여부를 파악할 수 있는데, 268쪽의 차트에서 4~5월의 경우는 주가상승에도 불구, 변동성이 서서히 감소하고 있다. 조만간 추세가 전환될 조짐이다. 매도시점을 찾아야 한다. 또한 9월과 10월에는 단기적으로 변동성이 급증하였다. 이는 저점이 임박했다는 신호이므로 매입기회이다.

상대변동성지수
RVI, RELATIVE VOLATILITY INDEX

4

신뢰도	★★★★★
안정성	★★★
민감도	★★★★
기 간	단기거래나 중기·장기거래 모두 사용가능하다.
총 평	변동성지표로는 보기 드물게 매매 타이밍을 알려준다. 비교적 안정적이고, 아울러 주가 변화에 민감하게 반등하므로 후행성도 나쁘지 않다. 이렇게 좋은 지표를 우리나라 사람들은 왜 사용하지 않는 것일까?

★ 의의 ★

상대변동성지수(RVI, Relative Volatility Index)는 상대강도지수(RSI, Relative Strength Index)와 비슷한 개념에서 출발하였다. 이름도 비슷하다. 다만 RSI는 주가의 상대적인 강도(Strength)를 산출하는 것이 목적인 반면에 RVI는 주가의 상대적인 변동성(Volatility)을 측정하는 것이 목적이다. 일반적으로 주가의 변동성은 가격의 표준편차로 정의된다.

표준편차는 평균과의 간격이 얼마나 되는지를 의미한다. 즉 주가의 변동성이 높아서 평균에서 멀리 떨어져 치솟았다가 또는 크게 하락하기도 하는 등 폭등과 폭락을 반복한다면 표준편차는 커질 것이다.

반대로 주가가 크게 움직이지 않아 평균을 중심으로 몰려다닌다면 표준편차는 줄어들 것이다. 이 지표는 도널드 도지(Donald Dorsey)가 개발하였다.

★ **산출법** ★

RVI를 산출하는 공식은 다음과 같다.

$$
\text{당일종가} \geq \text{전일종가일 경우 :}
$$

up = 과거 9일 동안 시장가격의 표준편차

$dn = 0$

당일종가 < 전일종가일 경우 :

$up = 0$

dn = 과거 9일 동안 시장가격의 표준편차

$$
upavg = \frac{upavg \times (n-1) + up}{n}
$$

$$
dnavg = \frac{dnavg \times (n-1) + dn}{n}
$$

$$
RVI = \frac{upavg}{upavg + dnavg} \times 100
$$

RVI를 만든 도널드 도지는 이 지표를 1993년에 발표하였는데, 1995년에 약간 수정하여 다시 내놓았다.

원래의 RVI는 종가만을 대상으로 변동성을 산출하였으나, 수정된 RVI는 장중 고점과 저점을 사용한다. 즉 수정된 RVI에서는 장중 고점만을 대상으로 RVI를 산출하고, 또한 장중 저점만을 대상으로 RVI를 각각 산출한 다음에 이를 다시 평균하여 구한다. 그러나 이는 너무 복잡한 방법이어서 원래 종가만으로 산출하는 RVI를 사용하여도 큰 문제는 없다.

오히려 굳이 복잡하게 장중 고점과 장중 저점을 이용한 RVI를 산출하지 않고 그냥 종가만으로 산출하는 것이 더 보편적이다.

★ 해석 ★

앞에서 방금 소개한 공식은 아래처럼 다시 쓸 수 있다.

$$RVI = \frac{\text{주가가 상승한 날의 표준편차 합}}{\text{주가가 상승한 날의 표준편차 합} + \text{주가가 하락한 날의 표준편차 합}} \times 100$$

기간으로는 일반적으로 9일이 사용되는데, 극단적으로 말한다면 9일 동안 주가가 단 하루도 빠지지 않고 연일 상승하거나 또는 9일 동안 주가가 단 하루도 빠지지 않고 연일 하락할 수도 있다. 그것이 아니라면 9일 동안에 주가가 며칠 오르거나 내리는 날이 뒤섞여 있을 것이다. 따라서 만일 9일 동안 주가가 연일 상승하였다면 RVI는 100으로 산출될 것이고, 반대로 주가가 연일 하락하였다면 RVI는 0으로 산출된다. 이는 RSI 등과 같다.

다만 여기서 중요한 것은 RVI를 구하는 대상이 주가가 아니라 표준편차라는 사실이다. 표준편차는 결국 시장의 변동성을 의미한다.

그렇다면 이런 문제를 생각해보자. 어느 9일간의(예컨대 1월의 첫 번째 9일간) 주가 움직임을 알아보니 5일간 상승하였고, 4일간 하락하였다고 하자. 그리도 또 다른 9일간의(예컨대 2월의 마지막 9일간) 주가 움직임을 알아보니 그 기간 역시 주가가 5일간 상승하였고 4일간 하락한 것으로 나타났다고 하자. 이때 기간 중 주

상대변동성지수

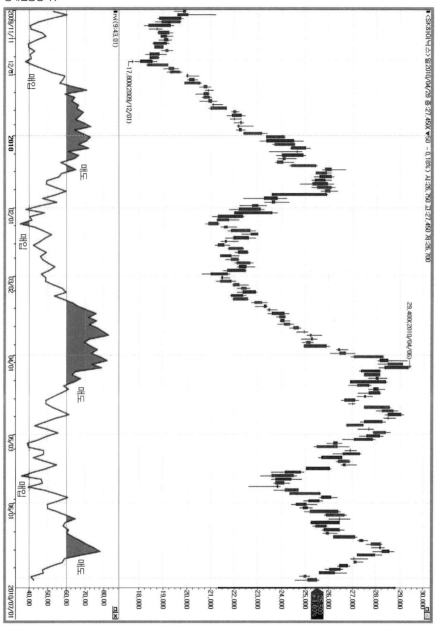

가가 상승–하락한 날이 같다고 하여 두 기간의 RVI가 서로 같은 값이 될까?

그렇지는 않다. 왜냐하면 RVI는 주가가 아니라 표준편차를 이용하여 산출하기 때문이다. 만일 기간 중에 상승한 날의 표준편차가 상대적으로 크다면 RVI의 값은 커질 것이고, 반대로 기간 중에 상승한 날의 표준편차가 상대적으로 작다면 RVI의 값은 작아질 것이다. 또는 기간 중에 하락한 날의 표준편차가 상대적으로 크다면 RVI의 값은 작아질 것이고, 반대로 기간 중에 하락한 날의 표준편차가 상대적으로 작다면 RVI의 값은 커질 것이다.

결론적으로 말하여 RVI는 대상기간 중에 상승한 날의 표준편차가 하락한 날의 표준편차에 비하여 상대적으로 큰지 작은지를 판단하려는 것이다.

★ 매매방법 ★

일반적으로 주가가 상승할 때에는 변동성이 증가하는 경향이 많고, 주가가 하락할 때에는 변동성이 감소하는 경향이 많다. 따라서 주가와 함께 RVI가 동반하여 상승하다가 하락할 때가 매도 타이밍이고, 반대로 주가와 함께 RVI가 동반하여 하락하다가 상승세로 돌아설 때가 매입 타이밍으로 간주된다.

다만 현실에서 이 기준대로 거래한다면 매매 타이밍을 결정하기 곤란하다. RVI가 상승하는지 하락하는지 구체적으로 판단하기 매우 어렵기 때문이다.

그래서 다른 방법이 개발되었는데, 무엇보다도 일정한 기준을 정해놓고 그 기준을 충족할 때를 매매 타이밍으로 삼는 방법이 더 효과적이다.

RSI에서는 70과 30선을 각각 과열 또는 과매도의 기준으로 두었다. 그러나 RVI에서는 일반적으로 60과 40을 과열과 과매도의 기준으로 둔다.

왜냐하면 거듭 설명하였듯 RVI를 산출할 때, '주가'가 아니라 '표준편차'를 대상으로 하기 때문이다. 주가와는 달리 표준편차는 극단적으로 차이가 나는 경우가 그렇게 많지 않으므로, RVI가 70 이상으로 오르지 않더라도 60 이상이면 충분히 그때의 시장은 과열상태, 혹은 흥분상태에 있다고 판단할 수 있다. 거꾸로 RVI가 30 이하로 주저앉지 않더라도 40 이하인 것만으로도 충분히 그때의 시장은 과매도상태, 혹은 냉각상태에 있다고 판단할 수 있다.

그런데 여기서 주의할 점은 RVI가 60 이상이거나 혹은 40 이하라는 '기준'만 충족한다고 하여 바로 매매 타이밍으로 간주할 수는 없다는 점이다. 추세는 종종 연장될 수 있기에 과열상태가 한참 더 이어질 수 있고, 반대로 과매도상태 역시 오랫동안 지속될 수 있다. 따라서 RVI가 60 이상이라고 서둘러 매도하거나 RVI가 40 이하라고 서둘러 매입하였다가는 되레 성급한 매매가 될 위험이 높다.

따라서 가장 적절한 매매방법은 RVI가 60선 위에 있다가 60선 아래로 내려서는 순간을 매도 타이밍으로 인식하고, 거꾸로 RVI가 40선 아래에 있다가 40선 위로 올라서는 순간을 매도 타이밍으로 인식하는 것이다.

관성지수
INERTIA

신뢰도	★★★★★
안정성	★★★★
민감도	★★★★
기 간	단기거래나 중기·장기거래 모두 가능하다.
총 평	이 지표 역시 RVI와 마찬가지로 변동성지표로는 드물게 매매 타이밍을 알려준다. 더구나 RVI를 한 단계 발전시킨 것이다. RVI도 훌륭한 지표이거늘 그것을 개선한 이 지표는 말할 것도 없다. 그런데도 이 지표는 우리나라에 잘 알려지지 않았다. 대체 우리나라 투자자들은 이런 기술적지표를 사용하지 않고 어떤 지표를 쓰고 있는 걸까?

★ 의의 ★

뉴턴의 운동 법칙에 따르면, 모든 물체는 외부에서 아무런 힘이 작용하지 않을 때 원래의 속도와 방향을 그대로 유지하려는 성질을 가진다. 이를 관성의 법칙이라고 한다. 좀 더 쉽게 말하여 주가의 추세가 상승이건 하락이건 어느 한 방향으로 움직이기 시작하면 좀처럼 그 반대 방향으로 돌아서기 어려운 것은 관성의 법칙 때문이다. Inertia란 바로 관성을 뜻한다. 이 지표는 현재 주가가 가지고 있는 관성의 속도를 측정하려는 목적으로 1995년에 도널드 도지가 개발하였다.

★ 산출법 ★

Inertia는 RVI에 대한 최소자승(Least Square Root) 이동평균법이다. 이름만으로는 굉장히 어렵고 복잡해 보이는데, 단순하게 말하여 RVI의 회귀곡선이다. Inertia 를 산출하는 공식은 다음과 같다.

$$Inertia = Least\ Square\ Root\ Moving\ Average\ of\ RVI$$

★ 해석 ★

RVI는 앞서 살펴보았듯 최대 100, 최소 0의 값을 가진다. 그러므로 RVI의 회귀
곡선인 Inertia의 값도 0에서 100 사이를 오가는 것이 당연하다. 특히 회귀곡선
은 들쑥날쑥하게 움직이는 변수를 완만하게 하여 전체적인 특성을 포착하려는
통계적 기법이다. 그러므로 Inertia는 RVI의 날카로운 움직임을 완만하게 하면서
추세를 파악하기 위하여 개발되었다. 다른 의미로 말한다면 Inertia는 장기간의
추세를 나타내는 지표가 되겠다. Inertia의 값이 커질수록 RVI의 값이 커진다는
것이며, 이는 현재의 추세가 상승세라는 의미로 해석된다. 반대의 경우도 성립한
다. 값이 줄어들수록 RVI의 값도 줄어든다는 것이며, 이는 현재의 추세가 하락세
라는 의미로 해석된다.

결국 Inertia는 주가의 추세와 같은 방향으로 움직이는 경향이 많다. 이런 특성
은 앞서 살펴보았던 RVI와 같다. 더구나 Intertia는 최소자승 이동평균법을 이용
하여 RVI의 추세를 더욱 뚜렷하게 포착할 수 있게 되었다.

★ 매매방법 ★

매매하는 원리는 RVI와 같다. 일반적으로 주가가 상승할 때에는 변동성이 증가
하는 경향이 많고, 주가가 하락할 때에는 변동성이 감소하는 경향이 많다. 따라
서 주가와 함께 Inertia가 동반하여 상승하다가 하락할 때가 매도 타이밍이고, 반
대로 주가와 함께 Inertia가 동반하여 하락하다가 상승세로 돌아설 때가 매입 타

관성지수

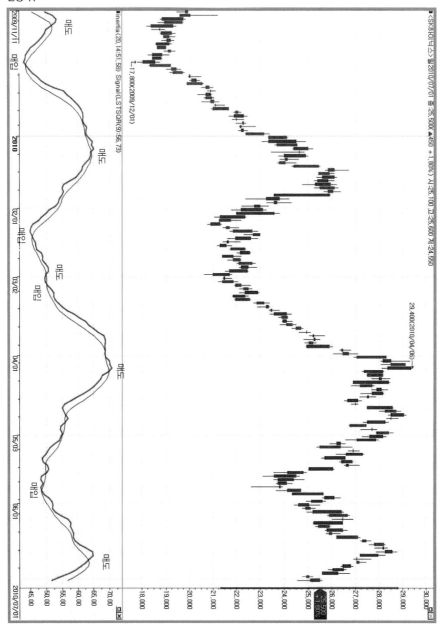

출처: 연합 인포맥스(www.einfomax.co.kr)

이밍으로 간주된다. 다만 현실에서 이 기준대로 거래한다면 매매 타이밍을 결정하기 곤란하다. Inertia가 상승하는지 하락하는지 구체적으로 판단하기 매우 어렵기 때문이다. 그래서 다른 방법이 개발되었다. 물론 RVI와 같이 일정한 기준, 예컨대 60과 40선을 각각 정해놓고 Inertia가 40 선을 상향돌파할 때를 매입 타이밍으로 간주하고, 60 선을 하향돌파할 때를 매도 타이밍으로 간주할 수도 있다.

그러나 이 지표를 개발한 도널드 도지는 그것보다는 시그널곡선을 산출하는 방식을 채택하였다. 시그널곡선이란 Inertia를 다시 한번 이동평균한 것이다. 통상 시그널곡선을 산출하는 데에는 9일간의 기간이 사용된다. 특히 Inertia의 시그널곡선을 산출하는 데에 사용되는 이동평균은 단순이동평균은 물론 아니고, 다른 지표들처럼 지수이동평균도 아니다. Inertia가 근본적으로 최소자승 이동평균법을 이용하므로 시그널곡선 역시 최소자승 이동평균법을 쓴다. Inertia가 시그널곡선을 상향돌파할 때가 매입 타이밍이며, 반대로 시그널곡선을 하향돌파할 때가 매도 타이밍이다.

춘래불사춘

지난주 일요일의 날씨는 참으로 포근하였다. 집 앞 우면산 등산로에는 개나리의 몽우리가 부풀어 당장 내일이라도 꽃을 피울 태세였다. 그러고 보니 이제 3월, 봄이라고 하여 안 될 것도 아니었다. 하지만 바로 그다음 날인 3월 1일, 보너스로 연휴를 즐기던 월요일의 서울에는 아침부터 진눈깨비가 내렸다. 금세 봄이 올 것만 같던 분위기는 온데간데없고 날씨는 도로 쌀쌀해졌으며 등산로에는 다시 눈이 쌓였다. 이럴 때 딱 어울리는 한시 한 구절이 있다. 춘래불사춘(春來不似春), "봄은 왔건만 봄 같지 않노라."

중국 한(漢)나라 원제(元帝) 시절, 오랑캐 나라 흉노족이 계속 변방을 괴롭히므로 조정에서는 궁녀 한 사람을 흉노 왕에게 시집보내어 화친을 맺는 방법을 택했다. 아무도 흉노에게 시집가려 하지 않았기에 하는 수 없이 가장 못생긴 궁녀를 골라 보내기로 했는데⋯ 수많은 궁녀들의 얼굴을 하나씩 일일이 살필 수는 없을 터. 결국 황제는 모연수(毛延壽)라는 궁중화가에게 명하여 궁녀들의 초상화를 그려 바치도록 하였다. 다른 궁녀들은 화가에게 뇌물을 주면서 얼굴을 잘 그려주도록 간청하였는데, 미모가 남달랐던 왕소군(王昭君)이라는 궁녀만은 뇌물을 주지 않았다. 앙심을 먹은 모연수는 그녀의 얼굴을 매우 추하게 그려서 바쳤고, 황제는 '못 생긴' 왕소군을 흉노에게 보내기로 결정하였다. 왕소군을 흉노로 보내는 날, 정작 그녀를 실물로 대한 황제는 그림과는 달리 그녀가 매우 아름답다는 진실을 알게 된다.

황제는 격노하여 모연수를 죽여버리지만 이미 주사위는 던져졌고, 결정은 번복할 수 없었다. 졸지에 오랑캐에게 시집을 가게 된 재주와 미모가 출중한 여인 왕소군은 내내 고향땅을 그리며 살았다고 한다.

사람들은 '춘래불사춘'으로 알려진 시를 왕소군이 지었다고 말한다. 그러나 사실 소군원(昭君怨)이라는 제목의 이 시는 동방규(東方ぼ)라는 당나라 시인의 작품이다. 기왕이면 중국어 원음으로 읽어보는 것도 재미있을 터. 괄호 안에 토를 달았는데, 성조의 변화까지 한글로 옮기지 못하는 것이 아쉽다.

胡地無花草(후띠우화차오)/오랑캐 땅에는 꽃이 피지 않으니/春來不似春(쵼라이부쓰춘)/봄이 와도 봄 같지 않구나/自然衣帶緩(쯔란이따이완)/허리띠 자연히 느슨해져도/非是爲腰身(페이쓰웨이야오션)/몸매를 위한 것은 아닐지니.

갑자기 춘래불사춘, 또는 '쵼라이부쓰춘'을 들먹이는 것은 아니다. 그럴 만한 이유가 있기 때문. 지금이 바로 그 짝이다. 봄이 오리라는 시장의 기대와는 달리 체감온도는 썰렁하다. 코스피지수는 야금야금 상승하다가 후다닥 큰 폭으로 되밀리는 일을 몇 차례 반복하더니 어느새 전고점에서 까마득하게 멀어지고 있다. 반면에 달러-원 환율은 하락세에서 벗어나 상승세, 다시 말하여 원화 약세국면으로 접어들고 있다. 시장은 봄이 오기를 기다리고 있으나 주가도 원화도 여전히 겨울이다. 약세 일변도이다. 감기가 제일 들기 쉬운 때가 언제인줄 아는가? 기온이 영하 10도, 20도로 떨어져 엄청나게 추운 겨울이 아니다. 당장 내일 아니면 모레, 금세라도 봄이 올 것 같아서 방심하고 있을 때, 즉 환절기에 감기가 제일 잘 걸린다. 아직은 봄이 아니다. 봄이 왔다고 지레짐작하여 긴장을 풀었다가는 감기 걸리기 꼭 알맞다.

춘래불사춘이 아니다. 春天還沒來(쵼티엔하이메이라이), "봄은 아직 오지 않았다."가 옳다.

ABSOLUTE · GUIDE · TO · THE · STOCK · CHART

투자자들은 종종 착각에 사로잡혀 매매를 서두른다. 주가가 오를 때에는 끝없이 오를 것 같은 생각이 들어 터무니없이 비싼 값이라도 매수에 뛰어들며, 반대로 주가가 내릴 때에는 한없이 추락할 것 같은 오해로 말미암아 턱없이 낮은 가격이라도 덜컥 매도해버린다. 그러기에 주식시장의 주가를 비정상적 수준으로 만드는 원동력이 바로 대중들의 착각, 즉 탐욕(Greed)과 공포(Fear)라고 하지 않는가! 하지만 이처럼 잘못된 생각에 휩쓸리면 당연히 손해를 볼 수밖에 없다. '비싸게 사고 싸게 파는데' 수익이 날리 만무하다. 모멘텀지표는 시장의 힘을 측정한다. 주가가 끝없이 오를리 없고 무한정 내릴 수는 없는 법! 시장의 힘이 막바지에 이르렀을 때, 결정적 타이밍을 모멘텀지표를 이용하여 포착한다.

PART

5

모멘텀지표

이격도
DISPARITY

신뢰도	★★★★
안정성	★★★★
민감도	★★
기 간	중기·장기거래에 효과적이다.
총 평	주가는 궁극적으로 이동평균에 수렴하려는 경향(mean reverting)을 가진다. 따라서 주가가 이동평균에서 멀어질수록 현재의 상황은 비정상적인 것이다. 이런 성향을 이용하여 개발된 지표로 오랜 역사를 가졌다. 다만 매매 타이밍의 기준이 너무 자의적이며 이동평균을 활용하는지라 후행성이 있다는 단점을 가진다.

★ 의의 ★

이동평균은 과거 일정한 기간 동안의 주가를 평균한 값이다. 그러므로 이동평균은 과거 일정한 기간의 주가를 '대표'한다고 말할 수 있다. 그런데 주가와 이동평균과의 관계를 가만히 살피면 주가는 종종 이동평균으로부터 멀어지기도 하는데, 그러다가도 끝내 이동평균으로 되돌아가는 모습을 드러낸다. 물론 이동평균에 가까워진 주가가 항상 이동평균이 근접해 있지 않고 다시 떨어지는 일을 반복한다. 왜냐하면 앞서 설명하였듯 이동평균은 결국 대푯값인지라 주가가 대푯값에서 일시적으로 멀어질 수는 있어도 그런 현상이 오래 이어질 수는 없기 때문이다. 결국 이동평균과 주가와의 관계로 말한다면 주가는 이동평균으로부터 발산(diverge)하였다가 다시 수렴(converge)하는 일을 되풀이한다. 따라서 현재의 주가가 이동평균과 얼마나 떨어져 있는지를 파악한다면 향후의 주가 움직임을 예측할 수 있겠다. 이격도는 이런 근거에서 만들어진 것이다.

이격도는 현재의 주가와 이동평균과의 간격을 의미한다. 이격도를 산출하는 공식은 다음과 같다.

$$\text{이격도} = \frac{\text{당일종가}}{\text{당일의 } n\text{일자 이동평균}} \times 100$$

이격도를 산출하는 데에는 일반적으로 20일 이동평균이 사용된다.

★ 해석 ★

계산식에서 알 수 있듯이 이격도가 100으로 나타난다면 현재의 주가와 이동평균이 일치한다는 것을 뜻한다. 그렇지 않고 이격도가 100보다 크다면 현재의 주가는 이동평균보다 높은 상태이고, 반대로 이격도가 100보다 적다면 현재의 주가는 이동평균보다 낮은 상태이다. 따라서 이격도의 값이 100 이상으로 더 커지면 커질수록 현재의 주가는 상승세이지만 이동평균으로부터 멀찌감치 떨어져 있는 상태, 즉 과열권이라고 판단할 수 있다. 일반적으로 현재의 주가와 20일 이동평균선과의 이격도를 계산하는 것이 보통인데, 이때 이격도가 105 이상이면 시장은 과열권이라고 간주된다. 즉 현재의 주가가 이동평균에 비하여 5% 이상 높다면 곧 정점에 이를 것이고 따라서 하락할 위험이 높다는 의미가 된다.

반대로 이격도의 값이 100 이하로 더 줄어들면 줄어들수록 현재의 주가는 하락세이지만 이동평균으로부터 멀찌감치 떨어져 있는 상태, 즉 과매도권이라고 판단할 수 있다. 현재의 주가와 20일 이동평균선과의 이격도를 계산하여 95 이하로 나타난다면 현재의 시장은 과매도권이라고 간주된다. 즉 현재의 주가가 이동평균에 비하여 5% 이상 낮다면 조만간 바닥에 이를 것이고 따라서 상승할 가능성이 높다는 의미가 된다.

★ 매매방법 ★

이격도의 기본원리는 현재의 주가가 이동평균에서부터 거리가 얼마나 많이 떨어져있는지를 산출하려는 것이다. 그리고 너무 많이 떨어져 있는 상태라면 그때를 비정상적인 상태로 간주하여 매매기회로 파악한다. 통상적으로 이격도가 105 이상이면 매도 타이밍으로 판단된다. 반대로 이격도가 95% 이하라면 매입 타이밍이다. 그런데 과열과 과매도의 기준은 분석가에 따라 달라질 수 있다. 기준을 좀 더 엄격하게 할 수도 있다. 예컨대 이격도가 105 이상을 과열, 그리고 95 이하를 과매도라고 간주하지 않고 최소한 110 이상은 되어야 과열상태라고 판단하고, 아울러 적어도 90 이하가 되어야만 과매도상태로 판단할 수도 있다. 물론 기준을 느슨하게 설정하는 것도 가능하다. 이럴 때 기준이 너무 엄격하면 매매기회를 놓칠 우려가 있고, 반대로 기준이 너무 느슨하면 성급하게 거래할 위험이 있으니 주의해야 한다. 그리고 이격도에서도 다른 지표들과 마찬가지로 주가와 기술적지표와의 관계에서 나타나는 다이버전스를 발견하여 거래하는 기법도 가능하다. 다이버전스는 추세전환을 예고하는 강력한 신호이다. 엄밀하게 말하여 이격도는 시장의 상황을 알려주는 경계지표이지 매매지표는 아니다. 따라서 105 이상이나 95 이하 등의 구체적인 수준을 정하여 매매 타이밍으로 삼기보다는 다이버전스를 발견하여 추세전환의 신호로 삼는 매매방법이 훨씬 효과적이다.

이격도

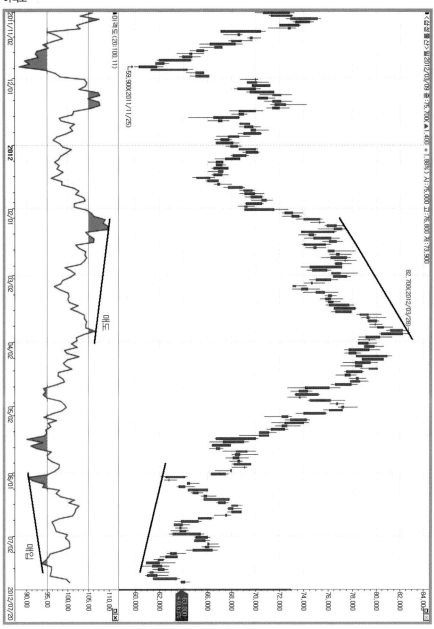

출처: 연합 인포맥스(www.einfomax.co.kr)

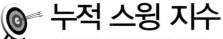

누적 스윙 지수
ACCUMULATION SWING INDEX

2

신뢰도 ★★
안정성 ★★★★
민감도 ★★★
기 간 중기·장기거래에 효과적이다.
총 평 RSI를 개발한 웰러스 월더가 그야말로 각고의 노력으로 만든 지표이다. 산출법을 보면 시장의 움직임을 어떤 경우에나 나타나기 위하여 엄청나게 궁리하였다는 것을 느낄 수 있다. 그러나 노력에도 불구하고 요즘에는 별로 사용되지 않는다. 결정적인 단점은 매매신호를 나타내지 않는다는 점이다. 의사결정의 참고로 사용될 수밖에 없다.

★ 의의 ★

누적 스윙 지수(Accumulation Swing Index)는 RSI 등을 개발한 웰러스 월더가 만들었다. 그는 시장의 움직임, 즉 스윙을 정확하게 나타내는 지표를 개발하려 노력하였다. 매일매일의 주가 움직임은 들쑥날쑥하므로 주가 그 자체만 쳐다보고 있어서는 전체적인 흐름을 제대로 알 수 없다. 시장의 흐름을 객관적으로 나타내는 지표가 있다면 그것을 이용하여 좀 더 합리적인 의사결정을 내릴 수 있을 것이다.

★ 산출법 ★

이 지표를 만들기 위해서는 먼저 Swing Index를 산출하여야 한다. 그리고 그것을 매일 합해가는 방식으로 Accumulation Swing Index가 산출된다. 문자 그대로 이 지표는 스윙 지수(Swing Index)를 매일같이 모아가는, 즉 누적(Accumulation)한 것이다. 우선 Swing Index를 산출해보자.

$$Swing\ Index = 50 \times \frac{(당일종가 - 전일종가) + 0.5 \times (종가 - 시가) + 0.25 \times (전일종가 + 전일시가)}{R} \times \frac{K}{L}$$

$K = \max((당일고가 - 전일종가),\ (당일저가 - 전일종가))$

L = 하루 가격변동 제한폭(주식의 경우 15%)

(당일고가−전일종가), (당일저가−전일종가), (당일고가−당일종가) 중에서 가장 큰 값을 찾는다.

❶ (당일고가−전일종가)가 최대일 경우:

R = (당일고가 − 전일종가) + 0.5 × (당일저가 − 전일종가) + 0.25 × (전일종가 + 전일시가)

❷ (당일저가−전일종가)가 최대일 경우:

R = (당일저가 − 전일종가) + 0.5 × (당일고가 − 전일종가) + 0.25 × (전일종가 + 전일시가)

❸ (당일고가−당일종가)가 최대일 경우:

R = (당일고가 − 당일저가) + 0.25 × (전일종가 − 전일시가)

여기까지는 복잡했지만 Accumulation Swing Index를 산출하는 방법은 단순하다. Swing Index를 하루하루 더하면 된다. 공식은 다음과 같다.

Accumulation Swing Index = Accumulation Swing Index-1 *+ Swing Index*

누적 스윙 지수

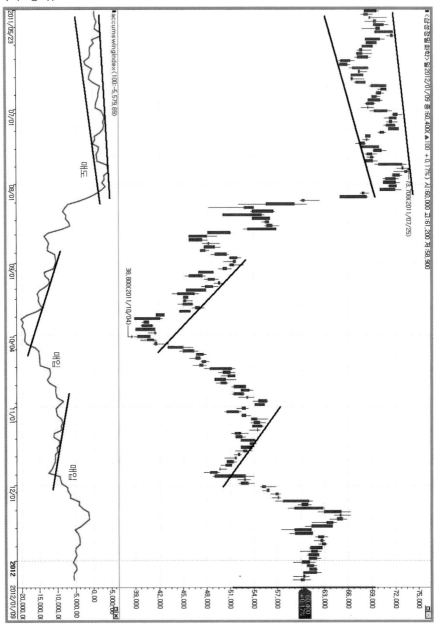

출처: 연합 인포맥스(www.einfomax.co.kr)

산출하는 방법이 매우 복잡하다. 웰러스 윌더가 개발한 지표들이 대부분 그런데, 이는 그가 활동하였던 시대가 1970년대라서 제대로 된 컴퓨터의 도움을 받기 어려웠기 때문이다. 지금이야 컴퓨터로 처리하면 간단한 일을 그때는 일일이 손으로 계산해야 했다. 그럼에도 불구하고 그는 어떤 상황에서건 시장의 움직임을 일관된 지표로 나타내려 하였고, 그 결과 여러 조건에서 계산방법이 각각 다른 지표가 만들어지게 되었다. 그런데 산출법을 가만히 살펴보면 전혀 이해하지 못할 것도 아니다. 그는 '어제 종가와 오늘 종가의 차이', '당일의 고가와 저가의 차이', 그리고 '어제 고가와 저가의 차이'를 가중치를 분배하여 모두 합하였다. 이는 결국 주가가 어제와 오늘, 얼마나 크게 움직였는지를 나타내는 척도가 된다. 주가가 많이 움직였다면 Swing Index 또는 이것을 합한 Accumulation Swing Index의 값도 커질 것이고, 주가의 움직임이 별로 없다면 그 값도 줄어들 것이다.

결국 Accumulation Swing Index는 현재의 주가 움직임과 정확하게 닮았다.

★ 매매방법 ★

Accumulation Swing Index는 주가의 추세를 단순한 선으로 명쾌하게 나타낸다. 우리가 주가의 움직임만을 쳐다보고 있으면 추세를 알아보기 어려울 때가 많다. 주가 움직임이 종종 들쭉날쭉하기 때문이다. 이럴 때 사용하면 효과적이다. 이 지표는 추세를 정확하게 일관된 곡선으로 나타내준다. 특히 추세선이 돌파되었는지 여부가 의심스럽거나 또는 지지선, 추세선의 돌파 여부에 확신이 가지 않을 때 사용하면 매우 효과적이다. 소개하는 그림에서도 알 수 있듯이 (1) 주가 차트에서 지지선이 무너지면서 (2) 동시에 Accumulation Swing Index에서도 지지선이 무너진다면 그때는 확실히 추세가 무너진 것이라고 단정할 수 있다.

그런데 Accumulation Swing Index를 이용하는 매매방법은 이것밖에 없다. 주가의 움직임을 객관적으로 나타낸다는 점은 좋긴 하지만, 이 지표가 스스로 매입이나 매도 타이밍을 알려주지는 않는다. 따라서 독립적으로 사용될 수 없고, 다른 지표를 보완하는 지표로 사용되거나 매매를 위한 의사결정에 참고자료로 활용될 수밖에 없다.

암스 추세지수

ARM'S EASE OF MOVEMENT

3

신 뢰 도 ★★
안 정 성 ★★
민 감 도 ★★★
기   간 단기·장기거래 모두 사용할 수 있다.
종합평가 현재의 추세가 뚜렷한지 여부를 파악하기 위하여 개발되었다. 그런데 현실에서 사용하려면 매매신호가 너무 자주 나타나는 단점이 있다. 이를 보완하기 위하여 시그널 곡선을 산출하기도 하는데, 그럼에도 불안정한 단점이 완벽하게 제거되지 않았다.

★ 의의 ★

이 지표는 리차드 암(Richard W. Arm, Jr.)이 개발한 것으로 그의 이름을 땄다. Ease of Movement란 것을 문자 그대로 해석하면 주가의 움직임이 쉬웠는지 (easy) 여부를 뜻한다. 그런데 여기서 주가 움직임이 '쉽다'는 것은 주가가 추세를 가지고 움직였다는 의미이다. 주가가 뚜렷한 상승세를 나타내거나 확실한 하락세로 이어진다면 거래하기가 상대적으로 쉽다. 하지만 주가가 뚜렷한 추세를 나타내지 않으면서 지루한 보합권에서 등락을 반복한다면 매매하기 매우 어려울 것이다. 그런데다 주가의 추세가 뚜렷하지 않은 상황인데도 거래량마저 많다면, 추세의 방향을 큰 폭으로 위 또는 아래로 잡기가 어려울 것이다. Ease of Movement는 결국 현재의 추세가 쉬운지 어려운지를 파악하려는 목적으로 만들어졌다.

★ 산출법 ★

Ease of Movement 지표를 산출하기 위해서는 먼저 어제의 주가의 중심점에서 오늘 주가의 중심점까지의 등락폭을 산출해야 한다. 그런 연후에 오늘의 장중 가격변동폭(고점-저점)을 거래량으로 나눈 값인 Box Ratio를 산출한다. 마지막으로 이렇게 산출된 두 값을 나누어서 Ease of Movement를 산출한다. Arm's Ease of Movement를 산출하는 과정을 식으로 나타내면 다음과 같다.

$$Midpoint\ Move = \frac{(당일고가-당일저가)}{2} - \frac{(전일고가-전일저가)}{2}$$

$$Box\ Ratio = \frac{(거래량 \div 10000)}{(당일고가-당일저가)}$$

$$EMV = \frac{Midpoint\ Move}{Box\ Ratio}$$

Box Ratio를 산출할 때 거래량을 10000으로 나누는 것은 산출되는 값의 크기를 조정하기 위한 목적이다. 왜냐하면 거래량을 단순히 '당일고가-당일저가'로 나누면 그 값이 너무 커지기 때문이다.

★ 해석 ★

Ease of Movement의 값이 커지려면 어떻게 되어야 할까? 공식을 보면 답을 알 수 있다. 분모가 커지려면 중간값의 변동, 즉 Midpoint Move의 값이 늘어나야 하고, 분자가 줄어들려면 거래량이 늘어나거나 또는 당일의 고가에서 저가를 뺀 값이 커져야 한다. 결국 주가만으로 본다면 어제와 오늘 사이의 주가 변동폭이 크거나 또는 당일의 주가 변동폭이 크다면 Ease of Movement의 값이 커진다.

암스 추세지수

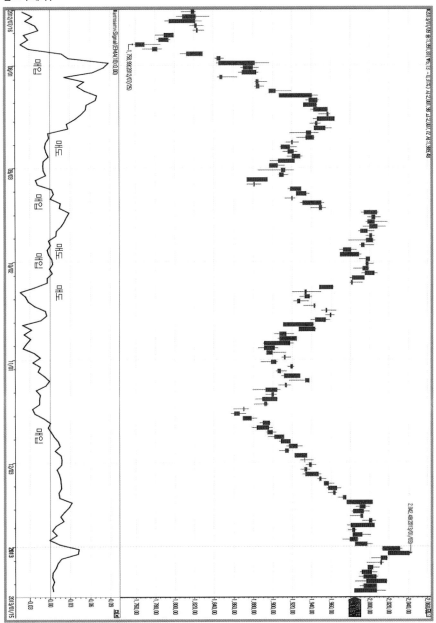

출차: 연합 인포맥스(www.einfomax.co.kr)

일반적으로 Ease of Movement는 0선을 중심으로 아래 위로 등락한다. 이때 Ease of Movement가 더 커지거나 또는 줄어들지 않고 0선 주위를 맴돈다면 시장의 움직임이 쉽지(easy) 않다는 것, 즉 추세가 뚜렷하지 않다는 의미이다. 반대로 EMV가 0선에서 멀어질수록 현재의 추세가 강력하다는 것을 뜻한다.

★ 매매방법 ★

Ease of Movement는 추세의 뚜렷함을 나타내는 지표이다. 일반적으로 0선이 기준이 된다. Ease of Movement가 0선을 상향돌파할 때는 이제 추세가 뚜렷해지기 시작되었다는 의미이다. 따라서 Ease of Movement 곡선이 0선을 상향돌파할 때가 매입 타이밍이고, 반대로 0선을 하향돌파할 때가 매도 타이밍이다. 그런데 현실에서 이를 적용하기란 만만치 않다. 왜냐하면 Ease of Movement가 0선을 수시로 넘나들기 때문에 제대로 된 신호를 포착하기 어렵다. 더구나 Ease of Movement가 0선을 중심으로 등락할 때는 시장이 보합권에서 뚜렷한 추세를 나타내지 않을 때이므로 더더욱 거래하기 어렵다. 따라서 Ease of Movement를 산출한 다음에 그것을 다시 n일 이동평균(보통 10일이 많이 사용된다)한 시그널곡선을 산출하여 움직임을 완만하게 만들고, 그것으로 매매신호를 포착하는 것이 효과적이다. 결론적으로, Ease of Movement의 시그널곡선이 0선을 상향돌파할 때가 매입 타이밍으로 간주되며, 반대로 시그널곡선이 0선을 하향돌파할 때가 매도 타이밍으로 간주된다.

차이킨 오실레이터
CHAIKIN OSCILLATOR

4

신뢰도	★★★★
안정성	★★★★
민감도	★★★
기 간	단기·장기거래 모두 사용할 수 있다.
총 평	거래량을 기반으로 추세가 상승세인지 하락세인지 여부를 판별하는 지표이다. 주가의 단기변동에 휘둘리지 않으면서 안정적으로 매입, 매도신호를 발생한다. 아울러 다이버전스를 통해 결정적인 추세전환의 신호도 나타낸다.

★ 작성법 ★

차이킨 오실레이터(Chaikin Oscillator)는 마크 차이킨이 개발하였다. 이 지표는 근본적으로 역시 그가 개발한 Accumulation/Distribution Line 지표를 기반으로 하고 있다. 나중에 따로 자세히 설명할 것이지만, 여기서 간략하게 말한다면 Accumulation/Distribution Line은 거래량 분석을 통해서 대상이 되는 자산으로 매입수요, 즉 자금이 들어오는지 여부를 판단하기 위해 만들어진 것이다.

Chaikin Oscillator는 Accumulation/Distribution Line의 3일간 지수이동평균과 10일간 지수이동평균을 뺀 것이다. 즉 단기이동평균에서 장기이동평균을 차감한 것이 된다.

★ 산출법 ★

이 지표를 산출하는 공식은 다음과 같다.

$$\text{Chaikin Oscillator} = \text{3days EMA(A/D Line)} - \text{10days EMA(A/D Line)}$$

★ 해석 ★

'주가는 거래량의 그림자' 라는 증시격언도 있듯 거래량은 주가의 움직임에 선행하는 경향이 많다. 거래량이 증가하면 주가가 오르고, 거래량이 감소하면 주가가 내리는 것이 보통이다. 거래량과 주가의 관계는 역방향으로도 성립된다. 즉 주가가 오르면 거래량이 증가하고, 주가가 내리면 거래량이 감소한다. 이는 쉽게 설명할 수 있다. 주가가 상승하고 있다면 매입하려는 세력은 적극적으로 시장에 들어올 것이다. 주가가 한창 오르고 있으므로 빨리 서두르지 않으면 더 비싼 가격에 매입할 수밖에 없다. 매입세력이 적극적으로 매입에 나서므로 거래량이 증가한다. 하지만 주가가 하락하는 추세라면 매입하려는 세력은 서두르지 않는다. 어차피 내릴 것이므로 좀 더 두고 보아도 된다. 따라서 이럴 때에는 거래량이 늘어날 수 없다.

앞서 설명하였듯 Chaikin Oscillator는 Accumulation/Distribution Line을 토대로 만들어졌다. 그리고 Accumulation/Distribution Line은 거래량을 기반으로 한 것이다. 그렇다면, 주가가 상승세일 때 Accumulation/Distribution Line의 값은 어떻게 될까? 거래량이 증가할 것이므로 Accumulation/Distribution Line의 값도 의당 증가할 것이다. 이때 현재의 추세가 상승세라면 Accumulation/Distribution Line의 단기이동평균과 장기이동평균 중에서 어느 값이 더 클까? 당연히 최근의 거래량을 많이 반영하는 단기이동평균의 값이 더 크다. 따라서 Accumulation/Distribution Line의 3일간 지수이동평균에서 10일간 지수이동평균을 뺀 값이 0보다 크다면, 현재의 추세는 상승세이다. 반대로 0보다 작다면, 현재의 추세는 하락세이다.

차이킨 오실레이터

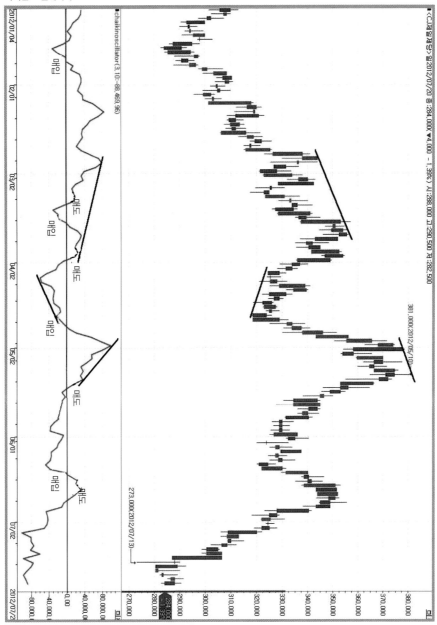

출처: 연합 인포맥스(www.einfomax.co.kr)

★ 매매방법 ★

앞에서 모두 설명하였다. Accumulation/Distribution Line의 3일간 지수이동평균에서 10일간 지수이동평균을 뺀 값이 Chaikin Oscillator이므로 그 값이 0보다 큰지, 작은지가 추세를 판단하는 핵심이다. Chaikin Oscillator를 가장 단순하게 사용하는 방법은 0선을 통과할 때마다 매입 또는 매도신호로 인식하는 것이다. Chaikin Oscillator가 0선 아래에서 0선을 상향돌파할 때가 매입 타이밍이고, 반대로 0선 위에서 0선을 하향돌파할 때가 매도 타이밍이 된다.

그런데 사실 0선을 통과할 때 매매신호를 포착하는 일도 물론 중요하지만, 아울러 Chaikin Oscillator를 이용하여 현재의 시장 분위기가 과열상황이나 또는 과매도상황인지 여부를 판별하는 것도 매우 효과적이다. 예를 들어 주가는 연일 전고점을 돌파하여 신고가를 만들어내는 데에도 불구하고 Chaikin Oscillator는 고점을 경신하지 못한다면 이는 중요한 추세전환의 신호가 된다. 또는 거꾸로 말하여 주가는 전저점을 돌파하며 신저가를 만들어내는 데에도 불구하고 Chaikin Oscillator는 저점을 경신하지 않는다면 이것 역시 중요한 추세전환의 신호가 된다. 다시 말하여 주가와 Chaikin Oscillator 사이에 다이버전스가 나타난다면 이것은 추세전환의 결정적인 신호가 되는 것이다.

샨드 모멘텀 오실레이터

CMO, CHANDE MOMENTUM OSCILLATOR

5

신뢰도	★★★★
안정성	★★★★
민감도	★★★
기 간	단기·장기거래 모두 사용할 수 있다.
총 평	RSI를 살짝 변형하였을 뿐인데도 훌륭한, 새로운 지표로 태어났다. 안정성은 그대로이면서 주가변동에 반응하는 민감도는 훨씬 개선되었다. 아울러 매매신호도 뚜렷하다. 이제까지 RSI를 즐겨 사용하였던 투자자라면 당연히 RSI를 버리고 CMO로 당장 바꾸어야 할 것이다.

★ **의의** ★

1970년대에 웰러스 윌더가 RSI를 개발한 이래, 그 지표는 기술적분석에 있어 대표적인 지표로 자리 잡았다. 그러나 RSI 역시 안정적이지만 매매신호를 발생하는 타이밍이 느리다는 약점을 가지고 있어 이를 개선하려는 노력이 기술적분석가들 사이에서 많이 이루어졌다. 샨드 모멘텀 오실레이터(CMO, Chande Momentum Oscillator) 역시 RSI를 개선한 지표이다. 정확히 말한다면 이 지표는 RSI를 개선하였다기보다는 살짝 변형한 것에 불과하다. 하지만 이처럼 조금 바꾸었을 뿐인데도 불구하고 RSI와 비교해볼 때 매우 신뢰성 있는 매매신호를 나타내고 있다.

CMO는 기술적분석가로 유명한 투사 샨드가 개발하였다.

★ **산출법** ★

웰러스 윌더의 RSI, 즉 Relative Strength Index는,

$$RSI = \frac{14일\ 동안의\ 상승폭\ 합계}{14일\ 동안의\ 상승폭\ 합계 + 14일\ 동안\ 하락폭\ 합계} \times 100$$

라는 식으로 산출된다. 그런데 CMO는 이를 약간 변형하였다. 공식은 다음과 같다.

$$CMO = \frac{14일\ 동안의\ 상승폭\ 합계 - 14일\ 동안의\ 하락폭\ 합계}{14일\ 동안의\ 상승폭\ 합계 + 14일\ 동안의\ 하락폭\ 합계} \times 100$$

자세히 보면 RSI에서는 분모가 '14일 동안의 상승폭 합계'이지만 CMO에서는 그것을 '14일 동안의 상승폭 합계−14일 동안의 하락폭 합계'로 변형하였다.

★ 해석 ★

RSI는 최소 0에서 최대 100까지의 값을 가진다. RSI가 100이라는 것은 RSI의 산출기간(통상 14일이 사용된다) 중에 주가가 단 하루도 빠짐없이 상승하였다는 의미다. 그만큼 시장이 과열되었다는 뜻이다. 따라서 일반적으로 RSI의 값이 70을 상회하면 시장이 과열되었다고 판단되고, 반대로 RSI의 값이 30 이하를 나타내면 시장이 과매도되었다고 판단된다.

CMO는 RSI와 비슷한 방식으로 산출되지만 몇몇 차이점이 존재한다.

첫째로, CMO는 최대 +100에서 최소 −100까지의 범위에서 움직인다. CMO의 값이 +100이라는 것은 산출기간(통상 14일이 사용된다) 중에 주가가 단 하루도 빠짐없이 상승하였다는 의미이다. 그만큼 시장이 과열되었다는 뜻이다. 반대로 CMO의 값이 −100이라는 것은 산출기간 중에 주가가 단 하루도 빠짐없이 하락하였다는 의미이다. 그만큼 시장이 과매도되었다는 뜻이다.

둘째로, CMO의 부호가 플러스(+)이기도 하고, 마이너스(-)이기도 하므로 이를 통하여 시장의 방향을 알 수 있다. 공식에 따를 때 14일간 상승폭의 합이 14일간 하락폭 합계보다 많으면 CMO의 부호는 플러스(+)가 되지만, 14일간 하락폭의 합이 14일간 상승폭 합계보다 많으면 CMO의 부호는 자연스럽게 마이너스(-)로 바뀐다. 결국 CMO의 부호를 보면 현재 시장의 추세를 쉽게 파악할 수 있다.

현실에서 CMO의 값이 +100이 되거나 -100이 되는 일은 거의 없다. 주가가 14일 연속 상승하기만 하거나 또는 하락하기만 하는 일은 나타나기 어렵기 때문이다. 따라서 통상 CMO의 값이 +50 이상이라면 현재의 시장은 비정상적인 상태, 즉 과열상황으로 판단된다. CMO의 값이 +50 이상이 되려면 14일간 상승폭의 합계가 14일간 하락폭의 합계에 비하여 3배 이상 많아야 한다. 즉 상승폭 대 하락폭의 비율이 3대 1 이상이 되면 현재의 시장은 상승세가 지나친 과열권으로 간주된다. 반대로 CMO의 값이 -50 이하를 나타내면 역시 현재의 시장은 비정상적인 상태이고 과매도상황으로 간주된다. CMO의 값이 -50 이하라면 상승폭 대 하락폭의 비율이 1대 3 이상이라는 의미이다. 그만큼 현재의 시장은 하락세가 지나친 과매도권으로 간주된다.

★ **매매방법** ★

CMO에서는 +50선과 -50선이 키포인트이다. CMO의 값이 50 이상이면 시장은 현재 과열상태라고 판단되고, 반대로 CMO의 값이 -50을 하회하면 현재의 시장은 과매도상태로 간주된다. 따라서 CMO가 -50 이하에 머물러 있다가 -50선을

샨드 모멘텀 오실레이터

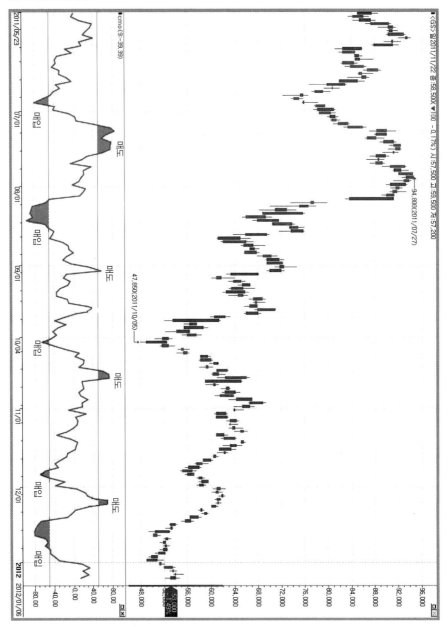

출처: 연합 인포맥스(www.einfomax.co.kr)

상향돌파하였다면 시장이 과매도국면에서 막 벗어났다는 것을 뜻한다. 이때가 결정적인 매입기회이다. 반대로 CMO가 +50 이상에 머물러 있다가 +50선을 하향돌파하였다면 시장이 과열국면에서 막 벗어났다는 것을 뜻한다. 이때가 결정적인 매도기회이다. 또한 주가의 움직임과 CMO 사이에서 다이버전스가 나타난다면 이것 역시 추세전환의 중요한 신호가 된다.

비추세 오실레이터

DPO, DETREND PRICE OSCILLATOR

6

신뢰도	★★★
안정성	★★
민감도	★★★
기 간	중기·장기거래에 사용하는 것이 효율적이다.
총 평	주식시장의 움직임은 겉으로 보아서는 내재되어 있는 주기, 즉 사이클을 알기 어렵다. DPO는 주가 움직임에서 사이클을 잡아내려는 목적으로 개발되었다. 그러나 현실적으로는 오히려 더 혼란스럽기만 하다.

★ 의의 ★

주식시장에는 1~5년 주기, 10년 주기 또는 그 이상의 장기 사이클이 존재한다. 흔히들 단기 사이클을 키친 파동, 중기 사이클을 주글라 파동, 장기 사이클을 콘트라디에프 파동이라고 부른다. 그런데 주식시장에는 매우 짧은 주기의 사이클 움직임도 많다. 며칠 오르다가 또 며칠 하락하는 초단기 움직임이 바로 그런 것이다. 그런데 사실 우리가 관심을 가지는 것은 30년 또는 그 이상의 주기를 가지는 장기 사이클이 아니다. 오히려 투자자들의 피부에 와닿는 사이클은 길어야 1주일~10일 정도의 초단기 사이클이다. 하지만 이런 사이클을 알아내기란 쉽지 않다. 매일매일의 주가 움직임에 가려서 투자자들은 종종 주식시장의 큰 흐름을 놓치기 쉽다. 비추세 오실레이터, 즉 DPO는 이런 배경에서 태어났다. DPO는 Detrend Price Oscillator의 약자로서 스티븐 아첼리스(Steven Achelis)가 개발하였다. 이름에서 의미하듯이 이 지표는 주가의 움직임에서 추세를 제거(detrend)하고, 진정한 의미의 방향성을 알아보려는 목적으로 만들어진 것이다.

★ 산출법 ★

DPO는 주가에서 이동평균을 차감함으로써 단기 사이클 움직임을 제거한다. 구체적으로 말한다면 DPO는 당일의 종가에서 어제의 이동평균을 차감하는 방식으로 산출된다. DPO를 산출하는 공식은 다음과 같다.

$$DPO = 종가 - 어제의 \; n일자 \; 이동평균$$

일반적으로 20일 이동평균이 많이 사용된다.

★ 해석 ★

DPO는 당일의 종가에서 이동평균을 차감한 것이므로 현재의 주가가 이동평균에 비하여 얼마나 멀어졌는지를 따지는 이격도와 비슷한 개념이다. 해석하는 방법도 이격도와 유사하다. 즉 DPO의 값이 클수록 현재의 주가가 이동평균에 비하여 멀리 떨어져 높이 상승한 것을 의미하고 반대로 DPO의 값이 작을수록 현재의 주가가 이동평균에 비하여 낮은 수준으로 하락한 것을 의미한다.

현재의 주가가 상승추세라면 DPO의 값도 상승세를 이어갈 것이다. 이동평균은 그 산출하는 방법에 따르면 현재의 주가는 물론이고 과거의 주가까지 모두 합하여 평균값을 산출한다. 따라서 현재의 주가가 상승세이고 그 움직임이 활발하다면 주가의 상승폭이 이동평균의 상승폭에 비하여 더 클 것이고, 따라서 DPO의 값도 덩달아 늘어날 것이다. 반대로 하락세의 경우도 같은 원리가 성립한다. 현재의 주가가 하락추세라면 DPO의 값도 하락세를 이어갈 것이다. 왜냐하면 주가 움직임이 활발하다면 주가의 하락폭이 이동평균의 하락폭에 비하여 더 클 것

307

비추세 오실레이터

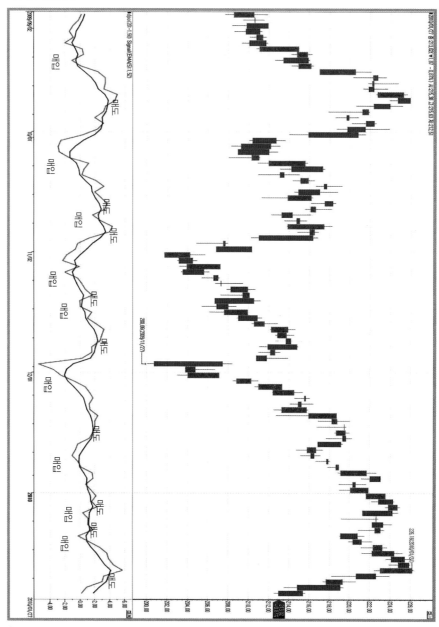

출처: 연합 인포맥스(www.einfomax.co.kr)

이고, 따라서 DPO의 값도 덩달아 감소할 것이다.

★ 매매방법 ★

그렇다면 언제 추세가 바뀔까? 상승추세가 이어지는 동안에는 DPO의 값도 증가한다. 그러다가 DPO의 값이 더 이상 늘어나지 않을 때가 타이밍이다. 구체적으로 말하여 DPO의 값이 계속 증가하다가 하락세로 돌아설 때가 매도 타이밍이다. 반대로 DPO의 값이 계속 감소하다가 상승세로 돌아설 때가 매입 타이밍으로 간주된다. 하지만 현실에서 DPO의 값이 늘어나다가 줄어들거나 또는 줄어들다가 늘어나는 타이밍을 정확하게 포착하기란 쉽지 않다. 오히려 주관적인 판단에 의존하게 되어 매매 타이밍에 혼선이 나타날 위험도 높다.

그래서 우리가 아는 대부분의 지표에서 사용되는 시그널곡선을 활용한다. DPO를 산출하고, 그것의 5일간 지수이동평균을 산출한 연후에 서로 교차하는 시기를 매매 타이밍으로 삼는다. 즉 DPO가 시그널곡선을 상향돌파할 때가 매입 타이밍이고, DPO가 시그널곡선을 하향돌파할 때가 매도 타이밍이다.

다이나믹 모멘텀지수
DMI, DYNAMIC MOMENTUM INDEX

7

신뢰도	★★★★
안정성	★★★★
민감도	★★★★
기 간	단기·장기거래 모두 사용할 수 있다.
총 평	RSI를 개선하려는 노력의 일환이다. 시장의 움직임이 커서 변동성이 높다면 RSI를 구하는 기간이 길면 시장 움직임에 재빨리 대응하기 어렵다. 반대로 산출기간이 너무 짧으면 RSI가 불안정해진다. RSI를 산출하는 '적정기간'을 알아내는 지표이다. 이 지표는 매매지표도 아니고, 단독으로 사용할 수도 없으나 효용가치는 매우 크다.

★ **의의** ★

1970년대를 대표하는 기술적분석가가 RSI, DMI 등을 만든 웰러스 윌더라고 한다면, 1990년대를 대표하는 기술적분석가로는 투사 샨드를 손꼽을 수 있다. 그는 Aroon, Qstick, Forecast Oscillator 등 독창적이고 훌륭한 기술적지표를 많이 개발하였다. 아울러 그는 웰러스 윌더의 RSI의 장점은 그래도 살리면서 단점을 개선하는 일에도 힘을 기울였다. 그 결과 CMO라는 매우 뛰어난 지표가 탄생되었는데, 다이나믹 모멘텀지수(Dynamic Momentum Index) 역시 RSI를 개선하려는 노력의 일환이다. RSI는 여러 장점을 가지고 있어서 지금도 주식시장 등에서 널리 사용되는 기술적지표가 되었다. 그런데 RSI는 안정적이라는 장점을 가지고 있으나 반면에 주가의 움직임에 예민하게 반응하지 못한다는 약점도 덩달아 보유하고 있다. 따라서 많은 분석가들이 RSI의 장점은 그대로 살리면서 동시에 약점을 최소화하려는 시도를 했다.

RSI의 문제점인 '예민하게 반응하지 못하는' 현상을 줄이려면 RSI를 산출하는 기간을 단축하면 된다. 하지만 기간이 줄어들수록 RSI가 불안정해진다는 문제점이 발생한다. 하지만 안정적인 RSI를 얻으려고 기간을 길게 하면 이번에는 RSI가 주가 변동에 둔감해지는 문제점이 노출된다. 진퇴양난이다. DMI는 RSI를 산출하는 '적정기간'을 구하는 공식이다. 따라서 이 지표 단독으로는 사용할 수 없고, DMI의 결과로 나타나는 기간을 RSI의 산출기간으로 활용한다.

★ 산출방법 ★

$$DMI = \frac{14}{\left(\dfrac{5일간\ 시장가격의\ 표준편차}{10일간\ 시장가격의\ 표준편차} \right)}$$

★ 해석 ★

일반적으로 RSI를 구하는 기간은 14일이다. 이는 RSI를 처음으로 개발한 웰러스 월더가 제시한 기간이기도 하다. 그런데 DMI는 14일을 5일과 10일간 주가 표준편차의 비율로 나누었다. 예를 들어 주가가 최근 5일 동안 뚜렷한 방향성을 나타내지 않은 채 횡보하고 있다면 5일간 주가의 표준편차나 10일간 주가의 표준편차나 값이 비슷할 것이다. 이럴 경우 DMI의 값은 14일에 근접한다. 반대로 최근 5일 동안 주가의 변동폭이 크다면, 5일간 주가의 표준편차는 10일간 주가의 표준편차에 비하여 그 값이 클 것이다. 그럴 경우 DMI의 산출공식에서 분자가 커지므로 DMI의 값은 줄어들게 된다. 즉 RSI를 산출하는 기간이 단축될 것이다. 결국 DMI는 최근 주가의 변동폭이 크면 RSI의 산출기간을 단축하여 RSI가 주가 변동에 반응하는 시차를 줄이도록 고안되었으며, 반대로 시장이 별 추세를 보이

지 않은 채 횡보한다면 RSI의 산출기간을 늘려서 잘못된 매매신호를 줄이고 RSI
의 안정성을 도모하기 위하여 만들어졌다.

★ 매매방법 ★

앞서 설명하였듯 DMI만으로는 매매 타이밍을 잡을 수 없다. DMI는 RSI를 산
출하는 적정기간을 나타낼 따름이다. 따라서 DMI를 이용하여 RSI의 적정기간
을 산출하고, 그런 연후에 RSI를 활용하여 매매에 사용하여야 할 것이다. 그리
고 DMI의 활용도는 비단 RSI에만 국한되지 않는다. RSI에서 출발하였지만 그
것을 살짝 수정하여 매우 훌륭한 지표가 된 CMO에도 적용할 수 있다. 일반적
으로 CMO를 산출하는 기간도 14일이 사용되는데, 이것 역시 산출기간이 길고
짧음에 따라 민감도가 달라진다. DMI를 활용한다면 CMO의 효과도 훨씬 더 높
일 수 있다.

일중 모멘텀지수
IMI, INTRADAY MOMENTUM INDEX

8

신뢰도	★★★
안정성	★★★
민감도	★★★
기 간	단기·장기거래 모두 사용할 수 있다.
총 평	RSI를 개선하려는 또 다른 노력이다. RSI가 오늘의 종가와 어제의 종가 움직임을 비교하여 주가가 올랐거나 내렸다고 판단한 것에 비하여 IMI는 당일의 움직임에 주목하였다. 시가보다 종가가 크면 상승한 날이고, 시가보다 종가가 낮으면 하락한 날로 간주하였다. 그런데 이처럼 개선된 방식으로 '새로운 RSI'를 산출하였으나 뚜렷하게 개선되었는지는 잘 모르겠다.

★ 의의 ★

일중 모멘텀지수(IMI, Intraday Momentum Index)는 RSI와 유사한 지표이다. 다만 RSI를 산출할 때에는 매일매일의 종가를 사용하는데 비해 IMI에서는 종가와 시가와의 가격 차이를 활용한다는 것이 다르다. 좀 더 구체적으로 말한다면, RSI에서는 오늘의 종가가 어제의 종가보다 상승하였을 경우 하루 동안의 상승폭을 '14일간의 상승폭 합계'에 포함한다. 거꾸로 오늘의 종가가 어제의 종가보다 하락하였을 경우 하루 동안의 하락폭을 '14일간의 하락폭 합계'에 포함한다. 그리고는 14일간의 상승폭 합계를 '14일간의 상승폭 합계+14일간의 하락폭 합계'로 나눈 것이 RSI가 된다.

그런데 IMI는 RSI와는 달리 '당일의 움직임'에 주목한다. 즉 당일의 종가가 시가보다 높으면 그것을 '14일간 일중 상승폭 합계'에 포함하고, 반대로 당일의 종가가 시가보다 낮으면 그것을 '14일간 일중 하락폭 합계'에 포함한다. 그리고는 RSI를 구하는 방식과 똑같이 값을 산출한다.

모멘텀지표

IMI를 산출하는 공식은 다음과 같다.

$$\text{오늘의 종가} \geq \text{시가일 경우} : upsum = (\text{종가} - \text{시가}) + upsum_{-1}$$

$$\text{오늘의 종가} < \text{시가일 경우} : downsum = (\text{시가} - \text{종가}) + downsum_{-1}$$

$$IMI = \frac{upsum}{upsum + downsum} \times 100$$

이를 달리 표현하면 다음과 같다.

$$IMI = \frac{\text{14일간 일중 상승폭 합계}}{\text{14일간 일중 상승폭 합계} + \text{14일간 일중 하락폭 합계}}$$

★ 해석 ★

IMI는 작성방법이 RSI와 유사하듯이 해석법 역시 RSI와 같다. 다시 말하여 IMI 의 값이 70 이상을 나타내면 현재의 시장을 과열권으로 간주하고, IMI의 값이 30 이하를 나타내면 현재의 시장을 과매도권으로 간주한다. 아울러 IMI와 주가와의 관계에서 다이버전스를 포착하여 추세전환의 결정적인 신호로 파악하는 것 역시 RSI와 똑같다.

★ 매매방법 ★

매매방법이라고 하여 RSI와 달라질 것도 없다. 통상 IMI가 70 이상이라면 과열 권으로 간주되어 매도신호로 인식되지만 정작 그렇게 할 경우, 너무 성급한 매도

일중 모멘텀지수

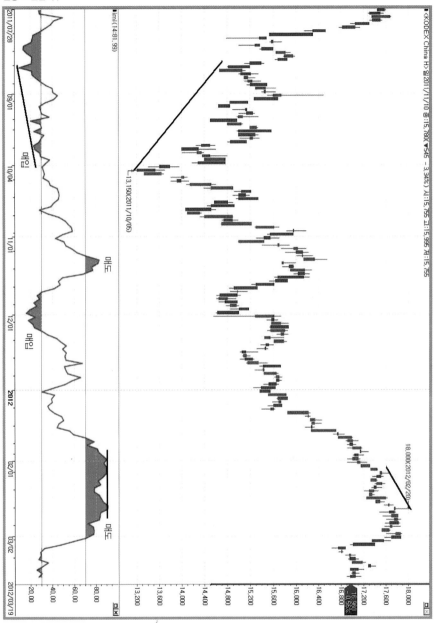

출처: 연합 인포맥스(www.einfomax.co.kr)

가 될 때가 많다. 왜냐하면 추세는 종종 연장되는 법이어서 설령 IMI가 70 이상으로 시장이 과열권일지라도 그런 분위기가 더 이어지는 경우가 많기 때문이다. 그러므로 IMI가 70 이상이라는 이유만으로 성급하게 매도하기보다는 좀 더 기다렸다가 오히려 IMI가 70선 위에서 70선을 하향돌파할 때를 매도 타이밍으로 삼는 편이 더 확실하다.

매입의 경우도 같이 생각하면 된다. 통상 IMI가 30 이하라면 과매도권으로 간주되어 매수신호로 인식되지만 정작 그렇게 할 경우, 너무 성급한 매입수가 될 때가 많다. 왜냐하면 추세는 종종 연장되는 법이어서 설령 IMI가 30 이상으로 주저앉아 시장이 과매도권일지라도 그런 분위기가 더 이어지는 경우가 많기 때문이다. 그러므로 IMI가 30 이하라는 이유만으로 성급하게 매입하기보다는 좀 더 기다렸다가 오히려 IMI가 30선 아래에서 30선을 상향돌파할 때를 매입 타이밍으로 삼는 편이 더 확실하다.

클린저 오실레이터

KO, KLINGER OSCILLATOR

9

신뢰도	★★★
안정성	★★★★
민감도	★★★
기 간	단기·장기거래 모두 사용할 수 있다.
총 평	추세전환 타이밍을 포착하기 위한 지표로 고안되었다. 산출하는 방법은 매우 복잡하게 느껴지지만 매매방법은 의외로 간단하다. 시그널곡선을 구하여 골든크로스 또는 데드크로스만 살피면 된다. 안정성도 높고 주가 변화에 반응하는 속도도 훌륭하다.

★ 의의 ★

얼핏 보아서 이름은 자칫 무시무시한 넉 아웃(Knock Out)을 연상하게 하지만 실제로는 전혀 그렇지 않다. 온순하다! KO, 즉 클린저 오실레이터는 독자적으로 많은 기술적지표를 개발한 스티븐 클린저(Steven J. Klingker)가 만들었다. 지표의 이름은 당연히 그것을 개발한 기술적분석가의 이름을 붙였다. Klinger Oscillator의 약자이다.

이 지표는 추세전환의 타이밍을 포착하기 위하여 당일의 고가와 저가, 거래량, 그리고 Accumulation/Distribution을 모두 활용한다. 특히 다른 기술적지표와는 달리 거래량을 중시하고 있어서 KVO, 즉 Klinger Volume Oscillator라는 이름으로도 불린다.

★ 산출법 ★

KO를 구하는 공식은 다음과 같다.

당일고가+저가+종가 ≥ 전일고가+저가+종가일 경우: $trend = +1$

당일고가+저가+종가 < 전일고가+저가+종가일 경우: $trend = -1$

dm = 당일고가−저가

당일 $trend$ = 전일 $trend$일 경우: $cm = cm_{-1} + dm$

당일 $trend$ ≠ 전일 $trend$일 경우: $cm = dm_{-1} + dm$

$$vf = 거래량 \times \left| 2 \times \left(\frac{dm}{cm} - 1 \right) \right| \times trend \times 100$$

KO = 34일간 uf의 EMA−55일간 uf의 EMA

단, dm = *daily measurement*

cm = *cumulative measurement*

vf = *volume* for*ce*

★ 해석 ★

공식이 복잡하지만 찬찬히 살펴보면 이해하지 못할 것도 없다. 먼저 어제의 trend와 오늘의 trend가 같을 경우, 다시 말해 기존의 추세가 계속될 경우를 살펴본다. 이럴 때 cm, 즉 cumulative measurement는 어제의 cm에다 오늘의 장중고점에서 오늘의 장중저점을 뺀 값을 더한 것이다. 오늘의 고점에서 저점을 뺀 값은 당연히 플러스(+)의 값일 터이므로 오늘의 cm은 어제의 cm에 비하여 더 늘어난다. 따라서 현재의 추세가 같은 방향으로 길게 이어질수록 cm의 값은 계속 증가하게 된다. 그런데 만일 어제의 추세와 오늘의 추세가 서로 달라질 경우에는 어떻게 되는가? 즉 어제까지는 상승세였는데 오늘은 하락세로 뒤바뀌었다거나 또는 어제까지 하락세였다가 오늘부터 상승세일 경우는 어떨까? 이럴 때의 cm은 공식에 따라 어제의 dm, 즉 '어제의 장중고점에서 장중저점을 뺀 값'에다 오

클린저 오실레이터

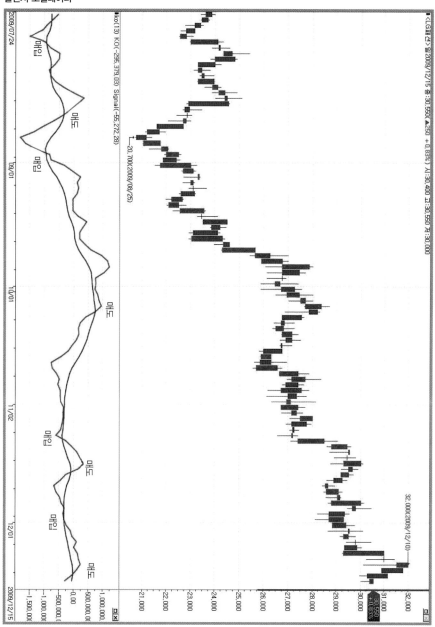

출처: 연합 인포맥스(www.einfomax.co.kr)

늘의 '장중고점에서 장중저점을 뺀 값' 을 더한 것으로 결정된다. 그리고 다음 단계로 vf, volume force를 구하는데 이것은 $\frac{dm}{cm} - 1$, 즉 $\frac{dm - cm}{cm}$ 의 절대값에다 거래량을 곱하는 방식으로 산출된다. 따라서 기존의 추세가 바뀌지 않는다면 $\frac{dm}{cm} - 1$, 즉 $\frac{dm - cm}{cm}$ 의 값은 계속 늘어날 것이므로 덩달아 vf의 값도 증가할 것이다. 거기에다 거래량을 곱하여 vf를 구하는데, 결국 추세가 지속되고 거래량도 증가하면 vf의 값은 쑥쑥 증가할 것이다. 반대로 도중에 추세가 바뀐다면 cm의 값이 증가할 것이므로 vf의 값은 감소한다. 따라서 vf가 바로 추세의 방향을 나타내는 지표가 된다. 그리고 마지막 단계로 vf의 단기이동평균과 장기이동평균을 서로 차감하면 이것이 우리가 구하고자 하는 KO가 된다.

★ 매매방법 ★

KO는 그 자체로 추세의 전환점을 포착하도록 고안되었다. 현재의 추세가 이어지는 한 KO의 값은 증가할 것이고, 반대로 추세의 방향이 바뀌는 순간 KO의 값은 감소하게 된다. 따라서 KO의 방향이 바뀔 때마다 추세전환으로 인식하고 매매 타이밍으로 간주하면 된다. 다만 현실에서는 더 나은 방법이 사용된다. 단순히 KO의 방향이 바뀔 때마다 추세전환을 예측할 수 있으나 현실적으로는 어렵다. 움직임이 너무 잦기 때문이다. 그러기에 다른 지표들에서 허다하게 사용되었던 시그널곡선이 여기서도 활용된다. KO의 13일간 지수이동평균을 산출하여 이를 시그널곡선으로 설정한다. 그리고는 KO 곡선과 시그널곡선이 서로 교차할 때를 매매 타이밍으로 판단한다. KO 곡선이 시그널곡선을 상향돌파할 때가 매입 타이밍이고, 반대로 시그널곡선을 하향돌파할 때가 매도 타이밍이다.

대중심리지수
MASS INDEX

신뢰도	★★★★
안정성	★★★★
민감도	★★★
기 간	단기·장기거래 모두 사용할 수 있다.
총 평	'대중은 항상 틀린다(Public is always wrong)'라는 증시격언이 있다. 추세의 막바지에 대중은 혼란에 빠지고 주식시장의 변동성은 급증하는 경향이 높다. 지표는 이를 활용하여 상승추세의 정점이나 하락추세의 바닥을 잡아내려는 목적으로 고안되었다. 시그널곡선 기법을 보완하면 상승추세나 하락추세 모두 무난하게 사용할 수 있다.

10

★ **작성법** ★

주가의 추세가 막바지에 이르면 변동폭이 급격하게 증가하는 경향이 많다. 주식시장은 일종의 흥분상태에 빠지기 때문이다. 투자자들은 한 편으로 생각하면 그동안 상승하던 주가가 여세를 몰아서 더 오를 것 같아서 적극적으로 매입하고, 그 결과 주가는 큰 폭의 상승세를 나타낸다. 하지만 또 한 편으로 생각하면 그동안 주가가 너무 많이 올라왔다는 생각에 매도하는 일을 서두른다. 그 결과 주가는 큰 폭으로 하락하는데, 하루가 다르게 이런 일이 반복되면서 시장은 혼돈에 빠진다. 주가가 내내 하락세를 이어오다가 막바지에 이르러도 사정은 같다. 주가의 변동폭이 급격하게 증가한다. 물론 시장을 이끄는 선도세력은 다르다. 이들은 첨단 정보와 분석도구로 무장하여 냉정한 의사결정을 내린다. 하지만 대중은 혼란스럽다. 어떻게 생각하면 주가가 많이 오른 것(또는 하락추세의 경우는 많이 내린 것) 같고, 다시 생각해보면 기존의 추세가 더 이어질 것 같아 보여서 갈팡질팡한다. 그 결과 주가의 변동성은 대폭 증가하는데, 이럴 때가 바로 추세의 정점이다.

대중심리지수(Mass Index)는 이러한 대중의 혼란상태를 포착하여 추세의 정점을 알아내기 위하여 고안되었다. 이 지표는 도널드 도지가 개발하였다.

★ 산출법 ★

Mass Index는 매일매일의 주가 거래범위, 즉 장중고점에서 장중저점을 뺀 값에 9일간 이동평균한 값을, 이 값의 이중지수이동평균으로 나누어서 구한다. 말로만 설명하려니 복잡한 것 같지만, 공식으로 쓰면 별게 아니다. 다음과 같다.

$$Mass\ Index = \sum_{j=1}^{n} \frac{9일간\ EMA(당일고점-당일저점)}{9일간\ EMA(9일간\ EMA(당일고점-당일저점))}$$

★ 해석 ★

공식에서 알 수 있듯이 이 지표는 당일의 고점과 저점의 차이가 주된 포인트이다. 이것에 대한 지수이동평균을 두 번 산출하고, 그 값으로 지수이동평균을 또 나누어서 최종값을 구한다. 당일의 고점과 저점 차이가 늘어날수록, 그것의 이동평균 값도 증가할 것이고, 그 결과 Mass Index의 값도 커진다. 그 반대의 경우도 같다. 당일의 고점과 저점 차이가 줄어들수록, 그것의 이동평균 값도 감소할 것이고, 그 결과 Mass Index의 값도 작아진다. Mass Index의 값이 커질수록 하루 중의 가격변동폭이 크다는 것을 뜻하므로 그만큼 현재의 추세가 막바지에 이른 것으로 해석된다.

대중심리지수

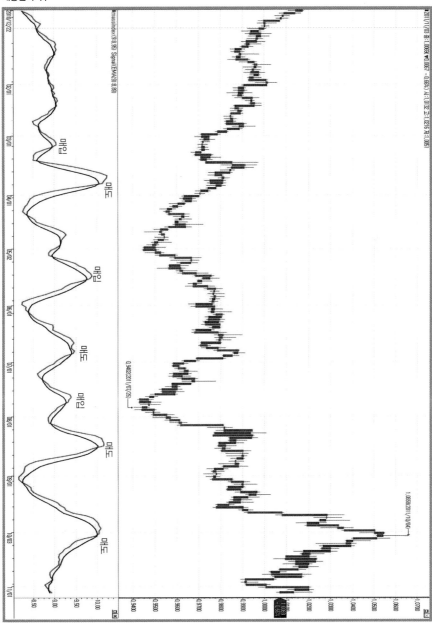

출처: 연합 인포맥스(www.einfomax.co.kr)

결정적인 매매 타이밍은 추세가 전환되는 시점이다. 상승추세에서 하락추세로 뒤바뀌거나 하락추세에서 상승추세로 뒤바뀔 때가 절호의 매도 또는 매입 찬스가 된다. 그리고 그 시점은 Mass Index의 값을 확인해보면 알 수 있다. Mass Index의 값이 계속 증가하다가 어느 순간 감소하기 시작한다면, 결국 추세가 막바지를 지났다고 판단할 수 있다. 상승추세의 경우라면 정점이 지났고, 하락추세의 경우라면 바닥을 통과한 것이다.

소개하는 차트에서 확인할 수 있듯이 Mass Index의 값이 극대화되었을 때가 상승추세 또는 하락추세의 막바지였던 것이다. 그러므로 상승추세이건 하락추세이건 매매하는 방법은 똑같다. Mass Index의 값이 계속 증가하다가 감소하는 순간이 바로 매매 타이밍으로 간주된다. 그런데 현실에서 이를 그대로 적용하기는 어렵다. Mass Index의 추세가 일관되지 않기 때문이다. 따라서 보다 안전한 방법이 고안되었다. 역시 시그널곡선을 산출하는 방식이다. Mass Index가 9일간 지수이동평균이므로 시그널곡선 역시 Mass Index의 9일간 지수이동평균으로 산출된다. 그러고는 Mass Index 곡선과 시그널곡선이 서로 교차할 때를 매매 타이밍으로 판단한다. 그런데 다른 지표들과는 달리 우리는 Mass Index의 바닥에는 관심이 없다. Mass Index의 값이 극대화되었다가 줄어드는 결정적인 시기가 중요한 것이다. 즉 Mass Index 곡선이 시그널곡선을 하향돌파할 때가 절호의 매매 타이밍이다. 지금까지의 추세가 상승세였다면 Mass Index 곡선이 시그널곡선을 하향돌파할 때가 매도 타이밍이고, 지금까지의 추세가 하락세였다면 Mass Index 곡선이 시그널곡선을 역시 하향돌파할 때가 매입 타이밍이다. Mass Index 곡선이 시그널곡선을 상향돌파하는 것은 아무런 의미가 없으니 주의해야 한다.

사인곡선
MESA SINEWAVE

신뢰도	★★★
안정성	★★★
민감도	★★★★
기 간	단기거래에 효율적이다.
총 평	복잡한 삼각함수 기법을 이용하여 만들었다. 솔직히 말하여 산출하는 공식을 아무리 들여다보아도 그 의미를 알기 어렵다. 더구나 이 지표는 다른 지표들과는 달리 주식시장이 일정한 추세를 가지고 움직이면 별 위력이 없다. 반면에 일정한 추세 없이 등락을 거듭하는 횡보장에는 매입, 매도 신호를 기막히게 만들어낸다. 보합권에서의 매매에 대단히 효과적이다.

★ **의의** ★

필자도 학창시절 수학시간에 삼각함수를 배웠다. 사인, 코사인, 탄젠트 등이 그 것이다. 그러나 유감스럽게도 내 기억에 삼각함수는 매우 어려웠던 것으로 각인 되어 있다. 사인곡선(MESA sinewave)는 그 어려운 삼각함수를 이용하여 사인곡선 을 도출해내고, 이를 통하여 매매신호를 포착하려는 기법이다.

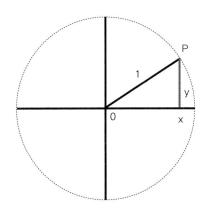

좀 복잡하지만 sinewave, 즉 사인곡선이 무엇인지는 알고 넘어가자. 삼각함수에서 사인이란 세 꼭지점이 각각 OPX인 삼각형에서 직선 PX의 길이를 직선 OP의 길이로 나눈 것, 즉 직선 $\dfrac{\text{직선 PX}}{\text{직선 OP}}$ 를 의미한다. 그런데 반지름이 1인 원 안에 삼각형을 그렸다면 직선 OP의 길이는 원의 반지름이므로 1이다. 이때 직선 PX의 길이를 y라고 한다면 이 삼각형에서 사인은 $\dfrac{\text{직선 PX}}{\text{직선 OP}} = \dfrac{y}{1} = y$가 된다. 그러면 이번에는 점 P를 원의 둘레를 따라 시계 반대 방향으로 조금씩 이동한다고 하자. 즉 P1, P2 등으로 옮겨간다면 사인의 값은 어떻게 변할까? 앞서 원에서 반지름의 값은 1로 고정되어 있으므로 사인, 즉 $\dfrac{y}{1}$ 의 값은 y이다. 그러므로 점 P가 이동하면 그때의 사인값은 그래프에서처럼 물결치는 모양을 나타낼 것이다. 이 그래프를 sinewave, 즉 사인곡선이라고 한다. 주식의 경우는 주가가 횡보할 때 만들어지는 전형적인 모양이 바로 사인곡선이다.

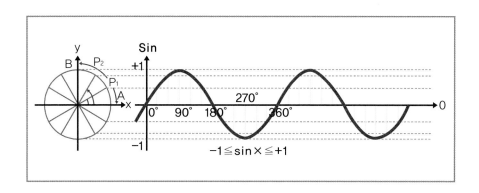

★ 산출법 ★

사인곡선은 그렇다 치고, MESA sinewave 지표를 산출하는 공식은 다음과 같다.

$$RealPart_i = \sum_{i=0}^{n}\left(\sin\left(\frac{360° \times i}{n}\right) \times Close_{-1}\right)$$

$$ImagPart_i = \sum_{i=0}^{n}\left(\cos\left(\frac{360° \times i}{n}\right) \times Close_{-1}\right)$$

$$If\ ImagPart > 0.001 ; DCPhase = atan\left(\frac{RealPart}{ImagPart}\right) + 90°$$

$$If\ ImagPart < 0.001 ; DCPhase = 90°$$

$$If\ ImagPart < 0 ; DCPhase = DCPhase_{-1} + 180°$$

$$If\ DCPhase < 270° ; DCPhase = DCPhase_{-1} - 360°$$

$$Sine = \sin(DCPhase)$$

$$LeadSine = \sin(DCPhase + 45°)$$

★ 해석 ★

산출하는 공식을 살펴보면 어떻게 만들어지는지 알 수 있는가? 당신 혼자만 어렵게 느껴지는 것이 아니다. 모든 사람이 똑같다. 어렵다. 지표를 산출하는 법은 너무 복잡하므로 논외로 하자. 물론 공식도 중요하지만 더 중요한 것은 이 지표를 해석하고 활용하는 방법이다. 그러니 이 지표를 어떻게 해석하고 실제로 어떻게 매매하는지 살펴보기로 한다. 이름에서 풍기는 것처럼 이 지표는 그 모양이 사인곡선처럼 나타나야만 의미를 가진다. 그렇지 않다면 의미가 없다. 또한 주가

사인곡선

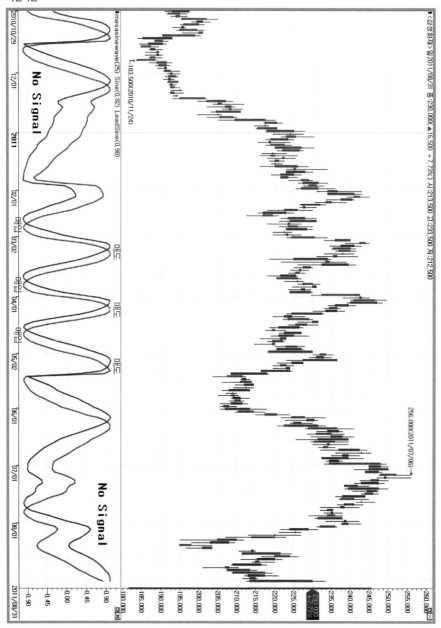

출처: 연합 인포맥스(www.einfomax.co.kr)

의 움직임이 박스권을 나타낼 때 MESA sinewave 지표도 사인곡선의 꼴로 나타난다. 사인곡선의 모양이 아닌 우글쭈글한 형태일 때에는 매매신호로 인식하지 않는다.

MESA sinewave는 시장이 일정한 사이클을 가지고 움직일 때 위력을 발휘한다. 반면에 급격하게 상승하거나 하락하는 등 '추세'를 만들면서 움직일 때에는 효과가 없다. 따라서 다른 기술적지표와는 달리 MESA sinewave는 횡보장, 또는 박스권 장세에서 사용하면 효과적이다.

★ 매매방법 ★

MESA sinewave는 Sine 곡선과 LeadSine 곡선으로 구성되어 있다. LeadSine 곡선이 Sine 곡선을 상향돌파할 때가 매입 타이밍으로 간주되며, LeadSine 곡선이 Sine 곡선을 하향돌파할 때가 매입 타이밍으로 간주된다.

모멘텀지표

모멘텀
MOMENTUM

신뢰도	★★★★
안정성	★★★★
민감도	★★★★
기 간	단기·장기거래 모두 사용할 수 있다.
총 평	산출하는 법은 너무나도 간단하다. 그러나 이처럼 단순한 지표로 추세의 강도를 손쉽게 파악할 수 있으며, 결정적인 추세의 전환점도 포착하기 용이하다. 훌륭하다. 추세선 기법을 활용하는 것이 키포인트이다.

★ 의의 ★

모멘텀(Momentum)은 '운동량' 또는 '속도'로 번역된다. 주식에서 속도란 무엇일까? 그것은 주가의 변동폭, 구체적으로 말한다면 n일 전의 종가에 대한 현재의 종가의 차이를 뜻한다. 예컨대 10일간 Momentum이란 10일 전의 종가와 오늘의 종가와의 가격 차이로 산출된다. n일 전 종가에 비하여 현재 종가의 차이가 많다면 그만큼 주가의 속도, 또는 운동량이 많아진 것일 터. 속도가 강화될수록 추세는 더 강해진다. 그러다가 속도가 더 늘어나지 못하고 줄어든다면 추세도 꺾일 것이다. Momentum은 결국 주가의 변동폭, 또는 속도를 구하여 추세의 전환점을 파악하기 위하여 고안된 지표이다.

★ 산출법 ★

Momentum을 구하는 공식은 매우 간단하다. 굳이 공식이라고 할 것도 없다.

$$Momentum = price_0 - price_{-n}$$

★ **해석** ★

Momentum은 주가의 속도, 또는 추세의 강도를 나타내는 지표이다. 예를 들어 현재 주가의 추세가 상승추세라고 하자. 추세의 강도가 셀수록 주가의 상승폭은 날이 갈수록 늘어날 것이다. 역으로 주가의 상승폭, 즉 Momentum이 증가할수록 현재의 상승추세는 강력한 것으로 판단된다. 하지만 상승추세의 힘이 내내 강할 수는 없다. 어느 순간, 정점에 이르면 더 이상 속도는 늘어나지 않는다. 그리고는 결국 하락세로 반전할 것이다. 그렇다면 언제가 추세의 정점일까? 결국 추세의 강도, 즉 Momentum이 최고조에 도달하였다가 꺾이는 순간이 추세의 정점이 될 것이다. 그리고 이처럼 강력히 전개되던 상승추세가 약화되는 순간이 바로 매도 타이밍이다.

하락추세일 경우도 같다. 하락추세라면 주가가 하락하고 있을 터인데, 주가의 하락폭이 증가할수록 현재의 하락추세는 강력한 것으로 판단된다. 그런데 이처럼 강력히 전개되던 하락추세가 약화되기 시작한다면 그때가 바로 매입 타이밍이다.

★ **매매방법** ★

Momentum을 살피면 추세가 더 강화되거나 약화되는 모습을 확인할 수 있다. 따라서 Momentum 곡선이 계속 상승하다가 하락세로 돌아서는 순간이 매도 타이밍이고, 반대로 Momentum 곡선이 계속 하락하다가 상승세로 돌아서는 순간

모멘텀

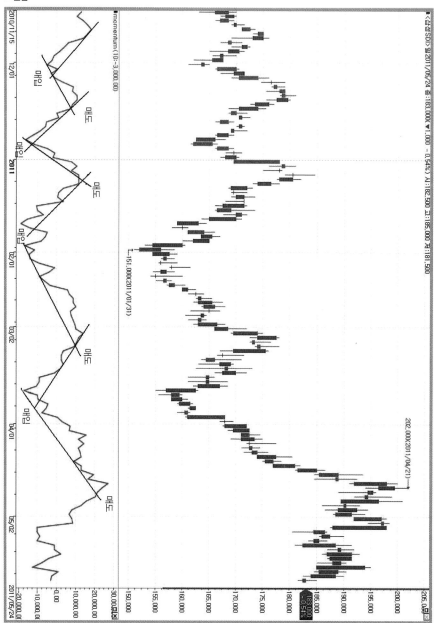

출처: 연합 인포맥스(www.einfomax.co.kr)

이 매입 타이밍이 된다. 하지만 현실에서는 이 방법을 사용하기는 쉽지 않다. Momentum의 움직임은 다소 불규칙하므로 상승하거나 하락하는 순간을 포착하여 매매 타이밍을 찾기 어렵다. 따라서 훨씬 안정적인 방법이 개발되어 있다.

첫 번째 단계로 Momentum의 추세선을 그린다. 이때 Momentum의 추세선은 주식시장의 주가 추세와 동일한 방향이 되어야 한다. 즉 주가의 추세가 상승세라면 Momentum의 추세도 상승세로 나타내고, 반대로 주가의 추세가 하락세라면 Momentum의 추세도 하락세로 나타내어야 한다. 상승추세의 추세선은 골 (trough)을 연결하여 만들고, 하락추세의 추세선은 산(peak)을 연결하여 만든다.

두 번째 단계로 Momentum이 스스로 추세선을 무너뜨리는 시기가 매매 타이밍이다. 즉 주식시장에서 주가가 상승추세여서 Momentum의 추세선도 상승추세선으로 그려나가다가 Momentum 곡선이 상승추세선을 무너뜨리고 하락하는 순간이 매도 타이밍이 된다. 반대로 주식시장에서 주가가 하락추세여서 Momentum의 추세선도 하락추세선으로 그려나가다가 Momentum 곡선이 하락추세선을 돌파하고 상승하는 순간이 매입 타이밍이 된다.

만일 주식시장의 추세와 Momentum의 추세선을 서로 다른 방향으로 그려서는 제대로 된 신호를 포착하기 어렵다는 것에 주의하여야 한다.

스마트머니 지수
NVI, NEGATIVE VOLUME INDEX

13

신뢰도	★★★
안정성	★★★★
민감도	★★★
기 간	단기거래에 사용하기는 불가능. 장기거래에서 사용할 수밖에 없다.
총 평	대중은 항상 틀린다. 대중의 흐름에 휩쓸려서는 항상 뒷북을 칠 수밖에 없는 것이 현실이다. 오히려 외국인이나 큰손 또는 기관의 움직임을 뒤따르는 것이 성공할 확률이 높다. 이 지표는 소위 스마트머니라는 전문투자자들의 행태를 분석하기 위하여 개발되었다. 다만 너무나 안정적이어서 매매신호를 나타내는 횟수가 너무 적다. 중장기 추세매매에 유효하다.

★ 의의 ★

NVI는 Negative Volume Index의 약자이다. 이 지표는 스마트머니(smart money), 다시 말하여 시장을 선도하는 소규모, 거액, 전문투자자들의 행태를 미리 포착하여 추세를 파악하려는 의도에서 만들어졌다. 우리나라의 경우, 외국인들이나 기관투자자 또는 소위 '슈퍼개미'로 불리는 큰손들이 이른바 스마트머니이다. 이들은 상승추세가 막 시작되려는 순간에 시장에 들어와서 싼 가격에 주식을 매입하고, 반대로 하락추세가 막 시작되려는 순간에 주식을 팔아치우고 빠져나간다. 구체적으로 말하여 스마트머니는 주식시장이 전체적으로 여전히 하락세이고 분위기도 좋지 않을 때 아무도 모르게 살짝 들어와 싼 주식을 매입하며, 반대로 상승세에 주식시장이 온통 들떠서 끝없이 상승할 것 같은 장밋빛 환상에 사로잡혀 있을 때 보유주식을 팔고 주식시장을 떠난다. 대중에 휩쓸려서는 좋은 결과를 기대할 수 없다. 오히려 스마트머니의 움직임을 살피는 것이 추세의 전환을 알아내는 키포인트이다. 이 지표는 노먼 포스백(Norman Fosback)이 1976년에 개발하여 발표하였다.

★ 산출법 ★

NVI는 시장에서 거래가 한산할 때에 스마트머니가 은밀하게 움직이고, 반면 우매한 일반투자자들은 거래량이 많은 날에 움직일 것이라는 가정을 바탕으로 하고 있다. NVI를 산출하는 공식은 다음과 같다.

$$\text{당일거래량} < \text{전일거래량일 경우,}$$

$$NVI = NVI_{-1} + \frac{\text{당일종가} - \text{전일종가}}{\text{전일종가}}$$

$$\text{당일거래량} \geq \text{전일거래량일 경우,}$$

$$NVI = NVI_{-1}$$

★ 해석 ★

산출공식에서 알 수 있듯이 오늘의 거래량이 어제의 거래량보다 많으면 NVI는 어제와 변함이 없다. 거꾸로 오늘의 거래량이 어제의 거래량보다 감소하여야만 NVI의 값이 변한다. 그런데 이런 경우라도 NVI의 값이 항상 증가하는 것만은 아니다. 좀 더 내용을 자세히 살펴보자.

오늘의 거래량이 감소하면 NVI는 바뀐다. 이때 오늘의 NVI는 어제의 NVI에다 어제와 오늘, 하루 동안 주가가 얼마나 변동하였는지 변동률을 더하여 산출된다. 주가가 오르면 변동률은 플러스(+)가 될 것이므로 오늘의 NVI는 어제의 NVI에 비하여 증가할 것이지만, 그렇지 않고 거래량이 줄면서 동시에 주가도 하락해

스마트머니 지수

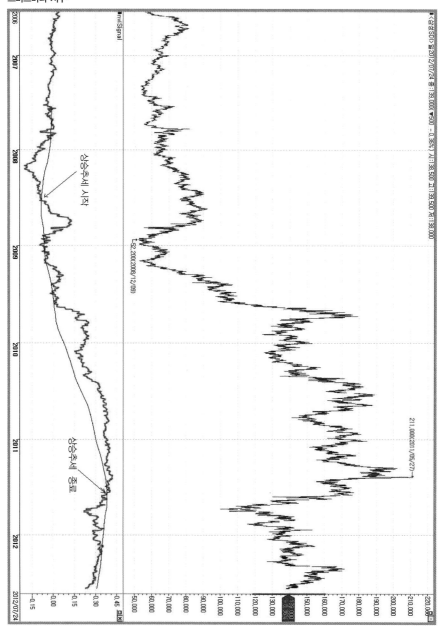

출처: 연합 인포맥스(www.einfomax.co.kr)

버린다면 NVI는 되레 감소하는 결과를 낳는다. 앞서 살펴보았듯이 이 지표는 기관이나 외국인 등 스마트머니는 거래량이 감소한 날 행동을 개시한다는 가정에서 출발하고 있다. 그리고 스마트머니가 준동하는 날 주가는 당연히 상승할 것이다. 따라서 NVI가 상승한 날이 매입기회가 된다. 반대로 NVI가 감소한 날이 매도기회가 된다.

★ 매매방법 ★

현실적으로 NVI가 증가한다는 사실만으로 매입하고, NVI가 감소한다는 사실만으로 매도하기는 무리이다. 만일 그런 식으로 매매한다면 아마도 거의 매일같이 매입과 매도를 반복해야 할 것이다. 그래서 이 지표를 만든 노먼 포스백은 좀 더 안정적인 매매방법을 고안하였다. 그는 NVI의 1년 이동평균을 산출하고 이를 시그널곡선으로 간주하였다. 그리고 NVI의 값이 시그널곡선을 상향돌파하는 순간, 상승추세가 시작된 것이라고 해석하였다. 물론 그 반대로 NVI가 시그널곡선을 하향돌파하는 순간, 상승추세가 끝난 것으로 해석하였다.

그런데 기술적지표를 만들고 매매신호를 포착하기 위하여 지표의 이동평균(통상 지수이동평균이 사용된다)을 산출하는 것은 앞에서도, 수많은 지표들에서도 사용된 방법이다. 다만 다른 지표들은 길어야 10일 정도의 기간을 지수이동평균하여 시그널곡선으로 사용하였다. 그러나 NVI는 무려 1년 이동평균을 산출하여 시그널곡선으로 사용한다. 이동평균을 구하는 기간이 길어지므로 지표는 매우 안정적이겠으나 시장변화에 대한 민감도는 저하될 수밖에 없다. 무엇보다 이 지표의 문제점은 매매신호를 나타내는 주기가 너무 길다는 점이다. 단기거래에는 도무지 사용하기 어렵겠다.

거래량지표

바넘효과

"당신은 사교적이고 사람들과 사귀는 것을 좋아하지만, 때로는 조용한 방에서 고독을 즐기는 면도 가지고 있네요." "당신은 이지적이고 대단히 합리적인 성격이지만, 간혹 감정이 먼저 앞서는 것은 고쳐야 합니다." "당신은 타인이 당신을 좋아하고 존경하기를 바라지만, 오히려 자신에게 더 비판적인 경향이 있네요."

케이블TV에서 타로카드 점을 치는 프로그램을 본 적이 있다. '고객'이 전화로 이런저런 고민을 말하면, 스튜디오에 나와 있는 '점술가(점쟁이?)'가 타로카드를 펼치고는 해결방안을 말하는 식이었다. 나는 타로카드 점을 어떻게 하는지 전혀 모른다. 하지만 얕은 생각으로 미루어볼 때, 그놈의 카드가 대체 무슨 원리로 사람의 미래를 보여준다는 건지 도무지 이해할 수 없다. 만일 당신이 방송에 전화를 걸었고, 타로카드 점술가가 글의 첫머리에 나오는 식으로 말했다고 치자. 당신은 어떤 반응을 나타낼까? 앞으로 돌아가서 찬찬히 읽어보라. 어떤가? 바로 당신의 이야기를 하고 있는 것 같지 않은가? 어쩌면 그렇게도 정확하게 당신의 장점과 단점을 꼭 찍어서 이야기하는지 신기하지 않은가? 대체 어떻게 알았을까?

사실, 앞에서 죽 열거한 특성은 웬만한 사람들이라면 다 가지고 있는 특성이다. 누구나 알게 모르게 외향적이면서도 혼자 있고 싶어 하고, 합리적으로 행동하려 애쓰지만 종종 감정이 앞서게 마련이며, 또는 다른 사람이 자기를 좋아하기 바라지만 스스로 생각할 때 과연 내가 그럴 자격이나 있는지 의심스러워한다. 어느 한 개인에게 국한된 특성이 아니다. 하지만 점술가 카드패를 살피면서 "당신은 외향적이면서 내성적이네 어쩌네…"라고 말한다면 당신은 틀림없이 "맞다, 맞아! 어떻게 내 성격

|||| ||| || | | || | |||| || ||| | || ||| | || | || | ||| || | || | || || ||| ||

을 잘 알까?"라고 탄복하게 되어 있다.

이런 현상을 일컬어 '바넘효과'라고 한다. 19세기 말 미국의 서커스단에서 인기를 끌었던 바넘(P. T. Barnum)이라는 마술사의 이름을 딴 것이다. 그는 서커스 도중에 관객을 아무나 불러내어 직업이나 성격 등을 알아맞히는 것으로 유명했다. 물론 신통력이 뛰어났기 때문은 아니었다. 그저 보편적으로 들어맞는 특성만 말해도 관객은 저절로 탄복하게 마련이었다. 막연하고 일반적인 특성이라도 그것을 자신의 성격이라고 지적하면, 사람들은 다른 사람들에게도 적용되는지 여부는 생각하지 않고, 자신만의 독특한 특성으로 믿는 경향이 있다. 쉽게 말하여 착각이다. 그런데 바넘효과는 우리의 일상에 깊숙하게 들어와 있다. 사람들이 답답할 때 용하다는 점쟁이를 찾아가서 그의 신통력에 탄복하는 것도 바넘효과가 작용한 것이다.

주식으로 손해를 보고 있어서 답답한 사람들이라면 전문가 상담의 문을 두드리고 그의 조언에 탄복한다. "반등을 기다려 매도하세요." "장기보유하면 기업가치를 찾을 겁니다." 뻔한 이야기이다. 그동안 주가가 지속하여 내렸다면 아무리 엉터리 같은 주식이라도 조금은 반등할 게다. 전문가들이 잘 맞히는 것 같아도 역시 바넘효과에 불과하다. 누구에게나 적용되는 조언이지만 그게 듣는 사람 입장으로는 바로 자신을 두고 하는 말로 여겨지기 때문이다. 오히려 전문가라고 하여 모든 것을 잘 아는 것은 아니다. 전문가도 잘 모르는 것이 많다. 그러니 무작정 전문가의 조언에만 의존해서는 안 된다. 갈팡질팡하는 자신의 마음부터 다잡는 일이 더 시급하고 중요하다.

|||| ||| || | | || | |||| || ||| | || ||| || | || ||| || | || | || || | || ||

비율 오실레이터
PRICE OSCILLATOR PERCENT

14

신뢰도	★★★★
안정성	★★★★
민감도	★★★
기 간	단기·장기거래 모두 사용할 수 있다.
총 평	이동평균의 후행성 또는 시차문제는 기술적분석의 영원한 숙제이다. 수많은 분석가들이 이를 해결하려고 노력하였다. 이 지표는 단기이동평균과 장기이동평균의 간격을 산출하는 방식으로 많은 진전을 이룩하였다. 후행성이 상당히 개선되었다.

★ 의의

비율 오실레이터(Price Oscillator Percent)는 두 이동평균과의 차이를 비율로 나타낸 것이다. 이것과 유사한 지표로는 이격도가 있다. 그런데 이격도는 현재의 주가와 이동평균과의 간격을 나타낸 것인 반면에 Price Oscillator Percent 지표는 두 이동평균의 간격을 나타낸 것이다. 상승추세가 진행되는 상태에서 이를 차트로 나타낸다면 주가가 제일 위쪽에 위치할 것이고, 그 아래로 단기이동평균선이, 그리고 더 아래쪽으로 장기이동평균선이 위치할 것이다. 추세가 강화될수록 주가의 상승폭은 더 커지고, 덩달아 단기이동평균선의 상승폭도 커진다. 그러나 장기이동평균선과 단기이동평균선을 서로 비교해본다면 아무래도 단기이동평균선의 상승폭이 더 크다. 왜냐하면 이동평균을 산출하는 기간이 단기이므로 현재 주가의 움직임을 훨씬 더 많이 반영하기 때문이다. 하지만 상승추세가 내내 이어질 수는 없다. 언젠가는 힘이 꺾일 것이다. 그때가 언제일까? 결국 단기이동평균과 장기이동평균의 차이가 계속 늘어나다가 줄어드는 순간이 될 것이다. 이 지표는

MACD 기법을 개발한 제럴드 아펠(Gerald Appel)이 만들어 발표하였다.

★ 산출법

Price Oscillator Percent 지표를 산출하는 공식은 다음과 같다.

$$Price\ Oscillator\ Percent = \frac{단기이동평균 - 장기이동평균}{단기이동평균} \times 100$$

일반적으로 장기이동평균에는 20일이, 단기이동평균에는 5일이 사용된다.

★ 해석 ★

전통적인 이동평균법에 의하면 두 이동평균이 서로 교차할 때를 매매 타이밍으로 간주한다. 단기이동평균선이 장기이동평균선을 상향돌파할 때를 골든크로스, 즉 매입의 기회로 간주한다. 반대로 단기이동평균선이 장기이동평균선을 하향돌파할 때를 데드크로스, 즉 매도기회로 간주한다. 그러나 기술적분석가들의 연구에 의하면 골든크로스 또는 데드크로스를 활용하는 방법은 시차문제가 너무나 심각하다. 주가가 바닥에서 한참이나 상승한 연후에 골든크로스가 발생하면서 뒤늦게 매입신호를 나타내고, 반대로 주가가 정점을 만들고 한참이나 하락한 연후에야 비로소 뒤늦게 매도신호를 나타낸다.

물론 주식시장이 강력한 추세를 나타낼 때에는 이동평균의 시차문제가 다소 있더라도 별로 심각하지 않다. 남은 추세만으로도 충분히 수익을 얻을 수 있기 때문이다. 하지만 주식시장이 뚜렷한 추세를 나타내지 못하고 횡보할 때 이동평균의 시차문제가 불거진다면 이는 매우 심각하다. 내내 추세의 뒤꽁무니만 따라다니는 결과가 되어버린다. 기술적분석가들은 차트를 연구한 끝에 전통적인 방법대로 두 이동평균이 서로 교차할 때 즉 골든크로스나 데드크로스가 나타날 때를 매매 타이밍으로 잡을 것이 아니라, 오히려 두 이동평균의 간격이 최대로 벌어졌을 때를 매매 타이밍으로 간주하는 것이 더 효과적이라는 사실을 발견하였다. Price Oscillator Percent 지표는 결국 단기이동평균선과 장기이동평균선의 간격을 측정하여 추세의 막바지를 잡아내려는 기법이다.

★ 매매방법 ★

Price Oscillator Percent 지표를 이용할 경우 매매 타이밍은 이 지표의 값이 최대 또는 최소가 되었다가 돌아설 때이다. 다시 말하여 Price Oscillator Percent 곡선이 상승하다가 최정점에서 하락세로 돌아설 때가 매도 타이밍이고, 반대로 Price Oscillator Percent 곡선이 하락하다가 최저점에서 상승세로 돌아설 때가 매입 타이밍이다. 그러나 현실적으로 이 지표의 최정점이나 최저점을 잡아낸다거나 또는 추세를 정확하게 알아낼 수는 없다. 그러므로 앞선 수많은 지표들과 마찬가지로 시그널곡선을 산출한다. Price Oscillator Percent 지표의 5일간 이동평균을 산출하고, 이를 시그널곡선으로 활용한다. 그런데 대부분의 기술적지표에 공통적인 사항이지만 여기서도 시그널곡선을 산출할 때에는 지수이동평균을 사용한다. Price Oscillator Percent 곡선과 시그널곡선이 서로 교차하는 시기가 매매 타이밍이다. Price Oscillator Percent 곡선이 시그널곡선을 상향돌파할 때가 매입 타이밍이고, Price Oscillator Percent 곡선이 시그널곡선을 하향돌파할 때가 매도 타이밍이다.

비율 오실레이터

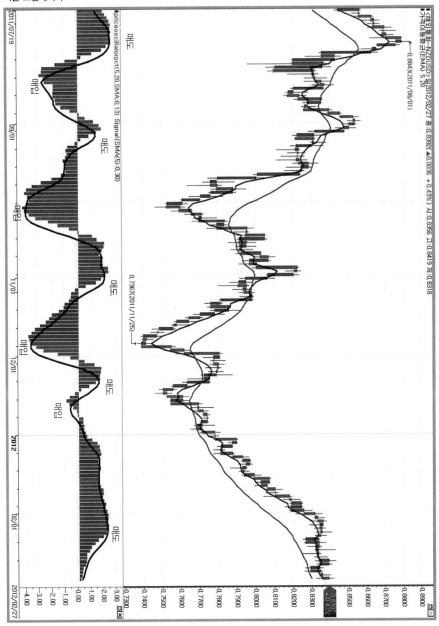

출처: 연합 인포맥스(www.einfomax.co.kr)

프로젝션 밴드폭

PROJECTION BANDWIDTH

15

신뢰도	★★★
안정성	★★★
민감도	★★★
기 간	단기·장기거래 모두 사용할 수 있다.
총 평	시장의 변동성은 증가하기도 하고 감소하기도 한다. 그런데 변동성이 줄어든 상태가 내내 이어질 수는 없다. 언젠가는 변동성이 증가할 것이다. 따라서 변동성이 감소하고 있다면 조만간 추세가 바뀔 것이라는 신호가 된다. 이런 특성을 이용한 지표인데, 문제는 결정적인 매매 타이밍을 제공하지 않는다는 것이다. 다른 지표의 보조수단으로 사용될 수밖에 없는 운명이다.

★ 작성법 ★

프로젝션 밴드폭(Projection Bandwidth) 지표는 앞서 다루었던 Projection Band 지표에 기반을 두고 있다. Projection Band는 일정한 기간의 최고점과 최저점을 기준으로 하여 회귀곡선을 구한 다음, 그 회귀곡선의 각도와 수평이 되도록 아래, 위쪽으로 나타낸 밴드이다. 회귀곡선이란 과거의 주가 움직임을 통계적으로 처리하여 미래의 주가 움직임을 과학적으로 예측하기 위한 기법이다. 하지만 실제의 주가가 예측한 대로 움직이지는 않는다. 실제의 주가가 예측한 것보다 더 상승할 수도 있고, 또는 더 하락할 수도 있다. 이때 실제의 주가가 당초 예측한 것보다 더 많이 상승한다면 현재의 추세가 강력한 상승세라고 간주할 수 있다. 물론 반대의 경우도 성립한다. 실제의 주가가 당초 예측한 것에 비하여 더 많이 하락한다면 현재의 추세가 강력한 하락세라고 간주된다.

이것이 Projection Band이다. 그런데 Projection Bandwidth는 이름에서 의미하듯 밴드의 폭을 측정한 것이다. 이 지표 역시 Projection Band를 개발한 멜 위드너 박사가 1995년에 개발하여 소개하였다.

★ 산출법 ★

Projection Band를 만드는 방법은 다음과 같다.

첫 번째 단계, 회귀곡선을 만든다. 회귀곡선은 통상 'Y=a+bX'의 형태로 만들어지는데, 이때 b가 바로 회귀곡선의 각도이다. 따라서 Projection Band를 그리려면 먼저 회귀곡선의 각도, b를 계산하는 일이 진행되어야 한다. b는 과거의 주가 움직임을 통계적으로 처리하여 계산된다. 단, 회귀곡선은 2개가 산출되어야 한다. 하나는 일정한 기간 동안 매일매일의 최고가를 이용하여 만든 회귀곡선이고, 또 다른 하나는 일정한 기간 동안 매일매일의 최저가를 이용하여 만든 회귀곡선이다.

두 번째 단계, 그래서 매일매일의 고가를 이용한 회귀곡선이 산출되었으면 그 다음 단계로 과거 일정한 기간 동안의 최고가격을 그 회귀곡선과 동일한 각도로 나타낸다. 마찬가지로 매일매일의 저가를 이용한 회귀곡선이 산출되었으면 역시 과거 일정한 기간 동안의 최저가격을 그 회귀곡선과 동일한 각도로 나타낸다. 이때 과거 일정한 기간 동안의 최고가격을 그 회귀곡선과 동일한 각도로 나타낸 곡선이 Projection Band의 위쪽 밴드가 되는 것이고, 과거 일정한 기간 동안의 최저가격을 그 회귀곡선과 동일한 각도로 나타낸 곡선이 Projection Band의 아래쪽 밴드가 된다.

그리고 이 밴드의 폭을 산출하면 그것이 결과적으로 Projection Bandwidth가 되는 것이다. 이를 구하는 과정을 식으로 나타내면 다음과 같다.

$$Hi\ Slope = 매일매일의\ 장중고점을\ 대상으로\ 한\ 회귀식\ Y=a+bX의\ 기울기\ b$$

$$Low\ Slope = 매일매일의\ 장중저점을\ 대상으로\ 한\ 회귀식\ Y=c+dX의\ 기울기\ c$$

$$Hi\ Band = n일\ 동안\ a+bX의\ 최대치$$

$$Low\ Band = n일\ 동안\ c+dX의\ 최소치$$

$$Projection\ Bandwidth = \frac{Hi\ Band-Low\ Band}{Hi\ Band+Low\ Band} \times 200$$

★ **해석** ★

산식에서 알 수 있듯이 Projection Bandwidth는 아래, 위 밴드의 중심점에 대하여 폭의 비율이 얼마나 되는지를 나타내고 있다. 이 숫자가 작아질수록 밴드의 폭이 축소되고 있는 것으로 간주되고, 거꾸로 숫자가 커질수록 밴드의 폭이 확대되는 것으로 판단된다. 밴드의 폭은 변동성을 뜻한다. 밴드의 폭이 축소되면 변동성도 축소되고, 밴드의 폭이 확대되면 변동성도 확대되는 것이다.

★ **매매방법** ★

물론 변동성도 분명히 중요하다. 하지만 정작 더 중요한 것은 변동성보다는 매매 타이밍이다. 언제 매입하는지 언제 매도하는지 신호를 포착하는 것이 더 중요한 일이다. 일반적으로 시장의 변동성은 단기적으로는 줄어들 수도 있지만 그런 상태가 영원히 이어지지는 않는다. 변동성이 내내 낮은 상태로 유지되는 법은 없다. 원래 주식시장이라는 것이 주식을 팔고 사는 거래를 목적으로 만들어졌으므로 주가는 궁극적으로 변동할 수밖에 없다. 단기적으로는 주가가 거의 움직이지 않더라도 그런 상태가 내내 이어지지는 않는다. 따라서 변동성이 감소되고 있다

프로젝션 밴드폭

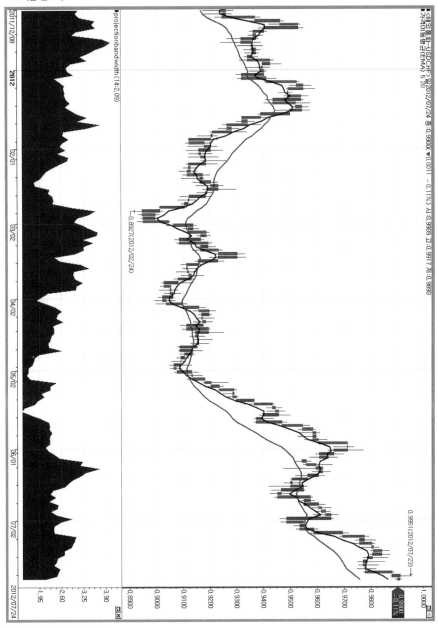

출처: 연합 인포맥스(www.einfomax.co.kr)

출처: 연합 인포맥스(www.einfomax.co.kr)

347

면 이는 거꾸로 조만간 변동성이 늘어날 것이라는 신호가 된다. 또한 이는 기존의 추세가 바뀔 것이라는 신호로도 해석된다.

그러나 이 지표의 한계는 결정적인 매매신호를 나타내지 않는다는 점이다. 변동성이 줄어들면 조만간 추세가 바뀔 것이라는 경계신호는 될 수 있으나, 그렇다고 그게 결정적인 매입이나 매도신호가 될 수는 없다. 따라서 이 지표는 자체적으로는 별 소용이 없다. 다른 지표의 보조적인 수단으로 사용되어야 한다.

프로젝션 오실레이터
PROJECTION OSCILLATOR

16

신뢰도	★★★
안정성	★★★
민감도	★★★★
기 간	단기·장기거래 모두 사용할 수 있으나 단기거래가 더 효율적이다.
총 평	앞선 Projection Band 기법으로는 매매 타이밍을 잡아내기 어려웠다. 그러나 이 지표는 같은 뿌리에서 출발하였으나 그 약점을 훌륭하게 보완하였다. 특히 스토캐스틱과 비슷한 원리를 도입하면서 단기거래에도 효과적인 지표로 변모하였다.

★ **의의** ★

프로젝션 오실레이터(Projection Oscillator)도 근거는 Projection Band에서 출발한다. Projection Bandwidth가 밴드의 폭을 측정하여 변동성의 증감을 판단하는 지표라고 한다면 Projection Oscillator는 당일의 종가와 밴드의 폭을 비교하여 현재 종가의 위치를 측정하고 이를 토대로 향후 추세를 예측하려는 지표이다. 이 지표 역시 Projection Band를 개발한 멜 위드너 박사가 1995년에 개발하였다.

앞서 살펴본 Projection Band 기법으로는 매매 타이밍을 잡아내기 어렵다. 아무리 좋은 지표라도 매매 타이밍을 제시하지 못한다면 실전에 무슨 소용이 있겠는가. 그래서 Projection Band의 약점을 보완한 것이 이 지표이다. 시장의 변동성을 측정하여 현재의 시장상황이 정상인지 아니면 비정상인지 판단할 수 있다. 비정상이면 결국 과열국면이거나 과매도국면을 말하는데, 이때가 매매에서는 절호의 타이밍이다.

★ 산출법 ★

Projection Oscillator를 산출하는 공식은 다음과 같다.

> *Hi Slope* = 매일매일의 장중고점을 대상으로 한 회귀식 $Y=a+bX$의 기울기 b
>
> *Low Slope* = 매일매일의 장중저점을 대상으로 한 회귀식 $Y=c+dX$의 기울기 c
>
> *Hi Band* = n일 동안 $a+bX$의 최대치
>
> *Low Band* = n일 동안 $c+dX$의 최소치
>
> $$Projection\ Oscillator = \frac{당일종가 - Low\ Band}{Hi\ Band + Low\ Band} \times 100$$

★ 해석 ★

Projection Oscillator는 당일의 종가가 Projection Band 안에서 어떤 위치에 있는지를 알려준다. 예를 들어 Projection Oscillator의 값이 50이라면 현재의 종가는 밴드의 중간에 위치하고 있다는 뜻이 된다. 또한 Projection Oscillator의 값이 100이라면 현재의 종가는 밴드의 상단에 딱 붙었으며, 반대로 값이 0이라면 현재의 종가는 밴드의 하단에 딱 붙어 있는 상황이다. 결국 이 지표는 Stochastic과 비슷한 의미를 지닌다. 더구나 이 지표는 회귀식까지 추가하였으므로 가격변동에 더욱 민감하다. Stochastics의 해석과 마찬가지로 시장의 추세가 상승세일수록, 그리고 상승추세가 과열될수록 현재의 종가는 밴드의 상단에 위치하려는 경향이 많아진다. 종가가 밴드의 위쪽에 근접할수록 현재의 시장은 과열상태라고 판단할 수 있다. 일반적으로 말하여 Projection Oscillator의 값이 70 이상이면 현재의 시장은 과열국면이고, 반대로 값이 30 이하이면 현재의 시장은 과매도국면인 것으로 해석된다.

프로젝션 오실레이터

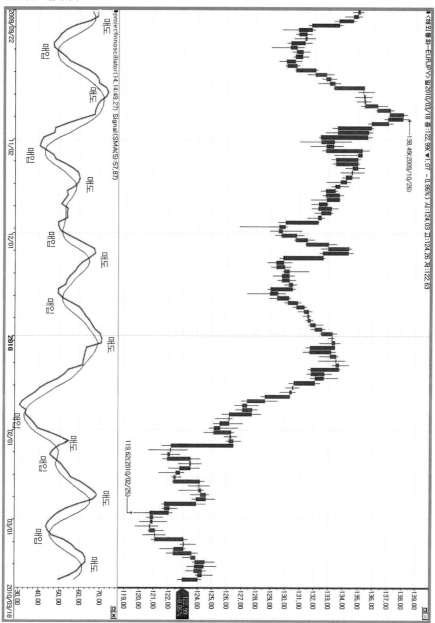

출처: 연합 인포맥스(www.einfomax.co.kr)

단순히 Projection Oscillator의 값이 70 이상이거나 또는 30 이하라는 것만으로도 매매의 이유가 될 수도 있다. Price Oscillator의 값이 70 이상이라면 현재의 시장은 과열국면이다. 따라서 매도를 서둘러야 한다. 반대로 Price Oscillator의 값이 30 이하라면 현재의 시장은 과매도국면이다. 따라서 매입을 서둘러야 한다. 하지만 그것보다 더 개선된 매매방법이 있다. 좀 더 매매 타이밍을 정확히 잡아내려면 역시 시그널곡선을 산출하는 것이 정답이다. Projection Oscillator의 이동평균을 산출하여 이를 시그널곡선으로 삼고, Projection Oscillator와 시그널곡선이 서로 교차하는 시기를 매매 타이밍으로 판단한다.

Projection Oscillator가 시그널곡선을 상향돌파할 때가 매입 타이밍이며, Projection Oscillator가 시그널곡선을 하향돌파할 때가 매도 타이밍이다.

레인지 지수
RANGE INDICATOR

17

신뢰도	★★★
안정성	★★
민감도	★★★
기 간	단기거래에 사용하기는 어렵고 중기·장기 추세변화를 판단하는 데에 유용하다.
총 평	주가의 일간 변동폭과 일중 변동폭을 서로 비교하는 독특한 개념의 지표이다. 추세의 막바지에 이를수록 일중 변동폭이 커지는 특성을 이용하였다. 아이디어는 독창적이지만 지표가 너무 민감하여 매매신호를 포착하기 어렵다는 것이 단점이다.

★ 작성법 ★

주가의 변동폭을 구하는 방법에는 두 가지 종류가 있다. 하나는 일중 변동폭(intra-day movement)을 산출하는 것이고, 또 하나는 일간 변동폭(inter-day movement)을 산출하는 것이다. 일중 변동폭은 하루 중에 장중고가와 장중저가의 차이를 말한다. 그리고 일간 변동폭은 어제의 종가와 오늘의 종가의 차이를 뜻한다. 그런데 레인지 지수(Range Indicator)는 일중 변동폭과 일간 변동폭을 서로 비교하려는 목적으로 만들어졌다. 일간 변동폭과 일중 변동폭을 왜 비교할까? 그 이유는 시장이 얼마나 흥분되어 있는지를 측정하려는 것이다. 이 지표는 잭 와인버그(Jack Wein-berg)가 개발하였다.

★ 산출법 ★

Range Indicator를 산출하는 공식은 다음과 같다.

353
/ PART 5 /

$$True\ Range = max(당일고점,\ 전일종가) - min(당일저점,\ 전일종가)$$

당일종가 ≥ 전일종가일 경우,

$$W = \frac{True\ Range}{당일종가 - 전일종가}$$

당일종가 < 전일종가일 경우,

$$W = True\ Range$$

$$StochasticRange_i = \frac{W_i - min_{i-n}^{i}(W)}{max_{i-n}^{i}(W) - min_{i-n}^{i}(W)}$$

$$Range\ Indicator = EMA(StochasticRange)$$

★ 해석 ★

이 지표의 키포인트는 결국 일중 변동폭과 일간 변동폭 중에서 어느 것이 더 큰지에 주목한다. 만일 일중 변동폭이 일간 변동폭에 비하여 더 크다면 Range Indicator의 값은 증가할 것이다. 물론 그 반대로 일중 변동폭이 일간 변동폭에 비하여 작다면 Range Indicator의 값은 감소할 것이다. 그렇다면 일중 변동폭이 일간 변동폭을 넘어선다는 것, 즉 Range Indicator의 값이 증가한다는 것은 무엇을 뜻할까? 그것은 그만큼 시장이 흥분해 있다는 의미이다. 시장이 흥분해 있다는 것은 결국 지금까지의 추세가 거의 막바지에 이르렀음을 보여준다. 추세가 정점에 이르면 투자자들은 혼란에 빠진다. 한편으로 생각해보면 지금까지 주가가 너무 많이 한쪽 방향으로 움직였기에 추세가 꺾일 것으로 판단되는데, 또 한편으로 생각해보면 지금까지의 주가가 그토록 굳세게 한쪽 방향으로 움직였다면 그만큼 추세가 강력하다는 뜻이니 기존의 추세가 더 이어질 것으로 판단되기도 한다. 그래서 투자자들은 주가가 오를 것 같기도 하였다가 또는 내릴 것 같은 생각도 드는 등 갈피를 못 잡는다. 시장의 분위기가 한쪽으로 쏠릴 때마다 주가는 급등하거나 급락

레인지 지수

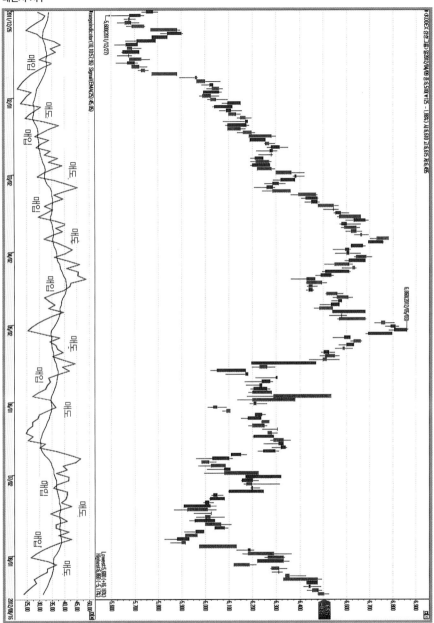

출처: 연합 인포맥스(www.einfomax.co.kr)

한다. 하루 중의 일간 변동폭이 커지는 것이다.

★ 매매방법 ★

따라서 Range Indicator의 값이 계속 증가하다가 감소세로 돌아설 때를 추세전환 타이밍으로 간주한다. 현재의 추세가 상승세라면 Range Indicator의 값이 계속 증가하다가 감소세로 돌아설 때가 매도 타이밍이다. 현재의 추세가 하락세라 할지라도 같다. 역시 Range Indicator의 값이 계속 증가하다가 감소세로 돌아설 때가 매입 타이밍이다. 중요한 것은 Range Indicator의 값이 계속 증가하다가 감소세로 돌아설 때다. 거꾸로 Range Indicator의 값이 계속 감소하다가 증가할 때는 아무런 신호로 여기지 않는다. 그런데 현실적으로 Range Indicator의 값이 계속 증가하다가 감소세로 돌아설 때를 추세전환 타이밍으로 보기란 쉽지 않다. 움직임이 너무 예민하기 때문이다. 따라서 이를 보완하기 위하여 시그널곡선을 산출한다. Range Indicator의 변동성이 크므로 안정적인 매매신호를 얻으려면 시그널곡선을 산출하는 기간이 최소 20일 이상 되어야 한다. 물론 지수이동평균을 사용한다. 결론적으로 현재의 추세가 상승세일 때 Range Indicator 곡선이 시그널곡선을 하향돌파할 때가 매도 타이밍, 현재의 추세가 하락세라면 Range Indicator 곡선이 시그널곡선을 하향돌파할 때가 매입 타이밍이다. Range Indicator 곡선이 시그널곡선을 상향돌파하는 것은 매매신호가 아니므로 주의하자. 거꾸로 Range Indicator의 값이 내내 낮은 수준을 유지하고 있을 때도 있다. 이는 일중 변동폭이 일간 변동폭보다 낮다는 의미다. 그만큼 하루 중에 주가 움직임이 거의 없다는 뜻. 그러나 이런 현상은 오래 이어지지 않는다. 어차피 주식시장은 움직이게 마련, 따라서 Range Indicator의 값이 매우 낮은 상태라면 조만간 새로운 추세가 시작될 신호로 보자.

상대모멘텀지수
RMI, RELATIVE MOMENTUM INDEX

18

신뢰도	★★★
안정성	★★★
민감도	★★★
기 간	단기·장기거래 모두 사용할 수 있다.
총 평	RSI를 개선하려는 또 다른 노력이다. RSI는 오늘의 종가와 어제의 종가를 비교하여 상승폭 또는 하락폭을 산출하지만, 이 지표는 오늘의 종가와 n일 전의 종가를 서로 비교한다. 그것 외에는 별 차이가 없다. 별로 개선된 것도 없어서 굳이 이렇게 해야 할 필요가 있을까라는 생각이 든다.

★ 의의 ★

RMI는 Relative Momentum Index의 약자이다. 상대모멘텀지수는 로저 알트만(Roger Altman)이 개발하였는데, 이름에서 느껴지듯이 RSI를 살짝 변형한 것이다. RSI는 주가의 상대적인 강도(Relative Strength)를 측정하려는 지표이다. 반면 이 지표는 주가의 상대적인 변동폭(Relative Movement)을 측정하려고 하였다.

★ 산출법 ★

RSI는 $\dfrac{14일간의\ 상승폭\ 합계}{14일간의\ 상승폭\ 합계 + 14일간의\ 하락폭\ 합계} \times 100$의 공식으로 산출된다. 그런데 RMI를 산출하는 공식도 이것과 똑같다. 다만 RSI는 어제의 종가에서 오늘의 종가와의 가격 차이를 '상승폭' 또는 '하락폭'으로 간주하는 반면에 RMI는 'n일의 종가와 오늘의 종가와의 가격 차이'를 상승폭 또는 하락폭으로 간주한다. 다시 말하여 RMI를 구할 때 기간, 즉 n이 1일 경우는 RSI와 같아진다.

RMI를 산출하는 과정을 공식으로 나타내면 다음과 같다.

모멘텀지표

상대모멘텀지수

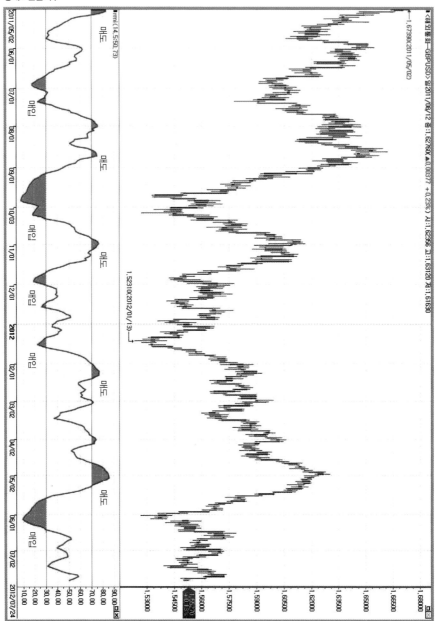

출처: 연합 인포맥스(www.einfomax.co.kr)

$$RMI = \frac{14일간의\ 상승모멘텀\ 합계}{14일간의\ 상승모멘텀\ 합계 + 14일간의\ 하락모멘텀\ 합계} \times 100$$

단, 모멘텀=당일의 종가$-n$일 이전의 종가

★ 해석 ★

RMI는 RSI를 변형한 것이므로 사실상 RSI와 해석하는 법이 같다. 즉 RMI의 값이 70 이상이면 현재의 시장은 과열국면인 것으로 간주하고, 반대로 RMI의 값이 30 이하이면 현재의 시장은 과매도국면인 것으로 간주한다. 아울러 주가의 움직임과 RMI 움직임 사이에서 다이버전스가 나타난다면 이를 결정적인 추세전환의 신호로 여긴다.

상대강도지수
RSI, RELATIVE STRENGTH INDEX

19

신뢰도	★★★★★
안정성	★★★★
민감도	★★★
기 간	단기·장기거래 모두 사용할 수 있다.
총 평	앞서 우리는 RSI를 개선하려는 지표들을 많이 살펴보았다. 거꾸로 말하여 이는 그만큼 RSI가 기본적으로 우수한 지표라는 것을 알려주는 증거가 된다. 현재의 시장이 과열인지 과매도상태인지를 나타내는 것은 물론이고, 매매 타이밍을 잡아내며, 동시에 주가와 RSI의 관계에서 다이버전스를 찾아내 추세전환의 결정적인 신호를 제공하는 등 여러 가지 측면에서 빼어난 기술적지표이다. 기술적분석에 관심이 있는 투자자라면 반드시 알아두어야 할 지표이다.

★ 작성법 ★

상대강도지수(RSI)는 현재의 시장 상황이 과열(overbought)된 상태인지 아니면 과매도(oversold)된 상태인지, 또는 이것도 저것도 아닌 상태인지를 파악하려는 목적으로 개발된 기술적지표이다. 다시 말하여 RSI는 지금의 추세가 '너무' 강한지, 아니면 '너무' 약한지를 판단하려는 지표이다. 이 지표를 만든 사람은 웰러스 윌더인데, 그는 선물시장에서 매매도 하고 고객들에게 자문도 하는 전문가였다. RSI는 1978년에 만들어졌으므로 역사는 오래되지 않았다. 하지만 주가의 상승 속도, 또는 더 구체적으로 말한다면 현재 시장의 분위기를 객관적으로 나타내주는 지표 중에서는 단연 대표적이다. 지금도 널리 사용된다.

★ 산출법 ★

RSI는 다음과 같은 공식에 의하여 산출된다.

$$RSI = \frac{14일간의\ 상승폭\ 합계}{14일간의\ 상승폭\ 합계+14일간의\ 하락폭\ 합계} \times 100$$

주식시장에서 주가가 다음과 같이 움직였을 때 실제로 RSI가 어떻게 구해지는지 공식에 의하여 계산해보자.

일 자	주가	상승폭	하락폭	일자	주가	상승폭	하락폭
0	1000			8	1200	100	
1	1100	100		9	1300	100	
2	1200	100		10	1500	200	
3	1100		100	11	1600	100	
4	1000		100	12	1500		100
5	900		100	13	1400		100
6	1000	100		14	1500	100	
7	1100	100		합계		1000	500

따라서 RSI를 공식에 넣어서 계산하면 아래처럼 나타난다.

$$RSI = \frac{1000}{1000+500} \times 100 = 67$$

★ 해석 ★

공식에 따라 계산하기는 쉽다. 그렇다면 RSI의 진정한 의미는 무엇일까? 이해를 돕기 위하여 일단 시장에서 벌어질 수 있는 상황 중에서 매우 극단적인 경우를 상정하자. 이를테면 14일 동안 주가가 단 하루도 빠짐없이 상승하기만 하였다면 그 상황은 매우 극단적인 경우가 될 것이다. 이럴 경우, RSI의 값은 얼마가 될까? 주가가 하루도 빠짐없이 상승하였으니 이것은 주가가 단 하루도 하락하지 않았다는 말이다. 즉 하락폭의 합계는 당연히 0이다. 그러므로 RSI의 값은 아래와 같다.

$$RSI = \frac{14일간의 \ 상승폭 \ 합계}{14일간의 \ 상승폭 \ 합계 + 0} \times 100 = 100$$

극단적인 경우를 다시 한번 상정해본다. 앞서의 경우와 반대로 14일 동안 주가가 하루도 빠짐없이 하락하기만 하였다고 하자. 그렇다면 이때 RSI의 값은 얼마가 될까? 주가가 하루도 빠짐없이 하락하였으니 이는 주가가 단 하루도 상승하지 않았다는 말. 결국 14일간 상승폭의 합계는 당연히 0이다. 그러므로 RSI의 값은 공식에 따라 다음처럼 계산된다.

$$RSI = \frac{0}{0 + 14일간의 \ 하락폭 \ 합계} \times 100 = 0 \ \text{이 된다.}$$

앞서 밝혔듯이 위의 두 가지 상황은 대단히 극단적인 경우이다. 실제로 14일간 주가가 내내 오르거나 또는 줄곧 하락하는 경우는 거의 없다. 대부분은 14일 동안 주가가 어느 정도 며칠 오르다가 며칠 떨어지는 경우에 속할 것이다. 따라서 극단적인 경우에 RSI는 100이거나 또는 0이었고, 나머지 경우는 RSI가 중간 어디엔가 위치한다. 따라서 우리는 RSI가 최대값 100, 최소값 0 사이에서 움직인다는 결론을 내릴 수 있다. RSI의 값이 100에 가까울수록 최근 14일간 주가가 거의 100퍼센트 상승하였다는 의미가 된다. 이는 그만큼 지금의 주식시장이 과열되었다는 사실을 나타내고 있다. 거꾸로 RSI의 값이 0에 가까울수록 최근 14일간의 주가가 거의 100퍼센트 하락하였다는 의미이다. 그만큼 지금의 주식시장이 과매도되어 있다는 사실을 알려준다.

★ 매매방법 ★

주식시장은 과열된 상태가 오래갈 수는 없다. 시장이 과열되면서 흥분된 상태가 이어질 것이지만 오래 가지는 않는다. 시장의 흥분은 결국 가라앉고 끝없이 치솟을 것 같은 주가는 곧 하락세로 고꾸라질 것이 뻔하다. 반대로 주식시장에서 싸늘한 상태가 역시 오래 이어지지는 않는다. 주가가 내내 하락하면서 시장은 불안감으로 싸늘하게 식을 수 있으나 그런 상태가 영원히 이어지는 법은 없다. 주가는 결국 바닥에서 상승세로 꿈틀거리게 마련이다.

우리는 현재의 시장이 과열인지 또는 과매도상태인지 RSI를 통하여 파악할 수 있다. 그러기에 시장이 과열상태라고 판단되면, 즉 RSI의 값이 100에 가까울수록 매도 타이밍이 된다. 반대로 시장이 너무 싸늘하게 식었다고 판단되면, 즉 RSI의 값이 0에 가까울수록 매입 타이밍이다. 실제로는 RSI의 값이 100이나 0까지 근접하는 경우는 거의 없다. 현실적으로 RSI의 값이 70선을 넘어선다면 그때는 현재의 주식시장이 과열된 상태로 인식하는 것이 옳다. 이때가 매도 타이밍이다. 같은 논리로 RSI의 값이 30 이하이면, 현재의 주식시장이 너무나 싸늘하게 냉각된 상태로 인식하여야 한다. 이때가 매입 타이밍이다. 다만 RSI가 70 이상일 때 매도하는 것은 자칫 성급한 매도가 될 위험이 크다. 주식시장의 추세는 종종 연장되는 법이어서 상승세가 이어져 현재의 상황이 비록 과열일지라도 그런 상태가 좀 더 이어질 수 있다. 따라서 RSI가 70 이상일 때 매도하기보다는 좀 기다렸다가 오히려 RSI가 70선 위에서 70선 아래로 내려서는 순간을 매도 타이밍으로 삼는 것이 더 합리적이다. 그때야말로 주가가 오를 만큼 다 오르고 마침내 추세를 바꾸는 시기이기 때문이다.

같은 방법으로 매입 타이밍도 포착할 수 있다. 즉 RSI가 30선 이하로 내려섰을

상대강도지수

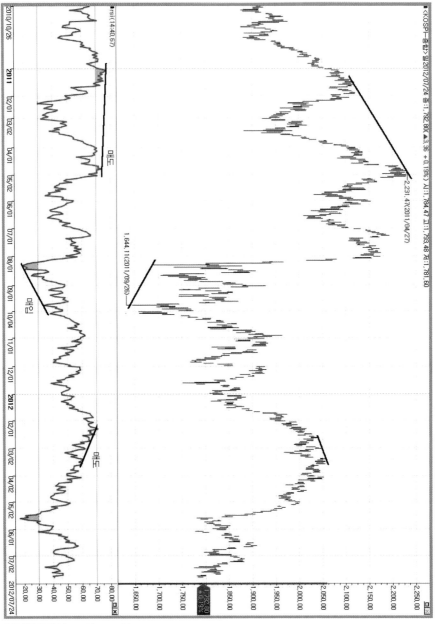

출처: 연합 인포맥스(www.einfomax.co.kr)

때 당장 매입하는 것은 섣부른 결정이 되기 쉽다. 추세는 종종 연장되게 마련이기 때문이다. 따라서 RSI가 30이하로 내려서더라도 느긋하게 기다렸다가 오히려 RSI가 30선 아래에서 30선 위로 올라서는 순간을 매입 타이밍으로 삼는 것이 합리적이다. 그때야말로 주가가 내릴 만큼 다 내리고 이제는 추세를 바꾸는 시기이기 때문이다. 보다 전문적인 기술적분석가들은 RSI를 이용하여 다이버전스 현상을 찾아내는 데 주안점을 두고 있다. 다이버전스는 주가의 움직임과 RSI 등 기술적지표의 움직임이 서로 다른 방향인 것을 말한다. 주식시장의 주가는 더 오르는데 RSI는 더 상승하지 못하거나 또는 주식시장의 주가는 더 내리는데, RSI는 더 내리지 않는 경우가 다이버전스이다.

이처럼 기술적지표와 시장의 움직임이 서로 반대 방향으로 움직여서 괴리가 나타나고 있다면 무언가 문제가 발생한 것이라고 간주된다. 통상 다이버전스가 나타나면 추세가 전환되는 결정적인 신호로 여긴다.

모멘텀지표

랜덤워크지수

RWI, RANDOM WALK INDEX

20

신뢰도	★★★
안정성	★★
민감도	★★★
기 간	단기매매와 장기매매를 위한 지표가 제각각 개발되어 있다.
총 평	주식시장이 과연 무작위로 움직일까? 논란의 여지가 많고 아직도 완벽하게 해결되지 않은 논쟁거리이다. 이 지표는 주가가 무작위로 움직이지만 때때로 추세를 나타내기도 한다고 가정한다. 그리고 주가가 추세를 나타낼 때를 매매 타이밍으로 간주한다. 다만 산출하는 방법도 복잡하거니와, 정작 안정성이 떨어지는 것이 단점이다. 원리는 그럴싸하나 주가 변화에 뚜렷하게 민감한 것 같지도 않다.

★ 의의 ★

RWI는 Random Walk Index의 약자이다. 랜덤워크지수는 분석의 대상이 되는 주가가 시장에서 일정한 추세를 가지고 움직이는지(trending) 아니면 일정한 추세도 없이 이리저리 무작위(random)로 움직이는지를 판별하려는 목적으로 개발되었다. 주가의 움직임이 뚜렷한 방향성을 보이지 않고 무작위로 움직이는 경향이 커지면 커질수록 RWI의 변동폭도 크게 나타나도록 설계되었다.

이 지표는 1991년, 마이클 파울로스(Michael Paulos)가 만들었다.

★ 산출법★

RWI를 산출하는 공식은 다음과 같다.

366

차트의 정석 /

$$RWI_{low} = \frac{(n-1)일\ 이전의\ 고점-당일저점}{ATR \times \sqrt{n}}$$

$$RWI_{high} = \frac{당일고점-(n-1)일\ 이전의\ 저점}{ATR \times \sqrt{n}}$$

단, $ATR = Average\ True\ Range$

그리고 매일, n의 값을 2부터 출발하여 3, 4, 5⋯ 등으로 바꾸어가며 RWI를 산출하고, 그 결과가 가장 큰 값을 그날의 RWI로 정한다.

★ 해석 ★

RWI에서는 직선과 RWI를 서로 비교한다. RWI의 값이 직선과 근접하게 움직일수록 현재의 가격은 확실한 추세를 형성하고 있는 것으로 해석되며, 반대로 직선과 멀어져 아래 위쪽 변동폭이 클수록 현재의 주식시장은 뚜렷한 추세 없이 무작위로 움직이는 것으로 해석된다.

RWI에는 장기·단기 두 종류의 지표를 만드는데, 단기(일반적으로 2일에서 7일간) RWI는 현재의 주식시장이 과열인지 또는 과매도인지 여부를 판별하는 지표이고, 반면 장기(일반적으로 8일에서 64일간) RWI는 현재의 주식시장이 일정한 추세를 가지고 움직이는지 여부를 판별하는 지표이다. RWI-high의 값이 1 이상을 나타내면 현재의 시장은 상승추세이고, 반면 RWI-low의 값이 1 이상을 나타내면 현재의 시장은 하락추세인 것으로 간주된다.

★ 매매방법 ★

장기 RWI-high의 값이 1 이상이면서 동시에 단기 RWI-low의 값이 1 이상의

랜덤워크지수

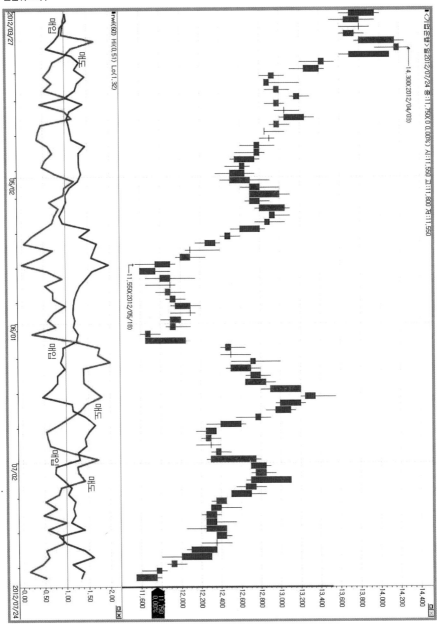

출처: 연합 인포맥스(www.einfomax.co.kr)

값으로 상승할 때가 매입 타이밍으로 간주된다. 장기 RWI-high의 값이 1 이상이라면 장기추세는 상승세이다. 따라서 매입 타이밍을 노려야 하는데, 단기적으로 저점의 추세전환을 알려주는 RWI-low의 값이 1 이상의 값으로 상승할 때가 적기이다. 반면 장기 RWI-low의 값이 1 이상이면서 단기 RWI-high의 값이 1 이상으로 상승할 때가 매도 타이밍으로 간주된다. 장기 RWI-low의 값이 1 이상이라면 장기추세는 하락세이다. 따라서 매도 타이밍을 노려야 하는데, 단기적으로 고점의 추세전환을 알려주는 RWI-high의 값이 1 이상의 값으로 상승할 때가 적기이다. 그러나 현실적으로 RWI를 각각 high, low, 장기, 단기의 4 종류로 산출하여 매매 타이밍을 파악하기는 매우 어렵고 복잡하다. 따라서 단순한 방법이 개발되었다. 장기 또는 단기 RWI를 따로 따로 계산하기보다는 장기면 장기 또는 단기면 단기 어느 한쪽 기간의 RWI만을 계산하는 것이다. 그리고 RWI-high와 RWI-low가 서로 교차하는 때를 매매 타이밍으로 판단하는 것이 더 효과적이다. 당연히 단기매매를 목적으로 하는 투자자는 단기 RWI-high와 RWI-low를 계산하여 이 두 곡선이 서로 교차하는 시기를 매매 타이밍으로 간주하면 될 것이요, 반대로 다소간 장기적인 매매를 목적으로 하는 투자자는 장기 RWI-high와 RWI-low를 계산하여 이 두 곡선이 서로 교차하는 시기를 매매 타이밍으로 보면 된다.

장기이건 단기이건 상관없이 RWI-high가 RWI-low를 상향돌파할 때가 매입 타이밍이고, RWI-high가 RWI-low를 하향돌파할 때가 매도 타이밍이다.

스토캐스틱 모멘텀지수

SMI, STOCHASTIC MOMENTUM INDEX

21

신뢰도	★★★★
안정성	★★★★
민감도	★★★★
기 간	단기·장기거래 모두 사용할 수 있다.
총 평	스토캐스틱 지표를 개선한 것이다. 스토캐스틱은 원래 주가의 변동에 민감하지만 불안정하다는 것이 약점으로 지적되었다. 그러나 SMI는 민감도를 그다지 훼손하지 않고서도 불안정성을 상당히 개선하여 훌륭한 매매지표가 되었다.

★ 의의 ★

SMI는 Stochastic Momentum Index의 약자이다. 이름에서 풍기는 인상처럼 스토캐스틱 모멘텀지수는 Stochastic 지표를 변형한 것이다. Stochastic은 현재의 종가가 최근 5일 동안의 최고가-최저가의 가격범위 중에서 어느 정도의 위치에 있는지를 나타내는 지표이다. 반면 SMI는 현재의 종가가 '최근 5일 동안의 최고가-최저가의 중간점'에 비하여 어느 수준에 있는지를 측정하는 지표이다. 현재의 종가가 최근 5일 동안의 최고가-최저가의 중간점에 비하여 어느 수준에 있는지 왜 산출할까? 그 이유는 현재의 시장상황이 비정상적인 상태, 즉 과열된 상태인지 과매도된 상태인지, 아니면 이것도 저것도 아닌 정상적인 상태인지 판별하려는 것이다.

시장의 상황이 한쪽 방향으로 쏠릴수록 주가의 위치도 어느 한 방향으로 치우친다. 상승세가 지나쳐서 과열 상황이라면 현재의 주가는 고점 언저리에 위치할 것이고, 반대로 하락세가 지나쳐서 과매도 상황이라면 현재의 주가는 바닥 언저리에 위치할 것이다. SMI는 이런 원리를 이용하여 현재의 시장상황이 정상인지 비정상인지, 비정상적이라면 과열상태인지 또는 과매도상태인지를 판단하여 매매신호를 포착하고자 고안되었다.

★ 산출법 ★

SMI를 산출하는 공식은 다음과 같다.

$$cm = 당일종가 - \frac{5일\ 동안의\ 최고가 - 5일\ 동안의\ 최저가}{2}$$

$$bl = 5일\ 동안의\ 최고가 - 5일\ 동안의\ 최저가$$

$$CM = EMA(EMA(cm))$$

$$HL = EMA(EMA(bl))$$

$$SMI = \frac{CM}{\frac{HL}{2}} \times 100$$

$$Signal = EMA(SMI)$$

★ 해석 ★

이 지표는 Stochastic에서의 %K를 산출하는 법과 유사하다. 그런데 Stochastic에서 %K의 값이 0에서 100의 범위에서 움직이는 것에 비하여 SMI의 값은 −100에서 +100의 범위에서 움직인다. 현재의 종가가 정확히 최근 5일간 최고가에서 최저가 사이의 중간값과 같다면 SMI의 값은 0으로 나타난다. 반면 현재의 종가가 중간값보다 크다면 SMI의 값은 플러스(+)가 될 것이고 반대로 현재의 종가가 중

스토캐스틱 모멘텀지수

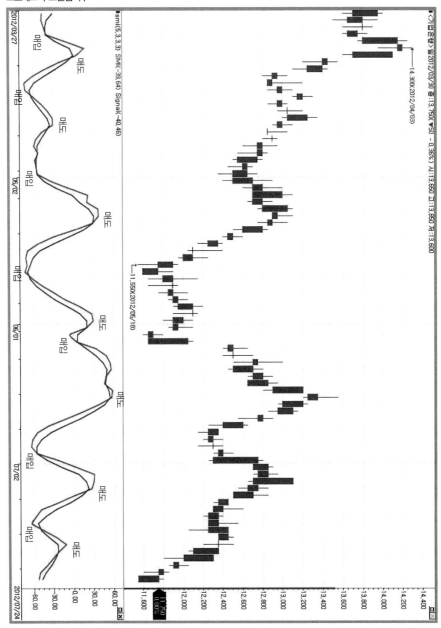

출처: 연합 인포맥스(www.einfomax.co.kr)

간값보다 작다면 SMI의 값은 마이너스(-)가 될 것이다. SMI를 해석하는 것은 Stochastic과 다르지 않다. 즉 SMI의 값이 +100에 근접하면서 커질수록 현재의 상승추세는 과열된 상황으로 간주되며, 거꾸로 SMI의 값이 -100에 근접하면서 작아질수록 현재의 하락추세는 과매도된 상황으로 간주된다.

★ **매매방법** ★

SMI가 -50선 아래에서 -50선을 상향돌파할 때가 매입 타이밍, SMI가 +50선 위에서 +50선을 하향돌파할 때가 매도 타이밍이다. 하지만 그 방법으로는 매매 타이밍이 정확하지 않을 위험도 있다. 일률적으로 SMI의 값이 +50이거나 또는 -50일 때를 매매의 기준으로 삼는 것은 시장의 상황을 정확하게 고려하지 않은 결과가 될 수도 있다. 왜냐하면 때에 따라 추세의 강도가 다를 수 있기 때문이다. 따라서 오히려 일률적인 조건보다는 정점이나 바닥에서 SMI 곡선의 추세가 꺾이는 순간을 매매 타이밍으로 잡는 편이 훨씬 정확하다. 이를 위해서는 일반적으로 널리 사용되는 시그널곡선을 활용한다. 다시 말하여 SMI의 지수이동평균을 산출하여 이를 시그널곡선으로 간주하고, SMI와 시그널곡선이 서로 교차하는 때를 매매 타이밍으로 삼는다. 이런 방법을 차트에서 확인할 수 있듯이 훨씬 안정적이다.

SMI 곡선이 시그널곡선을 상향돌파할 때가 매입 타이밍이며, SMI 곡선이 시그널곡선을 하향돌파할 때가 매도 타이밍이다. 아울러 SMI와 주가와의 관계에서 다이버전스를 발견하여 결정적인 추세전환의 신호로 볼 수도 있다.

스토캐스틱
STOCHASTIC FAST

신뢰도	★★★★
안정성	★★
민감도	★★★★
기 간	단기·장기거래 모두 사용할 수 있고, 특히 단기거래에 유용하다.
총 평	기술적분석에서 RSI와 기술적지표를 대표하는 양대산맥이다. RSI를 기반으로 하여 이를 개선하려는 수많은 지표들이 쏟아져 나온 것처럼 스토캐스틱을 근거로 수많은 지표들이 개발되었다. 지극히 단순한 논리에서 출발하였으나 주식시장의 고점과 바닥을 정확히 포착하는 능력이 탁월하다. 기술적분석에 관심이 있는 투자자라면 반드시 알아두어야 할 지표이다.

★ 의의 ★

스토캐스틱(Stochastic)은 조지 레인(Geroge C. Lane)이 만든 지표이다. 이 지표는 주가가 상승추세를 보이고 있을 때에는 오늘의 종가가 최근 며칠 동안의 거래범위(trading range) 중에서 최고점 부근에 형성되는 경향이 높고, 반대로 주가가 하락추세를 보이고 있을 때에는 오늘의 종가가 최근 며칠 동안의 거래범위 중에서 최저점 부근에 형성되는 경향이 높다는 점에 원리를 두고 있다.

그런데 그 원리는 지극히 당연하다. 주식시장이 상승추세라면 당연히 오늘의 종가가 최고가 부근에서 형성되는 것이 자연스러울 수밖에 없다. 상승추세일 때, 오늘의 종가가 최저점 부근에서 형성될 리는 만무하기 때문이다. 마찬가지로 주식시장이 하락추세라면 당연히 오늘의 종가가 최저가 부근에서 형성되는 것이 자연스러울 수밖에 없다. 이처럼 지극히 단순하고도 당연한 원리인데도 이를 기반으로 멋진 기술적지표를 만들어내었으니 참으로 놀랍다.

Stochastic은 '5일 동안의 최고가에서 최저가를 차감한 수치'와 '오늘의 종가 위치'를 서로 비교하는 방식으로 산출한다. Stochastic은 다음의 공식에 따라 계산된다.

$$\%K = \frac{C-L5}{H5-L5} \times 100$$

$\%D = \%K$의 3일간 이동평균

단, C : 오늘의 종가

$L5$: 최근 5일간 최저가

$H5$: 최근 5일간 최고가

★ 해석 ★

우선 Stochastic을 산출하는 과정을 찬찬히 살펴보자. 그러면 대체 Stochastic에서 %K가 무슨 의미를 가지는지 이해할 수 있다. 예컨대 376쪽의 그림처럼 최근 5일 동안의 최저가가 100이고, 최고가가 150, 그리고 오늘의 종가가 145로 결정되었다고 하자. 이럴 때 %K를 구하면 다음과 같다.

$$\%K = \frac{C-L5}{H5-L5} \times 100 = \frac{(145-100)}{(150-100)} \times 100 = 90$$

그렇다면 90이라는 숫자는 무엇을 뜻할까? 바로 옆에 산의 그림을 보면 쉽게 이해할 수 있다. 가령, 기슭이 해발 100미터이고 산꼭대기가 해발 150미터인 어

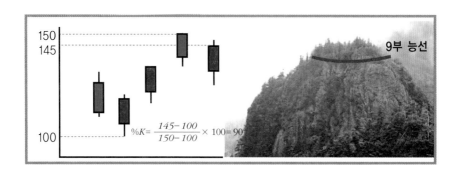

$$\%K = \frac{145-100}{150-100} \times 100 = 90$$

떤 산이 있다고 하자. 이럴 때 기슭에서 올라와 해발 145미터 지점에 있다면 그 위치는 산에서 어떤 수준인가? 그것은 9부 능선에 해당될 것이다. %K가 바로 그런 의미이다. %K의 값이 90으로 산출되었다면 이는 오늘의 종가가 최근 5일간 거래범위 중에서 90% 위치에 있다는 뜻이다. Stochastic은 과거 일정한 기간 동안(일반적으로 5일을 사용한다)의 가격 움직임 중에서 오늘의 종가가 어느 위치에 있는가를 파악하는 것이 목적이다. 그리고 이것을 이용하여 현재의 추세와 시장상황을 파악한다.

만일 %K의 값이 100 근처라면 오늘의 종가는 5일간의 거래범위 중에서 최고점 부근에 형성되었다는 의미이다. 그리고 최근에 연이어 %K 값이 100 언저리로 나타난다면 지금의 추세는 상승세이지만 이제 추세는 과열권에 접어들었다고 간주된다. 반대로 %K의 값이 0 근처라면 오늘의 종가는 5일간의 거래범위 중에서 최저점 부근에 형성되었다는 의미이다. 그리고 최근에 연이어 %K 값이 0 언저리로 나타난다면 지금의 추세는 하락세이지만 이제 추세는 과매도권에 접어들었다고 간주된다.

스토캐스틱

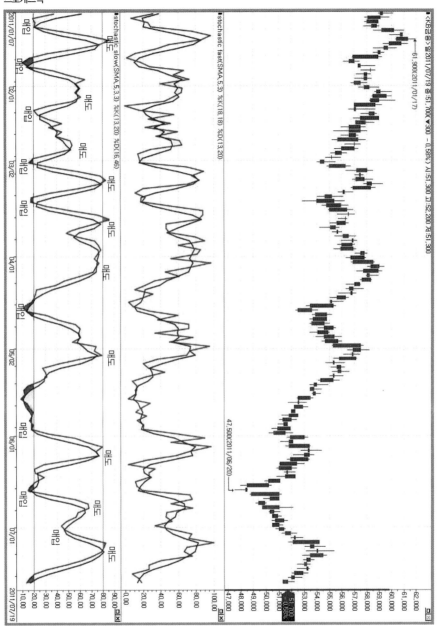

★ 매매방법 ★

우리가 관심을 가지는 것은 현재의 시장상황이 과열이나 또는 과매도상태인지 여부이다. 주식시장이 현재 과열권이라면 주가가 곧 정점을 만들고 하락할 것이므로 매도기회를 노려야 한다. 거꾸로 주식시장이 현재 과매도권이라면 주가가 곧 바닥을 만들고 상승할 것이므로 매수할 기회를 역시 노려야 한다. 그렇다면 언제가 결정적인 매입 또는 매도 타이밍이 될까? 앞서 배웠던 이동평균선을 이용하면 된다. Stochasitc에는 %D라는 지표가 하나 더 산출된다. 이것은 %K의 3일 이동평균선이다. 그리고 이동평균선이 서로 교차할 때 매매신호가 나타나는 법이다. 따라서 %K 곡선과 %D 곡선이 서로 교차할 때를 매매 타이밍으로 잡는다.

%K 곡선이 %D 곡선을 상향돌파하는 골든크로스가 나타나면 매입 타이밍으로 간주된다. 그리고 %K 곡선이 %D 곡선을 하향돌파하는 데드크로스가 나타나면 매도 타이밍으로 간주된다. 이때 %K의 값이 과열권을 나타내거나 또는 과매도상태라면 매매신호의 신뢰도는 더욱 높다. 즉 %K의 값이 100 언저리일 때에 %K 곡선이 %D 곡선을 하향돌파하는 데드크로스가 나타나면 강력한 매도신호이고, %K의 값이 0 언저리일 때에 %K 곡선이 %D 곡선을 상향돌파하는 골든크로스가 나타나면 강력한 매입신호이다.

완만한 스토캐스틱
SLOW STOCHASTIC

신뢰도	★★★★★
안정성	★★★★
민감도	★★★
기 간	단기·장기거래 모두 사용할 수 있다.
총 평	실제로 Stochastic을 사용해보면 신호가 너무 자주 나타나서 혼란스럽다. 그래서 이 지표는 Stochastic의 민감도를 약간 낮추면서 동시에 안정성을 높이기 위하여 개발되었다. 그런데 오히려 최근에는 이 지표가 원래의 Stochastic을 밀어내고 훨씬 더 많이 사용되고 있다. 이 지표 역시 기술적분석에 관심이 있는 투자자들은 필수적으로 알아야 한다.

23

★ 의의 ★

일반적으로 Stochastic을 구하는 기간은 단기간이다. %K는 5일 동안의 거래범위를 토대로 산출되고, 그것의 이동평균인 %D 역시 단 3일간의 이동평균에 불과하다. 따라서 실제로 Stochastic을 거래에 활용할 경우, %K와 %D의 변동폭이 너무 극심하게 나타나 이용하기가 힘든 단점이 있다. 물론 %K 또는 %D를 산출하는 기간을 장기간으로 만들 수도 있다. 이를테면 최근 5일 동안의 거래범위를 토대로 %K를 산출하지 않고 10일 또는 20일 동안의 거래범위를 토대로 계산하는 식이다. 그럴 경우 다소 안정성은 찾을 수 있으나, 반면 Stochastic의 기본 특징인 민감성을 너무 잃어버려 제대로 된 지표가 되지 못하는 결정적인 취약점이 드러난다

따라서 Stochastic의 민감도는 크게 훼손하지 않으면서 안정성을 높이기 위하여 고안된 것이 완만한 스토캐스틱(Slow Stochastic)이다. 이 지표 역시 원래의 Stochastic을 만든 조지 레인이 개발하였다.

★ 산출법 ★

이 지표는 Stochastic을 산출하는 과정에서 이동평균을 한 차례 추가하여 곡선을 완만하게(smoothing out) 한 것이다. 산출하는 방법은 기존의 Stochastic과 같으나 마지막으로 한 단계가 더 있다.

우선 첫 번째 단계로 원래의 Stochastic에서처럼 %K곡선과 %D곡선을 각각 산출한다.

두 번째 단계로 %D곡선을 다시 한번 3일간 이동평균한다. 그리고는 기존의 %D곡선에 '슬로우 %K곡선(slow %K)'이라는 이름을 붙이고, %D곡선을 다시 한번 3일간 이동평균한 곡선에 '슬로우 %D곡선(slow %D)'이라는 이름을 붙인다.

마지막 단계로 처음의 %K곡선을 제거하고 슬로우 %K곡선과 슬로우 %D곡선을 이용하여 매매 타이밍을 포착한다.

일반적으로 Slow Stochastic은 5일간의 거래범위에서 %K를 산출하고, %K의 3일간 이동평균을 산출하여 %D를 계산하며, 다시 이를 3일간 이동평균하여 Slow %D곡선을 만든다. 즉 5-3-3일의 기간이 사용된다. 하지만 이것 역시 완벽할 수는 없다. 때에 따라서는 역시 불안정할 수도 있다. 좀 더 안정성을 높이기 위하여 산출기간을 더 늘리기도 하는데, 10-6-6의 기간, 즉 10일간의 거래범위에서 %K를 산출하고, %K의 6일간 이동평균을 산출하여 %D를 계산하며, 다시 이를 6일간 이동평균하여 Slow %D곡선을 만들기도 한다. 물론 다른 조합도 가능하다. 예컨대 좀 더 늦은 기간으로는 14-7-7의 기간도 사용된다. 산출기간이 길어질수록 Stochastic은 더욱더 안정적으로 바뀌지만 그만큼 민감도는 저하된다. 결국 안정성과 민감도는 하나를 얻으려면 다른 하나를 포기하여야 하는 관계, 두 가지를 한꺼번에는 충족할 수 없는, 트레이드 오프(trade-off) 관계이다.

완만한 스토캐스틱

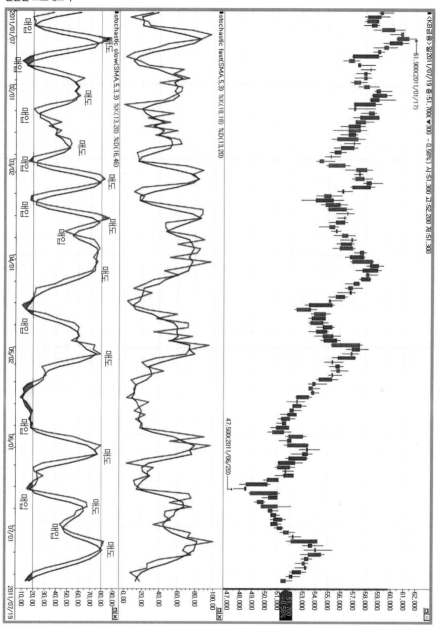

원래의 Stochastic은 주가 변화에 대한 민감도가 너무 커서 약간의 움직임에도 금세 매입신호 또는 매도신호를 나타낸다. 빠르고 민감한 것은 좋으나, 그 정도가 지나치면 문제가 있다. 너무 자주 매매해야 하는 단점이 발생하는 것이다. 따라서 Slow Stochastic에서 %D곡선을 다시 이동평균하는 것은 앞서 설명하였듯이 매매신호를 나타내는 정도를 완화하려는 목적이다. 평균을 거듭함으로써 곡선을 더욱더 완만하게 만들 수 있다.

★ 매매방법 ★

Slow Stochastic을 이용하여 매매 타이밍을 포착하는 방법은 기존의 Stochastic의 경우와 같다. 즉 새롭게 만들어진 Slow %K곡선을 기존의 %K곡선으로 간주하고, Slow %D곡선을 기존의 %D곡선으로 간주하면 된다. 기존의 Stochastic에서는 %K곡선과 %D곡선이 서로 교차할 때를 매매 타이밍으로 포착하였다. 이제 새롭게 Slow %K곡선과 Slow %D곡선을 사용하므로 이 두 곡선이 서로 교차할 때가 매매 타이밍이다. Slow %K곡선이 Slow %D곡선을 상향돌파하는 골든크로스를 나타내면 매입 타이밍으로 간주되고, Slow %K곡선이 Slow %D 곡선을 하향돌파하는 데드크로스를 나타내면 매도 타이밍으로 간주된다. 아울러 Slow %K곡선이 100이나 또는 0 근처에 있으면서 골든크로스 또는 데드크로스를 나타낼 때는 더욱더 강력한 매매신호가 된다. 어떤 경우이건 Slow Stochastic은 문자 그대로 Stochastic을 완만하게 하여 매매신호의 주기를 늦출 수 있었다. 차트에서도 확인할 수 있듯이 Slow Stochastic의 매매신호가 훨씬 안정적이다.

궁극 오실레이터
ULTIMATE OSCILLATOR

★ **의의** ★

이제까지 대부분의 기술적지표는 단기간이면 단기간, 또는 장기간이면 장기간에 국한되어 있었다. 예를 들어 Stochastic 지표는 5일간의 주가 움직임을 토대로 지표를 산출하므로 단기간의 거래에는 적합하지만 아무래도 장기간 거래에는 부적당하고, 반면 RSI는 일반적으로 14일간의 주가 움직임을 토대로 산출하므로 단기간 거래보다는 장기간 거래에 더 효율적이다. 하지만 단기간이나 또는 장기간 어느 한 기간에 국한되지 않고 모든 기간을 아우르는 기술적지표가 없을까? 궁극 오실레이터(Ultimate Oscillator)는 이런 요구에서 출발하였다. 기술적지표의 아이디어는 알고 보면 쉽다. 먼저 단기 · 중기, 장기의 서로 다른 기간으로 오실레이터를 각각 구한 연후에 그것을 가중 평균한다. 최근의 주가 움직임을 많이 반영하는 단기 오실레이터에 더 많은 가중치를 부여하고, 장기간일수록 가중치가 낮아지도록 고안되었다. 단기로는 7일, 중기로는 14일, 그리고 장기로는 28일이 사용된다. 이 지표는 래리 윌리엄스(Larry Williams)가 1985년에 개발하였다.

Ultimate Oscillator를 산출하는 공식은 다음과 같다.

$$a_1 = (종가 - \textit{True Low})의\ 7일간\ 이동평균값 \times 7$$
$$a_2 = (종가 - \textit{True Low})의\ 14일간\ 이동평균값 \times 14$$
$$a_3 = (종가 - \textit{True Low})의\ 28일간\ 이동평균값 \times 28$$

$$b_1 = \textit{True Range}의\ 7일간\ 이동평균값 \times 7$$
$$b_2 = \textit{True Range}의\ 14일간\ 이동평균값 \times 14$$
$$b_3 = \textit{True Range}의\ 28일간\ 이동평균값 \times 28$$

$$\textit{Ultimate Oscillator} = \frac{(\frac{a_1}{b_1}) \times 4 + (\frac{a_2}{b_2}) \times 2 + (\frac{a_3}{b_3})}{7}$$

★ 해석 ★

산출하는 공식을 살피면 단기(7일) 오실레이터의 비중이 4/7, 중기(14일) 오실레이터의 비중이 2/7, 그리고 장기(28일) 오실레이터의 비중이 1/7로 적용되어 단기간일수록 많은 가중치가 부여된 것을 알 수 있다. 그리고 각각 오실레이터를 구하는 방법을 살펴보자. 예컨대 단기 오실레이터는 a=(종가-True Low)의 7일간 이동평균값에다 7배를 곱한 값을, b=True Range의 7일간 이동평균값을 7배한 값으로 나누어서 산출된다. 여기서 (종가-True Low)라는 것은 오늘의 종가가 7일 동안의 최저가에 비하여 얼마나 상승하였는지를 나타내고, True Range라는 것은 7일동안의 최고가에서 최저가를 뺀 값, 즉 7일 동안 주가의 진정한 등락 범위를 뜻한다. 그러므로 오늘의 종가가 7일 중의 최고가일 때 a/b의 값은 1이 된다. 이것은 단기 오실레이터나 중기 또는 장기 오실레이터 모두 공통되는 사항이다.

따라서 만일 7일 동안의 기간을 따져보아도 오늘의 종가가 기간 중의 최고가

궁극 오실레이터

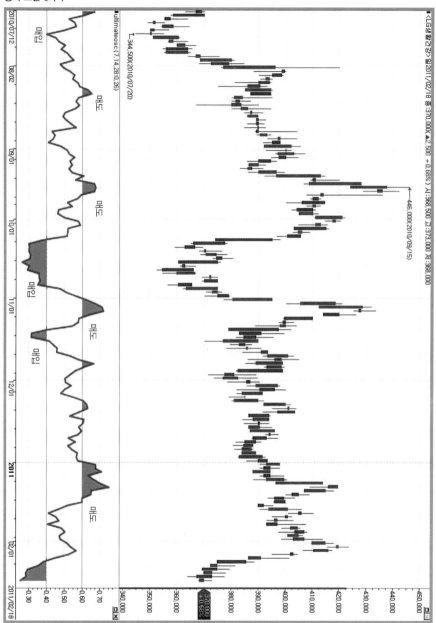

출처: 연합 인포맥스(www.einfomax.co.kr)

이고, 14일 동안의 기간을 따져도 오늘의 종가가 기간 중의 최고가이고, 28일 동안의 기간 중에도 오늘의 종가가 역시 최고가라면 단기 오실레이터, 중기 오실레이터, 장기 오실레이터의 값은 모두 1이 될 것이므로, 결과적으로 Ultimate Oscillator의 값도 1이 될 것이다. 반대로 7일 동안의 기간이건, 14일 동안이건, 또는 28일의 기간이건 오늘의 종가가 기간 중의 최저가라고 한다면 단기 오실레이터, 중기 오실레이터, 장기 오실레이터의 값은 모두 0이 될 것이므로 결과적으로 Ultimate Oscillator의 값도 0이다.

★ 매매방법 ★

앞서 살펴보았듯 이 지표 역시 시장의 현재 상황이 과열국면인지 또는 과매도국면인지를 판단하기 위하여 고안되었다. Ultimate Oscillator는 0에서 1의 범위에서 움직이는데, 통상 0.60 이상이면 시장이 과열되었다고 판단하고 반대로 0.40 이하라면 시장이 과매도국면이라고 판단된다. 따라서 현재의 주식시장이 과매도상태로 판단된다면 매입기회를 노리고, 반대로 현재의 주식시장이 과열상태로 간주된다면 매도기회를 노려야 할 것이다. Ultimate Oscillator의 값이 0.60 이상일 때 매도하거나 값이 0.4 이하일 때 매입하는 것이 잘못되었다고는 말할 수 없으나, 그럴 경우 다소 성급한 매매가 될 수 있다. 따라서 앞서 우리가 살펴보았던 수많은 지표들의 경우에서처럼 한발 뒤로 물러나 결정적인 매매 타이밍을 노리는 전략이 필요하다. 정확하게 말한다면 값이 0.60 이상일 때가 아니라 Ultimate Oscillator의 값이 0.60 이상에서 0.60선을 하향돌파할 때가 매도 타이밍이며, 값이 0.40 이상일 때가 아니라 Ultimate Oscillator의 값이 0.40 이하에서 0.40선을 상향돌파할 때가 매입 타이밍이다.

윌리엄스 퍼센트R

WILLIAMS %R

신뢰도	★★★
안정성	★★★
민감도	★★★
기 간	단기·장기거래 모두 사용할 수 있다.
총 평	스토캐스틱과 유사한 지표이다. 산출하는 방법이 일반적인 기술적지표와는 정반대여서 %R이 바닥에서 상승하면 매도 타이밍이고 %R이 꼭지에서 하락하면 매입 타이밍으로 간주된다. 좀 헷갈린다. 그럼에도 이 지표는 추세가 정점을 만들거나 바닥을 형성하는 순간을 포착하는 데 효과적이어서 그것만으로도 충분히 존재가치가 있다.

★ 작성법 ★

윌리엄스 퍼센트R(Williams %R)는 Stochastic과 거의 유사하다. Stochastic에서는 %K가 키포인트라면 Williams %R에서는 당연히 %R이 중심이다. 그런데 %R을 산출하는 방법은 %K를 산출하는 방법과 꼭 닮아서 혼동하기 쉽다. 물론 완벽하게 똑같을 수는 없다. 유사하지만 조금은 다르다. Stochastic에서 %K는 현재의 종가가 5일간의 가격 등락 범위 중 최저점에서 따져 어느 위치에 있는가를 판단하기 위한 것이었다면, %R은 현재의 종가가 5일간의 가격 등락 범위 중 최고점에서 따져 어느 위치에 있는가를 판단하기 위한 지표이다. 그러므로 %K의 값이 크다면 그것은 현재의 종가가 바닥에서부터 멀리 떨어져 있다는 의미이다. 주가가 많이 올랐다는 뜻이다. 하지만 %R의 값이 크다는 것은 반대로 현재의 종가가 꼭지에서부터 멀리 떨어져 있다는 것을 뜻한다. 주가가 많이 내렸다는 의미가 된다.

결국 %R과 %K는 서로 반대 방향으로 움직일 수밖에 없다. 주가가 많이 오르면 %K의 값이 커지는 반면에 %R의 값은 줄어들 것이요, 거꾸로 주가가 많이 내리면 %K의 값이 줄어드는 반면에 %R의 값은 늘어날 것이다. 이 지표는 앞서 Ultimate Oscillator를 개발한 래리 윌리엄스가 만들어 그의 이름을 붙였다.

★ 산출법 ★

%R을 구하는 공식은 다음과 같다.

$$\%R = \frac{5일간 \ 최고가 - 당일종가}{5일간 \ 최고가 - 5일간 \ 최저가} \times 100$$

★ 해석 ★

Stochastic의 %K를 구하는 공식은 $\%K = \frac{당일종가 - 5일간 \ 최고가}{5일간 \ 최고가 - 5일간 \ 최저가} \times 100$이다. 그러므로 최근 5일 동안의 주가 움직임이 아래 그림과 같았다면 %K의 값은 90으로 산출된다. 하지만 똑같은 움직임에서 Williams %R을 산출한다면 $\frac{150 - 145}{150 - 100} \times 100$이 된다.

결국 %R은 %K를 구하는 방법과 반대 방향이다. 다시 말하여 %K의 값이 90이라면 %R은 10으로 나타난다. %K+%R=100이라는 식도 성립할 것이다. %R도 0에서 100의 범위에서 등락을 나타내지만 %K와 반대 방향으로 움직이므로 해석도 반대로 해야 한다. 즉 %R이 0 수준에 근접하면 시장이 과열된 것이고, 반면 %R이 100 수준에 근접하면 시장이 과매도된 상태이다.

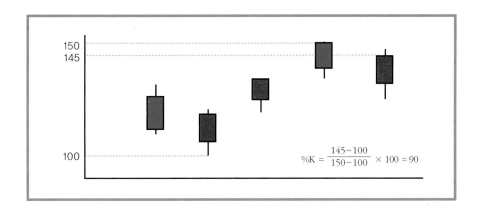

$$\%K = \frac{145-100}{150-100} \times 100 = 90$$

★ **매매방법** ★

Williams %R을 이용하여 매매하는 방법은 Stochastic의 반대로 생각하면 된다. 그런데 Stochastic에서는 5일 동안의 움직임을 토대로 %K를 구하고, 그것의 3일 이동평균인 %D를 산출한 연후에 이 두 곡선이 서로 교차할 때를 매매 타이밍으로 삼는다. 하지만 원래의 Williams %R에는 %D와 같은 이동평균이 없었다. 그러므로 이 지표를 개발한 윌리엄스는 단순히 %R이 15 이하에서 15선을 상향돌파하여 상승하는 순간을 매도 타이밍으로 삼고, 반대로 %R이 85 이상이었다가 85선을 하향돌파하는 순간을 매입 타이밍으로 삼았다.

이런 방법이 틀렸다고 말할 수는 없으나, 현실에서는 적용하기가 여간 까다롭지 않다. %R의 추세를 매일같이 주시하여야 하는 데다 %R이 과연 꼭지나 바닥에서 방향을 돌렸는지 여부를 판단하기 어렵다. 그래서 원래의 Williams %R 기법에는 존재하지 않으나, 여타의 허다한 기술적지표에서 활용되는 시그널곡선 기법을 써도 된다. 즉 %R을 먼저 산출하고 그것의 3일 이동평균을 구하여 시그널곡선으로 설정하는 것이다. 그리고 %R이 시그널곡선을 상향돌파할 때를

윌리엄 퍼센트R

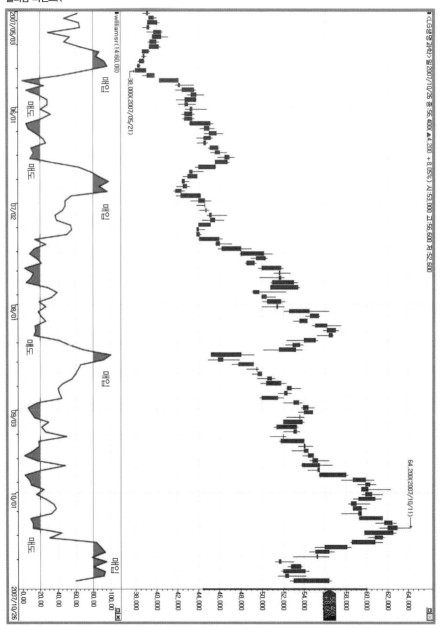

출처: 연합 인포맥스(www.einfomax.co.kr)

매도 타이밍으로 삼고, %R이 시그널곡선을 하향돌파할 때를 매입 타이밍으로 삼는다.

강조하지만 %R은 Stochastic을 비롯한 웬만한 기술적지표들과는 방향이 반대이다. 따라서 %R이 바닥에서 상승할 때가 '매도'의 타이밍이고, %R이 꼭지에서 하락할 때가 '매입' 타이밍이라는 것을 잊어서는 안 된다. 말은 쉬우나 참으로 헷갈린다. 그러면 굳이 Williams %R을 사용하여야 할 필요가 있을까? 그런데 사용하여야 할 나름대로의 이유가 있다. %R은 주가의 추세가 애매하거나 또는 바닥이나 꼭지를 만들고 돌아설 때, 이를 판별하는 데 효과적이다. %R이 하락을 멈추고 바닥에서 상승할 때가 바로 시장이 '정점'을 만드는 시기이고, 반면에 %R이 상승을 멈추고 고점에서 하락할 때가 바로 시장이 '바닥'을 만드는 시기로 간주된다.

황제 폐하, 퐁테느브로에 환궁하셨다

한때 잘나가던 프랑스의 황제 나폴레옹은 1812년 러시아 원정에 실패하면서 엘바섬으로 유배되었다. 하지만 그는 1년도 되지 않아 엘바섬을 벗어나 프랑스로 돌아왔다. 알프스를 넘을 때 공화주의자 농민들이 모여들어 나폴레옹의 편에 합류하였고, 그르노블 근처에서는 나폴레옹을 체포하기 위해 달려온 군인들이 오히려 그의 부하가 되었다. 결국 그는 3월 20일 파리로 들어갔으며, 몰락한 황제가 아니라 혁명정신의 화신으로서 다시 권좌에 오를 수 있었다.

그런데 당시 파리의 어느 신문이 막 엘바섬을 탈출하였을 때부터 나폴레옹의 동향을 보도한 기사의 제목이 지금도 화제이다.

"괴물, 유배지에서 탈출"

"코르시카의 늑대, 깐느에 상륙하다"

"호랑이, 키프에 출현. 토벌군이 파견되다"

"악마, 그르노블을 점거"

"독재 황제, 리용에 들어오다. 공포 때문에 시민들의 저항은 마비된 상태"

"폭군, 파리에서 50마일 되는 지점까지 육박하다"

"보나파르트, 북방으로 진격 중. 파리 입성은 불가능할 듯"

"나폴레옹, 내일 아침을 기하여 파리에"

"황제 폐하, 퐁테느브로에 환궁하셨다"

보다시피 논조가 점점 바뀌고 있다. 처음에는 '괴물'이고 '악마'였지만 나폴레옹이 파리에 가깝게 접근하면서 표현이 순화되더니 급기야 '황제 폐하'로 격상된다. 이를 두고, 줏대 없는 언론의 대표적인 사례로 꼽는 사람들이 많다. 언론의 논조가 확고하게 중심을 잡기는커녕 시류에 휩쓸리고, 이리저리 눈치 보는 양상임을 우리는 기사의 제목만으로도 한눈에 알 수 있다. 이건 남의 이야기가 아니다. 과거 먼 프랑스에서 벌어진 일이 아니라 지금 이 순간, 우리 근처에서 일어나고 있는 일이다. 요즘의 투자자들은 매일같이 주식시장에 대한 각 증권사들의 시황전망 보고서를 접한다. 그런데 시장에 대한 견해를 단적으로 나타내는 시황전망의 제목이 점차 이상하게(?) 바뀌고 있다.

코스피지수가 연일 상승세를 나타내던 시절에는 증권사 보고서들은 "이번에는 다르다. 과열이란 없다, 계속 간다"라는 식의 제목을 다는 것이 당연했다. 그러다 지수가 고점을 기록하고 좀 주춤하자. 보고서의 제목은 "내리더라도 매수하라, 위기는 기회다. 변곡점을 노려라"라는 식으로 바뀌었다. 주가가 더 하락하자 이제 보고서에는 "계속 간다"거나 또는 "내리면 사라"라는 제목보다 "보수적인 시각 유지, 신용경색 우려, 외국인들은 왜 팔까?" 등등과 같은 것이 훨씬 더 많아졌다.

시황전망의 제목이 슬슬 바뀌는 것을 보니 아무래도 '나폴레옹'이 가까이 접근한 것이 틀림없다.

'주가는 거래량의 그림자'라는 말은 누구나 다 알고 있는 증시격언이다. 주가는 그저 거래량의 그림자에 불과하다는 말이니 그만큼 거래량이 중요하다는 뜻. 그런데 정작 실전에서 거래량을 꼼꼼하게 따지는 투자자는 드물다. 가격의 등락과 시장분위기에 정신이 팔린 나머지 본질을 놓치는 결과가 되고 만다. 거래량지표에는 흔히 알려진 OBV 외에도 PVT, Volume Oscillator, MFI, 거래량상황지표 등 다양한 것들이 있다.

PART
6

시장강도 및
거래량지표

투자심리도

신뢰도	★★★
안정성	★★★
민감도	★★
기 간	중기 · 장기거래에 유용하다.
총 평	매우 단순한 기술적지표이지만 현재의 시장이 과열권인지 과매도권인지를 알려준다. 오랜 역사를 가지고 있는데도 지금까지 사용되고 있으니 그만큼 유용성도 있다는 증거가 된다. 다만 주가의 변동폭보다는 상승하거나 하락한 기간을 위주로 산출되므로 민감도가 낮고 정확도 역시 저하된다는 단점은 피할 수 없다.

★ 작성법 ★

투자심리도는 이름이 거창하다. 이 지표를 이용하면 주식시장에 참여하는 투자자들의 '심리'를 포착하여 주가의 향방을 알 수 있을 것이라는 착각에 빠진다. 정작 투자심리도를 계산하는 방법은 너무나도 간단하여 놀라울 정도이다. 하지만 산출하는 방법이 간단하다고 하여 지표의 효과가 떨어진다는 법칙은 존재하지 않는다. 투자심리도는 RSI, Stochastic 등 본격적인 기술적지표가 채 만들어지기 이전부터 존재해왔던 지표이다. 누가, 언제 이 지표를 만들었는지는 정확하게 알려져 있지는 않으나 기술적분석이라는 분야가 1900년대 초 찰스 다우(Charles Dow)의 다우이론에서 시작하였으니 이 지표 역시 그런 정도의 오랜 역사를 가지고 있다.

이 지표는 매우 간단한 방식으로 현재 시장의 상황이 과열, 또는 과매도국면인지의 여부를 판단한다.

투자심리도는 최근 12일 동안 상승한 날짜가 얼마나 되는지 비율로 산출한다. 예컨대 최근 12일간 상승한 일자가 9일이라면 9/12×100=75가 된다. 투자심리도를 산출하는 방법을 공식으로 나타내면 다음과 같다.

$$투자심리도 = \frac{최근\ 12일간\ 시장가격이\ 상승한\ 일수}{12} \times 100$$

★ 해석 ★

주가가 12일 내내 상승할 경우 투자심리도는 100으로 나타난다. 반대로 12일 내내 주가가 하락하면 투자심리도는 0이 된다. 전혀 불가능한 것은 아니지만 주가가 12일 내내 상승하거나 반대로 줄곧 하락하기는 힘들다. 12일 동안에 주가가 상승한 기간이 압도적으로 많으면 많을수록 현재의 주식시장은 과열권이라고 판단하여야 한다. 즉 투자심리도가 100에 근접하였다면 현재의 시장은 상승세이지만 거꾸로 그만큼 조만간 하락세로 돌아설 위험이 높은 것으로 보아야 한다.

반대로 12일 동안에 주가가 하락한 기간이 압도적으로 많으면 많을수록 현재의 주식시장은 과매도권이라고 판단하여야 한다. 즉 투자심리도가 0에 근접하였다면 현재의 시장은 하락세이지만 거꾸로 그만큼 조만간 상승세로 돌아설 가능성이 높은 것으로 보아야 한다.

★ 매매방법 ★

일반적으로 투자심리도가 75 이상이면 현재의 주식시장은 비정상적인 과열권으

투자심리도

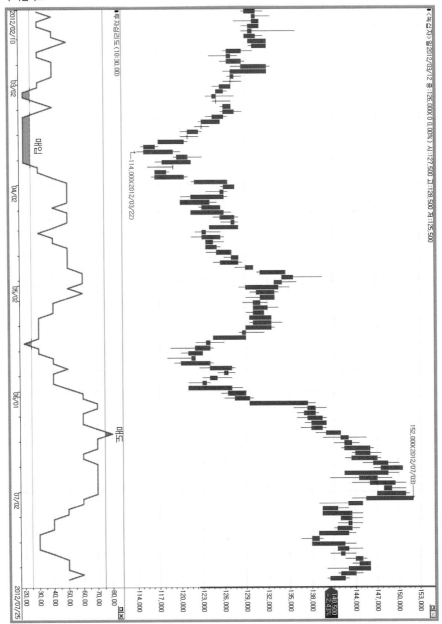

출처: 연합 인포맥스(www.einfomax.co.kr)

로 간주된다. 이것은 최근 12일 동안에 75% 이상의 기간, 즉 9일 이상 주가가 올랐다는 것을 뜻하므로 현재의 주식시장 상황에서 상승세가 지나친 것으로 판단된다. 현재의 시장은 상승세이지만 투자심리도가 75 이상이라면 재빨리 매도하여야 한다. 반면 투자심리도가 25 이하라면 현재의 주식시장은 비정상적인 과매도권으로 간주된다. 이것은 최근 12일 동안에 주가가 오른 기간은 25% 이하, 즉 3일 이하에 불과하다는 것을 뜻하므로 현재의 주식시장 상황에서 하락세가 지나친 것으로 판단된다. 현재의 시장은 하락세이지만 투자심리도가 25 이상이라면 바닥이 멀지 않았으므로 이제 매입 타이밍으로 간주된다. 다만 앞서 설명하였듯이 지표는 가격의 등락폭에는 관심이 없다. 오로지 기간만을 위주로 산출될 따름이다. 그러기에 극단적인 경우 지표가 왜곡될 우려가 있다. 예를 들어 최근 12일 동안 주가가 6일간은 하루에 고작 0.01%씩만 상승하였으나 나머지 6일간은 주가가 매일 15%씩 폭락하였다고 하자. 이 경우 주가는 전체 12일 동안 고작 0.06%(=0.01×6) 상승한 반면에, 90%(=15×6)나 추락하였다. 당연히 현재의 주가는 12일 전에 비하여 큰 폭으로 하락한 상황이다. 하지만 이 경우 상승한 날이 12일 중에서 6일이나(!) 되므로 현재의 시장상황을 투자심리도로 계산하면 50으로 나타난다. 아무 일도 없는 것 같으나 실제로 주가는 큰 폭으로 추락해 있어 하다못해 단기바닥을 찾아 매입기회를 노리는 전략이 필요하다. 결국 투자심리선의 결정적인 약점이 주가의 등락을 감안하지 않는다는 것이므로, 매매의 의사결정에 이 지표를 단독으로 사용하는 것은 위험하다. 다른 지표의 보조적인 지표로 사용되어야 한다.

누적확산지수
ACCUMULATION/DISTRIBUTION LINE

신뢰도	★★★★
안정성	★★★★
민감도	★★★
기 간	단기·장기거래 모두 사용할 수 있다.
총 평	기술적분석에서 거래량분석은 매우 중요한 의미를 가지고 있다. 바로 주가의 원동력이 거래량이기 때문이다. 주가가 상승하면서 거래량이 증가한다면 추세는 더욱 강해진다는 원리를 절묘한 방식을 통해 지표로 만들어내었다. 거래량지표로는 통상 OBV를 떠올리는데, 이 지표는 그것보다 한발 더 진보한 것이다.

★ 의의 ★

기술적분석에서 주가에 대한 분석도 중요하지만 거래량에 대한 분석도 그에 못지않게 중요하다. 주가를 움직이는 원동력이 근본적으로 거래량이기 때문이다. 그래서 일부 분석가들은 오히려 주가 분석보다는 거래량 분석을 더 강조하기도 한다. 그런데 거래량은 그것 자체만으로 분석하기 까다롭다. 마치 주가를 그냥 분석하기 어려운 것과 같다. 주가 분석을 위하여 이동평균을 산출하거나 또는 RSI 등과 같은 허다한 기술적지표를 활용하는 것처럼 거래량 분석을 위한 많은 기술적지표들이 개발되었다.

　누적확산지수(Accumulation/Distribution Line)는 OBV(On Balance Volume)과 비슷하다. OBV는 당일 종가가 전일 종가에 비하여 상승하면 그날의 거래량을 계속 더해가는 방식으로 산출한다. Accumulation/Distribution Line도 OBV와 마찬가지로 주가가 상승하기만 한다면 계속 더해가는(즉 쌓아가는) 방식으로 구해지지만, OBV와 차이라면 거래량에다 CLV라는 값을 곱하여서 더한다는 것이다.

CLV는 Close Location Value를 뜻한다.

Accumulation/Distribution Line은 Chaikin Oscillator 등을 개발한 마크 차이킨이 만들었다. 단, 이 지표는 래리 윌리엄스가 만든 Williams Accumulation/Distribution과는 전혀 다른 것이니 혼동하지 말아야 한다.

★ 산출법 ★

Accumulation/Distribution Line을 산출하는 공식은 다음과 같다.

$$CLV = \left(\frac{(당일종가 - 당일저가)-(당일고가 - 당일종가)}{당일고가 - 당일저가} \right)$$

$$AD = AD_{-1} + CLV \times 거래량$$

★ 해석 ★

산출하는 공식을 잘 살피면 이 지표가 무엇을 구하려는지 알 수 있다. Accumulation/Distribution Line은 어제의 값에다 오늘의 값을 계속 더해나가는 방식으로 구해진다. 이때 오늘의 거래량에다 CLV라는 값을 곱하면, 그것이 오늘의 Accumulation/Distribution Line이 된다. 그렇다면 CLV는 대체 무엇을 의미할까? 두 가지 경우를 상정해본다. 즉 오늘의 종가가 당일의 최고가일 경우와, 오늘의 종가가 최저가일 경우이다. 만일 오늘의 종가가 최고가라면 CLV는 어떤 값으로 구해지는가? 공식에 의하면 CLV는 +1이 된다. 그렇다면 오늘의 종가가 최저가일 때 CLV는 어떤 값으로 구해지는가? 공식에 의하면 CLV는 −1이 된다. 결국 CLV는 최대 +1에서 최소 −1의 범위에서 움직인다. 오늘의 종가가 최고가에 근접할수록 CLV는 +1에 가까워지며, 반대로 오늘의 종가가 최저가에 근접할수록 CLV는 −1에 가까워진다.

주가가 오를 때 거래량도 증가하는 것이 일반적이다. 왜냐하면 거래량이라는 것은 결국 그 주식을 사려고 시장에 진입하는 매입세력을 뜻하기 때문이다. 매입세력이 늘어날수록 거래량이 증가하는 것은 당연하다.

CLV는 오늘의 종가가 최고가에 근접할수록 +1에 가까워지도록 설계되었다. 그리고 거래량에 CLV를 곱하여 어제의 Accumulation/Distribution Line에 더한다. 따라서 오늘의 종가가 상승할수록, 또는 오늘의 거래량이 많을수록 Accumulation/Distribution Line의 값은 증가한다.

★ 매매방법 ★

Accumulation/Distribution Line을 실제로 차트에 나타내면 일반적으로 주가의 움직임과 동행하거나 선행하는 특성을 띤다. 주가가 오르면 거래량이 증가하게 마련이고 따라서 Accumulation/Distribution Line의 값도 증가하기 때문이다. 반대로 주가가 하락하면 우선 CLV의 값이 마이너스로 바뀌는 데다 거래량이 줄어들므로 Accumulation/Distribution Line의 값도 감소한다. 따라서 지표가 바로 추세의 방향을 나타낸다. 그런데 종종 주가의 움직임과 Accumulation/Distribution Line의 움직임에서 다이버전스가 나타나기도 한다. 다시 말하여 주가는 상승하는데, Accumulation/Distribution Line이 더 상승하지 못하고 횡보하거나 또는 하락한다면 이는 주가가 조만간 고점을 만들 것이라는 경계신호로 간주된다. 왜냐하면 주가의 상승에도 불구하고 거래량이 뒷받침되지 않기 때문이다. 또는 그 반대로 주가는 하락하는데 Accumulation/Distribution

누적확산지수

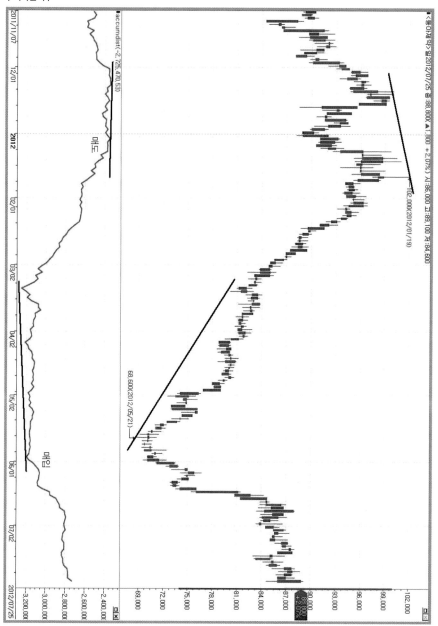

출처: 연합 인포맥스(www.einfomax.co.kr)

Line이 더 하락하지 않고 횡보하거나 오히려 상승한다면 이는 주가가 조만간 저점을 만들고 상승세로 돌아설 것이라는 강력한 신호이다. 왜냐하면 거래량이 증가하고 있다는 것은 그만큼 매입세력이 시장에 진입하고 있음을 뜻하기 때문 이다.

Accumulation/Distribution Line은 그 자체로 의미를 가지기보다는 주가와의 관계에서 다이버전스를 발견하는 것으로서의 가치가 있다. 다른 지표들의 경우 와 마찬가지로 다이버전스가 나타난다는 것은 추세가 바뀔 것이라는 매우 강력 한 신호로 여겨진다.

바이너리 파동
BINARY WAVE

3

신뢰도	★★★
안정성	★★★★
민감도	★★
기 간	중기·장기거래에 적합하다.
총 평	원래 '만장일치'는 위험하다. 의견이 한쪽으로 쏠린다는 것은 현재의 상황이 그만큼 비정상적이라는 사실을 뜻한다. 이 지표는 네 가지 보조지표로 구성되는데, 각 지표들의 의견이 서로 일치하는지 여부를 통해 매매신호를 포착한다. 한두 가지 지표로는 만족할 수 없는 투자자에게 적격인 지표. 다만 아이디어는 좋은데, 네 가지 지표의 신호를 사용하다 보니 타이밍이 다소 늦다는 단점이 있다.

★ 의의 ★

시장에는 기술적분석을 위한 수많은 지표들이 나와 있고 또 지금도 개발되고 있다. 그런데 이들 각 지표가 제시하는 매매신호가 어떤 경우에는 일치하지만 어떤 경우에는 제각각일 때도 있다. 이럴 때에는 어떻게 해야 할지 판단하기 어렵다. 예컨대 한 지표는 매입신호를 나타내고 있지만 또 다른 지표는 매도신호를 나타낸다면 과연 사야 할까 아니면 팔아야 할까? 바이너리 파동(Binary Wave)은 이런 고민을 해결하기 위하여 고안되었다.

Binary Wave는 이름 그대로 둘 중의 하나, 즉 +1과 −1의 값이 되도록 기존의 지표를 조합한 것이다.

★ 산출법 ★

Binary Wave는 MACD, 이동평균, ROC(Rate of Change), Stochastic 네 가지 지표로 구성되어 있다. 하나의 지표가 현재의 시장이 상승세라고 나타내면 +1의 값을 가지고, 반대로 현재의 시장이 하락세라고 나타내면 −1의 값을 갖는다. 그리고 그 값을 모두 합친다. 따라서 Binary Wave의 값은 최대 +4, 최소 −4의 범위에서 움직인다. Binary Wave를 구성하는 지표들과 조건은 다음과 같다.

지표	변수	상승(+1)	하락(−1)
MACD	단기 12일, 장기 26일, Signal 9일	MACD > Signal	MACD < Signal
EMA	20일 이동평균	종가 > EMA	종가 < EMA
ROC	12일	ROC > 0	ROC < 0
Stochastic %K	5일, 3일	%K > 50	%K < 50
Binary Wave		최대 +4	최소 −4

★ 해석 ★

위의 4개 지표 값이 모두 상승추세를 나타낸다면 Binary Wave의 값은 +4이고, 모두 하락추세를 나타낸다면 Binary Wave는 −4가 된다. 현실적으로 모든 지표에서 현재의 시장이 상승추세라고 나타나기는 흔한 일이 아니다. 오히려 Binary Wave의 값이 +4로 나타나고 있다면 그만큼 현재 주식시장의 상승추세가 비정상적인 상태, 즉 과열되었다고 말할 수 있다. 마찬가지 이유로 모든 지표에서 현재의 시장이 하락추세라고 나타나기도 역시 흔한 일이 아니다. 오히려 Binary Wave의 값이 −4로 나타나고 있다면 그만큼 현재 주식시장의 하락추세가 비정상적인 상태, 즉 과매도되었다고 볼 수 있다.

★ 매매방법 ★

Binary Wave의 값은 최대 +4, 최소 −4의 범위를 가진다. 하지만 조금만 생각해보면 Binary Wave의 값이 +4에서 −4까지의 모든 정수로 나타나는 것은 아니다. 그 값은 +4, +2, 0, −2, −4로 다섯 가지로만 나타난다. 예를 들어 현재의

바이너리 파동

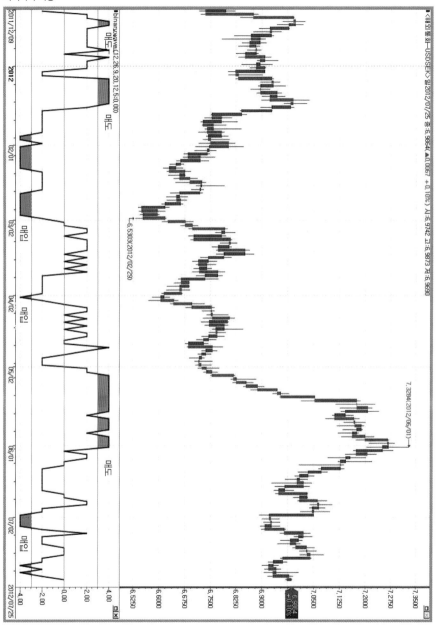

출처: 연합 인포맥스(www.einfomax.co.kr)

추세가 상승세이고, 그것이 과열되었다면 Binary Wave를 구성하는 네 가지 지표 모두 '상승'을 나타내어 Binary Wave의 값이 +4로 나타날 것이다. 그런데 그 중에서 어느 한 가지 지표가 제일 먼저 '하락'을 나타내는 방향으로 돌아섰다고 하자. 이때 Binary Wave의 값은 얼마가 될까? 나머지 세 지표는 상승을 나타내므로 그 값을 합하여 +3이고, 하락을 나타낸 지표의 값은 −1이므로 이를 모두 합치면 Binary Wave는 +2가 된다. 이번에는 또 다른 하나의 지표가 다시 '하락'을 나타내는 방향으로 돌아섰다면 Binary Wave의 값은 (+2)+(−2)=0으로 바뀐다.

결국 Binary Wave는 +4, +2, 0, −2, −4의 다섯 가지 값 외에는 나타낼 수 없다. 이 성질을 이해한다면 매매신호를 포착하기는 쉽다. 가장 손쉬운 방법은 Binary Wave가 −4를 기록하여 시장이 과매도국면이라는 것을 나타내다가, 어느 하나의 지표 신호가 '상승'으로 뒤바뀌어 −2가 되었을 때를 매입 타이밍으로 간주한다. 반대로 Binary Wave가 +4를 기록하여 시장이 과열국면이라는 것을 나타내다가, 어느 하나의 지표 신호가 '하락'으로 뒤바뀌어 +2가 되었을 때를 매도 타이밍으로 간주하는 방법이다.

Binary Wave를 구성하는 각각의 지표는 산출하는 방식이 저마다 다르므로 주가 변동에 대한 민감도도 제각각이다. 그러므로 지표들이 +4 또는 −4로 나타나면서 죄다 같은 방향을 가리키다가, 어느 하나의 지표가 다른 지표들과 반대 방향으로 돌아섰다면 그때가 결정적인 매매신호로 간주하는 것이 합리적이다. 그런데 이 방법에 따르면 매매신호가 너무 민감하게 자주 나타나는 단점이 있다. 그게 걱정이 된다면 매매신호를 조금 늦추면 된다. 즉 Binary Wave가 +2 또는 −2가 되었을 때를 매매 타이밍으로 잡지 않고, 한 번 더 기다렸다가 Binary Wave의 값이 0을 통과할 때를 매매시기로 삼는 것이다. Binary Wave가 0 아래에서 0선을 상향돌파할 때를 매입 타이밍으로 간주하고, Binary Wave가 0 위에서 0선을 하향돌파할 때를 매도 타이밍으로 간주하면 된다. 물론 0선이 돌파될 때를 매매 타이밍으로 삼으면 안정적이지만 너무 늦다는 단점이 있고, 반대로 +2 또는 −2선이 될 때를 매매 타이밍으로 삼으면 빠르기는 해도 너무 민감하여 자주 거래해야 하고, 잘못된 신호(whipsaw)를 나타내는 경우가 많다는 약점이 있다.

차이킨 자금흐름
CHAIKIN MONEY FLOW

신뢰도	★★★
안정성	★★★★
민감도	★★
기 간	중기·장기거래에 적합하다.
총 평	단순히 주가만을 분석하는 것에는 한계가 있다. 주가의 원동력은 거래량이기 때문이다. 주가가 오르면서 거래량도 증가한다면 주식시장으로 자금이 유입된다는 증거이므로 그것을 포착하기 위하여 개발되었다. 그런데 이론적으로는 최대 +1에서 최소 −1의 값을 가져야 하지만 현실적으로는 +0.25 또는 −0.25가 매매의 기준이 된다는 점에서 매매신호가 자주 나타나지 않는다는 것이 단점이다.

★ 의의 ★

주식시장의 주가를 움직이는 것은 결국 돈, 즉 자금의 흐름이다. 시장으로 자금이 유입되어야 주가가 상승할 수 있다. 반대로 주식시장으로부터 자금이 빠져나가는 상황이라면 주가가 오르기 어렵다. 그런데 주식시장에 유입되거나 또는 주식시장으로부터 빠져나가는 자금의 흐름은 어떻게 포착할까? 그게 바로 거래량이다. 거래량이 늘어난다면 그만큼 주식시장으로 돈이 흘러들어오고 있다는 증거가 된다. 차이킨 자금흐름(Chaikin Money Flow)은 거래량과 관련된 지표이다. 지표의 이름에서 알 수 있듯이 이것은 여러 가지 다양한 기술적지표를 개발한 마크 차이킨이 만들었다.

★ 산출법 ★

차이킨은 Accumulation/Distribution Line 지표도 만들었다. 그런데 거기에는 CLV, 즉 Close Location Value라는 용어가 나온다. 그는 CLV를 활용하여 오늘

의 주가가 얼마나 오르는지 그 정도를 표현하고자 하였고, 거기에 거래량을 곱하는 방식으로 시장의 자금흐름을 포착하려고 노력하였다. Chaikin Money Flow 에서도 역시 CLV가 사용된다. CLV는 당일의 종가가 당일의 고가와 저가 범위 중에서 어느 위치에 있는지를 나타내는 숫자이므로 Stochastic에서 %K와 유사하다. CLV의 값은 +1에서 −1의 범위에서 움직이는데, 예컨대 CLV의 값이 +1을 기록한다면 이는 당일의 종가가 당일의 고가와 일치한다는 것을 의미한다. 반대로 CLV의 값이 −1로 나타난다면 이는 당일의 종가가 당일의 저가와 일치한다는 것을 뜻한다. 결국 CLV의 값이 클수록 종가가 당일의 거래 범위 중에서 높은 위치에 있음을 의미한다. 주가가 오를수록 CLV의 값이 커지고, 주가가 내릴수록 CLV의 값은 작아진다. Chaikin Money Flow는 매일매일의 거래량에다 CLV를 곱하고, 이것을 거래량의 합계로 나누어서 산출된다. 이것을 공식으로 나타내면 다음과 같다.

$$CLV = \frac{(당일종가 - 당일저가) - (당일고가 - 당일종가)}{(당일고가 - 당일저가)}$$

$$CMF_i = \frac{\sum_{i-1}^{n} (CLV \times 거래량)}{\sum_{i}^{n} 거래량}$$

일반적으로 Chaikin Money Flow를 산출하는 데에는 20일의 기간이 사용된다.

Chaikin Money Flow는 20일 동안 매일매일의 거래량에다 CLV를 곱하여 그것을 모두 합한 값을, 매일의 거래량을 모두 합한 값으로 나눈 것이다. 따라서 만일 CLV의 값이 하루도 빠짐없이 매일 +1이었다면 거래량에다 CLV를 곱한 값이나 당일의 거래량이나 같아지므로 결국 Chaikin Money Flow는 +1로 계산된다. 반대로 만일 CLV의 값이 하루도 빠짐없이 매일 −1이었다면 Chaikin Money Flow는 −1로 계산된다. 따라서 Chaikin Money Flow의 값은 −1에서 +1 사이에서 움직인다. 그러나 현실적으로 CLV의 값이 하루도 빠짐없이 +1이 될 수는 없는 노릇이다. 그 말은 매일같이 그날의 종가가 장중 최고가라는 뜻이기 때문이다.

아무리 상승세라고 할지라도 종가가 최고가로 결정될 수는 없는 노릇. 마찬가지로 CLV의 값이 하루도 빠짐없이 −1이 될 수도 없다. 따라서 Chaikin Money Flow의 값이 +1 또는 −1이 되는 경우는 거의 없다. 통상 +0.25 또는 −0.25선이 매매의 기준이 된다.

★ 매매방법 ★

Chaikin Money Flow의 값이 +0.25 아래에서 0.25선을 상향돌파할 때를 매입 타이밍으로 간주하며, 반대로 값이 −0.25 위에서 −0.25선을 하향돌파할 때를 매도 타이밍으로 간주하는 방법이 보편적으로 사용된다. 아울러 주가의 움직임과 Chaikin Money Flow의 관계에서 다이버전스를 발견하는 것도 효과적이다. 그런데 Chaikin Money Flow의 경우는 다른 지표들과는 다이버전스가 다소 다르게 나타나므로 유의해야 한다.

다이버전스를 발견하기 위해서는 먼저 Chaikin Money Flow의 값 0을 기준

차이킨 자금흐름

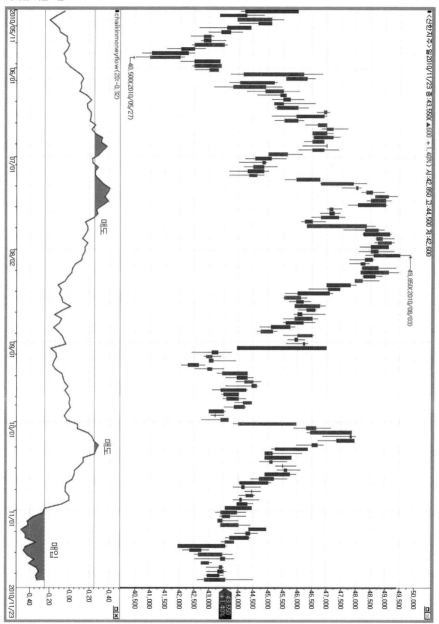

출처: 연합 인포맥스(www.einfomax.co.kr)

으로 한다. Chaikin Money Flow가 0선 위에 있다면 현재의 추세는 상승세인 것으로 간주된다. 그런데 Chaikin Money Flow의 움직임과 주가의 움직임이 다르게 나타난다면 그것이 다이버전스이다. 즉 Chaikin Money Flow는 0 이하로 이미 내려섰는데 주가는 여전히 상승하고 있다면 다이버전스이다. 조만간 상승세가 꺾이고 주가가 하락할 것이라는 강력한 신호이다. 거꾸로 Chaikin Money Flow가 0선 아래에 있다면 현재의 추세는 하락세인 것으로 간주된다. 그런데 Chaikin Money Flow는 0 이상으로 이미 올라섰는데 주가가 여전히 하락하고 있다면 다이버전스이다. 조만간 하락추세가 꺾이고 주가가 상승할 것이라는 강력한 신호이다.

자금수급지수
MONEY FLOW INDEX

5

신뢰도	★★★★
안정성	★★★★
민감도	★★★
기 간	단기·장기거래 모두 사용할 수 있다.
총 평	이 지표는 '거래량을 감안한 RSI'로 알려져 있다. 가격만을 분석하는 것이 아니라 기술적분석에서 또 하나의 중요한 요소인 거래량도 분석에 포함하였으니 그만큼 지표가 개선되었다. 지표와 주가와의 움직임이 서로 괴리를 나타내는 다이버전스를 통하여 추세전환을 정확하게 포착하는 장점이 있다. RSI와 마찬가지로 매우 안정적이다. 다만 안정적인만큼 주식시장 변화에 민감하게 반응하는 민감도가 다소 낮다.

★ 의의 ★

주식의 경우, 주가가 상승하려면 매입세력이 시장에 유입되어야 한다. 매입세력이 유입되는지의 여부는 거래량으로 파악할 수 있다. 거래량이 늘어날수록 그만큼 매입세력이 막강하다는 것을 알려준다. 자금수급지수(Money Flow Index)는 이런 배경에서 출발하였다. 그런데 이 지표는 특히 주가가 상승할 때와 하락할 때를 구분하고 있다. 주가가 상승하였을 때의 거래량에서 주가가 하락하였을 때의 거래량을 차감하는 방식인데, 그 값이 증가한다면 그만큼 매입세가 늘어난 것으로 해석한다. 이 지표는 진 쿠옹(Gene Quong)과 아브럼 소우댁(Avrum Soudack)이 공동으로 개발하였다.

★ 산출법 ★

Money Flow Index를 산출하는 방법을 공식으로 나타내면 다음과 같다.

$$Typical\ Price = \frac{당일고가 + 당일종가 + 종가}{3}$$

$$Money\ Flow = Typical\ Price \times 거래량$$

당일의 $Typical\ Price$ ≥ 전일의 $Typical\ Price$인 경우,

$$Positive\ Money\ Flow = Positive\ Money\ Flow_{-1} + Money\ Flow$$

당일의 $Typical\ Price$ < 전일의 $Typical\ Price$인 경우,

$$Negative\ Money\ Flow = Negative\ Money\ Flow_{-1} + Money\ Flow$$

$$Money\ Ratio_i = \frac{\sum_{i-n}^{i} Positive\ Money\ Flow}{\sum_{i-n}^{i} Negative\ Money\ Flow}$$

$$Money\ Flow\ Index = 100 - \left(\frac{100}{1 + Money\ Ratio}\right)$$

★ **해석** ★

Money Flow Index는 '거래량을 고려한 RSI'로 알려져 있다. RSI는 현재 주식시장의 상황이 비정상인지 아니면 정상인지를 판단하려는 지표이다. 즉 RSI의 값이 일반적으로 70 이상으로 나타난다면 현재의 주식시장은 과열국면으로 판단하고, 반대로 RSI의 값이 30 이하라면 현재의 주식시장을 과매도국면으로 판단하는 방법이다. 그런데 Money Flow Index는 RSI에다 거래량을 덧붙였다. 왜냐하면 결국 주가의 원동력은 거래량이므로 주식시장의 기술적분석에서 거래량을 무시할 수 없기 때문이다. 따라서 Money Flow Index는 RSI보다 더 개선된 지표가 되었다.

이 지표가 사실상 RSI에다 거래량을 덧붙인 것이므로 Money Flow Index의 값도 RSI처럼 0에서 100의 범위에서 움직인다.

자금수급지수

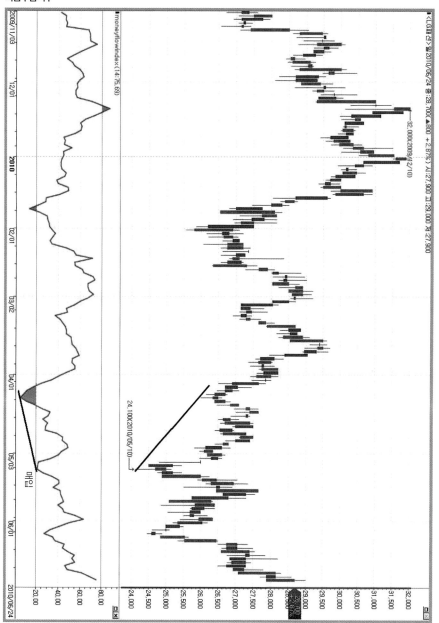

★ 매매방법 ★

Money Flow Index의 값이 80 이상이면 현재의 주식시장이 과열국면인 것으로 간주되고, 반대로 값이 20 이하를 나타내면 현재의 주식시장이 과매도국면인 것으로 간주된다. 주식시장이 과열국면일 때 매도기회를 노려야 하며, 주식시장이 과매도국면일 때 매입기회를 노려야 하는 것은 당연하다. 그러나 다른 지표들의 경우처럼 단지 Money Flow Index의 값이 80 이상이라는 이유만으로 매도하고, Money Flow Index의 값이 20 이하라는 이유만으로 매입하면 성급한 결정이 될 위험이 높다. 따라서 80 이상이더라도 일단 느긋하게 기다렸다가 Money Flow Index의 값이 80선을 하향돌파할 때를 결정적인 매도기회로 삼는 것이 더 효과적이다. 반대로 매입의 경우는 Money Flow Index의 값이 20 이하일지라도 일단 느긋하게 기다렸다가 Money Flow Index의 값이 20선을 상향돌파할 때를 결정적인 매입기회로 삼는 것이 더 효과적이다. 아울러 주가의 움직임과 Money Flow Index의 움직임 사이에서 다이버전스를 발견하는 것도 효과적이다. 주가는 상승하는데 Money Flow Index의 값은 오히려 하락한다면 이것은 조만간 상승세가 전환될 것이라는 강력한 추세반전 신호가 된다. 또는 거꾸로 주가는 하락하는데 Money Flow Index의 값은 되레 상승한다면 이것은 조만간 하락세가 바뀔 것이라는 강력한 추세반전 신호가 된다.

누적거래량
OBV, ON BALANCE VOLUME

6

신뢰도	★★★★
안정성	★★★★
민감도	★★★
기 간	중기·장기거래에 효율적이다.
총 평	거래량 분석 기술적지표 중에서 가장 오래되었다. 상승추세일 때에는 거래량이 증가하고, 하락추세일 때에는 거래량이 감소한다는 원리에서 비롯되었다. 주가가 상승하면 그날의 거래량을 더하고, 주가가 하락하면 그날의 거래량을 빼는 단순한 방식이지만 시장의 흐름을 정확하게 포착하는 장점을 가진다. 일관된 기준일자가 없이 분석가가 재량으로 설정하여야 한다는 것이 단점이며 과열, 과매도 등의 비정상적인 상황을 잡아내지 못하는 것도 역시 단점의 하나이다.

★ 의의 ★

누적거래량(OBV, On Balance Volume)은 대표적인 거래량지표이다. 1963년에 개발되어 지금까지 사용되고 있다. 현존하는 거래량지표 중에서 가장 오래되었을 만큼 전통적인 기법이다. '주가는 거래량의 그림자이다' 는 말이 있듯이 주식시장에서의 거래량은 주가를 예측하는 데에 좋은 지표로 작용한다. 통상적으로 상승추세일 때에는 거래량이 증가하고, 하락추세일 때에는 거래량이 감소한다. 주가가 상승할 때에는 매입하는 측에서 적극적으로 덤비기 때문에 거래량이 증가하게 마련이며, 반대로 주가가 하락할 때에는 매도하는 측에서도 적극적으로 나서지 않으므로 거래량은 감소하는 법이다. OBV의 이름이 지닌 원래의 뜻은 균형(Balance), 즉 매수세와 매도세 간의 균형을 거래량을 통하여 파악하려는 것이다. OBV는 가격이 상승한 날의 거래량은 더해가고, 가격이 하락한 날의 거래량은 차감하는 단순한 방법으로 산출한다. 조셉 그랜빌(Joseph Granville)이 1963년에 개발하여 발표하였다.

OBV를 산출하는 공식은 다음과 같다.

> 당일종가 ≥ 전일종가일 경우 : $OBV = OBV_{-1} +$ 당일거래량
> 당일종가 〈 전일종가일 경우 : $OBV = OBV_{-1} -$ 당일거래량

★ 해석 ★

OBV를 계산하는 방법은 매우 단순하다. 주가가 상승하면 어제의 OBV에다 오늘의 거래량을 더하면 된다. 반대로 주가가 내리면 어제의 OBV에다 오늘의 거래량을 뺀다. 따라서 주가가 상승할수록 OBV는 증가하게 되어 있다. 그런데다 주가가 상승하는 날 거래량이 늘어나면 OBV는 더욱더 증가한다. OBV를 해석하는 방법에는 두 가지 길이 있다.

첫째로, '주가는 거래량의 그림자' 라는 말처럼 주가는 거래량을 후행한다. 거래량이 먼저 움직이고, 그 뒤를 따라서 마치 그림차처럼 주가가 움직인다. OBV는 거래량을 토대로 만들어졌으므로 당연히 주가를 선행하여 움직인다. OBV의 움직임으로 향후 추세를 예측할 수 있다. 특히 전고점이나 전저점을 돌파하는지 여부가 OBV의 해석에 중요한 역할을 차지한다. OBV가 상승추세이면서 전고점을 상향돌파하면 주가도 전고점을 상향돌파할 것으로 예측된다. 그만큼 거래량이 늘어나고 있다는 증거가 되기 때문이다. 마찬가지로 OBV가 하락추세이면서 전저점을 하향돌파하면 주가도 전저점을 하향돌파할 것으로 예측된다.

둘째로, OBV와 주가와의 관계에서 다이버전스를 발견하는 것도 중요하다. 다이버전스가 나타나는 것은 추세전환을 알리는 중요한 신호이다. 다만 OBV의

누적거래량

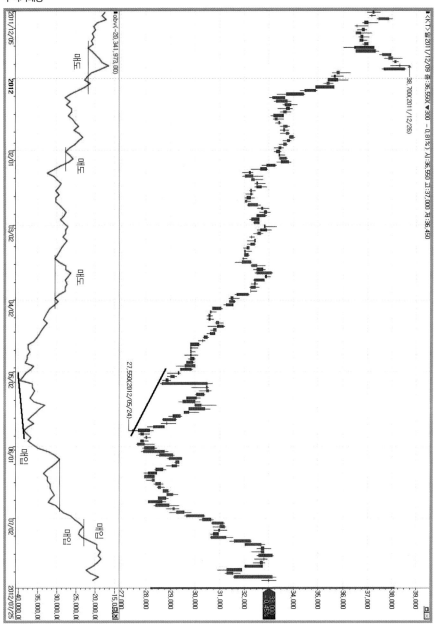

절대적인 수준은 전혀 의미가 없다. OBV는 일정한 범위에서 등락을 거듭하는 것이 아니라 거래량의 누적치이다. 그러므로 언제부터 OBV를 산출하였는지에 따라, 즉 기산점에 따라 OBV의 값이 다를 수밖에 없다.

★ 매매방법 ★

거래량이 주가를 선행하듯이 OBV 역시 주가를 선행한다. 그러므로 OBV의 움직임을 잘 살피면 앞으로 주가가 오를 것인지 내릴 것인지 예측할 수 있다. 특히 전고점이나 전저점의 돌파여부를 살피는 것이 매우 중요하다. 만일 OBV가 전고점을 뚫고 상승세를 이어간다면 주가도 전고점을 넘어 상승세를 이어갈 것으로 예상된다. 반대로 OBV가 전저점을 무너뜨리고 하락세를 이어간다면 주가도 전저점을 돌파하여 하락세를 이어갈 것으로 예상하는 것이 합당하다.

또한 OBV와 주가와의 관계에서 다이버전스가 나타날 때마다 매매 타이밍으로 간주하여야 한다. 예컨대 주가는 계속 상승하는데, OBV가 더 이상 상승하지 못하고 횡보양상을 나타내거나 심지어 하락한다면 이는 강력한 추세전환 신호이다. 조만간 상승추세는 끝나고 하락추세가 시작된다는 신호로 간주되므로 매도 타이밍이다. 반대로 주가는 계속 하락하는데 OBV가 더 이상 하락하지 않고 횡보양상을 나타내거나 또는 상승한다면 역시 강력한 추세전환 신호이다. 조만간 하락추세는 끝나고 상승추세가 시작된다는 신호로 간주되므로 매입 타이밍이다.

거래량비율 오실레이터
PVO, PERCENTAGE VOLUME OSCILLATOR

7

신뢰도	★★★★
안정성	★★★
민감도	★★★★
기 간	중기 · 장기거래에 더 적합하다.
총 평	거래량이 주가를 선행한다는 것은 만고불변의 진리이다. 이 지표는 단기거래량 이동평균과 장기거래량 이동평균을 서로 비교하는 방식으로 거래량의 증감 여부를 확인하려고 개발되었다. 오래전부터 사용되던 전통적인 지표인지라 누가 개발하였는지 알려지지 않았을 정도. 주가변동에 민감하게 반응하면서 안정성도 높다.

★ 의의 ★

거래량비율 오실레이터(Percentage Volume Oscillator)는 이름 그대로 거래량의 증감 여부를 측정하려는 지표이다. 거래량 분석지표들은 공통적으로 거래량이 증가하는지 여부를 추세 강화의 신호탄으로 삼는다. 그리고 거래량이 감소하는 시점을 추세가 변화하는 타이밍으로 간주한다. 거래량이야말로 추세의 원동력이기 때문이다. 따라서 기술적분석에서 거래량은 주가의 선행지표로 사용되는 경우가 많다. 그만큼 중요한 의미를 가진다. 거래량이 증가한다는 것은 그만큼 매입세가 많이 시장에 유입되는 현상으로 해석된다. 반대로 거래량이 감소하면 매입세가 줄어드는 것이므로 주가에는 당연히 악영향을 끼칠 것이다.

이 지표는 거래량의 증가 여부를 측정하기 위하여 단기거래량 이동평균에서 장기거래량 이동평균을 차감하는 방식을 채택하고 있다. 최근의 거래량이 증가하고 있다면 그것은 즉각 단기거래량 이동평균에 반영될 것이고 장기거래량 이동평균에는 서서히 반영될 것이다.

따라서 단기거래량 이동평균에서 장기거래량 이동평균을 차감한 값이 증가하고 있다면 그것은 현재의 거래량이 증가하고 있다는 증거가 된다. 물론 매일매일의 거래량을 확인하여도 되지만 거래량의 변화가 들쑥날쑥하므로 매일매일의 거래량을 비교해서는 일정한 흐름을 파악하기 어렵다. 따라서 거래량의 추이를 좀 더 정확하게 파악하기 위하여 이동평균을 사용하는 것이다. PVO는 오래전부터 기술적분석가들 사이에서 사용되던 것으로 누가 처음으로 개발하였는지는 알려지지 않았다.

★ 산출법 ★

PVO는 기본적으로 단기거래량 이동평균에서 장기거래량 이동평균을 차감하는 방식으로 산출된다. 그리고 그 값을 단기거래량 이동평균으로 나눈다. 그런데 여기서 주의해야 할 것은, 이동평균을 계산할 때 단순이동평균 또는 산술이동평균이 아니라 지수이동평균을 사용한다는 사실이다. 지수이동평균은 가중이동평균의 일종으로 이동평균의 약점인 후행성을 완화하는 특성을 가지고 있다. PVO를 산출하는 공식은 다음과 같다.

$$PVO = \frac{\text{단기거래량 지수이동평균} - \text{장기거래량 지수이동평균}}{\text{단기거래량 지수이동평균}} \times 100$$

일반적으로 단기이동평균의 기간은 5일, 그리고 장기이동평균의 기간으로는 20일이 사용된다.

이론적으로 말하여 PVO의 최대값은 100이지만 최소값은 정해지지 않는다. 극단적인 경우를 생각해보자. 만일 장기거래량 이동평균의 값이 0에 근접한다면 공식에 의할 때 PVO는 100에 근접한다. 반면 또 다른 극단적인 경우로서 단기거래량 이동평균이 0에 근접하면 어떨까? 공식에 의한다면 PVO는 마이너스 무한대의 값이 될 것이다. 따라서 PVO는 특정한 범위에서 등락하는 지표는 아니다. 오히려 PVO에서 주목해야 할 것은 PVO가 0선을 상향돌파하거나 또는 하향돌파하는지 여부이다. 이때 PVO의 값이 0선을 상향돌파한다는 것은 그 값이 마이너스에서 플러스로 바뀌었다는 것이고, 이는 단기거래량 지수이동평균의 값이 장기거래량 지수이동평균의 값보다 크다는 것을 뜻한다. 다시 말하여 최근에 거래량이 증가하고 있음을 나타낸다. 따라서 상승추세를 의미한다.

반대로 PVO의 값이 0선을 하향돌파한다는 것은 그 값이 플러스에서 마이너스로 바뀌었다는 것이고, 이는 단기거래량 지수이동평균의 값이 장기거래량 지수이동평균의 값보다 적다는 것을 뜻한다. 다시 말하여 최근에 거래량이 감소하고 있음을 나타내며, 하락추세를 의미한다.

★ 매매방법 ★

일반적으로 주가가 오르면 거래량도 증가하고, 주가가 내리면 거래량도 감소한다. 주가 추세가 상승세일 때 PVO의 추세도 상승세이고 주가 추세가 하락세일 때 PVO의 추세도 하락세이다. 원래 거래량은 주가를 선행하는 법이므로 상승하던 주가가 하락할 때에는 거래량이 먼저 줄고 그러다가 주가가 뒤를 따른다. 따라서 상승하던 PVO의 추세가 하락세로 뒤바뀌는 순간이 매도 타이밍이다.

거래량비율 오실레이터

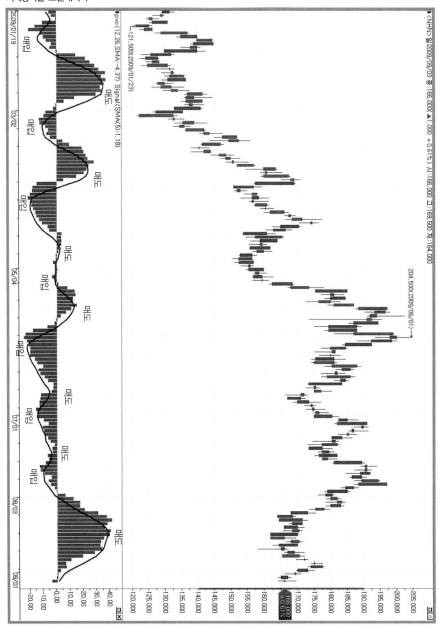

출차: 연합 인포맥스(www.einfomax.co.kr)

반대로 하락하던 PVO의 추세가 상승세로 뒤바뀌는 순간이 매입 타이밍이다. 그런데 현실적으로 단순히 PVO의 움직임만으로 매매 타이밍을 찾기는 어렵다. 따라서 PVO의 이동평균, 즉 시그널곡선을 산출하여 그 곡선과 PVO이 서로 교차할 때를 매매 타이밍으로 간주한다. PVO가 시그널곡선을 상향돌파할 때가 매입, PVO가 시그널곡선을 하향돌파할 때가 매도 타이밍이다.

알려지지 않은, 알려지지 않은 것

미국의 국방장관을 지낸 도널드 럼즈펠드는 이런 말을 한 적이 있다. "세상에는 '알려진, 알려진 것 (known knowns)'이 있다. 우리가 그게 무엇인지 아는 것이다. 그리고 세상에는 '알려진, 알려지지 않은 것(known unknowns)'이 있다. 우리가 그게 무엇인지 모르는 것이다. 하지만 세상에는 '알려지지 않은, 알려지지 않은 것(unknown unknowns)'도 존재한다. 그것은 우리가 그게 무엇인지 모른다는 사실조차 모르는 것이다."

이거야 원… 선문답 같아서 그 뜻을 쉽사리 해득하기 어렵다. 난해하다. 그래도 외계인의 말은 아닌 지라 해석은 된다. 이런 뜻이다. 특히 위험이라는 주제를 놓고 보면 이해하기 쉽다. '알려진, 알려진 일'이란 우리가 일어날 것을 알고 있는 위험이다. 예컨대 운전하면서 곡선으로 된 도로이다. 직선으로 달리면 도로를 벗어나므로 운전자라면 누구나 핸들을 돌려 커브 길에 대비한다. 비교적 쉽다.

두 번째로 '알려진, 알려지지 않은 것'이란 일어날 수 있다고 생각하지만 실제로 언제, 어떻게 일어날지 모르는 위험이다. 이를테면 교통사고 같은 것이다. 우리가 언제 사고가 날지 미리 안다면 당연히 그 시간에는 운전하지 않을 것이다. 그러나 우리는 사고가 있을지 여부를 미리 알 수 없다. 그렇기에 자동차 보험에 가입하여 대비한다.

세 번째 범주인 '알려지지 않은, 알려지지 않은 것'은 훨씬 어렵다. 우리가 전혀 모르고 있는 위험이다. 심지어 그게 무엇인지 도무지 상상할 수 없다. 당연히 사전에 대비할 수도 없다. 9 · 11 테러 공격은 '알려지지 않은, 알려지지 않은 것'의 대표적인 사례이다. 그 누구도 테러리스트들이 비행기를 납치해 마치 미사일처럼 빌딩에 부딪치리라고는 생각하지 못했다.

시장에는 온갖 '알려진, 알려지지 않은' 위험들이 존재한다. 환율이나 주가가 변동할 것이라는 사실은 누구나 다 알지만, 이 환율이나 주가는 종종 별일이 없는데도 대단히 큰 폭으로 움직여서 우리를 놀라게 한다. 그 폭이나 방향은 사전에 전혀 알려지지 않는다. 게다가 시장에는 '알려지지 않은, 알려지지 않은' 위험도 수두룩하다. 그 누구도 도이치증권의 조작으로 옵션만기일 마감 동시호가에서 지수가 50포인트나 추락할지 예상하지 못하였고, 연평도에서 포격전이 벌어질 것이라고는 알기 어려웠다. 사전에 전혀 상상하지 못하였던 사건이 벌어질 때마다 시장은 크게 춤을 춘다. 이럴 때마다 나는 과연 '시장을 예측하는 일이 가능한가?' 라고 생각해본다. 시장을 정확히 예측하기란 아마도 영원히 불가능할 것이다. 신도 아닌데, 미래의 일을 정확히 알아낼 수는 없다. 그럼에도 불구하고, 우리는 앞날을 알고 싶어 한다. 투자자들이 기술적분석에 매달리는 것도 결국은 주가의 앞날이 궁금하기 때문이다.

사실을 말한다면, 기술적분석은 완벽하지 않다. 종종 틀린다. 왜냐하면 우리가 모르는 수많은 일들이 존재하기 때문이다. 그럼에도 불구하고 기술적분석을 하는 것은, 시장의 분위기 또는 추세를 파악하기 위해서이다. 앞날을 정확히 예측할 수는 없으나 시장의 흐름과 동반한다면 투자에서 이길 승산이 높기 때문이다. 그게 기술적분석의 키포인트이다. 비록 종종 틀리더라도 우리가 기술적분석에 매력을 느끼는 이유이다.

거래량추세지수

PVT, PRICE VOLUME TREND

8

신뢰도	★★★★
안정성	★★★★
민감도	★★★★
기 간	중기·장기거래에 더 적합하다.
총 평	OBV를 한 단계 개선한 지표이다. OBV에서는 당일의 주가가 큰 폭으로 오르건 또는 미미하게 오르건 차이가 없었다. 주가가 오르기만 하면 어제의 OBV에다 당일의 거래량을 더하였다. 그러나 이 지표는 주가의 변동률도 고려하므로 OBV의 장점을 그대로 보유하면서도 동시에 지표가 더 정교해져 민감도가 강화되었다.

★ 의의 ★

PVT는 거래량추세지수로서 Price Volume Trend의 약자이다. 이름으로 보아서는 주가와 거래량의 추세를 나타내는 지표처럼 생각된다. 그런데 실제로 PVT는 앞서 살펴본 OBV와 유사한 지표이다. 다만 산출하는 방식이 조금 다르다. OBV에서는 종가를 기준하여 당일의 종가가 전일에 비하여 상승하였을 경우 당일의 거래량을 전일의 OBV에 더하고, 반대로 당일의 종가가 전일에 비하여 하락하였을 때에는 당일의 거래량을 전일의 OBV에서 빼는 방식으로 매일매일의 OBV를 쌓아나간다. PVT도 주가가 상승한 날의 거래량을 더하고, 주가가 하락한 날의 거래량을 빼는 것은 OBV와 똑같다. 다만 거래량을 단순히 그냥 더하는 것이 아니라 어제와 오늘 사이의 주가 변동률을 거래량에다 곱한다는 점이 다르다.

★ 산출법 ★

PVT를 산출하는 공식은 다음과 같다.

$$PVT = PVT_{-1} + 거래량 \times \frac{당일종가 - 전일종가}{전일종가}$$

★ 해석 ★

앞서 설명하였듯 PVT에서는 OBV에서처럼 거래량을 매일 쌓아가는 것이 아니라, 어제와 오늘 사이 주가의 변동률을 거래량에다 곱한 값을 매일 쌓아간다. 따라서 PVT의 값이 증가하려면 주가가 어떻게 되어야 할까? 물론 주가가 어제에 비하여 상승하면 어제의 PVT에다 오늘의 PVT를 더하므로 PVT는 증가할 것이다. 이때 당일의 거래량이 크게 증가하면 증가할수록 PVT의 값은 늘어난다. 아울러 하루 동안의 주가 상승률이 커져도 역시 PVT의 값이 증가한다.

OBV에서는 종가를 기준하여 주가가 당일에 상승하였는지 하락하였는지에 따라 당일의 거래량만을 단순히 어제의 OBV에다 더하거나 빼는 방식이었다. 따라서 주가가 미미하게 상승하건 또는 큰 폭으로 상승하건 차이가 없었다. 하지만, PVT의 경우는 변동률을 곱하므로 주가의 변동률로 영향을 미친다. 그만큼 지표가 더욱 정교해졌다. 아울러 산출방법도 간편해졌다. OBV의 경우는 전일에 비하여 당일의 주가가 올랐는지 여부를 반드시 확인해야 했다. 그런 연후에 당일의 거래량을 어제의 OBV에다 더하든지 또는 빼든지 해야 했다. 그러나 PVT에서는 종가가 상승하였는지 여부를 굳이 확인해야 할 필요가 없다. 변동률을 계산하기 때문이다.

당일의 종가가 전일 종가보다 높다면 변동률의 부호는 플러스(+)가 될 것이므로 공식에 의한다면 당연히 어제의 PVT에다 당일의 PVT를 더하는 결과가 된다. 그리고 반대로 당일의 종가가 전일보다 낮다면 변동률의 부호는 마이너스(-)가 될 것이므로 전일의 PVT에서 당일의 PVT를 빼는 결과가 되기 때문이다.

★ 매매방법 ★

PVT의 해석은 OBV와 다를 바 없다. 즉 전고점, 전저점의 돌파여부를 확인하는 방법이 있으며 또는 주가와 다이버전스를 찾는 방법도 가능하다. 만일 PVT가 전고점을 뚫고 상승세를 이어간다면 주가도 전고점을 넘어 상승세를 이어갈 것으로 예상된다. 반대로 PVT가 전저점을 무너뜨리고 하락세를 이어간다면 주가도 전저점을 돌파하여 하락세를 이어갈 것으로 예상하는 것이 합당하다. 또한 PVT와 주가와의 관계에서 다이버전스가 나타날 때마다 매매 타이밍으로 간주하여야 한다. 예컨대 주가는 계속 상승하는데, PVT가 더 이상 상승하지 못하고 횡보양상을 나타내거나 심지어 하락한다면 이는 강력한 추세전환 신호이다. 조만간 상승추세는 끝나고 하락추세가 시작된다는 신호로 간주되므로 매도 타이밍이다.

반대로 주가는 계속 하락하는데 PVT가 더 이상 하락하지 않고 횡보양상을 나타내거나 또는 상승한다면 역시 강력한 추세전환 신호이다. 조만간 하락추세는 끝나고 상승추세가 시작된다는 신호로 간주되므로 매입 타이밍이다.

거래량추세지수

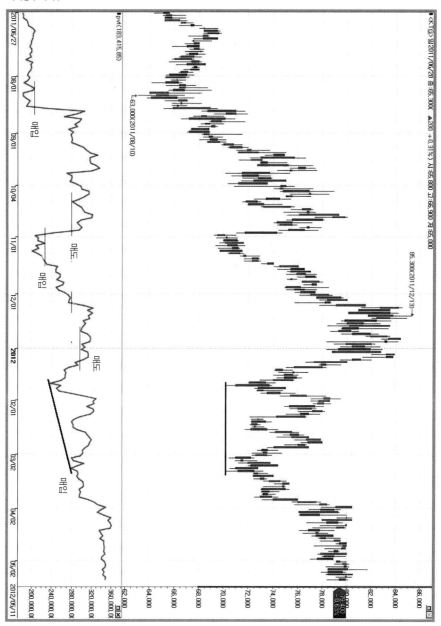

출처: 연합 인포맥스(www.einfomax.co.kr)

거래량상황지표
PRICE VOLUME RANK

신뢰도	★★
안정성	★★
민감도	★★★
기 간	중기·장기거래에 적합하다.
총 평	이 지표는 단순하다. 주가의 방향과 거래량의 증감 여부를 따져 주가도 오르고 거래량도 늘어나면 1번 상황이라고 간주하는 식이다. 복잡한 계산이 전혀 필요 없다. 단순하다는 장점이 있으나 반면 세밀하지 못하다는 단점은 치명적이다. 종종 잘못된 매매신호를 나타내는 것은 피할 수 없다.

★ **의의** ★

거래량상황지표(Price Volume Rank)는 1994년에 앤토니 마첵(Anthony J. Macek)이 개발하였다. 이 지표는 너무나도 간단하여 컴퓨터나 계산기가 없더라도 쉽게 계산할 수 있다. 주식시장에서 발생할 수 있는 네 가지 상황에다 각각 1, 2, 3, 4라는 값을 지정하는 것이 전부이다. 주식시장에서 발생할 수 있는 네 가지 상황이란 주가가 상승하는 경우와 하락하는 경우, 그리고 거래량이 전일에 비하여 증가하는 경우와 감소하는 경우를 말한다. 따라서 '경우의 수'를 따진다면 모두 2×2=4가지의 경우가 발생한다.

★ **산출법** ★

Price Volume Rank는 각각의 경우에 따라 다음 표처럼 1에서 4까지의 값을 갖는다. 예를 들어 전일에 비하여 주가가 오르면서 동시에 거래량도 증가한 경우라면 1이 되고, 주가는 올랐는데 거래량은 전일에 비하여 줄었다면 2가 되는 식이다.

주가	거래량	Price Volume Rank
당일종가 > 전일종가	당일거래량 > 전일거래량	1
당일종가 > 전일종가	당일거래량 < 전일거래량	2
당일종가 < 전일종가	당일거래량 < 전일거래량	3
당일종가 < 전일종가	당일거래량 > 전일거래량	4

★ 해석 ★

이 지표의 해석 역시 단순하다. Price Volume Rank가 2.5 이하일 때는 매입 타이밍이고, 반대로 Price Volume Rank가 2.5 이상일 때는 매도 타이밍으로 간주한다. 찬찬히 생각해보자. Price Volume Rank가 2.5 이하라는 것은 결국 Price Volume Rank가 3이었던 상황에서 2로 넘어갈 때라는 의미이다. 이는 이제까지 주가는 전일에 비하여 하락하고 거래량도 부진하던 상황에서 벗어나 주가가 상승하기 시작하는 타이밍이다. 매입시기라고 간주할 수 있다. 거꾸로 Price Volume Rank가 2.5 이상이라는 것은 결국 Price Volume Rank가 2였던 상황에서 3으로 넘어갈 때라는 말이 된다. 이는 이제까지 주가는 전일에 비하여 내내 상승하고 거래량도 늘어나던 상황에다가 처음으로 주가가 하락하기 시작하는 타이밍이다. 매도시기라고 간주할 수 있다.

★ 매매방법 ★

앞서 설명하였듯이 2.5선이 매매 여부를 결정하는 기준이 된다. 즉 Price Volume Rank 곡선이 3에서 2로 하락할 때가 매입 타이밍이고, 반면 Price Volume Rank 곡선이 2에서 3으로 상승할 때가 매도 타이밍이다. 다만, 이 지표는 너무나도 단순한 나머지 다른 요소들을 전혀 고려하지 않고 오로지 주가의 방향과 거래량의 증감 여부만을 따지고 있다. 그러다 보니 주가가 소폭 상승하였던 대폭

거래량상황지표

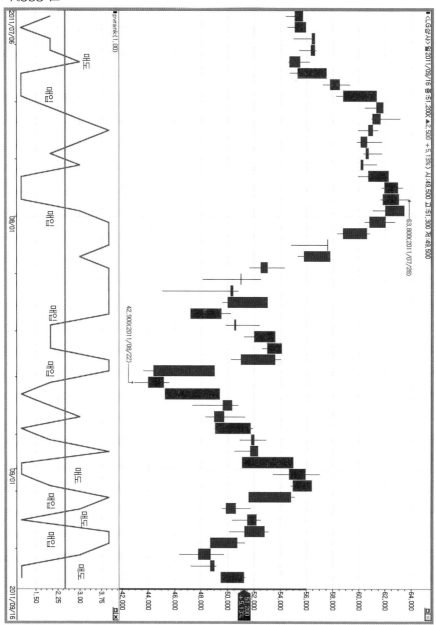

출처: 연합 인포맥스(www.einfomax.co.kr)

상승하였건 차이가 없다. 아울러 거래량의 경우도 전일 대비 거래량이 대폭 증가하거나 소폭 증가하거나, 지표로써는 차이를 나타낼 수 없다. 무엇보다도 지표의 산출방법이 단순하기 때문이다. 단순한 것은 좋기도 하지만 반면에 세밀하지 못하다는 단점도 있다. 결국 이 지표의 매매신호는 세밀하지 못한 탓에 종종 잘못된 신호(whipsaw)를 나타내는 경우도 많으니 주의해야 한다.

추세 점수
TREND SCORE

신뢰도	★★★
안정성	★★
민감도	★★★
기 간	중기·장기거래에 적합하다.
총 평	이 지표 역시 산출방법은 매우 단순하다. 과장한다면 '손가락 셈법'도 불필요할 정도이다. 주가가 오른 날은 (+1), 주가가 내린 날은 (−1)로 계산하여 5일 동안의 값을 모두 더하는 것이 계산방법의 전부이다. 단순하지만 그래도 일관된 매매신호를 나타낸다. 물론 세밀하지 못하다는 단점은 어쩔 수 없다.

★ 작성법 ★

추세 점수(Trend Score), 이 지표도 이름은 그럴 듯하게 보이지만 내용은 별 게 아니다. 앞에서 살펴보았던 Price Volume Rank와 같이 매우 간단한 지표이다. 더구나 Price Volume Rank는 그래도 '경우의 수'를 따지기라도 하였지. 이 지표는 그런 일조차 없다. Price Volume Rank를 계산하는 데에는 정말 컴퓨터는 고사하고 계산기조차 필요하지 않다. 좀 과장한다면 '손가락 셈'으로도 가능하다.

Trend Score는 이름 그대로 추세의 '점수'를 구하려는 지표이다. 주가가 같은 방향으로 움직일수록 추세는 더욱 강력하다고 판단된다. 추세의 점수, 즉 강도를 측정하려는 것이 이 지표의 의도인데, 다른 지표들과는 달리 산출방법이 너무나도 간단한 것이 특징이다.

★ 산출법 ★

주가는 종가 기준으로 보아 두 가지 경우의 수 중에서 하나가 될 것이다. 즉 당일의 종가가 전일 종가에 비하여 상승하는 경우, 그리고 당일의 종가가 전일 종가에 비하여 하락하는 경우이다. Trend Score를 산출하려면 먼저 Trend 값을 구하는데, 주가가 상승한 날(보합인 날 포함)의 Trend는 +1, 주가가 하락한 날의 Trend는 −1로 설정한다. 그리고 Trend Score는 매일매일의 Trend를 일정한 기간 합한 것으로 산출된다. 기간으로는 통상적으로 5일이 사용된다. 따라서 최근 5일 동안 주가가 내내 상승하였다면 Trend Score는 +5가 될 것이다. 매우 쉽다. 이를 공식이라고 할 것도 없겠지만 이를 공식으로 나타낸다면 다음과 같다.

$$당일종가 \geq 전일종가일 \ 경우, \ Trend = +1$$
$$당일종가 < 전일종가일 \ 경우, \ Trend = -1$$
$$Trend \ Score_i = \sum_{i-n}^{i} Trend$$

★ 해석 ★

단순하지만 그렇다고 영 엉망은 아니다. 오히려 앞서 Price Volume Rank는 수많은 휩소로 인하여 불안정하였으나 이 지표는 그것보다 훨씬 안정적이다. Trend Score는 일단 추세의 흐름을 나타낸다. 최근 5일 동안에 주가가 상승한 날은 플러스(+)의 값을 가지고, 주가가 하락한 날은 마이너스(−)의 값을 가지며, 이것들을 모두 합한 것이 Trend Score이다. 따라서 Trend Score가 플러스의 값을 가진다는 것은 최근 5일 동안 주가가 상승한 날이 주가가 하락한 날에 비하여 더 많다는 의미이다. 즉 현재의 추세가 상승세라는 것을 뜻한다. 반대로 Trend Score가 마이너스의 값을 가진다는 것은 최근 5일 동안 주가가 하락한 날이 주가가 상승한 날에 비하여 더 많다는 의미이다. 현재의 추세가 하락세라

추세 점수

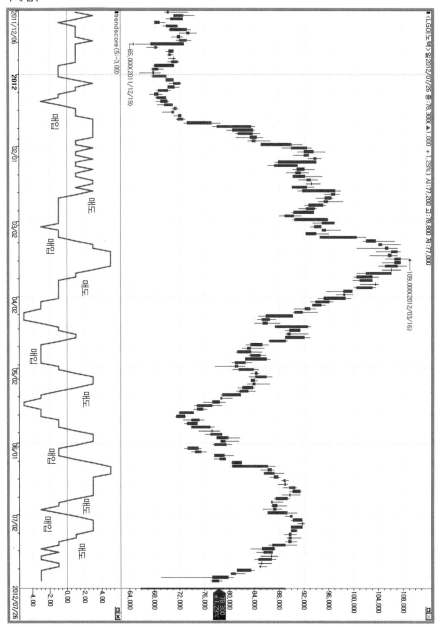

출처: 연합 인포맥스(www.einfomax.co.kr)

는 것을 뜻한다.

또한 최근 5일을 기준으로 Trend Score를 산출할 경우, 그 값은 −5에서 +5까지의 모든 정수 값으로 나타나지는 않는다. 5일 동안 주가가 모두 올랐다면 Trend Score는 +5가 되지만, 5일 동안 주가가 4일 오르고 1일은 내렸다면 Trend Score는 (+4)+(−1)=+3의 값을 가진다. 그리고 5일 동안 주가가 3일 오르고 2일은 내렸다면 Trend Score는 (+3)+(−2)=+1의 값을 가진다. 같은 원리로 계산한다면 주가가 전체적으로 하락하였을 경우 Trend Score는 각각 −5, −3, −1이 된다.

★ 매매방법 ★

추세가 하락세였다가 상승세로 뒤바뀔 때가 매입 타이밍이 되는 것이고, 반대로 추세가 상승세였다가 하락세로 뒤바뀔 때가 매도 타이밍이 된다. Trend Score에서는 통상적으로 0선을 기준으로 한다. Trend Score가 0선을 아래쪽에서 위로 상향돌파하면 매입 타이밍으로 간주하고, 반대로 Trend Score가 0선을 위쪽에서 아래로 하향돌파하면 매도 타이밍으로 삼는다.

윌리엄스 누적확산지수

WILLIAMS AD, ACCUMULATION DISTRIBUTION

신뢰도	★★★★
안정성	★★★★
민감도	★★★
기 간	다이버전스를 찾는 것이 주된 목적이므로 장기거래에 사용된다.
총 평	전일과 당일 사이의 진정한 주가 상승폭이나 하락폭의 변화를 살펴서 추세전환 여부를 파악하려는 지표이다. 왜냐하면 진정한 주가의 상승폭이나 하락폭이야말로 시장의 에너지이기 때문이다. 이 지표는 매매지표는 아니며 주가와 지표와의 관계에서 다이버전스를 찾는 것이 주된 목적이다. 신뢰도는 높으나 매매신호를 자주 나타내지 못하는 것이 단점이다.

★ 작성법 ★

Williams AD는 Williams Accumulation Distribution의 약자이다. Accumulation 이란 주가의 상승 에너지가 계속 쌓여가는 것을 의미하고, Distribution은 상승 에너지가 고점에 이르러 분산, 즉 흐트러지는 것을 말한다. 달리 표현한다면 Accumulation은 상승세를 의미하고, Distribution은 하락세를 의미한다. Williams AD 는 주식시장의 상승강도를 측정하려는 지표이다. 주식시장에서 주가는 결국 전일과 비교하여 상승하거나 하락하는 두 가지의 경우만 있다. 이때 상승세가 계속 이어지려면 주식시장 내부의 상승 에너지, 즉 상승강도가 계속 늘어나야 한다. 어느 시점에서 상승강도가 더 증가하지 못하고 약화된다면 주가는 결국 상승을 멈추고 하락할 수밖에 없다. 결국 현재의 주식시장에서 상승추세를 밀어 올리는 힘, 또는 상승강도를 제대로 측정한다면 추세의 향방을 쉽게 예측할 수 있겠다. 이 지표는 상승강도가 점점 더 쌓여가는지 아니면 흐트러지는지를 알아내려는 목적으로 Williams %R을 만든 래리 윌리엄스가 개발하였다.

★ 산출법 ★

Williams AD를 산출하는 공식은 다음과 같다.

> 당일종가 > 전일종가일 경우,
> $$AD = AD_{-1} + 당일종가 - min(당일저가, 전일종가)$$
> 당일종가 < 전일종가일 경우,
> $$AD = AD_{-1} + 당일종가 - max(당일고가, 전일종가)$$
> 당일종가 = 전일종가일 경우,
> $$AD = AD_{-1}$$

★ 해석 ★

공식이 복잡해 보이지만 찬찬히 살피면 어려운 것은 아니다. 주식시장에서 주가는 전일에 비하여 오르거나, 내리거나, 또는 변함이 없는 세 가지 경우일 것이다. 각각의 상황에서 Williams AD가 어떻게 산출되는지 알아보자. 먼저 전일에 비하여 주가가 올랐을 경우, 이때의 Williams AD는 증가한다. 공식에 따라 전일의 AD에다 하루 동안의 주가 상승폭을 더하기 때문이다. 그런데 여기서 주가의 상승폭은 일반적인 경우처럼 종가를 기준으로 산출하지 않는다. 주가가 상승할 경우, 당일의 종가에서 '전일의 종가와 당일의 저가 중에서 낮은 것'과의 차이를 상승폭(accumulation)으로 간주한다. 결국 진정으로 주가가 하루 동안 얼마나 올랐는지를 따지려면 단순히 종가만을 비교해서는 안 된다는 것이다. 만일 전일의 종가에 비하여 당일의 장중저가가 더 낮았다면 그것을 기준으로 종가가 얼마나 올랐는지 따지는 것이 진정한 상승폭이라는 것이 윌리엄스의 주장이다.

이번에는 주가가 전일에 비하여 내렸을 때를 따져보자. 이 경우 Williams AD

는 감소한다. 왜냐하면 이때는 공식에 따라 전일의 AD에서 하루 동안의 주가 하락폭만큼을 빼기 때문이다. 여기서도 주가 하락폭을 산출할 때 단순히 종가만을 비교하지는 않는다. 주가가 하락할 경우 당일의 종가에서 '전일의 종가와 당일의 고가 중에서 높은 것'과의 차이를 하락폭(distribution)으로 간주한다. 결국 진정으로 주가가 하루 동안 얼마나 내렸는지를 따지려면 단순히 종가만을 비교해서는 안 된다는 것이다. 마지막으로 주가가 변함이 없을 경우, Williams AD도 변함이 없다.

★ 매매방법 ★

Williams AD는 여타 오실레이터들과는 달리 특정한 범위에서 등락을 반복하지 않는다. 백분율로 나타내는 것도 아니다. 오히려 Williams AD는 주가와의 관계에서 괴리현상, 즉 다이버전스를 발견하려는 것이 주된 목적이다. 주가는 상승하여 전고점을 경신하는데, Williams AD는 더 상승하지 못하고 주춤거린다면 이는 상승추세가 막바지에 이른 고점이라는 강력한 신호이다. 주가가 겉으로 보기에는 오르고 있지만, 전일과 당일 사이의 진정한 상승폭이 더 늘어나지 못하고 있으므로 Williams AD가 더 증가하지 못하는 것이다. 이는 고점에서 매수세가 힘을 내지 못하고 있다는 증거이다. 매도신호로 간주된다. 그 반대의 경우도 성립한다. 주가는 하락하여 전저점을 무너뜨리는데, Williams AD는 더 하락하지 않고 주춤거린다면 이는 하락추세가 막바지에 이른 고점이라는 강력한 신호이다. 주가가 겉으로 보기에는 내리고 있지만, 전일과 당일 사이의 진정한 하락폭이 더 늘어나지 않고 있으므로 Williams AD가 더 감소하지 못하는 것이다. 이는 저점에서 매도세가 힘을 내지 못하고 있다는 증거이다. 매입신호로 간주된다.

월리엄스 누적확산지수

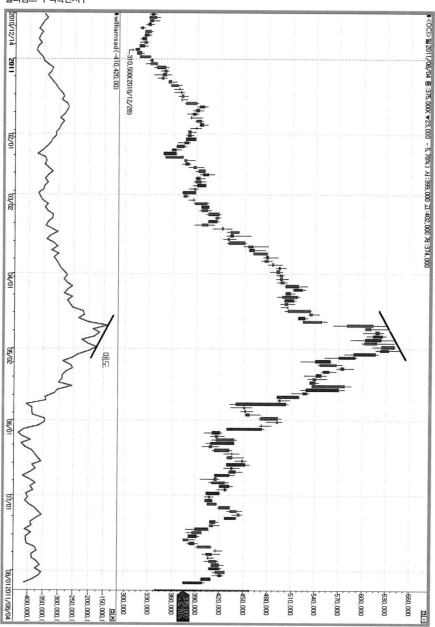

출처: 연합 인포맥스(www.einfomax.co.kr)

거래량 오실레이터

VOLUME OSCILLATOR

신뢰도	★★★★
안정성	★★★★
민감도	★★★
기 간	단기 · 장기거래 모두 사용할 수 있다.
총 평	이동평균법은 기술적분석에서 만고불변의 진리이다. 이 지표는 거래량의 장, 단기이동평균을 산출하고 그것을 서로 차감하여 오실레이터로 만들었다. 최근의 거래량이 늘어날수록 추세가 더욱 강화되는 신호로 간주되므로 거래량의 변화를 측정하는 것은 매우 중요한 의미를 가진다. 더구나 이 지표는 다이버전스도 확인할 수 있다. 다만 이동평균인 탓에 후행성은 단점으로 남는다.

★ 의의 ★

주가를 분석할 때 사용하는 이동평균선은 들쑥날쑥한 주가의 움직임을 완만하게 하여 추세를 파악하기 용이하도록 고안된 것이다. 그리고 이동평균선은 산출하는 기간에 따라 단기이동평균선과 장기이동평균선으로 나뉜다. 단기이동평균선에는 최근의 주가 움직임이 많이 반영되는 반면에, 장기이동평균선은 전체적인 흐름 또는 대세가 반영된다. 따라서 상승추세일 때에는 주가가 먼저 상승하고, 그 뒤를 이어서 단기이동평균선이 상승한다. 왜냐하면 단기이동평균선에는 최근의 주가 움직임이 많이 반영되기 때문이다.

그리고 마지막으로 장기이동평균선이 뒤늦게 상승한다. 물론 그 반대의 경우도 성립한다. 하락세일 때에는 주가가 먼저 하락하고, 단기이동평균선이 그 뒤를 이어서 하락하며, 제일 마지막으로 장기이동평균선이 뒤늦게 하락하게 된다. 이때 주가를 대상으로 하는 이동평균선 분석에서 이동평균 오실레이터(Moving Average Oscillator)라는 지표가 있다. 이 지표는 단기이동평균에서 장기이동평균을 차감한 것이다. 추세가 강화될수록 최근의 주가 움직임이 많이 반영되는 단기이동평균선이 장기이동평균선보다 많이 움직일 것이다. 따라서 단기이동평균에서 장기이동평균을 차감한 이동평균 오실레이터의 값이 늘어날수록 현재의 추세가 강화되고 있다고 해석할 수 있다.

거래량 오실레이터(Volume Oscillator)는 주가를 대상으로 하는 오실레이터와는 달리 거래량의 분석을 목적으로 하고 있다. 왜냐하면 거래량은 주가의 원동력인지라 주가가 상승하면서 동시에 거래량이 증가하면 이는 상승추세가 더욱더 강화되는 신호로 해석할 수 있기 때문이다. Volume Oscillator는 이 점에 착안하여 장, 단기거래량 이동평균의 차이를 오실레이터로 만들었다.

★ 산출법 ★

Volume Oscillator를 산출하는 공식은 다음과 같다.

$$Volume\ Oscillator = 5일\ 거래량\ 이동평균 - 20일\ 거래량\ 이동평균$$

★ 해석 ★

만일 Volume Oscillator의 값이 플러스(+)로 나타난다면 이것은 5일 거래량 이동평균의 값이 20일 거래량 이동평균의 값보다 크다는 의미이다. 다시 말하여 최근 거래량이 증가하고 있음을 나타낸다. 거래량은 가격의 선행지표라고 할 수 있으므로 Volume Oscillator의 값이 플러스로 늘어나면 늘어날수록 시장의 상승추세는 더 가속화될 것이다. 물론 그 반대의 경우, 즉 Volume Oscillator의 값이 마이너스(-) 상태라면 최근의 거래량이 감소하고 있음을 나타낸다. 가

거래량 오실레이터

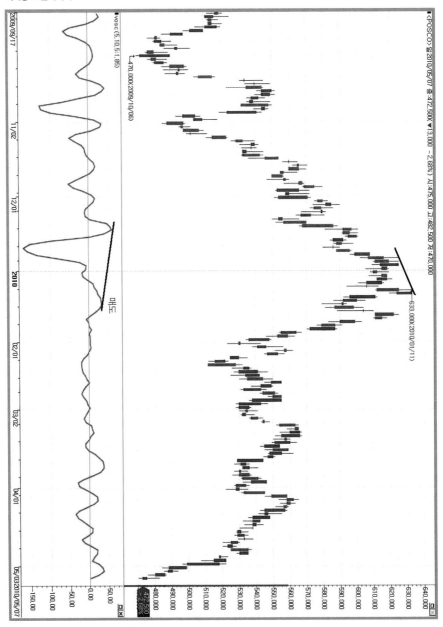

출처: 연합 인포맥스(www.einfomax.co.kr)

격을 대상으로 하는 이동평균선에서는 골든크로스와 데드크로스를 매매의 신호로 간주한다. 주가의 추세가 바뀌는 시점으로 인식하기 때문이다. 거래량을 대상으로 하는 Volume Oscillator도 같다. 거래량의 추세가 바뀌는 시점으로 인식된다.

★ 매매방법 ★

Volume Oscillator의 기준점은 0선이다. Volume Oscillator가 0선을 통과한다는 것은 5일간 거래량 이동평균선과 20일 거래량 이동평균선이 교차한다는 것을 뜻한다. 이때가 바로 매매 타이밍이다. Volume Oscillator가 0선을 아래쪽에서 위로 상향돌파할 때가 매입기회로 간주되고, 반대로 0선을 위쪽에서 아래로 하향돌파할 때가 매도기회로 간주된다. 그런데 군이 Volume Oscillator를 만드는 이유가 있다. 단순히 Volume Oscillator가 0선을 통과하는 것을 관찰하려면 그렇게 하지 않고 거래량 이동평균이 서로 골든크로스를 나타내거나 또는 데드크로스를 나타내는 것을 살피면 된다. 하지만 일부러 장, 단기이동평균의 차이를 오실레이터로 만드는 이유는 바로 다이버전스를 발견할 수 있기 때문이다. 주가는 상승하는데 Volume Oscillator는 더 상승하지 못하고 감소한다면 다이버전스이다. 이것은 강력한 매도신호이다. 반대로 주가는 하락하는데 Volume Oscillator는 더 감소하지 않고 되레 늘어나고 있다면 역시 다이버전스이다. 이것은 강력한 매입신호이다.

주식투자자가 감수하는 위험에는 두 가지가 있다. 하나는 '고유위험'이다. 이것은 실적부진, 부도, CEO의 횡령 등 그 회사만의 이유로 인하여 주가가 하락할 위험이다. 또 다른 하나의 위험은 '시장위험'인데, 이것은 기업의 실적 등과는 아무 관계없이 주식시장 전반적인 흐름에 휩쓸려 주가가 하락할 위험이다. 증시격언에 '나무만 보지 말고 숲도 보라'는 말이 있는 것도 이런 이유 때문이다. 시장의 큰 흐름, 분위기를 파악하는 일도 매우 중요하다. 업종분석 지표는 특정 종목이 속한 산업, 즉 업종을 분석하거나 나아가 주식시장 전반적인 흐름을 파악하는 데 사용되는 지표라고 할 수 있다.

PART

7

업종분석지표

상승하락종목지수
AD LINE, ADVANCE DECLINE LINE

신뢰도	★★★★
안정성	★★★★
민감도	★★★
기 간	주로 장기거래에 활용된다.
총 평	복잡한 공식도 필요 없다. 주식시장에 상장된 종목 중에서 당일 상승한 종목의 숫자에서 하락한 종목의 숫자를 빼면 그것이 바로 당일의 AD Line이 된다. 매우 쉽다. 이 지표는 상승분위기가 주식시장 전체적으로 확산되는지 여부를 측정한다는 의미로 확산지표라 불리기도 한다. 구체적인 매매 타이밍을 나타내기보다는 다이버전스를 통해 추세전환의 결정적인 신호로 활용한다. 간단하지만 안정성도 높아서 유용성은 매우 크다.

★ 의의 ★

지금까지 살펴본 모든 기술적지표는 주가지수 분석에 적용하여 주식시장 전반의 흐름을 예측할 수도 있고, 또는 개별종목 분석에 적용하여 개별종목 하나하나의 흐름을 예측할 수 있다. 그런데 개별종목의 분석도 중요하지만 아울러 시장 전체의 흐름 또는 종목이 속한 산업의 흐름을 분석하는 것도 매우 유용하다. 소위 '나무를 보고, 숲은 살피는' 분석이기 때문이다. 기술적분석가들은 이처럼 전체적인 흐름을 분석할 수 있는 기술적지표들도 다수 개발하였다. 지금부터 살펴볼 기술적지표들은 개별종목의 분석에는 사용할 수 없으며, 오로지 주식시장 전체 또는 특정 산업에 속한 종목 전체의 흐름을 예측하는 지표이다.

★ 산출법 ★

AD Line은 Advance Decline Line의 약자이다. 이 지표는 가장 널리 알려져 있는 대중적인 것으로 산출하는 방법도 매우 쉽다. 주식시장에서 주로 사용되는 지표인데 주식시장 전체, 예컨대 거래소 시장, 코스닥시장 또는 NYSE나 나스닥에 상장되어 있는 종목 중에서 당일 상승한 종목(advance)의 숫자와 하락한 종목(decline)의 숫자 간의 차이를 계속 누적해가는 방법으로 산출한다. 예를 들어 오늘 마감기준으로 거래소 시장에서 500개 종목이 상승하였고, 300개 종목은 하락하였으며 200개 종목의 주가는 변함이 없었다고 하자. 그렇다면 오늘의 AD Line은 500-300=200으로 산출된다. 그리고 이렇게 구한 300이라는 값을 어제의 AD Line에 더하여 차트에 나타내는 것으로 완성이다. 그런데 이 지표를 업종분석에도 사용할 수 있다. 그 업종에 속한 전체 종목 중 상승한 종목의 숫자에서 하락한 종목의 숫자를 빼면 된다. AD Line을 산출하는 방법을 공식으로 나타낸다면 다음과 같다.

$$AD\ Line = AD\ Line_{-1} + (당일\ 상승한\ 종목\ 숫자 - 당일\ 하락한\ 종목\ 숫자)$$

★ 해석 ★

전체 시장이 상승세를 유지하려면 상승 분위기가 전반적으로 확산되어야 한다. 즉 상승세의 초기에는 일부 종목만이 상승하다가 점차 상승하는 종목의 숫자가 늘어난다. 따라서 상승종목의 숫자에서 하락종목의 숫자를 차감할 때 이 숫자가 증가할수록 시장의 상승 분위기는 강화된다고 판단된다. 물론 거꾸로 말하여 하락종목 숫자가 늘어날수록 시장의 하락 분위기는 강화된다고 판단할 수 있다. 참고로 AD Line과 같은 지표들을 기술적분석에서는 확산지표(diffusion index)라고 한다. 시장에서 전반적으로 상승 분위기가 확산되고 있는지 또는 하락 분위기가 확산되고 있는지의 여부를 측정할 수 있기 때문이다.

★ 매매방법 ★

AD Line을 이용하여 구체적이고 정확한 매매 타이밍을 잡아내기는 어렵다. 상승한 종목의 숫자에서 하락한 종목의 숫자를 빼는 방식, 즉 매우 단순하게 구해진 지표가 명료한 매매 타이밍 신호를 나타내기에는 아무래도 어려울 터. 오히려 이 지표는 주가지수와의 관계에서 매매 타이밍 신호를 포착한다. 좀 더 구체적으로 설명한다면 AD Line과 주가지수에서 괴리현상, 즉 다이버전스를 찾아내는 것이 AD Line을 가장 효율적으로 사용하는 방법이다.

주가지수는 주식시장에 상장된 모든 종목의 주가를 '지수'로 산출한 것이다. 반면에 AD Line은 개별종목 각각의 주가가 얼마나 올랐는지 또는 내렸는지 '폭'에는 관심이 없다. 오로지 올랐는지 또는 내렸는지 '방향'에만 주력하여 산출한다. 하지만 어쨌든 전체적인 정상적인 상황이라면 주가지수가 오를 때 AD Line도 상승하여야 하고, 또는 주가지수가 내릴 때라면 AD Line도 하락하여야 한다. 그게 자연스럽다. 하지만 종종 주가지수와 AD Line의 방향이 서로 다르게 나타날 때가 있다. 이것이 다이버전스이다. 예컨대 주가지수는 상승세를 이어가는데 AD Line은 전고점을 넘어서지 못하거나 되레 하락하고 있다면 이것이 바로 다이버전스이다. 그렇다면 왜 이런 현상이 나타날까? 주가지수는 상승하지만 AD Line, 즉 상승종목 숫자에서 하락종목 숫자를 뺀 값은 오히려 하락하고 있다면 이것은 주식시장에서의 상승세가 일부 종목에만 편중되고 있다는 신호이다. 상승 분위기가 시장 전체로 확산되지 못하고 오히려 축소되고 있을 때 이런 현상이 나타난다. 따라서 이런 다이버전스가 나타난다면 이는 상승추세가 끝나고 하락추세가 시작되었음을 알리는 강력한 추세전환 신호이다. 매도시기로 파악된다. 반대의 경우도 성립한다. 주가지수는 하락세를 이어가는데 AD Line이 전저점을

상승하락종목지수

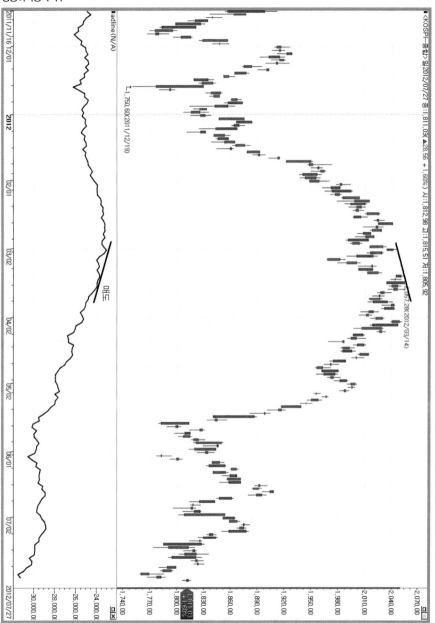

출처: 연합 인포맥스(www.einfomax.co.kr)

넘어서지 못하거나 되레 상승한다면 이것 역시 다이버전스이다. 이것은 주가지수가 하락하고는 있으나 하락 분위기가 일부 종목으로만 국한되고 있고, 오히려 상승종목의 숫자에서 하락종목의 숫자를 차감한 AD Line은 상승하고 있으니 하락 분위기가 시장 전체로 퍼지는 것은 아니라는 의미가 된다. 결국 하락추세가 끝나고 상승추세가 시작되었음을 알리는 강력한 추세전환 신호이며, 매입시기로 파악된다.

상승하락종목비율

ADL BREADTH, ADVANCE DECLINE LINE BREADTH

2

신뢰도	★★★
안정성	★★
민감도	★★★
기 간	주로 장기거래에 활용된다.
총 평	AD Line을 약간 변형한 것이다. AD Line이 상승한 종목의 숫자와 하락한 종목의 숫자를 서로 뺐다면, 이 지표는 상승한 종목의 숫자와 하락한 종목의 숫자를 서로 나눈 것이다. 그런데 이러한 변형이 오히려 지표의 안정성을 극도로 나쁘게 만들었다. AD Line은 매일 누적되므로 비교적 안정적이지만 이 지표는 그렇지 못하고 매우 불안정하다. 단독으로 매매의 의사결정에 활용할 수는 없고, 다른 지표에 대한 보조지표로 사용하는 것이 바람직하다.

★ 의의 ★

AD Line은 단순하게 상승한 종목의 숫자에서 하락한 종목의 숫자를 빼는 방식으로 산출된다. 그리고 매일매일의 AD Line을 누적한다. 그런데 상승한 종목과 하락한 종목의 숫자를 서로 차감하지 않고, 서로 나누는 방식으로 지표를 구할 수도 있다. 이렇게 산출한 것이 ADL Breadth이다. 예컨대 어느 날, 상승한 종목의 숫자가 500개이고 하락한 종목의 숫자는 300개, 그리고 변함이 없는 종목의 숫자가 200개라고 하자. 이럴 때 ADL Breadth를 산출한다면 이 지표는 결국 $500 \div (500+300) \times 100 = 62.5$가 된다.

★ 산출법 ★

이 지표는 전체 주식시장에 상장된 종목 중에서 당일 상승한 종목의 비율을 나타낸다. 이를 산출하는 공식은 다음과 같다.

$$Advance\ Decline\ Line\ Breadth =$$

$$\frac{당일\ 상승한\ 종목\ 숫자}{당일\ 상승한\ 종목\ 숫자 + 당일\ 하락한\ 종목\ 숫자} \times 100$$

★ 해석 ★

ADL Breadth 지표의 값은 최소 0, 최대 100의 범위에서 움직인다. 전체 시장에서 상승한 종목이 많을수록 ADL Breadth의 비율이 높아지며, 주식시장에 상장된 종목이 모두 상승할 경우, 그 값은 100으로 나타난다. 물론 반대로 모든 종목의 주가가 죄다 하락한다면 ADL Breadth는 0으로 나타날 것이다. 이 값이 50 이상이면 상승종목 숫자가 더 많은 것을 뜻하고 50 이하이면 하락종목 숫자가 더많은 것을 의미한다. 일반적으로 이 숫자가 클수록 시장은 과열되었다고 판단할수 있는데, 통상적으로 ADL Breadth의 값이 70 이상이면 시장이 전체적으로 과열된 것으로 간주된다. 반면에 ADL Breadth의 값이 30 이하라면 시장이 전체적으로 과매도된 것으로 본다.

★ 매매방법 ★

주식시장이 전체적으로 상승추세이지만 분위기가 지나치게 과열되었다고 판단된다면 그 상태에서 추가로 더 매수하는 것은 위험하다. 오히려 매도할 타이밍을찾아야 한다. 거꾸로 시장이 전체적으로 하락추세이지만 분위기가 너무나 지나쳐서 과매도되었다고 판단된다면 이 상황에서 추가로 더 매도하는 것은 위험하다. 오히려 매입 타이밍을 찾아야 한다. ADL Breadth를 통하여 주식시장의 전체적인 분위기를 파악할 수 있다. 일반적으로 ADL Breadth의 값이 70 이상이면

상승하락종목비율

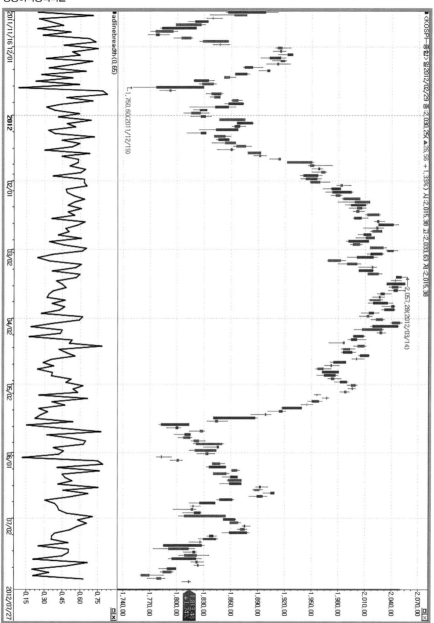

출처: 연합 인포맥스(www.einfomax.co.kr)

시장이 전체적으로 과열된 것으로 간주되므로 매도 타이밍이다. 반면에 ADL Breadth의 값이 30 이하라면 시장이 전체적으로 과매도된 것으로 간주되므로 매입 타이밍이 된다.

그런데 현실적인 문제가 있다. ADL Breadth는 AD Line 지표와는 달리 매일 누적되는 것이 아니다. 매일매일의 값이 달라진다. 그러다 보니 일정한 추세를 나타내면서 안정적으로 움직이기보다는 들쑥날쑥한 모습을 보이는 경우가 더 많다. 지표가 불안정하다는 것이 결정적인 약점이다. 지표가 매일 바뀌는 등 불안정하다면 이를 이용하여 매매 타이밍을 포착하기가 어렵다. 결국 이 지표는 단독으로 사용할 수는 없고, 다른 기술적지표와 병행하여 참고지표로 사용하는 것이 바람직하다.

절대상승지수

ABI, ABSOLUTE BREADTH INDEX

3

신뢰도	★★
안정성	★★★
민감도	★★★
기 간	주로 장기거래에 사용된다.
총 평	상승종목 숫자에서 하락종목 숫자를 뺀다는 점에서 AD Line과 같은데, 차이점이라면 '절대값'으로 표시된다는 점이다. 즉 상승한 종목에 비하여 하락한 종목의 숫자가 더 많아도 이 지표의 값은 항상 플러스(+)이다. 이 지표는 주식시장의 방향성보다는 변동성, 또는 쏠림현상을 측정하려는 지표이다. 방향성지표가 아니므로 매매 타이밍을 나타내지는 못하고, 다른 지표의 보조지표로 사용된다.

★ 의의 ★

ABI는 Absolute Breadth Index의 약자이다. 겉으로 보기에 이름은 그럴 듯하지만 속을 들여다보면 아무것도 없다. 내용은 매우 단순하다. ABI는 당일 상승한 종목 숫자에서 하락한 종목의 숫자를 뺀 것의 절대값으로 계산된다. 예컨대 상승한 종목이 100개이고, 하락한 종목이 500개라면 ABI는 100−500＝−400의 절대값, 즉 400으로 산출된다.

★ 산출법 ★

$$ABI = |당일\ 상승한\ 종목\ 숫자 - 당일\ 하락한\ 종목\ 숫자|$$

★ 해석

ABI는 시장의 변동성을 측정하려는 지표이다. 변동성은 다른 말로 '쏠림' 이라고

변동성지표

절대상승지수

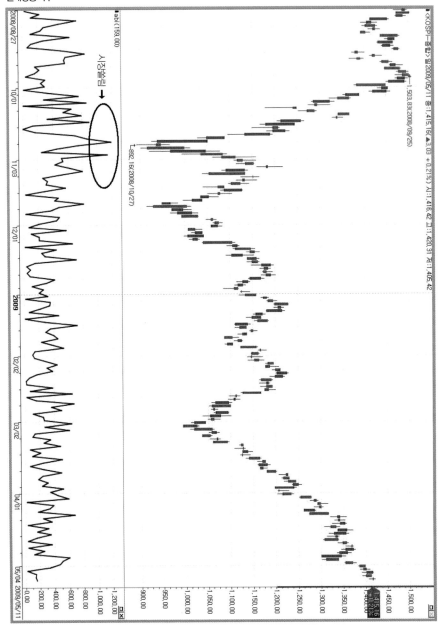

출처: 연합 인포맥스(www.einfomax.co.kr)

할 수 있다. 상승한 종목의 숫자가 하락한 종목의 숫자에 비하여 압도적으로 많으면 ABI의 값은 증가한다. 거꾸로 하락한 종목의 숫자가 상승한 종목의 숫자에 비하여 압도적으로 많아도 역시 ABI의 값은 증가한다. 그렇지 않고 상승한 종목이나 하락한 종목의 숫자가 엇비슷하면 ABI의 값은 감소한다. 결국 ABI는 시장의 쏠림현상을 나타내는 지표이다. ABI가 커질수록 시장의 변동성은 높고, 따라서 추세가 전환될 위험도 덩달아 높은 것으로 해석된다.

★ 매매방법 ★

ABI는 상승한 종목과 하락한 종목의 절대값으로 산출되므로 상승, 하락의 방향성이 없다. 따라서 이를 이용하여 매매 타이밍을 포착하기는 어렵다. 다른 지표의 보조지표로 사용되면서 추세전환 시기를 확인하는 용도로 사용되는 것이 좋다.

462쪽의 차트를 살펴보면 10월 하순에 주가가 폭락하면서 ABI가 급등하는 것으로 나타난다. 이는 시장이 한쪽 방향으로 크게 쏠리고 있음을 의미한다. 곧 시장은 진정될 것이고 따라서 상승세로 전환될 것이라는 신호로 해석된다. 그런데 ABI가 상승할수록 시장쏠림 현상이 과도하다고 판단할 수는 있으나, 구체적으로 '얼마 이상'이라는 정확한 기준은 없다. 다만, 일반적으로 ABI가 1,000 이상이면 과도한 것으로 간주한다.

볼튼트렘블리 지수
BOLTON-TREMBLAY INDICATOR

4

신뢰도	★★★★
안정성	★★★
민감도	★★★
기 간	단기·장기거래 모두 사용할 수 있다.
총 평	AD Line 등 기존의 업종분석지표는 상승한 종목의 숫자에서 하락한 종목의 숫자를 차감하는 단순한 방식으로 산출되다 보니 보합종목의 존재를 무시하였다. 그러나 보합종목도 충분히 의미가 있다. 이 지표는 보합종목을 분석에 포함하여 보다 더 정교하고 세밀한 분석이 되도록 고안되었다. 기존의 지표에 비하여 개선된 효과가 뛰어나다.

★ 의의 ★

앞서 살펴본 AD Line 또는 ABI 등은 매우 단순한 방법으로 시장의 상승 분위기나 변동성(breadth)을 측정하는 것이었다. 물론 산출하는 방식이 단순하다고 하여 그 지표의 수준이 떨어진다거나 신뢰성에 의심이 간다고 말할 수는 없다. 지표에 따라서는 간단한 방식으로 산출하지만, 그 효과가 매우 뛰어난 것도 존재한다. 하지만 아무래도 산출방법이 단순한 지표에 비하여 복잡하고 정교하게 설계된 지표가 주식시장의 분위기와 흐름을 좀 더 정확하게 나타낼 것이다.

볼튼트렘블리 지수(Bolton-Tremblay Indicator)는 다소 복잡하다. 무엇보다도 차이점은 상승한 종목과 보합인 종목의 비율을 구하고, 이것과 하락한 종목과 보합인 종목과의 비율을 뺀다는 것이다. 아울러 제곱근까지 사용한다.

★ 산출방법 ★

Bolton-Tremblay Indicator를 산출하는 방법을 공식으로 나타내면 다음과 같다.

$$r = \frac{\text{상승종목 숫자}}{\text{보합종목 숫자}} - \frac{\text{하락종목 숫자}}{\text{보합종목 숫자}}$$

$$r > 0\text{일 경우, } BT = BT_{-1} + \sqrt{|r|}$$

$$r < 0\text{일 경우, } BT = BT_{-1} - \sqrt{|r|}$$

★ 해석 ★

이 지표는 AD Line이나 ABI 등과는 달리 산출하는 방법이 약간 복잡하지만 어차피 목적은 같다. 주식시장에서 추세의 방향을 살피고, 추세가 언제 전환될지 예측하기 위한 목적에서 만들어졌다. 얼핏 보아서는 공식이 복잡하지만 찬찬히 들여다보면 그 의미를 알 수 있다. 계산하는 방법이 어떻든 결국 상승한 종목의 숫자가 많을수록 Bolton-Tremblay Indicator의 크기가 커지도록 설계되어 있다. 반대로 하락하는 종목의 숫자가 많으면 Bolton-Tremblay Indicator의 크기는 줄어든다. 이것이 바로 시장의 강도 또는 상승 분위기를 나타내는 지표이다. 그런데 이것은 AD Line과 비교하여 크게 다르지 않다.

정작 중요한 것은 보합종목에 있다. AD Line 등의 지표는 단순하게 상승한 종목에서 하락한 종목의 숫자를 빼는 방식으로 산출하였으므로 보합, 즉 전일에 비하여 주가의 변동이 없는 종목은 지표에 전혀 영향을 미칠 수 없었다. 하지만 주가에 변동이 없다고 하여 시장에 없는 종목이 아니다. 주가변동이 없다는 것은 시장에서 매입세력과 매도세력 사이의 균형이 팽팽하다는 의미이다. 주가변동이 없는 종목의 숫자도 충분히 주식시장의 전체적인 분위기에 영향을 미친다. Bolton-Tremblay Indicator는 이러한 요소들도 반영하고 있다. 예를 들어 다음의 표에서처럼 각 종목의 주가가 움직였을 때, 첫 번째 사례와 두 번째 사례에서 각각 Bolton-Tremblay Indicator의 r 값을 구해보자.

구분	상황 1	상황 2
상승종목	500	300
하락종목	300	100
보합종목	200	600
합계	1,000	1,000
AD Line	200	200
Bolton-Tremblay r	1	0.333

첫 번째 상황이나 두 번째 상황에서나 기존의 AD Line에서는 값이 동일하게 산출된다. 하지만 Bolton-Tremblay Indicator는 값이 서로 다르다. 전체 주식시장에서 상승한 종목의 비율이 높을수록 Bolton-Tremblay Indicator의 값이 커지고, 반대로 전체 주식시장에서 보합종목의 비율이 높을수록 Bolton-Tremblay Indicator의 값은 하락하도록 설계되었다.

★ 매매방법 ★

Bolton-Tremblay Indicator는 특정한 범위 안에서 오락가락하는 지표는 아니다. 상승한 종목의 비율이 높아질수록 값이 더욱더 늘어나도록 되어 있는 구조이다. 따라서 이를 이용하여 매매신호를 포착할 수는 없다. 대체 어느 수준 이상으로 Bolton-Tremblay Indicator의 값이 커져야 그것을 과열 분위기라고 말할 수 있는지 또는 어느 수준 이하로 Bolton-Tremblay Indicator의 값이 낮아져야 그것을 과매도 분위기라고 말할 수 있는지 기준이 없기 때문이다.

그러므로 현실적으로 Bolton-Tremblay Indicator는 주가지수와의 관계에서

볼튼트렘블리 지수

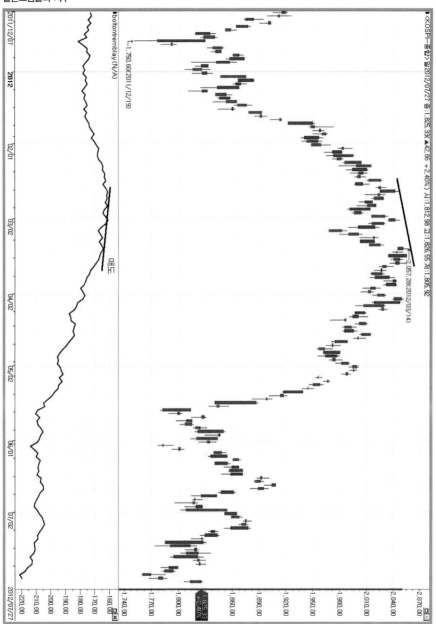

출차: 연합 인포맥스(www.einfomax.co.kr)

다이버전스를 발견하려는 목적으로 사용된다. 소개하는 차트에 표시하였듯이 주가지수는 상승하면서 고점을 연일 경신하고 있는데 Bolton-Tremblay Indicator는 더 상승하지 못하고 전고점을 넘어서지 못한다면 이는 강력한 추세전환의 신호로 간주된다. 절호의 매도 타이밍이다. 반대로 주가지수는 하락하면서 저점을 연일 경신하고 있는데 Bolton-Tremblay Indicator는 더 하락하지 않고 전저점도 넘어서지 못한다면 이는 강력한 추세전환의 신호로 간주된다. 절호의 매입 타이밍이다. 그리고 다이버전스가 나타나면 이는 강력한 추세전환의 신호인데, 다른 지표와 다를 바 없다.

돌파지수
BREADTH THRUST

5

신뢰도	★★★★
안정성	★★★★
민감도	★★★
기 간	주로 장기거래에 사용된다.
총 평	ADL Breadth는 누적되지 않은 당일의 지표이다 보니 움직임이 매우 들쑥날쑥하여 제대로 된 매매신호를 나타내지 못하였다. 기술적분석가로 유명한 즈웨이그 박사는 ADL Breadth를 이동평균한다는 아이디어를 내었는데, 이것이 매우 효과적으로 작용하였다. 전체적인 시장분위기를 나타내면서 매매 타이밍의 시점도 훌륭하다.

★ 작성법 ★

앞에서 살펴본 지표 중에서 ADL Breadth, 즉 상승하락종목비율(Advance Decline Line Breadth)이라는 것이 있었다. 이것은 전체 주식시장에 상장된 종목 중에서 당일 상승한 종목의 비율로 구해진다. 예컨대 당일 상승한 종목이 600개이고, 하락한 종목이 400개, 그리고 보합종목이 100개라면 ADL Breadth는 60으로 산출된다. 상승한 종목이 60%를 차지한다는 뜻이다.

그런데 현실적으로 ADL Breadth는 AD Line 지표와는 달리 매일 누적되는 것이 아닌 그날 당일의 값이다. 따라서 일정한 추세를 나타내면서 안정적으로 움직이기보다는 들쑥날쑥한 모습을 보이기 십상이었고, 이를 이용하여 의사결정을 내리기는 매우 힘들었다. 이를 보완하기 위하여 만들어진 것이 돌파지수(Breadth Thrust)이다. 이 지표는 ADL Breadth를 10일간 이동평균한 것이다. 이동평균을 산출함으로써 들쑥날쑥한 정도를 완화하였고, 그 결과 매매신호를 포착하기 용이해졌다. 이 지표는 마틴 즈웨이그 박사(Dr. Martin Zweig)가 고안하였다.

산출하는 공식은 다음과 같다.

$$Breadth\ Thrust = 10일간\ SMA\left(\frac{상승한\ 종목\ 숫자}{상승한\ 종목\ 숫자 + 하락한\ 종목\ 숫자}\right)$$

★ 해석 ★

Breadth Thrust는 ADL Breadth를 10일간 이동평균한 것이므로 해석은 ADL Breadth와 다를 바 없다. 즉 이 지표의 값은 최소 0, 최대 100의 범위에서 움직인다. 그리고 그 값이 50을 넘어서면 상승한 종목의 비율이 높은 것이고, 반대로 그 값이 50을 밑돌면 하락한 종목의 비율이 높은 것으로 해석된다. 아울러 Breadth Thrust의 값이 100에 근접할수록 시장의 상승추세는 과열된 것으로 해석된다. 물론 Breadth Thrust의 값이 0에 근접할수록 시장의 하락추세는 과도한 것으로 해석된다.

★ 매매방법 ★

이 지표를 만든 즈웨이그 박사는 61.5%라는 독특한 값을 기준으로 제시하였다. Breadth Thrust의 값이 40% 이하에서 61.5% 수준을 넘어선다면 이는 강력한 매입신호라는 것이다. 그런데 여기에 조건이 하나 더 있다. 40% 이하에서 61.5% 이상으로 넘어서는 기간이 10일 미만이어야 한다는 것이다. 현실적으로 이런 현상이 나타나는 일은 흔하지 않다. 따라서 만일 40% 이하에 머물러 있던 Breadth Thrust가 10일 이내에 61.5% 이상으로 치솟는다면 이것은 희귀한 현상으로 강

돌파지수

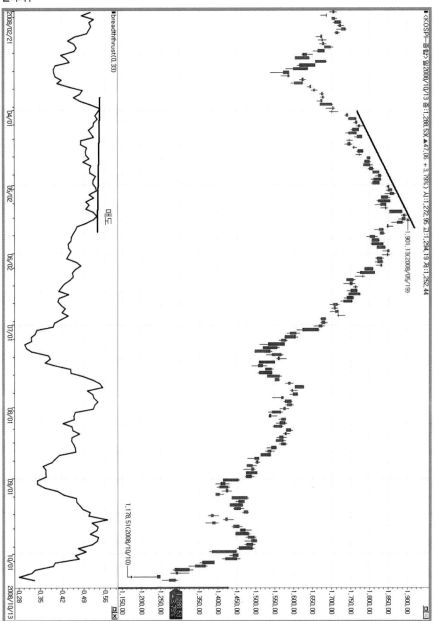

출처: 연합 인포맥스(www.einfomax.co.kr)

력한 매입신호가 되는 것이다.

같은 논리로 매도신호를 포착할 수 있다. 즉 60% 이상에 머물러 있던 Breadth Thrust가 10일 이내에 38.5% 이하로 추락한다면 이것은 매우 강력한 매도신호로 작용한다. 아울러 다른 지표들처럼 Breadth Thrust와 주가지수와의 관계에서 다이버전스를 발견하는 방법도 유용하다. 주가지수는 상승하면서 고점을 연일 경신하고 있는데 Breadth Thrust는 더 상승하지 못하고 전고점을 넘어서지 못한다면 이는 강력한 추세전환의 신호로 간주된다. 절호의 매도 타이밍이다. 반대로 주가지수는 하락하면서 저점을 연일 경신하고 있는데 Breadth Thrust는 더 하락하지 않고 전저점도 넘어서지 못한다면 이는 강력한 추세전환의 신호로 간주된다. 절호의 매입 타이밍이다. 그리고 다이버전스가 나타나면 이는 강력한 추세전환 신호라는 것은 다른 지표와 같다.

트레이더 지수
TRIN, TRADER'S INDEX

6

신뢰도	★★★
안정성	★★
민감도	★★★★
기 간	주로 장기거래에 사용된다.
총 평	이 지표 역시 AD Line 등의 지표처럼 상승한 종목과 하락한 종목을 서로 비교하여 전체적인 상승세의 확산 정도를 살피려는 목적으로 고안되었다. 그런데 이 지표는 다른 것들과 달리 거래량을 감안한다는 결정적인 특징이 있어서 우위를 가진다. 다만 매매일의 값이 들쑥날쑥하여 매우 불안정한 탓에 매매 의사결정을 내리기 어렵다는 것이 단점이다.

★ 의의 ★

이 지표는 리차드 암(Richard Arm)이 개발하였으므로 Arm Index라는 이름으로도 불린다. TRIN은 Trader's Index라는 뜻이다. 이 지표 역시 시장 전체에서 상승한 종목과 하락한 종목의 비율이 어떤지를 산출하여 시장의 분위기와 추세의 강도를 측정하려는 목적으로 개발되었다. 유사한 다른 지표들과는 달리 거래량까지 감안하였다는 것이 특색이다.

★ 산출법 ★

TRIN을 산출하는 공식은 다음과 같다.

$$TRIN = \frac{\left(\dfrac{상승종목\ 숫자}{하락종목\ 숫자}\right)}{\left(\dfrac{상승종목\ 거래량}{하락종목\ 거래량}\right)}$$

★ 해석 ★

공식을 찬찬히 살피면 의미를 알 수 있다. 이 지표는 먼저 상승한 종목의 숫자와 하락한 종목의 숫자를 서로 나누어 비율을 계산하였고, 이것을 상승한 종목의 거래량과 하락한 종목의 거래량과의 비율로 나누어서 산출한다. 따라서 TRIN의 값이 1보다 적다면 상승종목의 숫자와 하락종목의 숫자 사이의 비율에 비하여 상승종목의 거래량과 하락종목의 거래량 사이의 비율이 더 크다는 것을 뜻한다. 다시 말하여 상승한 종목의 거래량이 상대적으로 더 많았다는 뜻이다. 상승한 종목으로 거래량이 더 많이 집중되었다는 것은 추세가 상승세라는 의미가 된다. 반대로 TRIN의 값이 1보다 크다면 상승종목의 숫자와 하락종목의 숫자 사이의 비율에 비하여 상승종목의 거래량과 하락종목의 거래량 사이의 비율이 적다는 것을 뜻한다. 다시 말하여 하락한 종목의 거래량이 상대적으로 더 많았다는 뜻이다. 하락한 종목으로 거래량이 더 많이 집중되었다는 것은 추세가 하락세라는 의미가 된다. 아직도 잘 이해되지 않는가? 그렇다면 실제로 계산하는 예를 표에서 살펴보자.

구분	상황 1	상황 2	상황 3
상승종목 숫자	1811	2275	405
하락종목 숫자	1185	764	2652
AD Ratio	1.53	2.98	0.15
상승종목 거래량	592	1176	80
하락종목 거래량	384	164	1569
AD Volume Ratio	1.54	7.17	0.05
AD Ratio	1.53	2.98	0.15
AD Volume Ratio	1.54	7.17	0.05
TRIN	0.99	0.42	3.00

트레이더 지수

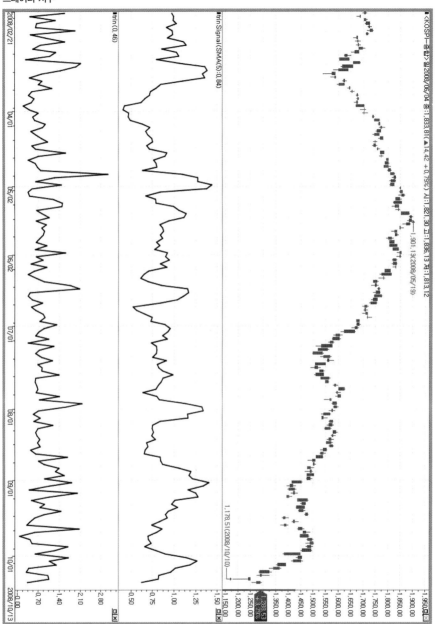

출처: 연합 인포맥스(www.einfomax.co.kr)

여자증권편

상황 1과 상황 2를 비교해보자. 상황 1에서는 상승한 종목의 숫자가 하락한 종목의 숫자에 비하여 1.53배 많고, 상승종목의 거래량은 하락종목의 거래량에 비하여 1.54배 많다. 이럴 때의 TRIN은 0.99로 산출된다. 반면 상황 2의 경우, 상승한 종목의 숫자는 하락한 종목의 숫바보다 2.98배 많으나, 상승한 종목의 거래량은 하락한 종목의 거래량에 비하여 무려 7.17배나 더 많다. 이럴 때의 TRIN은 0.42로 계산된다. 결국 상승한 종목으로 거래량이 쏠릴 경우 TRIN은 1보다 낮아지게 된다. 상황 3의 경우는 상승한 종목의 숫자가 하락한 종목의 숫자에 비하여 0.15배이지만, 상승한 종목의 거래량이 하락한 종목의 거래량에 비하여 불과 0.05배에 지나지 않는다. 이럴 때의 TRIN은 3.00으로 계산된다.

결론적으로, TRIN의 값이 1보다 적을수록 현재의 주식시장에서 상승종목으로 거래량이 쏠렸다는 것을 나타낸다. 그리고 이것은 그만큼 현재의 상승세가 막바지라는 의미이다.

★ 매매방법 ★

TRIN의 값이 1을 기준하여 상승종목으로 거래량이 쏠리고 있는지 여부를 알 수 있으나 그것만으로는 부족하다. 언제를 매매 타이밍으로 간주할지 불분명한 것이다. 더구나 TRIN을 실제로 차트에 나타내면 매일매일의 값이 변동이 심하여 제대로 된 의사결정을 내리기 어렵다. 따라서 통상적으로는 이를 이동평균한 값을 이용한다. TRIN을 이동평균하고, 이를 이용하는 매매방법은 Bretz의 TRIN-5가 가장 효율적이다. 이는 다음 장에서 살펴본다.

브레츠 TRIN-5

BRETZ TRIN-5

신뢰도	★★★
안정성	★★
민감도	★★★
기 간	단기거래에 사용된다.
총 평	상승종목과 하락종목의 비율을 살펴 상승추세의 확산을 측정하는 지표인 TRIN은 거래량까지 감안하였으니 이론적으로는 우수한 지표이다. 다만 매일매일의 값이 들쭉날쭉하여 매매신호를 포착하기 어려운 것이 흠이었다. 따라서 이 지표는 TRIN을 완만하게 만들어 매매신호를 포착하기 위하여 고안되었다. 하지만 근본적으로 TRIN이 워낙 예민한 지표인지라 이를 완만하게 하려고 노력하였으나 결과는 좋지 못하다. 이 지표 역시 매매신호를 포착하기 어려운 문제는 여전하다.

★ 의의 ★

TRIN은 매일매일의 값이 너무 들쭉날쭉하여 변동이 심하다. 따라서 이를 이동평균하거나 또는 다른 방식으로 움직임을 완만하게 만들어(smoothing out) 사용하지 않으면 제대로 된 매매신호를 포착하기 어렵다. 이에 따라 여러 기술적분석가들이 TRIN의 장점은 살리면서 동시에 들쭉날쭉한 단점을 완화하려고 노력하였다. Bretz TRIN-5는 최근 5일간의 TRIN의 값을 합하는 방식으로 TRIN의 움직임을 완화하였다. 이런 방식을 고안하여 1972년에 발표한 윌리엄 브레츠(William Bretz)의 이름을 따서 지표의 이름을 붙였다. TRIN-5라는 것은 TRIN의 5일간 합계라는 의미이다.

★ 산출법 ★

Bretz TRIN-5는 최근 5일간의 TRIN의 값을 합하는 방식으로 산출된다. 굳이 공식으로 나타내는 것도 부자연스러우나, 여하간 산출공식은 다음과 같다.

$$Bretz\,TRIN - 5 = \sum_{i-5}^{i} TRIN$$

★ 해석 ★

Bretz TRIN-5는 TRIN을 5일간 합친 것이다. 그런데 앞서 우리는 TRIN을 살펴보면서 TRIN의 값이 1보다 적다면 상승한 종목의 거래량이 더 많았다는 뜻이고 TRIN의 값이 1보다 크다면 하락한 종목의 거래량이 더 많았다는 뜻이었음을 알고 있다. 따라서 TRIN의 값이 적을수록 상승추세가 더 강력해지는 것을 의미하고, 반대로 값이 커질수록 하락추세가 더 강력해지는 것을 의미하게 된다. 대부분의 다른 지표들은 값이 커지면 상승세, 값이 작아지면 하락세를 뜻하는데 이것은 다른 지표와는 방향이 반대이므로 주의해야 한다.

Bretz TRIN-5는 해석 또한 TRIN과 같다. Bretz TRIN-5의 값이 커질수록 하락추세가 더 강해지는 것으로 해석되고, 반대로 Bretz TRIN-5의 값이 작아질수록 상승세가 더 강해지는 것으로 해석된다.

★ 매매방법 ★

일반적으로는 Bretz TRIN-5의 값이 6 또는 4일 때를 기준으로 한다. 6 이상이면 현재의 추세는 하락세이지만 하락추세가 과도한 상태를 뜻하고, 반대로 Bretz TRIN-5의 값이 4 이하라면 현재의 추세는 상승세이지만 상승추세가 과열된 상태를 뜻한다. 다시 강조하지만 TRIN의 경우는 다른 기술적지표들과는 반대 방향, 즉 그 값이 커질수록 하락세라는 것을 잊지 말아야 한다. 따라서 Bretz TRIN-5의 값이 6 이상으로 치솟았다가, 즉 주가에서는 하락추세가 거세어졌다가, Bretz

브레츠 TRIN-5

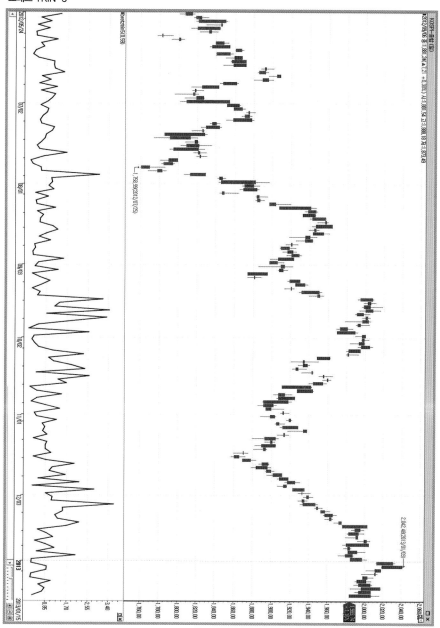

출처: 연합 인포맥스(www.einfomax.co.kr)

TRIN-5의 추세가 하락세로 돌아설 때가 매입 타이밍으로 간주된다. 반대로 Bretz TRIN-5의 값이 4 이하로 내려앉았다가, 즉 주가에서는 상승추세가 거세어졌다가, Bretz TRIN-5의 추세가 상승세로 돌아설 때를 매도 타이밍으로 간주된다.

그런데 증권사의 차트 프로그램에 따라 서로 약간 차이가 날 때가 있다. 어떤 차트 프로그램에서는 Bretz TRIN-5를 구할 때 TRIN의 5일간 합계가 아니라 5일간 이동평균으로 나타내는 경우도 있다. 그렇다면 매매신호는 약간 수정되어야 한다. 이런 경우라면 TRIN-5 이동평균의 값이 6/5=1.2 이상으로 상승하였다가 1.2 이하로 하락할 때가 매입신호로 간주되고, 반대로 TRIN-5 이동평균의 값이 4/5=0.8 이하로 하락하였다가 0.8 이상으로 상승할 때가 매도신호로 간주된다.

누적거래량지수
CVI, CUMULATIVE VOLUME INDEX

8

신뢰도	★★★★
안정성	★★★
민감도	★★★
기 간	주로 장기거래에 사용된다.
총 평	상승한 종목의 거래량과 하락한 종목의 거래량의 차이를 매일 누적해가는 지표이다. 상승한 종목의 거래량이 늘어날수록 그만큼 주식시장으로 매입세 또는 매입자금이 활발하게 유입되는 것으로 해석되기 때문이다. 특히 거래량지표는 주가를 선행하는 경향이 있으므로 주가 움직임을 미리 예측하는 데에 큰 도움이 된다.

★ 의의 ★

거래량분석은 기술적분석의 영원한 테마이다. 거래량이 많을수록 매입세가 집결되는 것이므로 상승추세가 더 강화되는 신호로 해석된다. OBV 등과 같은 지표들이 모두 이런 원리에 기반을 두고 있다. Cumulative Volume Index, 또는 약자로 CVI도 같은 맥락에서 만들어졌다. 문자 그대로 매일의 거래량을 누적(cumulative)한 것이다. OBV도 거래량을 누적해간다는 점에서 같지만 CVI는 전체 거래량을 합산하는 것이 아니라 상승한 종목과 하락한 종목의 차이를 누적해간다는 것이 다르다. 그리고 OBV의 경우는 '종가'를 기준으로 산출한다. 종가가 오르면 어제까지의 OBV에다 오늘의 거래량을 더하고, 종가가 내리면 어제까지의 OBV에다 오늘의 거래량을 뺀다. 또한 주가지수를 이용할 경우 전체 주식시장의 OBV도 산출할 수 있다. 하지만 CVI는 상승한 종목의 거래량과 하락한 종목의 거래량을 따로따로 합산해야 하므로 개별종목의 차트에는 작성할 수 없다.

CVI는 상승한 종목의 거래량과 하락한 종목의 거래량 간의 차이를 매일 누적한다. 예컨대 어제 상승한 종목의 거래량은 1억 주였고, 하락한 종목의 거래량은 8,000만 주였다면 CVI는 2,000만 주로 계산된다. 그리고 오늘의 경우 상승한 종목의 거래량이 1억5,000만 주이고 하락한 종목의 거래량은 8,000만 주였다면 오늘의 CVI는 7,000만 주가 되므로, 결국 전체적인 CVI는 어제의 2,000만 주에다 오늘의 7,000만 주를 더한 9,000만 주로 계산된다.

★ 산출법 ★

계산공식은 매우 간단하다.

$$CVI = CVI_{-1} + (상승종목\ 거래량 - 하락종목\ 거래량)$$

★ 해석 ★

주식시장에서는 주가가 오르는 종목의 거래량이 증가하는 것이 보통이다. 매입세가 그만큼 적극적으로 들어오기 때문이다. 반면에 주가가 내리는 종목의 거래량은 줄어드는 것이 일반적이다. 주가가 하락하다 보니 매입세가 적극적으로 따라붙을 이유가 없고, 그 종목을 보유하고 있는 투자자도 주가가 하락하는데 굳이 매도하여 손해를 확정할 필요성이 낮으므로 거래가 부진해질 수밖에 없다. 따라서 상승하는 종목의 거래량에서 하락하는 종목의 거래량을 차감하면 전체적으로 시장에 매입세가 얼마나 강력한지 나타내는 지표가 된다. CVI는 이와 같은 방법을 통해서 시장에 유입되는 매입세 또는 자금 규모가 얼마나 강력한지 측정한다. 그 결과 주식시장 전반적인 추세의 강도를 나타내는 지표이다.

실제로 차트에다 CVI를 작성해놓고 관찰하면 CVI는 시장의 움직임보다 조금

빨리 방향을 전환하는 경향을 나타낸다. 즉 지수가 하락세로 바뀔 때에는 조금 앞서서 CVI가 먼저 하락세로 돌아서고, 지수가 상승할 때에는 CVI가 조금 앞서서 상승세로 돌아서는 경향이 있다. 지수의 움직임에 '선행'하는 특성을 드러낸다. 이를 잘 이용한다면 지수의 추세전환을 포착하는 데 효과적이다.

★ 매매방법 ★

CVI는 특정한 범위에서 오락가락하는 지표는 아니다. 거래량을 누적하는 방식으로 산출하므로 최대값 또는 최소값에 한계가 없다. 주가가 계속 오르면서 상승한 종목의 거래량이 늘면 CVI의 값은 이론적으로 무한대로 커질 수도 있다. 따라서 특정한 수준을 기준점으로 하여 과열 또는 과매도로 인식하는 식의 매매신호는 나타내지 못한다. 오히려 '주가는 거래량의 그림자'라는 오랜 증시격언처럼 CVI는 주가의 움직임에 선행하고 그 뒤를 주가 움직임이 따르는 경우가 많으므로 이런 특성을 이용해야 한다. 즉 주가가 하락하고 CVI도 덩달아 같이 하락하다가 CVI가 먼저 상승세로 돌아서면 그때가 매입 타이밍이 된다. 반대로 주가가 상승하면서 CVI도 덩달아 상승하다가 CVI가 먼저 하락세로 돌아서면 그때가 매도 타이밍이 되는 것이다. 하지만 현실적으로 CVI가 과연 상승세에서 하락세로 돌아서는지 또는 하락세에서 상승세로 돌아서는지 판단하기란 쉽지 않다. 따라서 CVI의 이동평균을 산출하여 이를 시그널곡선으로 간주하고 CVI와 시그널곡선이 서로 교차할 때를 매매 타이밍으로 인식하는 것이 합리적이다. 시그널곡선으로는 보통 CVI의 5일~10일간 지수이동평균이 사용된다. 단순이동평균은 후행성을 완벽하게 제거하기 어렵기 때문이다. CVI 곡선이 시그널곡선을 상향돌파할 때가 매입 타이밍이다. 반면 CVI 곡선이 시그널곡선을 하향돌파할 때가 매도 타이밍이다.

누적거래량지수

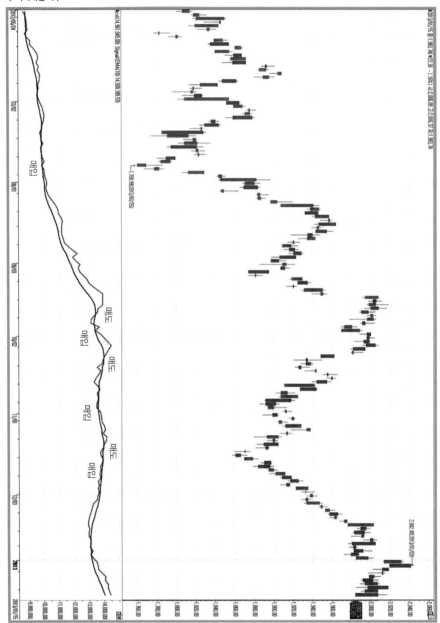

출처: 연합 인포맥스(www.einfomax.co.kr)

맥클레란 오실레이터
MCCLELLAN OSCILLATOR

9

신뢰도	★★★★
안정성	★★★★
민감도	★★★
기 간	주로 장기거래에 사용된다.
총 평	AD Line을 개선하려는 또 다른 노력의 일환으로 개발되었다. AD Line은 상승한 종목의 숫자에서 하락한 종목의 숫자를 빼는 단순한 방식으로 산출되지만 이 지표는 AD Line의 단기이동평균과 장기이동평균의 차이로 산출된다. 상승분위기가 확산될수록 AD Line의 단기이동평균이 더 빨리 증가할 것이라는 원리에서 비롯되었다. AD Line을 개선한 것이니만큼 안정성과 신뢰도도 높아졌다.

★ 작성법 ★

상승한 종목의 숫자에서 하락한 종목의 숫자를 차감하는 AD Line은 상승 분위기의 확산 정도를 보여주는 좋은 지표이다. 그러나 너무나 단순하다는 것이 약점으로 대두된다. 따라서 많은 기술적분석가들은 AD Line의 장점은 그대로 살리면서도 동시에 좀 더 세밀하고 정교한 지표를 만들려고 노력하였다. 맥클레란 오실레이터(McClellan Oscillator)도 그런 노력의 결과로 만들어진 것이다. McClellan Oscillator는 상승종목 숫자와 하락종목 숫자의 차이, 즉 AD Line을 산출하되 그것을 그대로 사용하는 것이 아니라 약간의 가공과정을 거친다. AD Line을 장기 지수이동평균하고, 또한 단기 지수이동평균하여 장기 · 단기이동평균의 차이를 산출하는 것이 McClellan Oscillator이다. 이때 장기로는 기간이 39일이 사용되고 단기로는 19일이라는 기간이 사용된다. 이미 지표의 이름으로부터 짐작할 수 있듯이 이것은 기술적분석가 맥클레란이 만들었다. 그런데 특이하게도 혼자서 만든 것이 아니라 남편 셔먼 맥클레란(Sherman McClellan)과 아내 매리언 맥클레

종합시장분석

란(Marian McClellan)의 공동 작품이다.

★ 작성법 ★

McClellan Oscillator를 산출하는 방법을 말로 풀어서 자세히 설명해보자. 첫 번째 단계로 매일 상승한 종목의 숫자에서 하락한 종목의 숫자를 뺀 AD Line을 산출한다. 두 번째 단계로는 AD Line을 19일 지수이동평균하고, 또한 39일 지수이동평균한다. 이제 마지막 세 번째 단계는 AD Line의 19일 지수이동평균에서 39일 지수이동평균을 차감한다. 그러면 그것이 McClellan Oscillator이다. 산출하는 방법을 공식으로 나타내면 다음과 같다.

> *McOSC* = 19일 *EMA*(상승종목 수–하락종목 수)–39일 *EMA*(상승종목 수–하락종목 수)

★ 해석 ★

주식시장의 분위기가 전체적으로 상승세이고 그것이 지속되면 상승하는 종목의 숫자가 더욱더 늘어날 것이다. 상승종목 수가 늘어날수록 그것이 AD Line의 단기이동평균에 많이 반영될 것이므로 결국 AD Line의 단기 지수이동평균에서 장기 지수이동평균을 차감한 McClellan Oscillator도 증가하게 된다. 보통의 경우 McClellan Oscillator의 값은 +100에서 −100 사이의 범위에서 오락가락한다. 만일 McClellan Oscillator의 값이 +80이라면 AD Line의 19일 지수이동평균과 39일 지수이동평균의 차이가 80이라는 의미이다. 그만큼 상승한 종목의 숫자가 많다는 뜻이다.

일반적으로 말하여 McClellan Oscillator의 값이 +70 이상이면 현재의 주식시장은 상승세이지만 전체적으로 과열국면인 것으로 간주된다. 반대로 McClellan Oscillator의 값이 −70 이하이면 현재의 주식시장은 전체적으로 하락세이지만 하락세가 지나친 과매도국면인 것으로 간주된다. 따라서 현재의 주식시장이 과열국면이라면 상승세라는 이유로 추가로 매수하기보다는 오히려 보유하고 있는 주식을 매도할 기회를 노려야 할 것이고, 반대로 현재의 주식시장이 과매도국면이라면 하락세라는 이유로 보유하고 있는 종목을 팔고 시장을 떠날 것이 아니라 오히려 지금이야말로 싼값으로 주식을 매입할 기회로 봐야 할 것이다.

★ 매매방법 ★

그런데 주의해야 할 것이 있다. McClellan Oscillator의 값에서 상한선이 +100이고 하한선이 −100인 것은 결코 아니다. 앞서 살펴보았듯이 McClellan Oscillator는 AD Line의 단기 지수이동평균과 장기 지수이동평균의 차이이므로 그 값에는 특정한 한계가 있을 수 없다. 경험적으로 말하여 보통의 경우 McClellan Oscillator가 +100에서 −100의 범위를 오간다는 것이지 그것이 제한된 것은 아니다. 종종 McClellan Oscillator 값이 100을 넘어서는 때도 있다. 이럴 때는 어떻게 해석해야 할까?

McClellan Oscillator 값이 +100을 넘어선다면 현재의 시장상황이 과열국면으로 해석된다. 하지만 그렇다고 하여 당장 기존의 상승추세가 방향을 바꿀 가능성은 낮다. 상승추세가 더 강화, 지속되는 일이 더 많다. 추세는 종종 연장되기 때문이다. 마찬가지의 논리로 McClellan Oscillator 값이 −100을 하회한다면 현재의 시장상황은 과매도국면으로 해석된다. 하지만 그렇다고 하여 당장 기존의

맥클레란 오실레이터

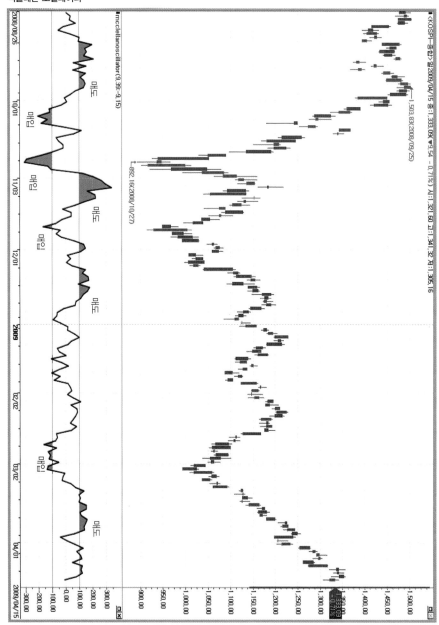

출처: 연합 인포맥스(www.einfomax.co.kr)

하락추세가 방향을 바꿀 가능성은 낮다. 하락추세가 강화, 지속되는 일이 더 많다. 따라서 McClellan Oscillator를 이용할 때에는 기존의 추세가 전환될 시기를 노리기보다는 차라리 McClellan Oscillator의 값이 +100 또는 −100을 상회하는 때를 찾는 것이 더 효과적이다. 이럴 때에는 오히려 기존의 추세가 지속될 가능성이 높기 때문에 추세와 같은 방향으로 거래할 수 있기 때문이다. 굳이 추세전환의 타이밍을 찾으려고 한다면 McClellan Oscillator의 값이 −100 이하에서 −100을 상향돌파할 때를 매입 타이밍으로 간주하고, McClellan Oscillator의 값이 +100 이상이었다가 +100 수준을 하향돌파할 때를 매도 타이밍으로 간주하는 것이 효과적이다.

셜록 홈즈와 왓슨의 추리력

셜록 홈즈와 왓슨이 캠핑을 떠나, 텐트에서 함께 잠자리에 들었다. 한밤중에 깨어난 홈즈가 말했다. "왓슨 군, 하늘을 보고 뭐가 보이는지 말해주게." 왓슨이 대답했다. "엄청나게 많은 별이 보이는데." 홈즈가 물었다. "그걸 보고 무엇을 알 수 있지?" 왓슨은 한참 생각한 다음에 대답하였다. "글쎄 천문학적으로는 수많은 별과 은하계의 존재를 알 수 있을 것 같고, 점성술로는 토성이 사자자리에 있고, 종교학적으로는 전지전능한 신이 느껴지고, 날씨는 내일 맑을 것 같고… 그런데 홈즈, 당신은 이걸 보고 무엇을 알 수 있지?" 그가 즉각 대답하였다. "바보 같은 친구야, 누가 우리 텐트를 훔쳐갔잖아!"

인터넷에서 돌아다니는 유머 중 하나이다. 그러나 코난 도일의 소설에 나오는 홈즈는 날카로운 추리력을 자랑하는 명탐정이다. 결코 텐트 따위를 잃어버릴 만큼 칠칠맞지 않다. 셜록 홈즈는 가상의 인물이지만 코난 도일은 자서전에서 실제 인물을 모델로 하였다고 술회하고 있다. 홈즈의 모델은 코난 도일의 은사였던 조셉 벨(Joseph Bell) 스코틀랜드 에든버러 의과대학 교수이다. 그는 관찰력이 뛰어났고, 이를 토대로 기상천외한 추리를 하여 학생들을 놀라게 하였던 것으로 유명하였다고 한다. 어느 날 오후 벨 교수가 사무실에 있을 때, 누군가가 노크를 하였다. 그리고 한 남자가 들어왔는데, 벨은 대뜸 물었다. "왜 고민을 하고 있습니까?" 남자가 놀라 되물었다. "그걸 어떻게 아셨습니까?" 박사가 대답하였다. "노크를 네 번이나 했기 때문이지요. 걱정이 없는 사람은 기껏해야 노크를 두세 번 하고 맙니다." 실제로 그 남자는 커다란 고민거리를 안고 있었다. 관찰력을 늘릴수록 그만큼 얻는 것이 많다. 주식투자도 마찬가지이다. 시장의 움직임을 주의 깊게 관찰하면 앞날의 방향에 대하여 유익한 '실마리'를 얻을 수 있다. 예를 들어 중국의 돼지고깃값이 크게 올랐다고 하자. 이것이 우리나라의 주가에 어떤 영향이 있을까? 외국 이야기라고 무시해버리면 그만이다. 하지만 그런 사람은 평범한 투자자에서 벗어날 수 없다. 뛰어난 투자실적을 얻으려면 앞서 주장하였듯 매사 날카로운 관찰력을 지녀야 한다.

중국 사람들은 돼지고기를 좋아한다. 그런데 돼지고깃값이 큰 폭으로 올랐으니 중국 사람들에게 미치는 충격도 상당할 터. 이제 중국도 본격적인 인플레 위험에 노출되었다고 판단하는 것이 옳겠다. 그렇다면 '돼지고깃값 폭등 → 인플레 악화 → 중국 금융긴축 강화 → 중국 주가폭락 → 우리증시 악영향'으로 이어지는 결과가 되지 않을까? 돼지고깃값 상승이 일종의 실마리인 셈. 이를 인플레의 신호탄으로 삼아 중국의 주가가 본격적인 하락세를 나타낼 위험이 있다고 판단하는 것이 바로 셜록 홈즈 같은 관찰로 얻어진 결론이다. 물론 이것이 너무 큰 비약일 수는 있다. 중국 정부에서 약간의 가격통제로 인플레이션 조짐을 막으면 금세 위협은 사라질 것이다. 그러니 돼지고기와 주가를 연결하는 것은 혹시, 텐트가 없어졌다는 생각은 꿈에도 하지 못하고 천문학이며 점성술, 신의 존재 등 엉뚱한 이야기만 잔뜩 늘어놓는 왓슨의 추리력 같은 것이 될 수도 있다. 그래서 어렵다. 하지만 어떤 일이건 섬세하게 관찰하고 주식시장에 미칠 영향을 늘 생각하는 것은 분명 도움이 된다. 틀림없다.

과열과매도지수
OVERBOUGHT/OVERSOLD

신뢰도	★★
안정성	★★★
민감도	★★★
기 간	주로 장기거래에 사용된다.
총 평	이름은 그럴싸하지만 내용은 허망하다. AD Line과 다를 바 없으나 차이점이라면 그것을 10일간 지수이동평균한 것이 다르다. 그러나 이러한 단순한 방법으로도 주식시장의 상황이 정상인지 여부를 파악할 수 있다. 시장이 과열되었다가 정상으로 돌아설 때가 결정적인 매도 타이밍이며, 반대로 시장이 과매도된 상태였다가 정상으로 돌아설 때가 역시 결정적인 매입 타이밍이다. 단순하다 보니 민감도가 떨어지고 신뢰도는 낮다.

★ 의의 ★

이름은 매력적이다. 문자 그대로 해석한다면 과열·과매도 지표이므로 시장의 분위기를 잘 나타낼 것처럼 보인다. 하지만 작성방법은 허망하게도 너무 단순하다. 물론 산출하는 방식이 단순하다고 하여 지표 그 자체가 단순하다는 것은 아니다. 하지만 단순한 논리에서 출발하고 있는지라 신뢰도가 높은 지표라고 말하기는 어렵다. 이 지수는 상승한 종목의 숫자에서 하락한 종목의 숫자를 뺀 것을 10일간 지수이동평균한 것이다.

★ 산출법 ★

$$OBOS = 10일\ EMA(상승종목\ 수 - 하락종목\ 수)$$

★ 해석 ★

이 지표는 주식시장이 현재 비정상적인 상황인지 여부를 측정하려는 것이 목적이다. 주식시장이 비정상적이라는 것은 전체적인 주식시장의 추세가 상승세이지만 상승세가 너무 지나친 나머지 과열(overbought)된 상태인지 여부, 또는 전체적인 주식시장의 추세가 하락세이지만 하락세가 너무 지나친 나머지 과매도(oversold)된 상태인지 여부를 말한다. 주식시장의 추세는 종종 연장되는 경우가 많아서 시장의 상황이 때로는 과열되기도 하고 또는 과매도된 상태로 접어들기도 한다. 물론 정상적인 상황에 머물러 있는 때도 많다. 일반적으로 Overbought/Oversold 지표의 값이 +200을 넘어서면 시장이 과열국면에 접어든 것으로 해석된다. 왜냐하면 이것은 상승한 종목의 숫자가 하락한 종목의 숫자보다 200개 이상 많다는 뜻이기 때문이다. 그만큼 시장은 상승하는 쪽으로만 쏠려 있다는 의미이므로 상승세는 곧 정점에 이를 것으로 간주된다. 반대로 말하여 Overbought/Oversold 지표의 값이 −200을 넘어서면 시장이 과매도국면에 접어든 것으로 해석된다. 하락한 종목의 숫자가 상승한 종목의 숫자보다 200개 이상 많다는 뜻이기 때문이다. 그만큼 시장은 하락하는 일변도로 흘러왔다는 의미이므로 하락세는 곧 바닥에 이를 것으로 간주된다.

★ 매매방법 ★

다른 지표들과 마찬가지로 현재의 시장이 과열된 상황이라고 하여 당장 매도하는 것은 성급한 결정이 될 가능성이 높다. 과열된 상태가 금세 정상적으로 돌아서기보다는 그런 상황이 한동안 이어지는 경우가 더 많기 때문이다. 마찬가지로 현재의 시장이 과매도된 상황이라고 하여 즉각 매입하는 것은 성급한 결정이 될

493

과열과매도지수

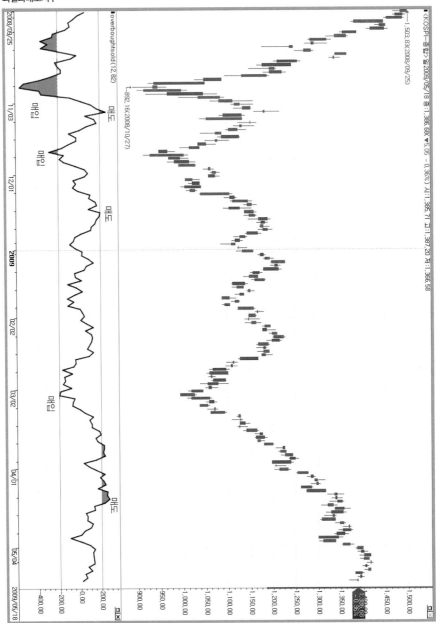

출처: 연합 인포맥스(www.einfomax.co.kr)

가능성이 높다. 과매도된 상태가 금세 정상적으로 돌아서기보다는 그런 상황이 한동안 이어지는 경우가 더 많기 때문이다. 강조하지만 시장의 추세는 종종 연장되기도 하므로 그런 비정상적인 상황은 꽤 오랫동안 지속되기도 한다.

따라서 결정적인 매입 타이밍은 주식시장이 현재 과매도된 상태일 때가 아니라, 과매도된 상태에서 정상적인 국면으로 막 접어들려는 순간으로 잡아야 한다. 그때야말로 최적의 매입시기이다. 반대로 결정적인 매도 타이밍은 주식시장이 현재 과열된 상태일 때가 아니라, 과열된 상태에서 정상적인 국면으로 막 접어들려는 순간으로 잡아야 한다. 그때야말로 최적의 매도시기이다. 그러므로 이를 Overbought/Oversold 지표에 적용한다면 +200과 −200선이 기준이 된다. 지표가 +200 이하일 때가 과매도된 상황인데, 그러다가 지표가 −200선을 상향돌파할 때가 결정적인 매매시기이다. Overbought/Oversold 지표의 값이 −200 이하에 있다가 −200선을 상향돌파할 때가 절호의 매입시기로 간주된다.

또는 반대로 Overbought/Oversold 지표의 값이 +200 이상에 있다가 +200선을 하향돌파할 때가 또한 결정적인 매매시기이다. 그때가 바로 절호의 매도시기로 간주된다.

단기종목지수
STIX, SHORT TERM INDEX

신뢰도	★★★★
안정성	★★★★
민감도	★★★
기 간	단기거래에 활용된다.
총 평	전체 종목 중에서 주가가 오른 종목의 비율을 구하여 그것을 21일 지수이동평균하는 방식으로 산출한다. 상승한 종목의 비율이 지나치게 높을수록 현재의 주식시장의 상황은 과열된 상태이고, 반대로 하락한 종목의 비율이 과도하게 낮을수록 현재의 주식시장의 상황은 과매도된 상태로 간주된다. 이 지표는 지수이동평균을 사용하여 안정성을 높였다. 반면 그로 인하여 민감도가 저하되었는데, 전체적으로 신뢰도는 높은 편이다.

★ 의의 ★

STIX는 Short Term Index를 뜻하는 약자이다. 이 지표는 상승종목이 차지하는 비율을 먼저 산출하고 그것의 21일 지수이동평균을 구하여 얻어진다. 이것 역시 이름은 그럴싸하지만 단순한 지표 중 하나이다.

★ 산출법 ★

$$STIX = 21일\ EMA\left(\frac{상승종목\ 수}{상승종목\ 수 + 하락종목\ 수} \times 100\right)$$

★ 해석 ★

상승한 종목과 하락한 종목 간의 비율을 우리는 AD Line이나 또는 ADL Breadth 라는 지표로 구해왔는데, STIX 역시 같은 맥락에서 이해할 수 있다. 다만 이 지표는 전체 종목 중에서 상승한 종목의 비율을 구하고, 또한 그것을 지수이동평균함으로써 지표의 안정성을 도모하려고 노력하였다는 점이 특징이다. STIX의 값이 50을 넘어선다는 것은 상승종목의 숫자가 하락종목의 숫자보다 더 많다는 것을 뜻하고 반대로 STIX의 값이 50 이하라면 하락한 종목의 숫자가 더 많다는 것을 뜻한다. 주식시장이 전체적으로 상승세라면 상승한 종목의 비율이 하락한 종목에 비하여 더 많을 것이다. 반대로 주식시장이 전체적으로 하락세라면 하락한 종목의 비율이 더 많을 것이다.

★ 매매방법 ★

STIX는 현재의 시장이 단기적으로 어떤 상황인지를 보여주는 지표이며, 50을 기준으로 한다. 그런데 일반적으로 STIX의 값이 50을 상회하여 56 수준도 넘어선다면 그때의 주식시장은 상승세가 지나쳐서 과열된 상태로 해석된다. 특히 STIX가 더 상승하여 58마저 넘어선다면 그때의 주식시장은 '매우' 과열된 것으로 간주된다. 따라서 이럴 때에는 비록 현재의 주식시장의 추세가 상승세일지라도 추가로 매수하는 일은 매우 위험한 일이 된다. 반대로 STIX의 값이 50을 밑돈다면 현재 하락한 종목이 더 많다는 의미가 되는데, STIX의 값이 50을 지나쳐서 45보다 더 적다면 현재의 주식시장은 과매도된 상태로 간주된다. 특히 STIX가 더 하락하여 42마저 밑돈다면 그때의 주식시장은 '매우' 과매도된 것으로 간주된다. 따라서 이럴 때에는 비록 현재의 주식시장의 추세가 하락세일지라도 추가로 매도하는 일은 어리석은 선택이 될 가능성이 크다. 앞서 살펴본 STIX의 특성을 이용한다면 매매 타이밍을 포착할 수 있다. STIX의 값이 45 이하에 머무르다가 45선을 상향돌파할 때가 매입 타이밍이고, STIX의 값이 56 이상을 나타내다가 56선을 하향돌파할 때가 매도 타이밍이다.

단기종목지수

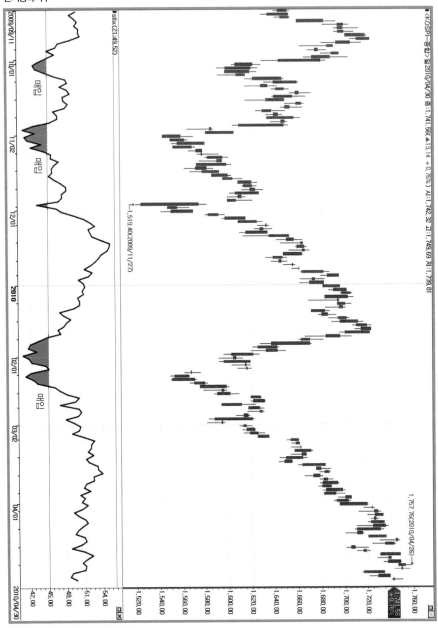

헤릭수익률지수
HERRICK PAYOFF INDEX

12

신뢰도	★★★★
안정성	★★★★
민감도	★★★
기 간	선물, 옵션 거래 전용지표이므로 주로 단기거래에 사용된다.
총 평	선물거래에 대한 기술적분석의 3요소는 선물가격, 미결제약정, 그리고 거래량이다. 그런데 이 지표는 다른 기술적지표와는 달리 이 3요소를 모두 분석의 대상으로 삼는다. 그러므로 미결제약정이 산출되지 않는 현물주식의 분석은 이 지표로는 할 수 없다. 다만 이 지표는 매매 타이밍을 제시하지는 않는다. 선물가격과 지표와의 관계에서 다이버전스를 발견하여 추세전환의 포인트로 삼는 것이 포인트이다.

★ 의의 ★

헤릭수익률지수(Herrick Payoff Index)는 선물·옵션거래 전용 기술적지표이다. 다른 기술적지표들은 가격이나 거래량을 위주로 분석하는 데 비하여 이 지표는 미결제약정(open interest)까지 분석의 대상으로 삼는다. 미결제약정은 오로지 선물거래와 옵션거래에서만 집계되므로 단순히 현물주식을 분석하는 데에는 이 지표를 사용할 수 없다. 이 지표는 선물가격의 등락 범위(trading range)에 근거하여 선물거래에 매입세로 유입되거나 매도로 빠져나가는 자금의 규모를 파악하도록 고안되었다. 자금의 유출입 규모를 살피면 그것을 통해 선물가격의 방향을 예측할 수 있다. 예를 들어 선물의 매입세가 많아서 선물시장으로 유입되는 자금이 많다면 선물가격은 상승할 것으로 예상된다. 반대로 선물의 매도세가 많아서 선물시장에서 빠져나가는 자금의 유출량이 많다면 선물가격은 하락할 것으로 예상된다. Herrick Payoff Index는 이름 그대로 존 헤릭(John Herrick)이 개발하였다.

영주공자표

Herrick Payoff Index를 산출하는 방법을 공식으로 나타낸다면 다음과 같다. 이때 가중치(multiflying factor)로는 1에서 3 사이의 숫자가 사용된다.

$$K = \left(\left(\frac{당일고점+당일저점}{2}\right)-\left(\frac{전일고점+전일저점}{2}\right)\right)\times$$

$$\left(\frac{1+|당일미결제약정-전일미결제약정|}{\min(당일미결제약정, \ 전일미결제약정)}\right)\times 거래량\times 100$$

$$HPI = HPI_{-1}+(K-HPI_{-1})\times 가중치$$

★ 해석 ★

이 지표에서의 키포인트는 K이다. 오늘의 K값을 구하고, 어제의 Herrick Payoff Index와의 차이를 산출한 다음에 거기에다 가중치를 곱하고, 그것을 어제의 Herrick Payoff Index에 합하는 것이 지표의 계산법이다. 따라서 K값이 커지면 커질수록 Herrick Payoff Index의 값도 증가하게 되어 있다. 그렇다면 K는 어떻게 산출되는가?

공식을 살펴보면 K의 값을 결정하는 것은 각각 선물가격의 변동폭, 미결제약정, 거래량의 세 가지 요인이다. 첫 번째로 전일에 비하여 당일의 선물가격이 많이 상승하면 상승할수록 K의 값은 커진다. 따라서 당일의 Herrick Payoff Index의 값도 증가한다. 반대로 선물가격이 전일에 비하여 하락할수록 공식에 따라 K값은 마이너스(-)로 산출되므로 당일의 Herrick Payoff Index의 값은 전일에 비하여 감소한다.

두 번째로 미결제약정이다. 공식에 따르면 '전일 미결제약정과 당일 미결제약

헤릭수익률지수

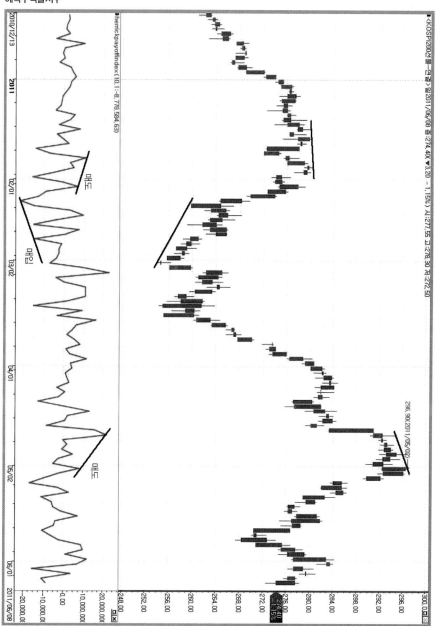

출처: 연합 인포맥스(www.einfomax.co.kr)

정 간 차이의 절대값 에 1을 더하고, 그것을 전일과 당일 미결제약정 중에서 적은 값으로 나누도록 되어 있다. 따라서 전일과 당일의 미결제약정의 변동폭이 클수록 K값은 늘어나는 구조이다.

세 번째로 거래량이 증가하여도 K값은 증가한다. 선물거래에서 기술적분석의 3요소라면 선물가격, 미결제약정, 그리고 거래량이다. 그런데 Herrick Payoff Index는 이 모든 요인을 분석에 포함하고 있다.

★ 매매방법 ★

Herrick Payoff Index의 값이 0 이상이면 자금이 선물거래에 유입되고 있는 것으로 해석된다. 즉 이는 선물가격에는 상승 요인이다. 반대로 Herrick Payoff Index의 값이 0 이하이면 자금이 선물거래에서 유출되고 있는 것으로 해석된다. 즉 이는 선물가격에는 하락 요인이다. 그런데 현실적으로 Herrick Payoff Index는 특정한 범위에서 등락을 거듭하는 지표는 아니다. 선물가격이 상승하고 미결제약정이 증가하며 거래량이 늘어난다면 Herrick Payoff Index는 이론적으로 한없이 증가할 수 있고, 그 반대의 경우라면 Herrick Payoff Index는 이론적으로 한없이 감소할 수 있다. 따라서 특정한 수준을 정하여 그것을 과열 또는 과매도라고 말하기는 어렵다. 그러기에 Herrick Payoff Index는 그 자체로는 큰 의미가 없고 선물가격과의 관계에서 다이버전스를 찾아내는 것이 주목적이다.

선물가격은 상승세를 이어가면서 전고점을 상향돌파하지만, Herrick Payoff Index는 전고점을 상향돌파하지 못하고 오히려 하락한다면 이는 전형적인 상승추세에서 과열국면이 끝나고 추세가 하락세로 돌아서는 정점을 의미한다. 강력한 매도신호이다. 반대로 선물가격은 하락세를 이어가면서 전저점을 하향돌파하지만, Herrick Payoff Index는 전저점을 무너뜨리지 않고 보합권을 이어가거나 오히려 상승한다면 이는 전형적인 하락추세에서 과매도국면이 끝나고 추세가 상승세로 돌아서는 바닥을 의미한다. 강력한 매입신호이다.

차트의 정석

초판 1쇄 발행 2019년 05월 15일
초판 3쇄 발행 2021년 04월 10일

지은이 | 김중근
발행인 | 홍경숙
발행처 | 위너스북

경영총괄 | 안경찬
기획편집 | 안미성, 박혜민

출판등록 | 2008년 5월 6일 제2008-000221호
주문전소 | 서울 마포구 토정로 222, 201호(한국출판콘텐츠센터)
팩문전스 | 02-325-8902
주문전화 | 02-325-8901

표지디자인 | 김종민
본문디자인 | 정현욱
제지사 | 월드페이퍼
인쇄 | 영신문화사

ISBN 979-11-89352-11-0 (13320)

위너스북에서는 출판을 원하시는 분, 좋은 출판 아이디어를 갖고 계신 분들의 문의를 기다리고 있습니다.
winnersbook@naver.com | Tel 02)325-8901

이 도서의 국립중앙도서관 출판예정도서목록(CIP)은 서지정보유통지원시스템 홈페이지(http://seoji.nl.go.kr)와
국가자료공동목록시스템(http://www.nl.go.kr/kolisnet)에서 이용하실 수 있습니다.
(CIP제어번호: CIP2019012831)